长三角经济一体化
高质量发展推进模型初论

吴大器 主编

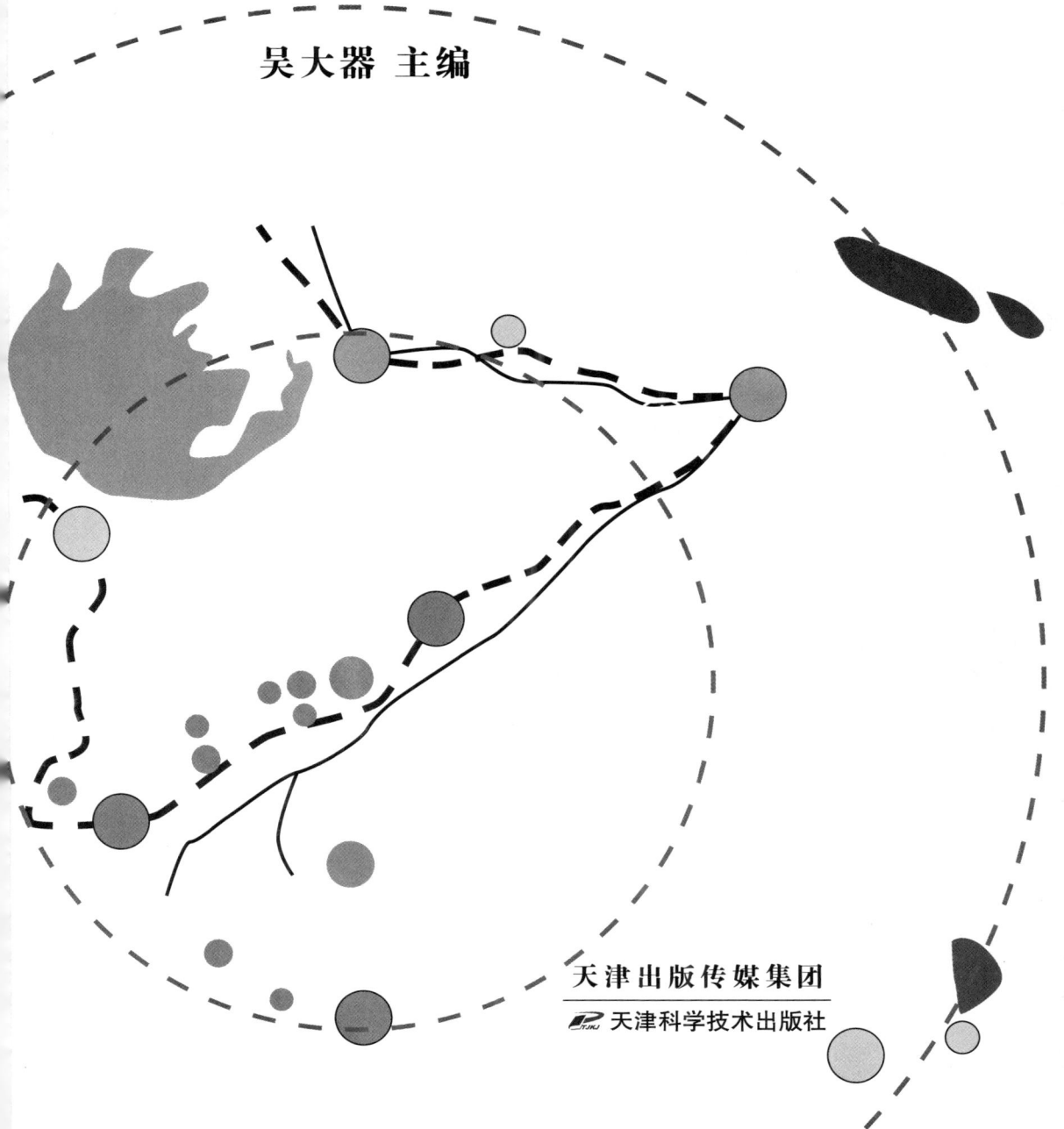

天津出版传媒集团

天津科学技术出版社

图书在版编目（CIP）数据

长三角经济一体化高质量发展推进模型初论 / 吴大器主编 . —天津：天津科学技术出版社，2020.6

ISBN 978-7-5576-8054-1

Ⅰ.①长… Ⅱ.①吴… Ⅲ.①长江三角洲 - 区域经济一体化 - 区域经济发展 - 发展模型 - 研究 Ⅳ.①F127.5

中国版本图书馆 CIP 数据核字（2020）第 104522 号

书　　　名	长三角经济一体化高质量发展推进模型初论
主　　　编	吴大器
责 任 编 辑	房　芳
出 版 发 行	天津科学技术出版社
出 版 社 地 址	天津市西康路35号
出 版 社 网 址	www.tjkjcbs.com.cn
制　　　版	北京大观世纪文化传媒有限公司
印　　　刷	涿州军迪印刷有限公司
开　　　本	787毫米 × 1092毫米　1/16
印　　　张	22.75
字　　　数	350千字
版　　　次	2020年7月第1版　2020年7月第1次印刷
标 准 书 号	ISBN 978-7-5576-8054-1
定　　　价	78.00元

（天津科学技术出版社图书凡印装错误可向承印厂调换）

《长三角经济一体化高质量发展推进模型初论》
编委会

主　　任：吴大器

副 主 任：（按姓氏笔画排序）

　　　　　邱士明　袁　涛　顾建忠

成　　员：（按姓氏笔画排序）

　　　　　李苇莎　陈　阳　陈积强　邵丽丽　胡乃静　郭武燕　魏华斌

首席作者：吴大器

核心作者：魏华斌　马士群　沈晓阳　陈　阳　郭武燕

作　　者：胡乃静　陈　炫　张天枢　李方超　姜仁荣　魏晓雁 等

天高云淡风正帆

21世纪的第三个十年，中国特色社会主义新时代迎来了极具生命力的韶华时期。位于祖国东海之滨，面向浩瀚太平洋的长三角区域，开始演绎一场空前的创新发展大戏。长三角一体化上升为国家战略，本著书正是地处长三角区域的一批理论与实务工作者这两年来的一些思考与探索。

我们对长三角经济一体化，以及如何高质量发展推进的应用理论与实践，主要基于六方面的渊源引领和有益探索，这成为本著书的基础支撑。

一、围绕长三角一体化战略成形的宏观"长跑"

根据我们的认识，长三角一体化的命题和研究起始于1982年，时任国家领导人提出"以上海为中心建立长三角经济圈"，范围是以上海为中心，涵盖苏州、无锡、常州、南通、杭州、嘉兴、宁波、湖州、绍兴等长江三角洲的九个城市（亦称为"上海经济区"），并成立了上海经济区规划办公室。这可以被认为是长三角一体化战略长跑的第一步。

1992年，长三角城市群囊括了上海、杭州、宁波、湖州、嘉兴、绍兴、舟山、南京、镇江、扬州、泰州、常州、无锡、苏州、南通等15个城市，2003年台州加入，形成了以江浙沪的城市为主体形态的长三角区域城市群。

2010年，国家发改委发布了"长江三角洲地区区域规划"，将长三角区域范围界定为苏浙沪全境内的25个地级市，即在原有16个城市的基础上，加进了江苏的徐州、淮阴、连云港、宿迁、盐城和浙江的金华、温州、丽水、衢州。

2016年，"长三角城市群发展规划"发布，在将安徽省的八个城市纳入长江三角洲城市群的同时，调整了江浙的一些城市，最终列入范围的是：上海和江苏、浙江、安徽的26个地级市。即：上海市、江苏省的南京、苏州、无锡、南通、泰州、扬州、盐城、镇江、常州，浙江省的杭州、湖州、嘉兴、宁波、舟山、绍兴、金华、台州，安徽省的合肥、芜湖、马鞍山、铜陵、安庆、池州、滁州、宣城等地级市。这是迄今为止的相应范围。

从国家宏观层面审视长三角一体化战略，从雏形到成型，历时36个年头，概念不断优化，空间也一扩再扩，正所谓好事多磨，主题不变。

2018年11月，习近平总书记在上海宣布长三角区域一体化上升为国家战略，从此翻开了长三角区域历史性的一页。这是21世纪上海、江苏、浙江、安徽发展的大事，更是中国区域经济创新发展的一件大事，值得大家全力以赴，努力奋斗。

二、费孝通先生与长三角一体化国家战略的提出

根据有关记载，最早提出长三角一体化的是我国社会学大家、中国民主同盟的费孝通先生。1988年，邓小平同志在谈及中国改革开放时曾经说过，"现在有一个香港，我们在内地，还要造几个'香港'"。费先生对此从战略上做了深邃的思考。1990年，他来上海，先后对长江三角洲区域做了系列的调研考究。提出了要从全国的经济格局审视，要从更高的区域经济发展的层次定位上海，要把上海作为长江流域的贸易、金融、信息、科技、运输中心，使上海成为长江三角洲和沿海地区工农业商品的总调度室和总服务站，成为一个具有广阔服务腹地的"大陆香港"。1990年4月，民盟中央向中共中央报送了关于建立长江三角洲经济开发区的初步设想，得到时任中共中央总书记江泽民同志的肯定。当月，国家正式做出建立上海浦东经济开发区的决策。

1992年，民盟中央又以费孝通先生的名义提出了《关于振兴上海经济的设想和建议》，明确提出中国经济发展的重点应该是长江流域，长江流域是中国经

济发展的脊梁。长江是一条可以带动中国经济起飞的巨龙，龙头就是上海。要使上海成为面向世界、商贾云集、四通八达的东方大港，带动中国经济腾飞的龙头。这就是上海在未来中国经济发展中的战略地位。1992年4月，中共十四大明确："以浦东开发开放为龙头，带动长江三角洲和整个长江地区的'飞跃'，""尽快把上海建成国际经济、金融、贸易中心之一"。费孝通先生的真知灼见载入了长三角一体化发展的史册。

参加本项研究的学者中，有几位都是中国民主同盟的成员，他们认真学习费老胸怀国家战略大局意识，深入调研、抓住要害、建言献策的敬业精神，同样是中国共产党领导的统一战线精神的重要体现。加强对长三角国家战略推进的策略研究，也是大家缅怀先辈、传承风范的主要衡量尺度。

三、中共十九大按下长三角一体化的"快进键"

2017年召开的中国共产党第十九次代表大会是国家发展中的里程碑。中共十九大确定的中国特色社会主义新时代的发展路径、目标、方向，对长三角区域经济的改革、开放与发展，明确按下了举足轻重的"快进键"，迎来了长三角经济一体化战略"天高云淡风正帆"的大好局面（见本书相关章节的阐述）。2017年以来，长三角一体化战略的各项工作有序快进。2018年11月，长三角一体化国家战略正式实施，长三角区域热气腾腾，一派蓬勃生机。

四、开放型研究模式的特有优势

地处长三角区域的决策咨询智库，围绕重大命题选择研究项目，已经积累了有效的经验。围绕长三角一体化国家战略，我们开放组建了兼具特色的项目团队，体现了追求"优势互补、应用实验、微观探索、中观集成"的研究宗旨。团队中既有拥有政府、高校、企业经历的领军人物，也有不同学科的理论、实务见长的博士、硕士研究人士，按照本项研究模式确定的"六链推进法"（我们遵循一个上下呼应选题 → 一份紧密关联问卷 → 多场社会各界专家座谈 → 三个样本场景的经验总结 → 多份务实管用政策建言 → 一份区域（中观）系统建议的顺序），努力实现不同微观子系统和区域经济中观系统的对接集成，以服务长三角经济一体化的"高质量发展推进"的主线。两年来，相应的研究成果已先后获省部级奖项多项，引起了多个方面的关注，形成了务实管用的具体政策建议。

五、区域经济一体化，金融协同与风险防控至关重要

2019 年，长三角一体化战略研究进入快车道，上海市政府参事室贸易金融组的五位参事抓住关键，进行了为期一年的"长三角一体化中的金融协同与风险防控"的系列课题调查，研究遍及三省一市，得出了区域经济一体化必须更加重视金融协同与风险防控的结论。保障金融创新与金融安全是长三角一体化绕不过去的"基础考试"。调研报告在长三角一体化的研究中首先直面了经济保障的核心范围，金融创新与风险防控值得高度重视，也为高质量发展模型的建立，确立了保证安平的基础边界。

六、确立"3 合 1"的高质量发展模型的雏形

长三角经济一体化国家战略，是国家科学部署确立的。我们的应用研究应该着力于如何高质量发展推进，如何让成千上万的微观运作主体（或单元）在唱好同一首歌上统一步伐。通过样本实践，提出长三角经济一体化推进进程中的配套政策、有效做法和科学优化。结合研究团队成员的经历、经验，我们探索性地把一般理念中的虚拟经济、实体经济和区域经济（对上述三个概念作了特殊的相应界定），放在长三角经济一体化国家战略的平面上开展应用关联的系统比较研究，设计了区域经济长三角一体化的中观推进模型，并与此关联设计了经济保障集成、产业集群成长和区域经济研用三个共同协作推进的 3 合 1 构

架模型。各子系统都选择确定了特定的样本场景，以试验应用探索。其中，经济保障集成子系统，以上海农村商业银行服务长三角、保障金融为核，以普惠特色创建的起步为一期主要内容；产业集群成长子系统，则以上海张江生物医药产业平台的创新发展，创建长三角优势产业集群探索为一期主要内容；区域经济研用子系统，选择以浙江清华长三角研究院和长三角 G60 科创走廊的完善为主要内容，探索协同创新、科创引领的区域经济特色。本著书的章节就是对长三角经济一体化建设发展推进"3 合 1"模型雏形的三个微观梳理建言和一个中观集成建言。

庚子三月，全国人民在党中央的领导下，正取得抗击新冠肺炎的初步胜利。按照赢得防疫抗疫和恢复经济双胜利的要求，我们同样需要按照既定部署，有序推进长三角一体化国家战略的各项工作。春回大地、万木葱茏，祖国未来的繁荣发展值得我们付出百倍努力。

"地沃水清好时节，万马驰骋不下鞍"。这里，我们把长三角一体化背景下的区域经济高质量发展推进模型的初步成果奉献给大家，并期待长三角区域经济一体化建设传来持续不断的捷报。

吴大器

2020 年 3 月 30 日于上海浦东

目　录

第一章

构建长三角一体化下的经济保障集成系统、产业集群成长系统和区域经济研用系统

第一节 构建"三维高质量发展推进模型"

1 研究内容的提出

新时代的中国经济，进入了世界百年变化之大局的适应与应对时期，风云激荡又气象万千。随着数字经济技术的横空出世，以金融为核心，会计、统计、审计为基础的经济服务，法律为经济规范的保障元素正在相互作用、相互影响、相互渗透与集成，成为保障经济健康发展的智慧体系。随着科学研究、技术应用的创新推动，以科技为引领的产业集群成长系统，正在集成电路、生物医药、人工智能、航空制造等朝阳产业的领衔集聚中，成为产业集群健康成长的协同体系。随着国家战略确定的长三角、京津冀、粤港深三大区域经济板块的崛起，以长三角区域为重心的区域经济协作系统正在形成。研究表明，虚拟经济和实体经济作为经济发展基石的基本组成部分，面对区域环境与发展定位，既有各自的供应需求，也有共同的方向目标。于是，在特定的阶段和区域，开展经济发展三维模型协同推进的应用研究，就成为决策咨询工作的应有之意。

在应用研究的选题上，虚拟经济、实体经济、区域经济都是热门议题，但放在一起进行关联关系的研究尚不多见。而一个时期和一个地区的经济发展是一个不可分割、紧密联系的系统，只有兼顾好系统整体的点和面，才能协同好虚拟经济、实体经济和区域经济的各个方面。同样，一个时段和一个区域的经

济发展定位，本身就是虚拟经济、实体经济、区域经济共同作用、相互支撑、协力推进的产物。把三者放在等量齐观，同一个研究对象范围之内加以关联型比较，相关的研究结论可能更有现实应用价值和可操作性。

2 应用研究的地区与时间选择

对应用研究进行评判的一个重要的标准，就是研究结果是否具有可操作性；所提对策建议是否具有广泛适用性，是否具备可以提炼推广的应用价值。对三维高质量发展推进模型适用地区和时段的选择主要基于四个原则：第一，研究地区与时段具有国家层面示范、试验特征；第二，虚拟经济与实体经济有比较典型的和相应经验积累运行的单元样板；第三，选定地区发展研究的某些特定方面具有成熟的可行模式，并有科技、金融、研发实力和背景；第四，应用研究的时段应该具有满一个国民经济发展期间的空间，一般至少五年，或运行了一个完整的五年计划。

3 研究区域、时间和三维高质量发展推进模型的内容概述

本研究确定的区域为中国的长三角区域，即上海市、江苏省、浙江省、安徽省。2018 年 11 月，习近平总书记宣布，长三角一体化上升为国家战略。本研究时间，为长三角一体化绿色生态示范区宣布挂牌起的五年，即"十四五"规划制定年及实施年份。

长三角一体化下的三维高质量模型研究是由地处长三角区域决策咨询智库组成的开放式研究团队设计提出的三个原生态创新应用型研究。研究着眼于长三角一体化的国家战略，着手于长三角一体化的"十四五"计划，着力于虚拟经济维、实体经济维和区域研究维的关联协同研究，提供长三角一体化中经济发展中的应用型经验和实用型对策，以形成高质量型的应用模型。

虚拟经济生态维是梳理、汇总于经济保障关联的基本元素，总结各元素之间的互相影响、互相融合的关系，并构建起新时期发展中经济保障集成系统，这也是长三角一体化下三维高质量推进模型的一个子系统。其整体元素包括主

要核心元素——金融，基础元素——会计、审计、统计，规范元素——法律等，详见本章相关章节阐述。

实体经济生态维是聚焦汇总于经济发展的产业集群，关注高科技含量的朝阳性产业集群的全产业成长链的提升，特别是在一个形成规模的特定区域，组合、协同、各得其所的经济成长协同系统。作为长三角一体化三位高质量推进模型的组成子系统。其代表性的制造产业以科技为引领，以集成电路、生物医药、人工智能、航空制造等产业集群为代表，形成特定产业规模下游、中游、上游的链接集成成长的规律性态势，详见本章相关专节阐述。

区域经济研发维是记载、汇总于特定区域的协同创新、经济比较、借鉴和布局研究产业集群发展，产业、产品科技研发的特色型经济区域研发系统，作为长三角一体化三维高质量推进模型的子系统。其典型的研发单元以长三角冠名，以协同创新为导向，进行区域经济的中观信息采集，提出区域经济发展方向，统驭区域产业集群方案。组织区域经济重要产品、产业的科技研发，宣传推广区域经济研究成果和经验，促进虚拟经济、实体经济的深度融合，形成研究区域经济发展的智囊库，产品、产业、研发的策源地，数据信息和系统目标发布台，详见本章相关专节阐述。

4 三维高质量发展推进模型图

长三角一体化的三维高质量发展推进模型之间的关系和系统目标可表述为：等量齐观、互相支撑、紧密融合、协同作用，为长三角一体化的国家战略服务。其中，区域经济为模型运行范围，是长三角经济一体化的方向、目标、定位和特定阶段产业发展方向、服务保障方向、产品创新方向的对象。虚拟经济、实体经济为模型运作的双引擎，同时点燃区域经济发展两翼的发动机，形成高质量、优速度、稳状态的区域经济推进器。实体经济维的成长增长属性，虚拟经济维的生态集成属性，区域经济维的协同研发属性，汇合成长三角一体化战略的系统科学属性，其形态如同"东方明珠电视塔"造型，昂立在中国的长三角的大地上，直冲云霄。

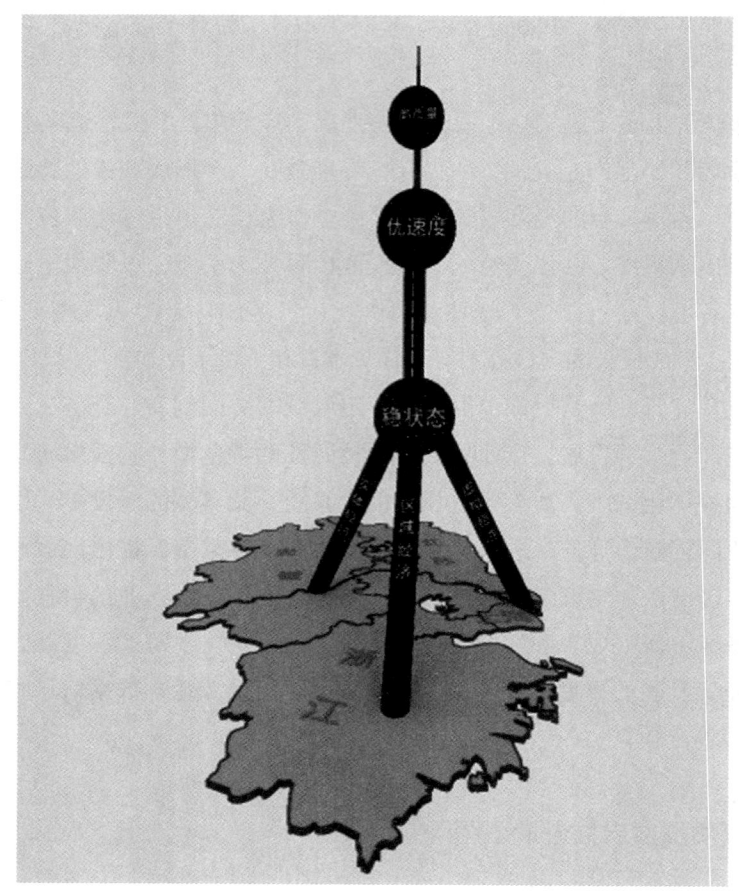

图 1-1　长三角一体化下的三维高质量发展推进模型

第二节　构建模型的基础理论依据综述及认识

1 相关基础概念的学术史动态

1.1 虚拟经济概念的提出

就"虚拟经济"这一概念而言，国外的著述中很少提及，其最早记录可追溯至英国银行家里瑟姆于 1840 年出版的《关于通货问题的通信》一书，他在该书中指出了汇票本身的虚拟性质，首次提出了"虚拟资本"的概念。此后的1894年，马克思在《资本论》中对虚拟资本的本质进行了阐述，马克思认为虽然虚拟资本通过循环运动产生了利润，但虚拟资本本身并不具有价值，这为此后虚拟资本的研究奠定了基础。

1.2 实体经济概念的提出

"实体经济"是西方经济学中一个相对比较成熟的概念，在国外学术研究中也经常使用，但经梳理发现对这一概念的内涵研究较少，至今没有形成公认的定义。实体经济这一概念源自西方经济学研究中为了剔除价格变动因素而引入的"实际变量"这一概念，因此实体经济与名义经济、货币经济等概念相对应。20世纪40年代，约翰·梅纳德·凯恩斯（John Maynard Keynes）摒弃了过去以货物劳务及工作等作为计算单位做法，并提出经济学的实质是研究实体经济与符号经济二者之间的关系。2008年美国次贷危机爆发之后，实体经济这一概念在西方媒体中的曝光率日渐提高，一般认为经济体系中除去房产市场和金融市场之外的部分都可以统称为实体经济。

1.3 产业集群概念的提出

集群的概念最早由马歇尔于1890年提出，他认为将许多小型企业汇集在同一个工业区内将会产生规模经济效应，从而降低企业成本，于是把这种企业聚集的现象称为集群。1990年，迈克尔·波特在《国家竞争优势》一书中首次提到了产业集群（industrial cluster）的概念，此后1998年，迈克尔·波特在《产业群落与新竞争经济学》（Clusters and the new economics competition）中对产业集群进行了定义，即"在特点区域集中的、业务上相互关联的企业和机构的总称。"

1.4 区域经济一体化概念的提出

1954年，荷兰经济学家简·丁伯根（Jan Tinbergen）在其论著《国际经济一体化》（International Economic Integration）中最早提出了"经济一体化"概念，并对世界经济一体化作了较为系统深入的理论分析。他认为"经济一体化就是将有关阻碍经济有效运行的因素加以消除，通过相互协作与统一，创造最适宜的国际经济组织。"1961 年巴拉萨（Balassa）在《经济一体化理论》中对经济一体化作了更为广泛的解释，认为经济一体化就是指产品和生产要素的活动不受政府的经济限制。

2 国内相关研究的学术史梳理及研究动态

2.1 虚拟经济概念的研究

国内关于"虚拟经济"的概念是在亚洲金融危机以后提出的，虽然这一概念已经应用了很长时间，但是国内学术界对虚拟经济内涵仍然未能形成统一的认识，代表性观点主要有以下几种：①刘骏民（1998）将虚拟经济界定为广义虚拟经济和狭义虚拟经济，他将除物质生产活动和与其相关的劳务活动之外的所有经济活动定义为广义的虚拟经济，同时将所有的金融活动和房地产业的虚拟部分定义为狭义的虚拟经济。②成思危（1999）从虚拟资本的角度对虚拟经济进行了定义，他认为与虚拟资本运动有关的经济活动就是虚拟经济，最明显的特征是虚拟资本以金融系统为依托进行直接以钱生钱的活动。

2.2 实体经济概念的研究

虽然实体经济的产生远早于虚拟经济，但对于实体经济概念的研究却并不比虚拟经济早，因为对实体经济概念的定义多是依附于虚拟经济的定义顺便定义，根据研究需要才对实体经济进行了定义。梳理发现目前直接针对实体经济这个概念的内涵和外延的研究并不多，成思危（2003）认为，实体经济是包括物质资料生产、分配、交换和消费的经济活动。周小川（2011）在中央经济工作会议后提出，实体经济不仅包括物质产品的生产，也包括服务业，不能认为实体经济只是物质经济。

2.3 产业集群概念的研究

虽然国内学者对产业集群概念的研究起步较晚，但随着经济发展步伐的加快，特别是进入 21 世纪之后，我国学者在产业集群方面的研究明显增多，也取得了丰富的成果，但对产业集群的概念仍未形成统一认识。李晓颖（2017）认为产业集群主要是相同产业或直接关联产业在地理区位上的集中。苏凌（2017）认为产业集群是许多中小企业为了克服市场失灵而采取的一种中间性制度安排，在保证企业独立性的基础上增加了企业之间的关联，这种依据专业分工建立起来的组织结构比纯粹市场更具稳定性，比层级市场更具灵活性。

2.4 区域经济一体化概念的研究

关于区域经济一体化的研究，我国是在"行政区经济"研究的基础上拓展开来的。具体到长三角一体化来看，早在20世纪80年代初，就已提出类似设想，此后诸多学者围绕这一问题展开了研究。比如刘志彪（2004）认为长三角经济一体化必须以市场化、国际化为动力，充分发挥市场配置资源的作用；朱家梁（2004）认为推进长三角一体化发展要以建设上海为中心的大都市圈群为载体，通过产业集聚来解决区域一体化。

3 对国内相关研究动态的认识

3.1 研究内容、视角和方法

研究内容较为丰富，研究视角较为多元，研究方法多样化。现有研究内容覆盖区域经济一体化的内在机理、外部条件等诸多方面，具体针对长三角一体化的研究也较多，主题涵盖效果评价、问题分析和政策建议等等。在研究方法上还综合运用逻辑分析、比较研究、案例研究等多种方法。

3.2 研究的共性和个性

现有成果中共性研究偏多，个性研究不够。现有研究多从实体经济的角度研究推动产业一体化的举措，对于金融等虚拟经济如何实现一体化发展较少涉及。此外，对于长三角一体化中的生态环境、区域规划、科技创新等关键性、长远性问题研究还不透彻，长三角一体化与其他区域经济一体化等既有共性也有特殊性，且特殊性显著，需要更有针对性的研究，揭示特殊性。但已有研究借鉴甚至移植一般性区域经济一体化成果较多，创新性不够。

3.3 长三角一体化推进系统尚无破题

长三角一体化中涉及实体经济、虚拟经济、区域经济等诸多领域，但如何发挥各部分在推进长三角一体化中的作用等全局性研究仍不多见，尚未将三者等放在同一个框架中进行研究。对经济保障集成系统、产业集群发展系统和区域经济研用系统在推动长三角一体化中的作用尚未给予足够重视。总之，目前对长三角一体化推进系统总体架构的研究仍然比较薄弱，有待进一步深化研究。

4 构建模型的几点思考

4.1 在已有研究基础上的两个学术价值目标
4.1.1 创新性提出三维高质量推进模型

与现有研究将实体经济、虚拟经济和区域经济三者割裂甚至对立起来不同，本课题创造性地把三者紧密结合起来，率先提出了长三角一体化下三维高质量推进应用模型，把实体经济、虚拟经济和区域经济放在同等地位上，纳入同一个框架下研究如何实现三者高质量联动发展。

4.1.2 有助于构建更具逻辑和科学性的理论研究框架

本课题通过对经济保障集成系统、产业集群成长系统和区域经济研用系统三维高质量推进模型的比较分析，以探求区域经济、虚拟经济和实体经济在推进长三角一体化方面的作用；通过在三维高质量推进模型中引入先进技术和金融服务，强化了先进技术新引擎的统驭作用以及金融服务的核心引领地位。这种金融和科创并重的理论框架体系，相对于已有理论研究框架更具逻辑性和科学性。

4.2 在已有研究基础上的两个应用价值目标
4.2.1 围绕高质量、固化研发应用、强化元素集聚、优化产业布局，回应区域的现实基础需求

以金融为核心的经济服务保障元素正在相互渗透与集成，成为保障经济健康发展的智慧体系。随着科学技术的创新推动，以科技为引领的产业集群成长系统，正在与集成电路等多个朝阳产业领衔集聚，成为产业集群健康成长的协

同体系。虚拟经济和实体经济作为长三角区域经济的基本组成部分，既有着各自的供应链，也有着共同的目标，于是在特定区域进行经济发展三维模型协同推进的应用研究，就成为决策咨询工作的应有之意。

4.2.2 围绕一体化、依据新技术、依靠金融元素、依托典型好样本，总结区域内复制推广的经验做法

三省一市都已制定了一体化发展行动方案，然而行动方案仍然没能摆脱行政区隔的限制，缺乏对虚拟经济、实体经济和区域经济三维模型协同推进的应用研究，实现各省市行动方案的有效融合空间很大，对长三角一体化发展推进系统的总体设计不足，因此把虚拟经济、实体经济和区域经济三者放在同一个研究对象范围之内进行比较，在每一子系统中选取典型样板提炼实践经验，形成可复制、可推广的发展方案就变得尤为重要。

4.3 研究重点、研究方法的基本安排

4.3.1 本课题研究的重点

（1）三维高质量推进模型的系统构建。

（2）各子系统在推进长三角一体化发展中的功能定位。

（3）子系统中保障元素的确立。

4.3.2 本课题的研究方法

（1）文献研究法。除一般研究论著文献外，还包括现有国家和相关省市发展规划、实施方案等文件等，通过文本内容分析了解目前相关政策制度和发展目标。

（2）调查研究法。主要包括问卷调查和现场访谈两种方法。拟设计封闭式和开放式结合的问卷调查表，采用分层调查的方法选取不低于1000份的样本。现场访谈法拟选取长三角区域内相关政府有关部门、企业进行访谈，采用一对一面谈等方式进行。

（3）案例研究法。拟从虚拟经济、实体经济和区域经济三个维度分别选取典型样板进行研究，对其长三角一体化发展的模式进行分析诊断，给出针对性的建议。同时总结提炼典型样板在长三角一体化发展中的实践经验，从中观角度提出长三角一体化的意见和建议。

4.4 构建模型追求的创新方向

4.4.1 在学术思想、学术观点方面的特色和创新

本课题试图提出并阐述论证以下几方面的一些学术思想、学术观点，力争突出特色，有所创新。

（1）在区域经济一体化理论的认识方面。

本课题初步认为，不同地区的一体化发展，因其资源禀赋和发展阶段不同，推进一体化发展的理论基础和对策路径应当有所差别，不存在一种普遍适合的推进模式；三维高质量推进模型更适合于推进长三角一体化发展，各子系统及内部构成元素均提炼于长三角一体化发展的有效实践，子系统具备各自存在的价值和适用性，三维高质量推进模型代表了一体化发展的新理念和趋势。

（2）在长三角一体化发展的认识方面。

长三角一体化发展涉及诸多行业和领域，在既有发展基础上实现经济高质量发展是长三角一体化战略的关键一招。在促进长三角经济高质量发展的诸多因素中金融和科创居核心地位，上海已在这两方面积累了其他省份无可比拟的优势，因此发挥上海在长三角一体化中的"核心城市"定位，就要充分体现金融、科创的"双子星座"作用，让金融服务发挥血脉的流通辐射作用，实现区块链等新技术的压舱石功能。

（3）拟把区域经济、实体经济和虚拟经济纳入一个总体框架中进行研究。

目前关于区域经济、实体经济与虚拟经济三者关系的争论仍在继续，本课题并不局限于对三者关系的梳理和剖析，而是把三者放在同等地位上进行研究，通过构建经济保障集成系统、产业集群发展系统和区域经济研用系统分别指导虚拟经济、实体经济和区域经济发展，共同服务长三角一体化国家战略。

4.4.2 在研究方法方面的特色和创新

（1）注重多学科研究途径的综合运用。

本课题依托经济学理论，研究实现经济资源长三角各省市之间的优化配置，梳理和选择产业样板；依据管理学理论，研究和评价样板企业服务长三角一体化的优势和不足，并总结提炼经验。

（2）注重多种研究方法的综合运用。

综合运用典型案例分析、比较研究方法、调查研究方法，力求将规范性研

究法和实证研究法有机结合，对研究问题的认识更为全面、立体和深刻。

第三节　创新组合以金融为核心的经济保障集成子系统的构建

以新技术为依托的经济保障集成系统，是一种在互联网技术深度应用背景下，金融、会计、科技平台体系发生多核心网络化融合的产业结构形态；是以货币、数据为推动，以科技创新为手段，各地区协同、服务业联动开放，推动实体经济高质量发展的生态保障系统。一方面产业群的生态圈为新技术的产生、应用、升级提供了发展土壤；另一方面新技术的发展又进一步促进了产业集群生态圈的进化发展，形成了良性循环。同时，法律元素规范了上述形态的经济保障，为构建创新组合的区域经济集成系统提供法治基石。

如图1-2所示，该生态系统是由政府主导，政府与金融机构携手搭建，蕴含于金融、会计、科技平台体系内部的规则框架，各平台围绕金融、会计、科技等关键核心，形成网络化连接，进而形成包含多个产业集群、平台体系的金

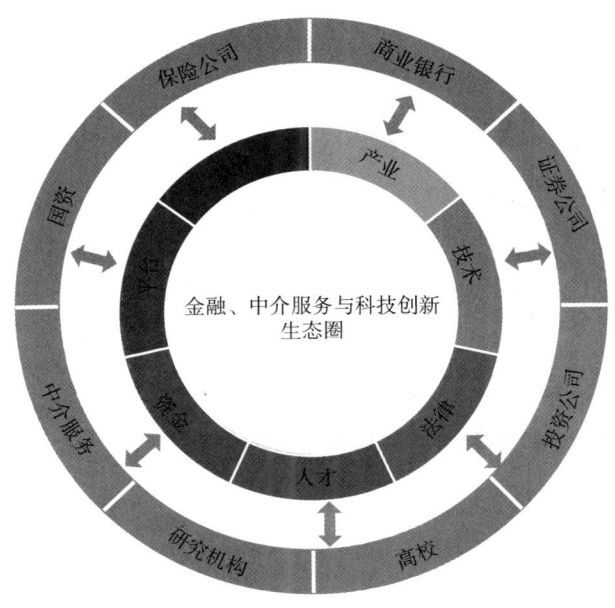

图 1-2　融合金融、会计、新科技要素的经济保障集成系统

融会计科技生态圈；该生态圈能使圈内的金融、会计、科技等服务机构、产业集群等金融、会计、科技关联对象进行更高效的资源交流与整合，包括产品、服务、人力、数据、资金的融合等等，满足生态圈内金融、会计、科技、产业集群对象的全生命周期需求，为金融、会计、科技和产业集群创造全新的商业模式与经济价值，也给传统服务业发展模式改革带来颠覆式力量。金融、会计与新技术的生态圈集成系统中，新技术作为生态圈系统发展的新动能要素，正与金融、会计相融合，驱动金融、会计创新业务发展。国家法制体系通过宪法、单项经济法规和其他条例、细则给予规范保障。

图中的新技术指的是大数据、人工智能、区块链、5G、云计算、物联网等新一代的信息技术，随着其发展呈现出新技术作为生态圈系统发展的新动能要素，正与金融、会计相融合，成为驱动金融、会计创新业务发展的新动能，将对金融和会计产生根本性的影响。

扼要地说，金融科技就是新技术的综合运用与金融相融合的发展结果，它深入影响着金融业，促进了金融产业规模的扩大，能够很好地重塑金融业务流程、创新金融服务产品、降低金融服务成本、提升金融服务效率。未来，全球金融增长点在于金融科技，国际金融中心竞争的焦点也在金融科技。不同的新技术对金融的促进各有体现：主要为人工智能技术、大数据技术、区块链技术、云计算、物联网技术等。这是对本系统影响更多新技术的基本表述。

鉴于我们构建本子系统的目的是为长三角区域经济一体化进行全新的模型应用服务，它的性质是由下而上市场效率的探索，故没有将对经济保障主要由上而下，政府主导的财政、税收等手段作为系统元素列入本子系统加以研究。财政、税收等手段会体现在法制保障中。法制对经济的保障十分重要，亦将另行专门研究。

1 以新技术为依托的子系统具有创新发展的诸多特征

1.1 新技术带来诸多元素迅速集聚

21 世纪的前两个十年是科学技术突飞猛进，在各种场合促进虚拟经济元素变革、渗透、重新组合、提升职能的重要时段。它给虚拟经济领域各个方面带来了前所未有的动力和改变，并且使虚拟经济集成系统成为推动区域经济的"保护神梯队"。它们与金融、会计一起成为保障经济生态有序进步的不可或缺的力量。

审计领域涵盖了国家审计、内部审计与社会审计（注册会计师）等方面，一直是社会经济发展的重要组成部分。从特定视角看，是促使我国经济与世界经济接轨的十分重要的转换器。

从新技术与审计的相互作用与影响看，已经并将继续加快审计各个环节结论的精准度、效率和进程优化，同时，促进审计更多地与虚拟经济维的其他元素互相联合，产生 1+1>3 的集合力量。

统计工作历来是社会经济数据反映、梳理比较、分析归纳的主要平台，年终岁尾，统计公报成为令人瞩目的"经济榜单"。新技术的渗透和科学运用，也在一定程度上助推了统计含量与质量的进步，扩大了统计结果的覆盖面、统计数据的权威性和精准性，并将继续成为经济保障集成中的重要亮点。

1.2 会计、审计、统计等基础元素成为保障经济发展的基础力量

在社会经济发展的历史进程中，产生了助力经济成长的必要元素，并在发展过程中渐进提升作用，成为经济保障的传统基础元素，也是创建保障经济集成系统的基石。

1.2.1 会计职能承担着经济保障的基础任务

会计是以货币为主要的计量单位，以凭证为主要的依据，借助于专门的技术方法，对一定单位的资金运动进行全面、综合、连续、系统的核算与监督的一种经济管理活动。会计作为社会经济发展的货币反映和成长记载，一直是社会经济活力不可或缺的伙伴，人们耳熟能详的"经济越发展，会计越重要"已经在全球和中国的经济发展进程中得到证实。特别从我国经济发展的历史轨迹观察，会计的基础职能作用与经济发展已协同共进，产生着极其重要的价值示范。

（1）经济发展提升了会计的作用地位，纵观我国经济发展的进程，回顾会计职能在经济发展中发挥的作用和地位，会计职能的不可或缺性与会计数据结论在计算、监督、决策、评价环节的作用持续提升，会计理论与实务技能已成

为全社会经济工作者必须掌握的能力和本领，已得到广泛认可。

（2）会计职能保障了经济发展的健康成长，作为记载、反映社会经济发展的会计工作，历史记载和依法剖析的会计根据，在体现会计基础职能的水平上，满足了国际惯例和国家相关规范的要求，实现了为经济保驾护航，会计已经成为经济发展的忠诚卫士。

（3）会计工作逐步提升了反映、记录经济发展的真实准确水平。从已有的会计信息而言，我国的会计基础工作的真实性水平，体现了与我国经济发展相适应的发展水平，为经济发展的真实与可持续夯实了记载基础，还原与提升了会计生态属性的本来面目。

（4）会计工作，在新技术的影响与融合中，进行了影响深远的变革和自身进步，包括区块链技术、人工智能技术、数字经济背景下的虚拟经济革命，渗透、融入既有的会计领域，一定程度上优化了会计领域的已有职能、程序、效率和内容，促进了会计的进步和成长。

（5）会计工作加强了披露、防控的保障职能建设。中国经济发展的过程，既是会计真实记载水平的提升，也是会计在披露、防控、揭示不足、适时预警、监督前移的建设进程，会计系列监督手段的有效应用，正在成为中国经济发展的重要保护神。

可以毫不夸张地说，会计的夯实与发展是中国经济发展的重要保障之一。它既能记载经济发展的量化依据，运用货币给予直观展示，承担经济保障的基础事务，也能留下会计相应的足迹，见证会计的变革与进步。"经济大发展，会计更需要"值得认真贯彻。

1.2.2 审计职能确保着经济健康发展的主要方向

审计是由国家授权或接受委托的专职机构和人员，依照国家法规、审计准则和会计理论，运用专门的方法，对被审计单位的财政、财务收支、经营管理活动及其相关资料的真实性、正确性、合规性、合法性、效益性进行审查和监督，评价经济责任，鉴证经济业务，用以维护财经法纪、改善经营管理、提高经济效益的一项独立性的经济监督活动。审计作为社会经济发展健康安全的门神，一直是社会经济活动特有的必需形态。其中，国家审计、社会审计分别行使着相应的职责。从我国经济发展的过程观察，审计的基础职能、作用同样不可或缺，体现着不可替代的重要价值。

国家审计对经济发展的保驾护航和监督、服务主要体现在以宏观、中观层面为主要范围的审计职责活动，也包括根据需要对微观层面行使的履职活动，依据相关法律法规、会计准则以及国家经济规范文件，对特定区域、特定时段、特定内容进行的审计项目，通过相应的评价性结论报告，体现国家审计对相关内容的审计、服务职责，给出经济发展健康与否的明确讯号。从特定的视角观察，区域经济更需要国家审计的监督与服务，应当重视、加强。

社会审计对经济发展的保驾护航和监督服务主要体现在微观社会各种实体为主要范围的审计职责活动，也包括根据需要对宏观、中观层面行使的履职活动，依法受托进行开展审计工作，通常以微观层面的企业、事业单位的审计项目加以体现。从特定的视角观察区域经济是由千千万万个微观实体组成的体系，而虚拟经济、实体经济的均衡发展、协同发展值得特别关注。社会审计的监督服务在未来区域经济的发展中需要大力加强和提升。特别是开放与改革区域的社会审计要加快与全球化、科技金融的双重融合，引领推进与市场运行浪潮的对接，突出确保微观经济健康发展重要任务的实现。

内部审计是审计体系的重要部分，是由部门、单位内部专职审计人员进行的审计。开展内部审计目的在于帮助部门、单位的管理人员实行最有效的管理。内部审计与外部审计相配合并互为补充，是现代审计的一大特色。健全的内部审计制度，可为外部审计提供可信赖的资料，减少外部审计的工作量。在中国，内部审计不仅是部门、单位内部经济管理的重要组成部分，而且作为国家审计的基础，被纳入审计监督体系。

进一步彰显审计在中国经济发展中的监督服务作用，是创建经济保障集成系统的一个重要支点，保障经济健康发展，审计与会计一样是基础组成。责任不可替代，功能更需完善。

1.2.3 统计信息记载着经济发展的前世今生

统计是特定时期经济数量表述的权威象征，通常一个国家、一个地区在一个时期的国民经济各项指标都是由国家或地区的统计部门专门发布的。它以数量为基本表现形式，分别形成若干项内容的统计报告。统计报告是国家或地区在宏观、中观层面状况的重要发布形式。一个国家和地区的经济运行状况，通常是分年（也可半年、一个季度）为时间段，加以统计发布的。可以这样表述，区域经济状况统计具有绝对的话语权和权威性。特别是综合统计下的行业分项统计，以及相关数据的纵向比较与其他国家、地区的横向比较；在此基础上的综合，分行业、分类别的相应分析，根据多种数理统计模型分析得出的相应科学结论。区域经济的规律性特征，有更多的提炼、归纳源自统计数据和统计分析。

从特定的视角观察，统计结论和数据对区域经济经发展有参考价值。如区域某行业以往的环比数据，可以用来判断未来的发展走向；与其他国家、地区同时期的可比数据，可以用来了解相关可比行业、产品的发展布局和投入产出定位。又如，区域经济下的虚拟经济维、产业集聚维的未来结构规划，可以从已经发生的五年、十年的统计数据系列中找到相应的行业、产业、产品的轨迹。通过图表直观显示变化的规律逻辑，为未来规划相应的结构和设计方案提供数据支持。在新技术持续运用后，统计效率也一定会得到提升。统计结果会更加科学，因此提出的建议也会更为精准。

经济发展的前世今生，归根结底，需要量化数据说话，需要科学统计的基本结论，统计将会和会计、审计一样，成为经济保障系统"三计联合"的数量统一战线，基础牢靠，决不走样。

1.3 明确金融的核心地位，揭示子系统构建已进入经济发展新时期

1.3.1 上海多中心建设主体关系比较的结论：金融居核心地位

2011 年，按照上海市委主要领导的要求，我们课题的项目研究组曾经对上海四个建设的相应主题作过关系比较和重要性排序，通过对金融、航运、经济、贸易四者的一系列比较和鉴别，通过运用结构向量、自回归模型、格兰杰因果检验分析、脉冲响应函数分析、方差分析等方法，对四个中心之间的逻辑关系进行了定量与定性的梳理，得出金融中心建设发展居于核心地位，四个中心之间存在相互协同、相互促进的金融发展关系，进一步发挥金融中心的核心引领更需要优化加强的基本结论。从金融、经济、贸易、航运比较而言，特别是四者相互关系间的作用与影响，在相对的视角中，金融独占第一，在进一步的思考中，金融在上海四个中心中存在着极为特殊的"系统血液"定位，成为核心

的重要原因。"人体血液说"成为解释有力、影响居首的第一法则。在创建经济保障集成系统中的过程中,我们对数字经济及新技术、会计、统计、审计、金融、法律、财政、税收等重要元素进行了集成系统中的作用定位,梳理了本子系统关系最为密切直接的研究原始,帮助确定了各自的本质,即数字经济和新技术的实质为系统依托,会计、审计、统计的实质为系统基础,金融则成为系统核心,主要依据就是金融的流动性如同人体血液,是集成系统各元素中联动性最强的一项。而虚拟经济维在和实体经济维、区域经济维的促进区域经济全面发展的进程中,金融的流动性、金融与各个方面的直接关系,无疑是最关联和密切的,明确经济保障集成系统的核心,也就昭示了经济发展的历史新时期即将到来。没有基础元素,集成系统不会稳固;没有依托元素,集成系统缺乏朝代气息;没有核心元素,集成系统将一无所成。确立金融核心地位,经济保障集成系统就一定能有所作为,在长三角经济一体化中起好"牵一发而动全身"的作用。

1.3.2 子系统中必须确保金融"流通辐射"的血液"健康流动"

创建中的经济保障集成系统,是产业集聚成长的全链进程中的专业服务、供给保障,法规监督和量化评价等环节的综合体系。如同飞机的平衡协调理论,需要我们系统各项元素间的流通和辐射的通行无阻。突出金融,发挥好其流通、辐射主心骨效应。事实上,集成系统的主要元素各有侧重,创建系统的基本思路是:基础运行由会计、审计和统计各司其职,依托发展由数字经济的新技术助力各项元素的进步成长,核心地位则由金融贯穿整个系统的"流通与辐射"。这样的定位将由未来的试验加以检验、充实。

我们设计的系统流通是基于集成系统的覆盖面、开放性和动态性等特征,要求经济保障系统有一个元素在特定时期、特定工程或项目、特定产业产品的各项环节中,为系统集成的流通起到统驭的引领作用。金融特有的功能及其与系统各元素的衔接关系可以为系统流通做好相应的联络、沟通,同样,也可以在为产业集群成长系统的各个方面的更多直接服务中体现虚拟经济的支持与融合。

我们设计的系统辐射,则是基于经济保障集成系统与区域经济研用系统的创新关联、产品与产业研发,区域经济产业集群布局定位的衔接,要求经济保障系统有一个元素,同样能在特定时期、特定工程或项目,特定产业、产品的各项环节中，为系统集成的辐射，起到统揽的集聚作用，金融特有的功能及其自身的集聚度、活跃度、感受度的直观形象可以成为虚拟经济维辐射的领先者代表。我们设想，经济保障集成系统在服务区域经济的三维高质量发展模型中，由金融更多地进行系统流通和系统辐射试验探索，集聚其他元素形成系统的优势，服务区域经济优化布局后的产业集群科学发展，为长三角一体化国家战略提供样本和典范案例。

金融是经济发展的血液，若能充分显现长三角"干净、健康、纯清"的金融特征，区域经济高质量发展的新时期必将到来。

1.3.3 经济发展新时期，赋予金融"创新、安全"的双重目标

2018年11月，习近平总书记宣布长三角一体化上升为国家战略，2019年11月长三角一体化绿色生态示范区揭牌成立。目前，长三角一体化示范区正进入规划布局关键时期毫无疑问，金融必然是长三角历史发展新时期的热点和重点。鉴于绿色生态的特有定语，地处江苏吴江、上海青浦、浙江嘉善的示范区一期的660平方千米，已经成为长三角一体化下三维高质量发展推进模型试验的基本区域，赋予金融以"创新、安全"的双重阶段目标，特别关键。

双重目标中的"金融创新"对三维高质量发展推进模型试验具有牵一发动全身的价值，示范区一期要关注、破解的金融创新难点有：①金融业发展的环境不确定性较大；②金融业区域竞争更加激烈且示范区内二省一市的已有标准不完全一致；如果按已有的经验做法，恐怕难以有所突破，因此，坚定不移地加大金融创新的力度，也是重中之重。要在大力培育发展新兴和特色金融产业上下功夫，要在做强金融和准金融机制上下功夫，要在切实提升金融服务实体经济的效能上下功夫。突出绿色生态的"金融创新"，就一定会有"希望的田野"。

双重目标中的"金融安全"对三维高质量发展推进模型试验具有守住风险底线的价值。示范区一期关注破解金融安全难点有：①建设符合示范区实体有效实用的金融监管体制；②切实维护示范区的金融秩序。特别对金融风险的联防联治机制和重大案件处置执法，要打造"金融风险预警＋金融财务监管"科学系统，要构建大金融综合服务平台，以此形成应对金融风险的协调高效处置。

在历史发展新时期，金融要努力实现"创新、安全"的双重目标，为经济保障集成系统当好核心引领，开创虚拟经济有效服务实体经济，助力区域经济高质量发展的崭新局面。

2 经济保障集成子系统的基本目标

我们设计提出的经济保障集成系统，是长三角一体化国家战略下的三维高质量发展推进模型的组成部分，它是由虚拟经济维中的若干元素组成的区域经济整体运行的网络体系。各基本元素在保障经济发展需求的履职中，供应或联合服务区域经济实体经济的需要。其基本目标可扼要表述如下。

2.1 形成各项组成元素集聚经济保障目标下的集团军新序列

随着社会经济的发展，与实体经济遥相呼应的虚拟经济，一步步地细分为相对独立，具有自己鲜明特征的单个活动，在科学新技术的渗透和影响下，不断提升着自己的作用，壮大和改变着自己。事实证明：经济愈发展，虚拟经济愈丰富，虚拟经济的种类及其影响愈扩大。同时，独立存在的单项活动有时也需要进行活动间的组合，产生更好的效率。当前，将虚拟经济的各种元素进行系统集成，明确虚拟经济的基本构成，形成集团军，应该成为虚拟经济维的现实选择。让生态价值覆盖健康的虚拟经济活动，实现壮大虚拟经济正能量的基本目标。

2.2 提振各项组成元素相互影响、携手的精气神新气场

随着社会经济的发展，虚拟经济各项活动在其发挥有限作用的同时，都特别注意自己的形象、精神的社会信誉评价，也就是十分注重自己的"精气神"，即虚拟经济的社会信用。创建经济保障集成系统恐怕要把凝心聚力自己一切相关活动的精气神作为重要目标。从事虚拟经济的任何一项活动的单元组织，要有自己的信用形象，要有个性的精气神。要始终贯彻在自己活动的全过程，为自己的"健康信誉"买单。虚拟经济集成系统要把提高整个地区、社会各虚拟经济单元组织的"信用"作为阶段比较的重要指标，并稳步提升，形成在长三角区域的独特气场。

2.3 开启各项组成元素的合作共进，合力支持实体经济开创新局面

随着社会经济的发展，虚拟经济各项元素间不可避免地会出现合作、竞争等现象，经济保障集成系统有责任按和衷共济的导向，协调、处置各元素或各活动之间的矛盾和争议。按公平、公正、公开的准则，求同存异，开辟虚拟经济各元素间的合作、发展的新空间。有事实证明，虚拟经济的各项元素活动，都有可能在一定空间内的合作、渗透中派生出新的元素以及更高效率的活动和空间，从而产生虚拟经济的新天地，书写虚拟经济全新的一页，实现特定阶段的特定目标。

第四节 提升健全以科技作引领的产业集群成长子系统的构建

作为长三角一体化三维高质量推进模型的子系统，产业集群成长系统关注高科技含量的产业成长链的提升，其代表性的制造产业以科技为引领，以集成电路、生物医药、人工智能、航空制造等产业集群为代表，形成特定产业规模下游、中游、上游的链接集成成长的规律性态势。

1 以科技作引领的子系统具有创新崛起的诸多特征

党的十九大以来，中国经济由高速增长阶段转变为高质量增长阶段，进入转变发展方式，转换增长动能的攻坚期。为了与全球的空前创新聚集和制造业变革时代相衔接，国家也确定了振兴中国现代制造业发展的规划。作为国家战略的长三角一体化规划，把以科技服务做引领的制造业产业集群的成长纳入视野，体现了区域经济服务国家宏观布局的意图。我们提出的以科技作引领的产业集群成长维构建，具有可能的创新崛起的诸多特征，需要加倍努力。

1.1 科技研发催生新兴制造业雨后春笋般地破土
21 世纪，是科技引领全球制造业及其产业集群高质量发展的时期，科技研发作为制造产业的第一生产力，正领衔传统制造业的全面变革与转型，正开拓

新兴制造业的全面兴盛。如"工业互联网"的研究，通过信息技术将机器、物流、人以及信息系统连接起来，进行科学决策和智能控制；特别是美国的通用汽车公司提出的 Predix 平台成为工业互联网风靡全球的起点，形成近期的应用型机器人和远期的家用型机器人、人型机器人和纳米机器人等。新兴制造业的无数种形态不仅在全球，也在中国的区域经济里呈现着雨后春笋般的破土态势。长三角区域，是我国区域经济最为发达，制造业优势更为突出，科技研发走在前列的中观地域。科技研发应能催生新兴制造业集群的批量化形成。

1.2 区域制造业基础形成产业集群星星点灯的选择格局

产业集群是指在某一特定的区域下的一个特别领域存在着一群相互关联的公司、供应商、关联产业及专业化的制度和协会，在某一特定的领域中（通常以一个主导产业为核心）大量产业联系紧密的企业以及相关支撑机构在空间上的集聚，并形成强劲、持续竞争优势的现象。

从区域经济看长三角区域的制造产业，各有侧重。上海东部的微电子基地，西部的汽车基地，南部的化工基地，北部的钢铁基地。特别是汽车的智能制造、科研制造、新型制造聚集的临港、张江、金桥基地，成为长三角制造业的龙头区域；浙江省产业集群的民营主导，专业分工的块状经济，形成一乡一品，一县一业的集群增长；江苏省产业集群的三动（市场带动，外资带动，科技带动和科技驱动）特点也独具一格，安徽省产业集聚的科研主核推动，集聚辐射并举布局（以合肥国家科创中心为核聚集，辐射全省相应地区生产布局）的特点，为长三角区域星星点灯型格局的提升优化提供了基础，为长三角区域形成更为合理的高效产业集群网络提供了基础条件。

1.3 关键掌控力助推区域产业集群新高地雄起

长三角一体化国家战略归根结底是在区域经济的主要指标上有所作为，在虚拟经济的集成系统、产业集群的成长系统、区域经济的研用系统上有全新的创建探索。其中，实体经济中的制造产业集群成长，无疑是关键一招。顺利实现长三角区域的产业集群新高地建设，需要切实把握"关键掌控力"。

由于制造业具有产业链条长、带动作用大、发展延伸空间广阔和创新环节密集等特点；任何一个国家和地区的经济发展，都把制造业的转型发展作为重要战役，给予研究投入、政策支持和战略推动。所谓区域产业集群新高地的关键掌控力，是指产业集群的新型制造力领域中的关键技术、关键材料和关键部件，能够主导影响关键掌控力也就把握了区域产业集群新高地建设的主动权。

关键技术、关键材料、关键部件基本代表了一个制造产业集群的关键掌控力（三关键内容详见本节后述）。区域产业集群新高地建设要选择好若干个制造产业，摸清长三角三省一市的相关资源条件，给予该产业集群的关联布局和全产业链的发展路径，没有长三角一体化的协同，也就没有区域产业集聚新高地的规划蓝图。

2 长三角区域代表性产业集群一览

2.1 集成电路产业

集成电路产业是一种半导体产业，包括制造业，也涉及设计业和封装业，它是与社会各界息息相关的产业。我国的集成电路产业诞生于 20 世纪 60 年代，经历了三个发展阶段。目前我国的集成电路产业有长足的进展，以华为等为代表的企业正在全力进行科研创新，努力攀登国际该产业的第一方阵高峰。长三角区域，特别是上海市，已经把集成电路产业作为重要的核心制造业。

建设长三角区域集成电路产业集群的基本思路是：积极布局工业控制领域的核心芯片，形成对我国工业控制领域的核心芯片的替代能力。要积极利用长三角区域汇聚的一批国际先进企业，包括设计业、装备巨头、晶圆代工厂、存储器制造商，塑造设计、制造、装备材料三大支柱，共同推进集成电路的超越发展。

2.2 生物医药产业

生物医药产业由生物科技产业与医药产业共同组成。生物技术产业是以现代生命科学理论为基础，利用生物体及其细胞、亚细胞和分子的组成部分，结合工程学、信息学等手段开展研究及制造产品，或改造动物、植物、微生物等，使其具有所期望的品质、特性，进而为社会提供商品和服务手段的综合性技术体系。我国的生物医药产业在 20 世纪的头十年有了长足发展，特别是长三角区域的上海张江药谷、江苏的苏州园区、泰州国家级医学园区、浙江的杭州园区都走在我国生物医药产业的前列。据有关材料显示，全球已处于生物医药技术大规模产业化的开放阶段。2020 年，全球生物医药产业进入快速发展期，并逐步成为世界经济的主导产业。上海张江在积极打造原创新医药发展高地上具有基础和优势，积极开创突破性的药物研发新技术也有好的态势，如何形成发展"长三角药谷"值得共同开拓。

2.3 人工智能产业

人工智能产业是指人工智能的产业集群、产业园区。人工智能是研究、开发用于模拟、延伸和拓展人类智能的理论、方法、技术及应用系统的一门新的技术科学。从人工智能的技术突破和应用价值观察，人工智能将会出现三个阶段：第一阶段，未来 3~5 年仍以服务智能为主；第二阶段，中长期将出现显著科技突破；第三阶段，长期可能出现超级智能。

人工智能产业的超级朝阳型特征，要求区域经济的产业集群成长充分把握人工智能技术全方位嵌入的制造业发展优化路径，即智能化、系统化和服务化。上海要特别在人工智能产业的四个方面进行有针对性、突破型试验。继续加密重大技术装备研发创新；采用新模式、新业态优化资源配置；推动企业信息化、智能化和服务化转型；提升系统集成能力，培育一批顶尖企业。人工智能产业代表一区域经济的科技含量，必须占有产业集群布局的相应份额，处于国家的领先水平。

2.4 民用航空产业

民用航空产业是高投入、高附加值、高风险的战略型高新技术产业，是一个国家综合国力的重要标志；具有关联度高、辐射带动性强的特点，对国民经济的发展具有重要的战略意义；属于交通设备制造业中的航空航天制造。长三角区域，将在未来十年之内建设成为全球第六大都市群。目前以上海浦东国际机场、虹桥国际机场为核心的长三角航空客运货运一体化研究取得了重大进展。

长三角机场群规划建设处于重要节点，中国商飞的国产大飞机已展翅高飞，长三角区域已经成为我国民用航空产业的首选地。目前，安徽、浙江的飞机制造产业也都有特色型的典型企业。江苏的南通机场规划已得到国家批复，加强长三角区域民用航运产业集群成长的规划已经水到渠成。

2.5 汽车产业

高科技汽车产业是指体现智能化、网联化、轻量化、共享化为发展趋势的汽车产业。在打造中国世界级汽车产业的基地中，上海乃至长三角区域，要紧紧抓住新能源、新材料、信息化科技带来的新能源汽车新一轮技术变革的契机，超前研发下一代技术，如重点推进电机、电池、速变器等关键核心零部件自主化。又如，可以聚焦车用氢燃料关键核心技术，再如制氢、储氢、加氢等核心技术的研发，引领我国乃至全球氢燃料电池汽车的发展。

2.6 智能装备制造与高档机床产业

智能装备制造产业是指以新型传送、先进控制等核心技术为代表的装备制造的新产品研发，上海和长三角区域要在重大技术装备研发上，采用新技术、新业态优化资源配置，推动相关企业的信息化、智能化和服务化转型，优化系统集成能力，花 3~5 年时间，在工业机器人系统集成、协作机器人、自动化控制系统、智能仪器仪表等领域培育出代表性的顶尖企业。

高档机床产业是指以数控机床为代表的"装备制造业"的工作器机，是衡量一个国家的机床行业技术水平和产品质量发展水平的重要标志。填补国内急需的高、中档数控机床依赖进口的状况十分紧迫，上海及长三角区域要积极发展具有"进化计算""模棚系统"和"神经网络"等控制机理的智能化机床，突出其自适应控制、负载系自动识别、运输参数自动补偿、智能诊断与监控的功能，尽早使机床产业高档化，成为产业集群的成长典型。

3 掌握产业集群成长核心竞争力的三把金钥匙

产业集群成长系统的核心竞争力是紧紧聚焦"三把金钥匙"，牢牢抓住精耕细作的所有环节。

3.1 一批关键技术

关键技术一般是指在较长时期内，积累的一组先进复杂的、具有较大价值的技术和能力的集合体。在长三角产业集群成长系统，要产生一批关键技术，这是区域经济担当国家战略的需要。比如人工智能技术，这是引领制造业领域实现根本性变革的全能型关键技术，它可以对制造业相关的细分产业产生共性下的重大影响，还可以对原有生产技术和生产模式实现智能化改建，从而重塑制造业中相应产业的产业链、供应链和价值链，创建出更多的新产品、新产业。对于长三角产业集群成长系统，要确定一个特定时期（一般为五年）形成一批关键技术的量化任务目标，实现区域经济的整体贡献率。

3.2 一批关键材料

关键材料一般是指能够对制造业的发展起到引导、支撑和相互依存的关键性作用，具有优异性能和特定功能，且应用前景广阔的材料。这些关键材料，通常是信息、航空、能源、生物等高技术制造的核心要素，如生产半导体芯片的材料，是半导体产业的重要材料；又如，目前世界上最好的锂电池隔膜材料基本都由日本垄断。长三角产业集群成长系统，要把形成一批我国短缺的关键材料作为攻坚突破的重中之重，成为我国自主关键材料打开创新发展的窗口。

3.3 一批关键部件

关键部件，一般是指整机中最具有核心效能，对最终产品最具影响力和制造力的部分。特别是在现代工业模块化生产的背景下，关键部件的创新对整个产品的结构会带来重要改变，掌握了制造产业中产品的关键部件，也就把控了产品的主导权。如信息技术发展中最具制约性的关键部件是传感器，而传感器的可度量是大数据的核心所在，它决定了人工智能的做与不做。又如，新能源汽车中的固态锂离子电池，具有安全性高、能量密度高、循环寿命长、工作温度范围高等优势，已成为关键部件，日本政府和几大相关企业已决定联合研发固态锂离子电池，以抢占绝对优势。可见，长三角要求的产业集群成长系统，确定关键部件项目的投入和产出目标，必须放到更加重要的决策位置。

3.4 建立三把金钥匙和产业集群成长的关联机制

关键技术、关键材料、关键部件三把金钥匙是推动产业集群发展的核心竞争力，只有三个方面的长期积累和核心管控，才能使区域经济的产业集群的制造业创新中形成爆发性、引领性的优势。这就需要建立关联机制。

（1）要和赋能效益相关联。既要注重新兴产业，通过关键核心技术突破、科技成果转化和大规模商用成效，形成若干领域的群体性、系统性突破；也要注重传统产业，通过应用创新带动效应的三个关键，也实现生产流程、产品品质和管理模式的改进，进而实现向产业发展的中高段领域迈进的转型。

（2）要和高端的锁定效应相关联。相关研究表明，跟跑者在发展中只有通过更具创新力的产品才能够突破领先者的封锁和价格垄断。中国制造产业集群恐怕要更多地探索与高端的锁定效应关联的机制建设。

（3）要和领先标准效应相关联。三关键的基本特点是技术密集、附加值高、引领作用强、影响力大，因此一直成为制造业国际标准竞争的制高点。例如美国高通公司至今已拥有了 3 000 多项 CDMA 及相关技术的专利。这些标准已被全球标准制定机构采纳，因此成为美国保持制造业竞争力，占据全球范围制造业价值链高端的重要手段。长三角区域的产业集群成长系统，争取形成国际标准上相应的话语权，就会享有相应的标准引领效应，提升制造业发展的话语权和影响力。

综上所述，实现三个关键的突破，就是要长三角地区的产业制造集群代表参与全球合作竞争的选择；就是要跳出路径依赖，确立区域经济新优势的选择；就是要立足客观约束，提升竞争力的选择，这是唯一正确的选择。

4 产业集群成长子系统的基本目标

我们提出的产业集群成长子系统，是长三角一体化国家战略下三维高质量推进模型的组成部分。主要由产业集群维中的若干主要产业组成的区域经济整体运行的实体经济发展体系，各相关产业集群在成长的阶段进程中，协同虚拟经济保障系统实现区域的阶段目标。其基本目标可扼要表述如下。

4.1 形成区域经济制造业的产业集群新高地

随着区域经济特定阶段的既定目标规划，长三角区域将是我国制造产业集群实现高科技推动的示范地区，形成我国区域经济实体制造业产业集群新高地，应该成为产业集群成长系统的首要目标。

产业集群新高地要鲜明突出国际化、功能性和高科技三个发展和潜在优势，支撑起区域经济核心内容的高度。

（1）国际化。产业集群成长，要把导入全球资源、扩散全球影响力，利用优越的空间区位，瞄准并聚焦国际级先进制造业集群的使命作为建设导向，形成我国外向型开放的标志性区域，体现国际化结构占主要比例的示范区域。

（2）功能性。产业集群成长，要把上海乃至长三角区域的"头雁效益"放在重要位置，形成主翼、侧翼的地区分工，加快构建全球化产业分工体系和结构，在功能性上占领全球重要产业价值链的有利位置，实现产业功能的良性互动，形成我国功能性集聚的产业集群布局，体现产业集群成长的塑造格局。

（3）高科技。产业集群成长，要把科技引领先进制造业作为第一发展要务，体现在产业集群的排序选择和重点培育等多个环节，让科技含量的产业集群数据成为亚洲乃至亚太区域的前列，并保持提升在全球的排位。

产业集群成长新高地应当在一个特定时期（如"十四五"规划时期），在国际化、功能性、高科技各项指标上有质的提升，成为我国区域经济的排头兵，并努力走在全球经济和洲际经济的前列。

4.2 布局区域内产业集群的全链新连线

产业集群成长系统的一个重要目标是在区域经济现有规划布局中，确定具体产业的下游、中游、上游制造生产的全链条连线布局调整，或特定时期内的具体新方案。这个目标，是区域制造业社会分工协同全链条体系中的科学运筹形成的新连线，可以在具体的产业集群生产全过程产生更好的效益，为区域经济提供有利的成长规律，实现成长系统的科学价值连线产生的经济效益。

4.3 探索区域内产业集群间"互补共享"的合作新路径

产业集群成长系统，可以探索规划区域内的产业集群间的合作新路径。即不同的产业集群，在合作路径上可以尝试相互间的适度合作。一是互补原则，比较各自产业集群既定的优势、流程，进行相互支持；二是同享原则，选取双方都需要的一些公共供给需求，实现不同产业集群相同公共供求元素的协同享用机制。为共同区域经济建设集约资源新路径。

第五节　聚焦探索以协作创新、科创研发为重点的区域经济研用子系统的构建

1 以协作创新、科创研发为重点的子系统具有体制创新、技术研发的双重特征

区域经济是指分布于特定区域的经济组成。它的形成是各个行政区域劳动地域分工的结果。在长期的社会经济活动中，由于历史的、社会的、政治的、经济的作用，一些在经济等方面联系比较频繁的居民区逐渐形成了各具特色的经济区。区域经济是国民经济的缩影，具有综合性和区域性的特点。

聚焦探索长三角一体化区域以协作、规划、研发为内容的三省一市区域经济推进系统的创建，是该区域经济保障、产业集群高质量发展的重要前置与先行板块。实践表明，特定区域经济需要相应的推进系统创建谋划。

1.1 子系统彰显产业带、阶段型、价值链，体现协作与规划重点

区域协作与经济规划是推进系统创建重要的基础特征，在一个特定的阶段期间要通过政、产、学、研、金、介、用的科学体系进行区域的经济协作布局规划，特别做好：第一，对阶段型的认识。对特定区间的区域经济发展，要在区域规划的总指导下，在已有的经济区域产业特色、类别、创新型产业优势的数量形态分布的基础上，统筹提出未来5~10年的成长方向，它是量化阶梯的发展目标，是区域经济一定时期的经济产业布局。掌握住阶段型的节奏，也就

把握了区域经济的量化总龙头。第二，对产业带的认识。一个区域的经济发展，关键要靠以科研创新为特色产业的优势产业带的形成，即制造产业带和城市生产性服务业体系，长三角区域的制造产业带具有一定的优势积累，是我国不少传统制造业的高地，如何突出科技创新的引领，形成长三角区域产业带的技术变革，产生若干代表国家朝阳产业带的集群建设，值得很好的布局研究。也已经并将继续成为推进系统思考的重点。第三，对价值链的认识。对产业发展变革的研究，必须关注价值链的比较借鉴。一条产业带在特定区域的布局，必须运用价值链加以科学衔接。纵观新型潜质型产业带的形成，需要价值链的跟踪连线式的替代和模型分析，有时，需要通过复杂的借鉴比较才能得出结论，值得深入比较。只要从特征入手，就能将区域经济的已有规律和潜在规律融合起来，产生实用的阶段发展路径结论。

1.2 子系统培育具有创新细胞的产业"源头活水"和"科创走廊"，体现技术研发的"科创火焰"

区域经济研究中的技术研发是区域推进系统中的核心内容。产业集群的形成，关键枢纽是能突出以科技创新引领的生态产业源头的产品或技术的研发，形成协同创新的科创走廊，即在长三角区域经济产业布局于特定期限过程的同时，必须把技术研发作为生态产业发展的"源头活水"加以全力维护和打造。其本质体现为：第一，在已有的区域经济产业布局规划的内容中选择若干产业集群技术，建设相应的技术研发中心或研究院；第二，确定特定期间的特定产业集群关键国产化的提升比例，组建由特定产业的关键技术、关键材料、关键部件的联合攻关团队，区域财政给予相应的政策扶持。第三，发挥上海在长三角区域的"核心龙头"作用，持续推进长三角 G60 科创走廊建设，与长三角示范区的"产业生态技术源"形成联动效应，让科创走廊成为三省一市的科创元素，转化为产业集群制高点的中转试验场。第四，在长三角区域范围内，确定绿色生态示范区为产业集群技术研发研究基地，研发成果视环境指标分别生产制造于示范区和长三角区域的产业集群带、链之中。如浙江清华长三角研究院已成为技术研发"源头活水"的成功典范。

1.3 形成子系统的技术研发组织在示范区形成的火炬效应，体现出双辉相映的研用结合

长三角绿色生态区一期已启动运行，鉴于绿色生态示范的核心价值，特别是清华长三角研究院和清华柔性电子研发院的有效经验，可以实验区域经济推进系统相关技术研发组织平台在示范区的开放、集聚引导计划，形成技术创新的火炬效应，助推区域经济中的产业集群技术研发成果转化。加快区域产业集群的高质量成长进程。

2 虚实相间的协同推进确保着子系统高质量的渐进成长

2.1 子系统主要样本的"北斗七星"模式，保证着高质量的系统布局和研发实效

地处浙江嘉兴的"清华长三角研究院"，业经近十年的探索路程，成为长三角区域经济协作创新的"先行者"，面对中国经济开放改革的趋势，聚焦长三角区域，开展了开放融合的拓展应用型摸索。初步形成区域经济协作创新、科研开发的系统模式。他们以政、产、学、研、金、介、用的相互结合，卓有成效地进行了长三角区域内经济相关规划、布局的应用型研究，被有关领导和专家归纳成"北斗七星"模式。同时，清华相应的研发项目，也对产业集群的核心选择起到了重要的科技创新的引领作用，为长三角区域的产业集群的科技聚焦与成长的高质量发展做出了实际的贡献。

2.2 "G60科创走廊"可以作为"创新孵化基地"加以打造

G60科创走廊沿线是中国经济最具活力、城镇化水平最高的区域之一，包括上海、嘉兴、杭州、金华、苏州、湖州、宣城、芜湖、合肥9个城市。2019年12月，国家已明确长三角G60科创走廊已上升为落实国家战略的重要平台，2019年前三季度，九城市GDP同比平均增长6.7%，财政收入同比增长8.1%，聚焦人工智能、集成电路、生物医药等先进创造业产业集群。同时，金融服务G60科创走廊也同步跟进，长三角G60科创走廊服务中心和上交所资本市场服务G60科创走廊基地也正式运营，成为科创驱动"长三角制造"迈向"长三角

创造"的风向标。国家科技部在推动长三角共建"创新孵化基地"上已经做出了全面部署，渐进成长有了符合实际的规划。

3 区域经济研用子系统的基本目标

我们提出的区域经济研用系统，是长三角一体化国家战略下，三维高质量推进模型的经济布局和科创引领产业发展的"活水源头"，它将和经济保障集成系统、产业集群成长系统联动协同，在实现长三角区域经济高质量集成发展中，发挥特定阶段的应用功能，其基本目标可扼要表述如下。

3.1 确认特定区域、特定时期经济协作、科技研发的传承、实施路径

长三角区域经济在一定期间（如一个五年规划）内需要从不同视角对区域经济的保障、成长和推进给予量化协同和研发优化。要适时确认特定期间的量化目标和实施路径。概要的说，一是认识特定时段的全球经济、我国经济的变化走向，金融、科技的影响、变革趋势，长三角区域经济保障、产业集群成长的实际特点，得出需要改变和应对的思维及相应思路；二是提出特定期间，经济保障、产业成长、量化协同创新，科技重点突破、产业创新转型的系统方案；三是确认经济协同创新、产业集群的技术研发、创建的实施路径，确定上述内容的路线图、责任人和进度表。从特定视角看，区域经济研用系统是一盘棋局的"大布局"，布局得当即成功一半，值得千万重视。

3.2 确认特定区域、特定时期子系统的目标、分工

我们进行的经济保障集成系统的创建是对数字经济、新技术、金融、会计、统计、审计等元素对区域经济产生的经济保障作用进行的系统集成。上述元素，就其自己的基础职能，是一个相对固定的范围，但就某一特定区域的特定期间，就会有重点，发生重要集合部位的相应"量变"。同样，在数字经济与新技术影响下的其他元素，也会在相对长的历史进程中发生各自元素的进步型变革与成长。这里，还有信息的重要地位，它与上述各种元素都有千丝万缕的联系，也会影响各种元素各自作用变化的多种可能。确认特定时期在经济保障的开放

集成中的各元素的目标和分工，元素间的联动的分工，应该是研用系统的一项实现目标。

3.3 确认特定区域、特定时期科技引领的产业集群研发攻坚目标

如前所述，优化长三角区域的制造业产业集群是国家高科技、高质量产业的重要体现。在特定时期，在长三角绿色生态示范区的多产业研发组织和 G60 科创走廊为主要范围，也涵盖三省一市已有的产业技术研发组织在内的产业集群研发范围，是推进系统确认科技引领产业集群研发具体攻坚目标的量化目标，一般在特定时期（如五年规划）都应该形成产业集群研发目标清单，成为看得见、摸得着的研发任务指南。

规划区域经济产业的协同创新，明确科技引领产业的研发目标，将为长三角三维高质量发展模式提供推进子系统不可或缺的重要支持，助推集成子系统、成长子系统的协同发展进程。

第六节　长三角一体化下的三维高质量发展推进模型的重要基础综述

1 长三角一体化国家战略纲要、区域发展实施方案发布

1.1 中共中央、国务院发布《长江三角洲区域一体化发展规划纲要》

2019 年 12 月，中共中央、国务院《长江三角洲区域一体化发展规划纲要》公布。这一国家战略提出了重要方向型内容，包括：创新一体化发展体制机制，形成若干世界级制造业集群，提出收入差距控制目标，建设世界级机场群和生态环境共保联治等。明确了"一极三区一高地"的战略定位，即全国最具影响力和带动力的强劲活跃增长极，全国高质量发展样板区，率先基本实现现代化引领区，区域一体化发展示范区，成为新时代改革开放新高地。纲要紧扣"一体化"和"高质量"，明确了长三角一体化示范区和上海自由贸易试验区"新片区"的引领带头作用。长三角一体化发展将探索形成区域经济共同体的经验，

体现我国区域发展的新示范格局。纲要的发布，指明了长三角一体化的发展进入了一个全新的时代。

1.2 长三角区域三省一市先后发布落实国家战略的实施方案

在国家《长江三角洲区域一体化发展规划纲要》发布的背景下，上海、江苏、浙江、安徽等分别制定了各自的实施方案。未来的长三角地区将建立"N+1"规划体系，其中"N"为基础设施互联互通、科创产业协同发展、城乡区域融合发展、生态环境共同保护、公共服务便利共享等多个专项规划。"1"则是国家的"规划纲要"。

上海市于 2020 年 1 月发布了相应的实施方案，方案明确以"一体化"意识和"一盘棋"思想，抓好"七个重点领域"合作和"三个重点区域"建设。在区域协调发展、协同创新、基础设施、生态环境、公共服务、对外开放、统一市场等重点领域，加快与苏、浙、皖三省对接，尽快落地。在长三角生态绿色一体化发展示范区，上海自贸试验区新片区和虹桥商务区加快建设。

江苏省于 2019 年 7 月讨论了实施方案，明确了重点推进产业创新一体化，基础设施一体化，区域市场一体化，绿色发展一体化，公共服务一体化，省内全域一体化，努力实施共性与个性相得益彰，合作与竞争辩证统一，集聚与辐射相辅相成的一体化发展。

浙江省于 2019 年 6 月发布了行动方案，方案结合浙江实际，启动实施高质量发展民营经济，高层次扩大对外开放，高普惠共享公共服务等九项重点任务。方案围绕数字经济、基础设施、文化旅游等领域，启动了近 200 个项目，投资 1万多亿。

安徽省于 2019 年 7 月通过了行动方案，按照创新共建、协调共进、绿色共保、开放共赢、民生共享基本原则，坚持上海龙头带动，联手苏浙，扬皖所长，打造具有重要影响力的科技创新策源地、新兴产业集聚地、绿色发展样板区，推动制造业高质量发展，推进城乡深度融合，建设长三角联通中西部的重要开放枢纽。

长三角三省一市贯彻国家战略的一体化的第一阶段战役已经全面打响，如火如荼，方兴未艾。

1.3 上海以"核心城市"定位，推出系统的带动项目与举措

上海发挥核心城市功能和龙头带动作用，提出了分阶段的发展目标。

第一目标是到 2025 年，上海"五个中心"核心功能和服务辐射能级显著增强，跨区域多领域深化合作达到较高水平，长三角一体化发展的体制机制全面建立，上海龙头带动作用更好发挥，努力形成长三角高质量一体化发展格局。

第二目标是到 2035 年，上海城市核心功能更加凸显，现代化经济体系率先建成，城乡实现高质量融合发展，公共服务水平趋于均衡，生态环境质量显著改善，基本建成具有世界影响力的社会主义现代化国际大都市、具有国际竞争力的世界级城市群的核心城市，引领长三角成为全国最具影响力和带动力的强劲活跃增长极。

上海的龙头作用鲜明体现在：提升好上海服务辐射能级，完善好多层次资本市场体系，共同促进好全方位开放新格局，为建设好长三角成为世界级城市群做出贡献。

2 加快长三角一体化战略推进的重要事件、节点

2.1 习近平总书记亲自宣布长三角一体化上升为国家战略

在科学论证、系统布局的基础上，习近平总书记于 2018 年 11 月在上海代表国家宣布长江三角洲区域一体化上升为国家战略。长三角一体化和上海自贸区设立新片区、在上海证交所推出科创版＋注册制一起成为新时期上海的三大新任务。这是载入长三角一体化发展进程中的里程碑，成为加快一体化步伐的动员令和宣言书。

2.2 三省一市建立长三角一体化工作运作制度

长三角一体化上升为国家战略是上海、江苏、浙江、安徽开放发展的重要机遇。2017 年开始，三省一市领导就建立起主要领导座谈会，每年召开一次工作会议，共商合作事宜，共议合作事项，共订合作项目，每年都有年度计划，形成一系列工作签约。在此基础上，各个层面的对接活动、项目签约、基础建

设、医疗对接、教育合作、金融风险防范合作都不同程度地建立起合作、交流制度，形成良性的常态机制，成为各个层面工作的组成部分。这种制度已经初步形成了三级运作、统分结合的特点。即决策层的三省一市主要领导座谈会（每年一次），协调层的长三角地区合作与发展联席会议（每年视情况安排，次数不限），执行层的联席会议办公室以及长三角区域合作办公室和重点专题合作组。

2.3 长三角区域合作办公室成为常设的合作工作机构

为了推动长三角一体化工作，三省一市已经在上海成立了常设的由各省、市发改委派员成立的长三角区域合作办公室，2018年1月，上海、江苏、安徽、浙江的同志先后在上海集中办公，办公室主要的工作职责是：研究提出一体化发展的重要议题、规划计划和政策措施；协调推进区域合作中的重大事项和重大项目等；加强跨区域部门间信息沟通、工作联动和资源统筹；强化三级联动，提高三省一市务实合作。

2.4 长三角生态绿色一体化发展示范区揭牌运行

2019年11月1日，"长三角生态绿色一体化发展示范区"正式挂牌。长三角一体化发展示范区由上海市青浦区、江苏省苏州市吴江区、浙江省嘉兴市嘉善县组成。总面积2300平方公里，先行启动区为三地交界的五个镇约660平方公里。先行启动期整合规划管理、生态保护、土地管理、项目管理、要素流动、财税分享、公共服务政策、公共议用等，探索一体化发展制度创新，形成区域一体化发展的共同行为准则，努力在特色建设上形成新试验、新经验和新成果，为改革开放新高地、生态价值新高地、创新经济新高地、人员品质新高地建设提供典范。由上海、江苏、浙江共同组成的示范区相应机构正式成立，示范区工作起步。

3 与长三角区域经济发展同等重要且密切关联的六大领域

三维高质量发展模型研究的主要内容是经济保障元素、产业集群和区域经济协同创新，与它同样重要的五大领域也与经济密切相关，会带来影响，这里也作一基础简述，这六大支撑必须成为我们研究的支撑部分。

3.1 长三角一体化要在交通能源、信息化、信用、环保、公共服务、商务上与经济发展促进协同、辐射和共同进步

长三角区域经济与产业集群、经济保障有着同等重要的目标、任务，共同组成了一体化的系统集成。经济发展离不开诸多社会组成部分的关联支撑。区域的整体进步就是等量齐观的组成部分步伐一致的共同行动。概要地说，一体化推进需要六大方面的齐头并进。

（1）交通能源领域。要在长三角领域形成"畅达便捷安全高效"的目标，全面提升长三角交通设施互联互通水平，全面加强长三角能源互济互保能力，走在全国区域的前列。

（2）信息化领域。要在长三角领域共筑高速泛在的信息网络，建设数字智慧高地。协同建设新一代信息基础设施，推进5G、数据中心、量子通信等，合力打造长三角工业互联网体系，深入推动长三角智慧应用。

（3）信用领域。要以深化全国首个信用建设区域合作示范区创建为引领，着力推进区域信用信息共享和重点领域跨区域联合奖惩，不断提升各类主体的信用感觉度，显著优化区域整体信用环境，建设好信用长三角。

（4）环保领域。要重点打好环境保护、污染防治、机制建设三大战役，推动优质生态产品供给能力不断提升，努力建成"青山常在、绿水长流、空气常新"的绿色美丽长三角。

（5）公共服务领域。要健全区域公共服务共建共享机制，优化跨区公共服务供给。实现食品安全共享，劳动保障法治协作，社会保障互联互通，人才资源互认共享，区域养老融合发展，体育产业联动发展，旅游服务深度合作。

（6）商务领域，要构建统一开放有序透明的市场环境。从中国国际进口博览会、长三角单一窗口互联互通、营商环境优化等方面入手，共同做好涉外服务保障，围绕供应链体系、标准体系、市场监管体系建设，对接市场规则，推进区域一体化市场建设。

长三角一体化区域经济发展，一定是在各个领域的协同辐射和全面进步中

实现的。

3.2 长三角一体化要在人力资源上形成"精英集聚、智慧集聚、创新集聚"的全新局面

长三角人口约 2.2 亿，必须在人才创造力上推动创新型发展的范式。从现状看，长三角区域内高校在全国占比 17.6%，国家工程研究中心、工程实验室等创新平台近 300 家，年研发经费支出和有效发明专利数约占全国 30%。同时，长三角城市群流动人口以跨省流动为主，占整体流动数的 83.28%，其中，新生代的比例已超 60%。人才一体化要求长三角区域注重人才资源的一体化配置和一体化流动。2018 年以来，三省一市已先后达成《人才服务战略合作框架协议》《人才一体化发展城市联盟章程》等协议。长三角人才一体化成为必然趋势。其中，长三角交通基础设施的快速发展孕育出了新的"轨道人才"，工作在一座城市，生活在另一座城市的跨区域人才及生活方式也屡见不鲜。同时，长三角一体化发展促进了公共服务、医疗卫生、社会保障、城市生活等重要领域全面应用对接，为长三角人才一体化夯实了基础。

目前，长三角人才一体化面临着新的挑战。比如面积大，人口多，区域内相对均衡和梯度落差并存，人才流动的非均衡性，"马太效应"和"虹吸效应"同时存在；又如区域内产业同质化、尊重人才需求同质化。行政区域间的利益不同和内部合作程度低引发了"抢人大战"等，如何通过合作与竞争并推长三角人才的一体化发展值得去重点研究并加以解决。研究表明，一个区域的人才一体化应该是开放包容、积极有序、差异发展的一体化。要将"以邻为壑"的人才竞争关系，转变成为"以邻为伴"的人才互动合作关系。

研究表明，区域人才一体化是人才市场开放与统一的过程，其实质是实现人才的自由流动，建立区域全面开放的人才市场，完善人才资源市场化配置体系，试验更加积极统一的人才政策，构建符合区域特点的人才评估体系，这样才能形成具有长三角特点且富有活力的人才工作机制。要打破各自为政的利益格局，在更高层次上平衡利益关系。要更好推进区域人才公共服务一体化建设，使"长三角人"成为工作在这一区域的所有人的共同的身份认同。

长三角区域的人力资源一体化已经成为长三角经济一体化的核心元素。"精

英集聚、智慧集聚、创新集聚"全新局面，需要在制度创新、问题导向和互动合作上一步一个脚印。"长三角人"的身份认同可以是长三角人才一体化的检验标准，也必然是长三角一体化不容忽视的重要内容。

4 上海聚力长三角一体化的核心优势

2020 年 1 月，上海市人民政府发布贯彻《长三角区域一体化发展规划纲要》实施方案。方案明确了上海 2025 年、2035 年的目标：积极推进国家战略，发挥上海的龙头带动作用，确立上海在世界级都市群建设中的"核心城市"定位，明确了上海必须聚力长三角一体化的各个方面，发挥好自己的核心优势。实施方案突出了主要内容，细化了相应阶段目标。

4.1 提升上海的服务辐射能级：打好三个战役

方案提出的第一个战役是：持续深化上海"五个中心"核心功能建设，推进上海大都市圈协同发展。围绕上海和苏州、无锡、常州、南通、宁波、嘉兴、舟山、湖州的"1+8"区域范围，构建开放协调的空间格局，加强在功能、环境等方面的衔接，促进区域空间协同和一体化发展。这就是都市圈的城市共同体战役。

方案提出的第二个战役是：鼓励支持虹桥、昆山、相城、嘉定、崑山、太仓、金山、平湖、枫泾、嘉善等跨省市城镇合作；推进崇明东平、南通海永、南通启隆、嘉定安亭、青浦白鹤、苏州花桥、金山枫泾、松江新浜、嘉兴嘉善、嘉兴平湖等三个跨省城镇圈协调发展，进一步探索功能布局融合、基础设施统筹、公共服务资源共建共享。这就是跨省市城镇合作圈的战役，突出体现组团打通、互联的共同实施思路、路径、区域。

方案提出的第三个战役是：大力推进城郊融合型乡村振兴，实施"美丽家园"工程和"绿色田园"工程，形成农民相对集中居住，创建农村产业融合新载体，进行一批产品线上线下产销对接平台的试验。这就是为进行全球都市群建设而提供的城乡一体化方向型探索的战役，从而体现城市的功能植入乡村，乡村也具备城市功能的融合的路径。

4.2 完善、优化上海多层次资本市场体系：形成"场、所、廊"的三核形态体系

上海"核心城市"的龙头作用，需要五大中心的综合运用，而金融中心和科创中心更是居于重要地位。作为资本市场的重镇，上海要再花大力气，把上海多层次资本市场体系作更高层次的提升，完善优化"场、所、廊"的三核形态建设体系。

一核形态是进一步完善多层次资本市场体系，包括完善区域性股权市场，推动区域专项债务发行常态化、制度化，完善专项建设债券、绿色债券、自贸区债券、创新创业债券发行机制等。历经几十年的探索，上海多层次资本市场体系已有了良好的基础，适应了上海乃至全国的各种需求，在更高起点上完善多层次资本市场体系是上海对外、对内发力的核心需要。更好地服务并融入长三角，必须成为上海的原动力。多层次资本市场之"场"必将更加富有磁力和能力，充分体现特色。

二核形态是推动上海证券交易所加强服务基地建设，支持优质新型企业在科创版上市。习近平总书记对上海提出的三大新任务十分重视包括金融资本市场体系的引领和衔接作用。上海靠什么"左右逢源"？自贸区新片区和长三角一体化示范区必须依靠上海的"龙头辐射"。其中，以上海证交所的科创板为先导的服务基地建设，可以成为更为有效的助推器和添加剂。金融是上海的一张王牌，科创板就是新时期上海资本市场的"王中王"，把长三角两翼（新片区、示范区）作为科创板上市的重中之重，辅以面向全国的优质新型企业，多层次资本市场之"所"必将更加富有立意和新意，谱写出新的篇章。

三核形态是持续推进长三角 G60 科创走廊建设。长三角经济一体化，归根结底，需要金融为轴的经济保障集成系统和科技为翅的产业集群成长系统的协同发力。高质量成长的制造业产业集群则是重要发动机，科创技术是决定成败的牵一发动全身的关键一招，资本市场体系要把可持续的长三角 G60 科创走廊建设作为核心任务，在建立特色产业基地等更多形式、方式上突出支持科创性企业的实效，让 G60 走廊成为高端产业、新型边缘产业滋生的"幸福通道"——上海多层次市场之"廊"必将更加富有"灵感"和"天性"，持续绽放花蕾。

三核体系中的"场、所、廊"建设，是资本市场体系有形无形融合的设计，也将会在长三角一体化建设中走向完善。

4.3 共同促进全新开放新格局：坚持二个并重的渐进路径

方案明确：加快跨境贸易平台建设，推动重点领域扩大开放，吸引高层次创新人才。深入推进上海服务国家"一带一路"建设并发挥桥头堡作用，方案要求上海引领长三角共同促进全方位开放新格局的形成。

上海要努力把改革开放积累的优势，在两个方面加以持续推进。

一是接轨全球经济发展经验，加大培育优质上市公司。通过对上交所的系统分析，目前优质上市公司数量偏少，需要着力破解。同时，全方位开放，一定会改变 A 股的定价模式，必须细化研究，在政策引导和监管上着手推进。长三角区域有科创能力强、人才集聚、企业主体富集的特点，加大与上海资本市场对接，开阔它们的资本融资渠道，必将迎来长三角优质上市公司雨后春笋般破土的黄金时段。

二是顺应开放，特别是金融产业的同步发展，加大培养以金融为基础的复合型人才。长三角一体化，它的国家经济属性，一定是代表着国家的经济先行水平，并成为国家对外开放的试验区。培养一批又一批具有国际水准的以金融为基础的复合型人才已刻不容缓。上海面向国际也面向长三角，开放的前沿是目前最为火爆的自贸新片区和金融业的对外开放。诸如离岸贸易、离岸金融，成为扩大开放的前沿阵地，引进来与走出去的"双向"对接，带来了国际资本市场和资产管理无比开阔的资本流通与循环。在国际竞争与合作的大背景下，上海走向国际资源的质量也在提升。只有培养能适应开放的高素质人才，才能使上海乃至长三角在国内市场抢占金融制高点，在国际市场保持贸易的增长繁荣度，从而保障上海乃至长三角全方位开放新格局所需的高素质人才资源构建的基础，担当起应有的责任。

第七节　长三角一体化国家战略下三维高质量发展推进模型的特色塑造

进行这一应用试验研究的初衷，是在现有特定的区域经济基础上，把虚拟经济相关活动、实体经济中相关产业集群的活动，和区域经济中的协同创新、产业制造业成长布局、科学研发放到同一平台上进行集成、联系观察、比较，寻找逻辑关联与融合的枢纽，探索一种全新视野的模型应用。我们坚持探索的特色塑造内容如下：

1 促进经济保障基础元素合力支持区域经济、产业集群发展

在已经形成的经济社会运行程序中，相当多各具特色职能的活动，共同成为虚拟经济的主要组成部分。主要的有金融业、房地产业等。它是相对于实体经济而言的产业。我们的观察，试图把一些主要的保障实体经济（也包括金融业等）发展的社会活动，如会计、统计、审计等，也纳入广义虚拟经济的范畴，就它们的职能性质，本身并不产生有形产品，却是为经济起到保障的不可或缺因素。于是，就有了本节的命题（法律、财政、税收课题组将另行研究）。

1.1 以集成思维创建经济保障子系统的基础元素，组成新的系统

在全程梳理经济保障基础元素的过程中，我们以集成思维努力创建了一个全新的系统，并按当前经济社会的关联度、灵敏度初步遴选了金融、数字经济、新技术、会计、审计、统计等元素为新系统的基础组成元素。其中，金融为核心引领，数字经济、新技术为依托，会计、统计、审计为基础。重视经济保障集成系统创建，一是突出经济社会发展需要科学技术的创新依托；二是突出经济社会发展必须依靠长期积累的基础保证经济发展职能元素；三是突出虚拟经济等最终是为实体经济的发展提供系统性保障，它一定是多种保障元素的关联组合；四是金融应该成为经济保障集成系统的核心，要发挥好血液流通和科学联动的组织作用。这个系统将在服务产业集群成长系统，联合区域经济研用系统的过程中完善自己。

1.2 以各司其职定位，优化集成系统的多元素合作机制

我们创建的集成系统，以服务保障经济发展为对象，在认同各集成元素已经发挥的独有专项职能的基础上，试图形成系统元素合作机制。事实已经证

明，数字经济、新技术等新兴元素已经不同程度地和金融、会计等其他元素产生了互相渗透和影响，其结果是提升也部分变革了各自的职能与范围。同时，在保障经济发展的具体项目上，系统的元素之间还可以相互合作，加大保障的成效。这方面的空间，将成为三维高质量发展模型应用探索的重要切入点。

1.3 以长三角区域经济产业群为子系统的优选试验区

中国打造有全球话语权和影响力的战略型、世界级产业集群，长三角已经具备了相应的基础条件。

长三角产业集群有着骄人的业绩，例如，在集成电路领域，上海已成为国内产业链最完整、产业集中度最高和综合技术能力最强的区域，也培育了中芯、华力等营收居全球前六的芯片设计制造企业。又如上海、杭州、南京、合肥等城市已形成了国内领先的汽车、高端装备制造业等关键领域的成熟产业集群。国家信息中心发布的《大数据看数字中国的现状与未来》报告显示，我国数字经济类企业已形成五大集聚区域，长三角地区名列其中。其中，上海、江苏、浙江在基础设施水平、产业成熟度、人才储备等方面均具有明显优势，相关评价指数均位居全国前列。

另一方面，鉴于地理优势，长三角产业集群之间也有着深度的合作和交流，比如，海康威视，虽然企业的集团总部位于杭州滨江区，但根据业务需要，在过去十几年中已将最主要的生产基地设于杭州桐庐，在上海也成立了研发中心，并与浙江大学、上海交通大学等科研实力强劲的长三角高校建立了合作机制。又比如埃夫特，这家目前国内国产工业机器人产销规模最大的企业，虽然企业的总部位于芜湖，但中国研发总部却建在上海，与中国商飞上海飞机制造有限公司签署了战略合作协议，共建"民用飞机机器人应用技术联合试验室"。

长三角各省市根据《长三角地区一体化发展三年行动计划（2018—2020年）》等文件，聚力建设现代化经济体系，明确大力发展物联网、大数据、人工智能、5G、集成电路等核心产业。在区域内搭建工业互联网平台和各类服务子平台，开展企业"上云入网"。推动标识解析国家节点建设，聚焦长三角区域电子信息、装备制造、生物医药等重点产业进行试点和推广，以此打造覆盖长三角全境的数字经济产业集群，以此助推长三角地区高质量发展。

2019年2月22日，习近平总书记在中共中央政治局就完善金融服务、防范金融风险举行第十三次集体学习时强调，要深化对国际国内金融形势的认识，正确把握金融本质。习总书记指出"经济是肌体，金融是血脉，两者共生共荣。我们要深化对金融本质和规律的认识，立足中国实际，走出中国特色金融发展之路。"

在长三角产业集群高速发展的形成过程中，各类经济体都以集群形式进一步发展起来，其中产业是骨架，企业是细胞，市场是经络，金融是血液，它们与环境发生作用，共同维持经济有机体的生存运行和发育成长。

上海的金融业在长三角地区发挥了不可或缺的领头作用，机构层次丰富，包括银行、证券、保险、基金、租赁等多个领域，能够为产业集群有序发展、实体经济的资本投入提供动能。另一方面，国际四大及国内所有的知名会计师事务所均在上海设立了总部或分支机构，在"上云入网"的新时代经济形式下，在长三角一体化产业集群集聚过程中，发挥不可或缺的中介服务功能。

长三角区域经济和产业集聚要努力成为以上海为龙头的经济保障集成系统的优选服务试验区。数字经济与新技术要分门别类、有步骤地主动渗透在区域经济协同创新研发应用、产业集聚、科研创新的全过程。会计、审计、统计领域要在服务长三角，科学披露、落实信息、监督、预警经济状态上加快发挥职能效应，通过不太长的试验，形成系统保障集成的有效经验，助推长三角一体化区域经济的提升。

2 保证科学新技术贯穿三维高质量发展推进全过程

在当今全球经济发展的过程中，科学新技术是推动经济中各个方面变革、成长、提升的定海神针。长三角一体化下的三维高质量发展模型应用，其中的三个子系统，都需要科学新技术作依托，从而把科学生产力贯穿在应用模型的全过程。

2.1 科学新技术引领经济保障、产业集群、区域经济创新成长

前已述及，科学新技术是全球社会进步、经济发展、民生改善的核心推动力，从三维高质量发展推进模型而言，每个子系统也都需要依赖它实现阶段性的量化提升。从区域经济研发应用系统审视，协同创新规划布局、技术研发都有科学新技术的担当。如清华长三角研究院的北斗七星模式，石墨烯与柔性电子技术的科技创新，值得借鉴。从经济保障集成系统审视，金融、会计、审计、统计，还有横空出世的数字经济，无不需要新技术的融合或者催生。从产业集群成长系统审视，新兴产业集群的选择，朝阳产业的脱颖而出，关键技术、关键材料、关键部件的攻坚突破，也都有科学新技术的功劳。因此，三维高质量发展模型的应用，是科学新技术贯穿的过程，这一点请务必牢记。

2.2 科学新技术带来经济保障基础元素的变革、进步和功能提升

经济保障的基本元素，是科学新技术发挥作用的重要对象，新技术对经济保障基础元素，至少带来了变革、进步和功能提升三个影响。

第一是变革，如金融元素，近年来，区块链技术全面进军金融领域，区块链 2.0 版成为金融区块链的代名词，区块链技术在人民币跨境支付系统、股票发行、地方金融综合监管体系和金融支持实体经济、中小微企业发展、防范金融风险等方面得到广泛应用，对金融领域的现代化变革，做出了不可或缺的贡献。

第二是进步，如审计元素运用区块链技术，推进的区块链审计包，对审计事务的过程业务进行了革命性的改变，形成的结论更符合实际，过程也删繁就简，劳务成本大幅下降。这有可能对长期形成的审计程序及工作底稿带来根本性调整，促进审计实务不断进步。

第三是功能提升，把经济秩序的职能性活动按广义虚拟经济范畴集聚于经济保障系统，这就突现了集成后的基础元素成为区域经济发展的重要保障，加强了相关元素各自的固有单项职能和系统保障集体职能的关系，为区域经济发展提供了新的力量。

2.3 科学新技术助推产业集群的技术研发迈向创新的新兴高地

三维高质量发展推进模型中有两个科学新技术的新高地建设设想。一个是

区域经济研用系统中的技术研究开发组织平台；另一个是上海 G60 科技走廊。从长三角一体化纲要的布局观察，经济高质量发展的"双子星座"有两个动能助燃器，即金融和科技。科学新技术的应用，研发产生的关键技术、关键材料和关键部件，决定了制造业产业集聚的创新高度、宽度和集聚辐射度。我们提到的技术研究开发组织平台，建议放到长三角一体化绿色生态示范区的先行启动区，建立起星罗棋布的制造产业集群的研发机构，进行区域经济规划确立的产业集群五年计划中的体现关键掌控力的技术研发。同时，也在上海 G60 科创走廊，大力推进三省一市具备高质量技术研发的协同攻关。两个技术研发创新高地，要各有侧重，示范区高地宜以单项（或单个产业）的特点为主，G60 科创走廊则体现全能联合攻坚。做好方案，统筹协同，才能使科学新技术的创新实效得到充分发挥。

3 推进区块链技术的开源生态发展，确保三维推进模式突破重点的创新、辐射

习近平总书记于 2019 年 10 月，对区块链战略做出重要指示。习近平总书记强调："区块链技术的集成应用在新的技术革新和产业变革中起着重要作用，我们要把区块链作为核心技术，作为自主创新的重要突破口，明确主攻方向，加大投入力度，聚力攻克一批关键核心技术，加快推进区块链技术和产业创新发展。""要强化基础研究，提升原始创新能力，努力让我国在区块链这个新兴技术领域走在理论最前沿，占据创新制高点，取得产业新优势，要推动协同攻关，加快推进核心技术突破，为区块链应用发展提供安全可控的技术支持。""要加快产业发展，发挥好市场优势，进一步打通创新链、应用链、价值链。要构建区块链产业生态，加快区块链和人工智能、大数据、物联网等前沿信息技术的深度融合，推动集成创新和融合应用。"作为国家战略，区块链必须成为我们长时期的重要工作内容，长三角一体化的区域经济，产业集群和经济保障，要确保三维推进模式的应用，把区块链技术的开源生态发展作为试验重点，在长三角区域内完成创新、辐射。

具体的推进思路是，第一，推动区块链新技术在金融领域的创新运用范围；

第二，开展长三角区域一体化布局中区块链技术的开源生态环境建设的整体规划；第三，加快运用区块链技术的金融科技监管试验；第四，启动长三角监管沙盒模式的应用试验；第五，加快金融与区块链高度复合人才的培养。具体的内容和针对性举措将在第六章的系列建言中展开。

4 长三角三维高质量发展推进模型的现时思考

在长三角一体化国家战略全面推进之际，三维高质量推进模型已经开始了应用研究的进程。从经济保障集成子系统上审视，我们选取了上海农村商业银行为主要应用场景；在产业集群成长子系统上审视，我们选取了上海张江生物医药产业平台为主要应用场景；从区域经济研用子系统上审视，我们选取了浙江清华长三角研究院为主要应用场景，同时每个子系统都有其他相应的应用场景给予支持。从发展模型的时间价值上审视，2019 年，正值三省一市发布长三角一体化实施方案，推进长三角一体化国家战略的启动开始。形成了"天时、地利、人和"的和谐契机。诚然，三个主要应用场景的试验分别在第二章、第三章、第四章加以梳理和阐述，可以独立成篇，也只能是三维高质量推进模式初步阶段的相应展示。对长三角一体化而言，我们将在第六章里提出三维高质量推进模型的中观观点。

4.1 推进模型面临时代呼唤的四点全新思考

我们开展的三维高质量发展推进模型，是中国改革开放进入 21 世纪 20 年代的关口，面临所在的长三角区域国家战略号角吹响之际的决策咨询项目，时代呼唤我们的务实型应用探索要登高望远，提高站位，进行全新考量。当前我们应当思考四方面的研究方向。

（1）适应新时期新要求，即紧扣一体化和高质量，寻求结合协同的突破。

处于百年变化之大局的中国，迫切需要把握大势，统筹大局，聚焦大事，走优大棋。长三角区域是中国改革开放发展的"先行地"，要争当中国区域经济的"排头兵"。当前，中国经济已经走在由数量发展到质量发展的转型之路，高质量发展成为经济的衡量标杆，长江三角洲区域一体化则是国家宏观布局中的关键一招。关注一体化与高质量在长三角区域经济的创新协同，就是中国经济这盘大棋局中的互为关联，互为制约的两步关键胜负手。尽管一体化是后手，却能为高质量发展输入无穷尽的机遇。结合与协同重在突破，重在系统集成，以此新应彼新，其前景一定能顺时而动，顺应规律。

（2）聚焦新时期新动能，即紧扣金融与科技，牵手助推效率提升。

21世纪20年代的后十年，是中国十分重要的时段，长三角区域的新时期将会在这个十年全面进入小康，初步建成上海"核心城市"的五个中心，长三角一体化示范区将结出丰硕果实，全球第六大都市圈将基本形成。区域经济的高质量发展，归根结底，需要持续不竭的动能。全球经济发展的规律告诉我们，金融与科技是区域经济发展的动力源，这对"双子星座"的合力牵手，将会点燃1+1>2的效率火炬，在区域经济发展的研究平台上，把金融为核的经济保障元素集成起来，把科技领衔的产业集群组团连结起来，与区域经济的发展布局放在一个大系统里关联比较，互相借力，势必产生出融合的新动能。从而，形成区域经济发展的全新局面。

（3）优化新时期新环境，即紧扣上海自贸区新片区和长三角一体化综合生态示范区，展翅腾飞生态经济。

长三角区域历来是我国综合环境位居前列的地区，2018年11月，则开始了长三角区域"新时期新环境"建设的新阶段。这就是习总书记宣布了长三角一体化上升为国家战略，上海自贸区设立新片区等重要部署。长三角区域经济进入新时期，而新环境的优化则鲜明体现了打造好"两区"的开阔格局。以长三角的"核心龙头"上海为枢纽，形成新片区和示范区两个形态。新片区面向太平洋，向世界开放，以长三角区域为腹地；示范区则体现苏、浙、沪地域融合，突出生态绿色的鲜明特征，努力为全国各地树立生态经济高质量的标杆。这样的"新环境"是长三角一体化区域两个扇形布局，是面向国际、连接国内的"宏观生态新场景"，牢固确立环境优先视野，也就优化了新时期区域经济的环境格局。

（4）协同新时期新关系，即紧扣改革与开放，梳理区域的集成攻坚创新。

长三角一体化经济发展，改革与开放是两个联动的引擎，规划好区域经济的集成攻坚创新要在协同新时期、新关系上精雕细琢。这些关系有：三省一市在区域经济发展规划上要衔接金融和产业集群联动；上海在发挥"核心城市"作用上要在示范区与江苏、浙江优化"统一"，协同布局；三省一市在科技研发上要系统布局，点、面、线、团结合；三省一市在发挥"产业优势，带动其他"上要形成"以优化带动辐射"导向，体现一体化发展新协同关系，以实现在"十四五"计划期间三省一市科学协同创新关系的新模式。

4.2 推进模型启动具备的四个适逢其时

推进模型设计、调研于 2019 年 7 月初步成型启动。于 2020 年，作为决策咨询项目，具备了适逢其时的四个有利条件。

（1）长三角一体化国家战略发布，"江海东流，风正一帆悬"格局令人震撼。长三角一体化的提出与研究颇有历史渊源。在区域行政隶属关系不发生关系的前提下，国家战略明确长三角一体化极具战略价值，也为中国社会、经济的规律性发展，提供了探索试验的改革路径。它符合历史前进的必然逻辑，也为地处长三角的经济主体、经济工作者开拓了一条崭新且富有生命力和创造力前景的路线。长江东流好扬帆，推进模型研究乘此东风，正逢其时。

（2）三省一市实施方案，各扬所长。"江天一色，百舸争一流"场景令人鼓舞，在国家战略统一部署下，上海、江苏、浙江、安徽先后出台了推进长三角一体化的实施方案。比较四个方案，都鲜明体现了各自为长三角区域一体化输出自己长期积累的特色，步调统一、上下统一、节奏统一，却又各有所长、突出优势，更体现了三省一市万众一心、各方一致、争上一线、勇创一流的精神状态。江天一色竞风采，推进模型研究融合其中，正逢其时。

（3）上海"3+1"新任务初启航程，"海通全球，大气正谦和"的状态令人欣喜，2018 年 11 月，习近平总书记亲临上海，宣布了对上海赋予"3+1"新时期新任务，即上海自贸区设立新片区，上海证交所推出科创版＋注册制，长三角一体化上升为国家战略，举办好上海进博会。1 年多来，上海以龙头引领为己任，启动航程，平稳有序。新片区、进博会展开宽广胸怀，连接起世界的舞台，科创版和示范区既聚焦全国，更亲密拥抱着长三角，开启了起始元年的步履。"大气谦和数上海"，推进模型研究立足上海，走向长三角，正逢其时。

（4）"十四五规划"新蓝图描绘未来，"天地时势，科学写春秋"的谋划目标令人憧憬。2020年是国家"十四五规划"的制定与发布年。从2019年开始，围绕"十四五"规划的制订，三省一市都启动了比较特别的经济谋篇布局的调研。从已经掌握的数据而言，长三角区域的三省一市都把国家战略下的经济一体化作为未来五年各自经济发展的导向，在抬头看天，观察全球经济变化因素的同时，已经站在长三角经济地图上从已有的所在省（微观点）向确定的长三角区域（中观面）联系着进行联动规划，长三角区域未来五年的重点时点和走势正成为优化"十四五"规划的不可或缺的内容。"一体化下绘新图"，推进模型研究落在为"十四五"经济规划建言，正合时宜。

4.3 推进模型选择场景的四个标准

应用研究的重要组成是样本选择。在一定程度上，它决定着应用结论和建言举措的质量和管理实效。推进模型作为长三角一体化的经济现象、活动的观察形态、剖析工具和建言支撑，必须分门别类，选择好模型子系统的典型样板。三维推进模型的样本场景有四类标准。

（1）经济保障子系统的场景选择标准：突出市场流通、辐射，突出服务、监督集成。这是长三角一体化为区域经济产业集群保驾护航的基础或主要元素的首次集合排列，考量了各在列的基础元素，按两个突出的内容选择，以金融服务业为主样本，辅以其他元素形成综合样本。

（2）产业集群子系统的场景选择标准：突出制造科技产业，突出集群组团集聚。这是长三角区域一体化的经济核心高地。通常，在"核心城市"上海的核心制造产业中选择，并主要选择在长三角其他三省也有相当实力的产业作为样本以形成产业的集群组团。

（3）区域经济子系统的场景选择标准：突出协同创新经济集群布局，突出产业技术研发。这是长三角一体化区域经济的协同创新框架性产业集群布局，也是聚焦科研开发、组团突破的攻坚阵地，应以具备"政、产、学、研、金、介、用"成熟应用研究经验咨询机构和具有领先科学技术的新兴产业研发部门为主组成。

（4）三维推进系统的场景组合选择标准：突出系统的样本集成，突出金融科技的双翼展翅。这是长三角区域经济一体化的未来愿景的样本组合，即区域经济居全国前列、城市群建设居全球前列、经济保障集成创全国之先、产业集群高科技含量处全国前沿，三维推进系统形成好的经验。

　　构建长三角一体化下的"三维高质量发展推进模型"以及三个子系统的一期试验历经一年三个月的进程，目前已经形成了第一阶段的梳理和阐述，还有待实践、实效给予检验。

第二章

推进金融服务长三角一体化的经济保障子系统探索
——以上海农商银行的起步探索实践为例

第一节　金融服务是长三角一体化发展的核心元素

2018年11月5日，习总书记在首届中国国家进口博览会开幕式主旨演讲中做出"将支持长江三角洲区域一体化发展上升为国家战略"的重大决定，标志着长三角从区域性发展迈入国家层面推动高质量发展的新纪元。在长三角一体化发展上升为国家战略的时代背景下，《长江三角洲区域一体化发展规划纲要》搭建了区域经济一体化发展的主体架构，域内各省市围绕国家战略推出的地区方案构成了长三角一体化政策的运行基础，在主体架构和运行基础二者的共同作用下推动长三角区域的一体化发展。区域经济一体化旨在进一步优化社会经济资源配置，促进区域内的资源共用、利益共享，实现域内各主体之间取长补短、因地制宜，形成一种合理的区域分工与协作的经济发展格局。

金融是经济保障集成系统的核心元素，对区域经济一体化发展具有重要意义。金融作为服务国家战略的重要推动力量，必将发挥其流通辐射作用，推动长三角一体化发展。随着长三角一体化程度的提高，一方面其对区域内的金融服务和要素流动也提出了更高的要求；另一方面为金融业带来了更广阔的发展空间。在金融行业一体化发展制约因素未能消除、机遇与挑战并存的情况下，推进长三角地区的金融服务合作，实现长三角金融服务一体化发展已经成为推进区域经济一体化发展的关键环节和重要组成部分。

1 金融服务在区域经济一体化发展中的重要功能

关于金融服务在经济发展中的作用，习近平总书记在中共中央政治局第十三次集体学习时做出了形象的比喻，他说："经济是肌体，金融是血脉，两者共生共荣"。这一比喻不仅明确了金融与经济的关系，更对金融在经济中的功能和作用进行了充分肯定。从上述论断中可以看出，经济是一个完整且具有活力的有机体，主要由产业、企业、市场、金融等部分组成。其中，产业是骨架，企业是细胞，市场是经络，金融是血液，它们与环境发生作用，共同维持经济有机体的成长和发展。为了充分发挥金融在经济肌体中的血脉作用，必须保障血管的畅通、血质的优良和血量的充足，防止经济肌体出现失血、缺血、贫血等情况，同时还要促使血液在肌体里流动通畅，只有这样才能保障肌体的健康，保持经济的活力，实现可持续发展。

1.1 理论视野上的金融作用

从理论上来看，金融服务推动了区域经济一体化发展。一个区域的经济要想获得增长，除了劳动、土地、资本等要素外，金融也发挥着至关重要的作用。金融服务作为国民经济运行的重要组成部分，不仅直接为区域经济贡献了增长点，还通过金融的血脉特性及流通辐射功能推动了区域经济发展，金融对区域经济的促进作用，主要表现在以下几个方面：

（1）为企业筹集资本。对于区域经济来说，无论是自然资源的开发、物质资料的生产还是人力资本的形成都离不开资本的投入，而金融服务就是在促进资本形成这一环节发挥了重要作用。银行等金融机构通过金融市场动员和吸纳了大量的社会闲散资金，帮助企业实现了资本筹集的第一步，这为区域经济发展储备了原始血液。其次，通过提供信贷支持等方式把筹集的资金转换为企业资本，相当于为区域内企业注入了原始血液，并促使血液在肌体内流动起来，并为企业源源不断地提供流动性强、安全性高的资本供给。

（2）提高资金使用效率。金融体系将区域内分散在不同行业和家庭的资金集中起来，形成一个统一的市场，使资金在整个社会层面实现重组和分配，同时金融体系利用自身信息优势，将资金引导向那些预期收益好、发展潜力大的行业和企业，提高了资金的使用效率。对于区域经济来说，除了要适度增加投资规模，还必须保证投资结构的合理和优化。金融机构在向企业提供金融服务的过程中自动实现了筛选和甄别，保证了预期收益好、发展潜力大的行业和企业的资金使用。这好比构成肌体的诸多器官都需要血液，但不同器官对血液的需求量和紧迫程度不同，金融体系优先保障关键器官的供血，以维持肌体的正常运转，提高了金融血液的使用效率。

（3）促进产业结构升级。区域经济一体化发展，离不开产业结构升级，而产业结构升级需要以技术进步为基础。实践表明，产业结构能否升级不仅取决于技术进步，还与科技成果能否转化为现实生产力有关。产业结构升级的一般规律是高新技术取代传统技术，而高新技术产业一般具有高收益、高风险的特征。由于资本的逐利属性，资金会向高收益领域流动，但较高的风险削弱了高收益对资本的吸引力，进而阻碍了资本向高技术领域的流动，限制了区域内的产业结构升级。由于金融体系的存在，能通过金融创新提供流动性强、安全性高、收益稳定的金融工具，实现风险分散管理，激励资金对高新技术产业的供给，推动区域产业结构高级化。

（4）带动其他要素流动。金融在现代经济肌体运行中发挥着血脉的作用，通过资金这种血液的流动，带动了其他资源和要素在区域内经济肌体范围内的广泛流动，从而使本地区获得实现区域经济一体化发展稀缺的资源。例如，随着资金在区域内的流动，劳动、技术、信息等诸多经济要素都会在价值链的驱动下流动起来，最终实现经济资源的优化配置，并促进区域经济一体化发展。

1.2 实践视野中的金融作用

从区域经济一体化发展的实践来看，世界主要城市群在发展过程中都十分重视金融的流通辐射作用。目前全球前五大城市群包括：美国大西洋城市群、北美五大湖城市群、英国伦敦城市群、欧洲西北部城市群和日本太平洋城市群。这些城市群的发展，在一定程度上是政府、市场、产业、金融相融合发展的结果。

世界级城市群中心城市均通过不断拓展完善城市群发展规划，吸引越来越多市场主体及金融资源集聚。如美国东北部大西洋沿岸城市群，从 1921 年纽约颁布第一部区域规划开始不断扩大城市群范围，强化纽约中心地位。2002 年，"纽约市战略规划"明确加强纽约与其他区域之间的联系。英国伦敦城市群基于 1944 年出台的《大伦敦规划》奠定伦敦都市圈的发展基础。2016 年出台的《大伦敦地区空间发展战略规划》确定了大伦敦未来 20 年的发展目标。日本太平洋城市群的发展建立在 1958 年第一次出台的《首都圈建设规划》基础上，此后该规划积极引导周边地区开发，提出建设"多中心、多圈层"区域结构及自立都市圈，形成分散型网络区域空间结构。

同时，世界级产业群注重发挥产业与金融的协调作用，增加城市能级，使城市群在资金密集型和技术密集型等高附加值产业上得以提升。例如，美国东北部大西洋沿岸城市群中，核心城市纽约处于产业层级结构的顶层，集中了众多全球性跨国公司总部、各类专业管理机构和服务部门；波士顿、费城、华盛顿、巴尔的摩这四座中心城市处于产业层级结构中间层位置，具有承上启下的作用。欧洲西北部城市群的巴黎都市圈产业发展主要围绕价值链圈呈现层级集聚发展模式，中心城区发展金融业、管理咨询、研发等高端产业，市区内外环集中政府部门及教育、服装和印刷出版业等机构，工业则向郊区分散。日本太平洋城市群东京核心区集聚管理、信息、金融等高级生产性服务业，其他地区以工业制造为主。

值得一提的是，世界级城市群发展中，资本市场在金融集聚过程中始终发挥着重要的、不可替代的作用。通过综合性金融中心及专业性金融中心形成金融资源的集聚和金融职能的合作。通常，世界级城市群均形成了完善的多层次资本市场，形成了全球性（全国性）交易所、区域性交易所、场外交易等，为不同类型、不同规模的企业提供融资服务，以及为区域经济发展提供多种融资方式的资本支持。如以纽约牵头的美国大西洋城市群、以伦敦牵头的英国伦敦城市群、以日本牵头的日本太平洋城市群，都以核心城市为主要金融集聚场所，形成了多层次、高效率的资本市场。

2 长三角区域具有金融资源方面的典型优势

2.1 区域金融优势综述

长三角地区是我国经济最具活力、开放程度最高、创新能力最强的区域之一，也是"一带一路"和长江经济带的重要交汇点。长三角地区三省一市常住人口 2.2 亿，创造的 GDP 产值接近全国的四分之一，区域内金融业发展迅速，集聚了包括银行、证券、信托等众多金融机构，形成了有利于金融业发展的良好环境。长三角地区在发展金融服务业方面具有得天独厚的优势。从发展阶段来看，长三角地区金融业正面临千载难逢的历史机遇。目前，中国经济进入"新常态"的发展阶段，追求高质量经济发展方式的过程中，必须要有金融来为实体经济提供服务和支撑。长三角区域一体化战略的升级，需要金融来赋能。长三角一体化过程中，金融一体化是重要的一环。金融只有更好地服务于实体经济，优化资源配置，促进企业成长，才能为区域经济发展提供动力，才能更好地实现高质量的金融供给。金融服务将带来金融集聚，而金融集聚已成为现代国家金融发展的必然趋势，是区域经济增长的重要来源。目前，长三角的金融业发展已呈现出相对明显的集聚趋势，产业结构也得到了一定的优化和调整，对其他地区发展转型具有一定的参考作用，长三角金融服务的提升必将推动长三角迈向"全国发展强劲活跃增长极"。

目前上海作为长三角地区生产服务和资源配置中心正在向经济、贸易、金融、航运、科技五大中心迈进，正在向国际大都市迈进。依托于上海金融要素市场，长三角金融一体化具有天然优势和重要意义。可以说，目前长三角地区拥有以上海为中心的全国最好的金融资源优势和大量需要资金支持的中小民营企业，金融资源和实体经济需求的有效结合，必将最大限度发挥长三角地区内在潜力，加快优化长三角金融资源配置。

2.2 产业结构分析

从产业结构来看，近年来长三角区域产业结构更趋合理，2018 年第三产业占比为 54.05%。其中金融业贡献度很高。

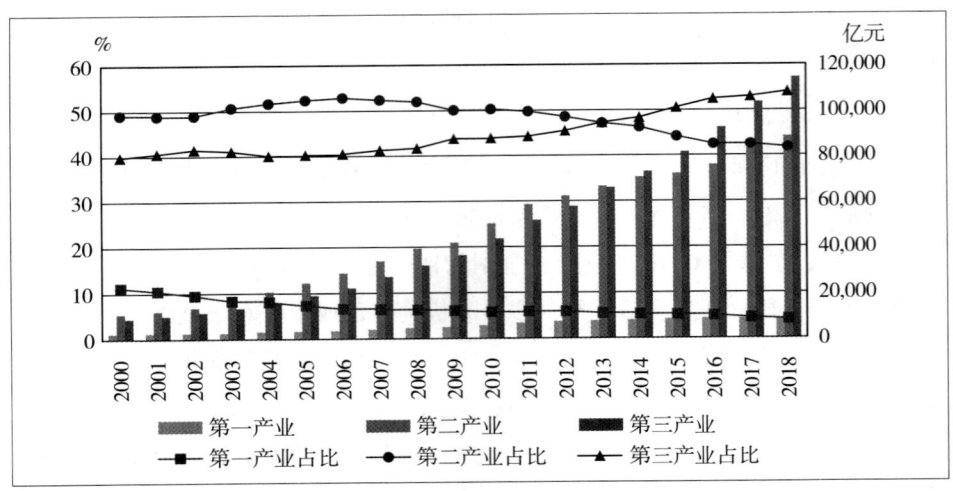

图 2-1　近年来长三角区域产业结构变化情况

数据来源：Wind

2.3 金融业结构变化分析

从金融业总量来看，长三角地区金融总量在全国占据重要地位。2018 年全国金融业 GDP 为 69 099.90 亿元，长三角地区金融业 GDP 为 19 240.08 亿元，占全国金融业 GDP 的 27.84%，占长三角地区 GDP 的 9.10%。

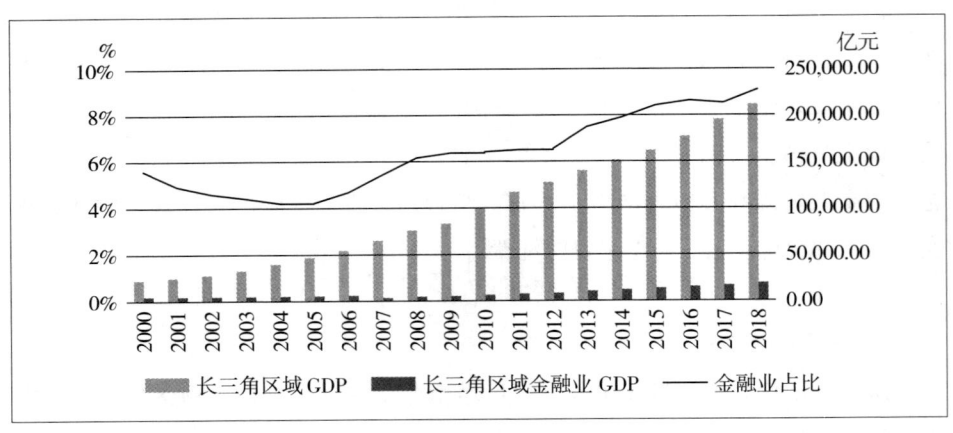

图 2-2　长三角区域金融业 GDP 占比变化情况

数据来源：Wind

虽然长三角城市群整体 GDP 总量占比较高，但金融规模仍存在明显差异，金融发展协调性仍较弱。从数据来看，近年来长三角三省一市中，上海和江苏省金融业发展速度最快，其次是浙江省，而安徽省金融业发展速度总体偏低。长三角地区金融发展水平的差异基本上与各城市 GDP 分布差异相一致，也说明了地区经济发展水平与金融业发展水平密切相关。

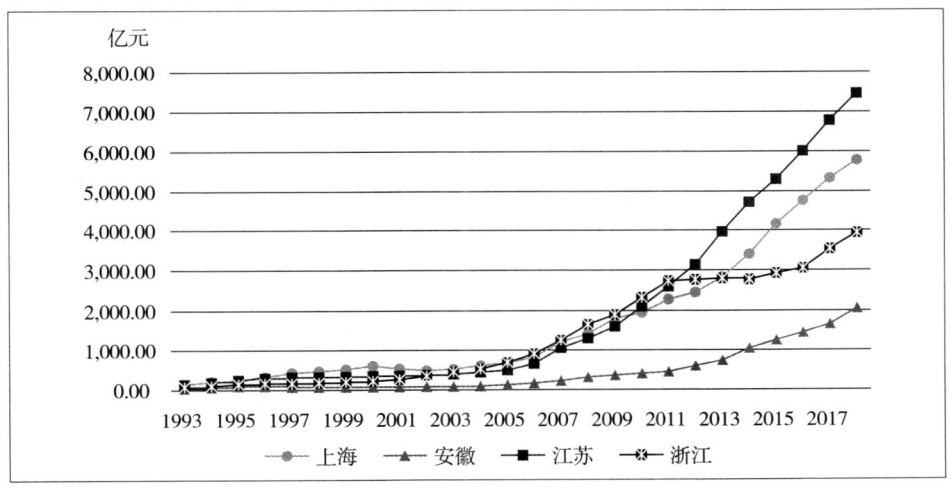

图 2-3　长三角三省一市金融业 GDP 变化情况

数据来源：Wind

2.4 本外币存贷款变化分析

长三角地区经济发展活跃，在金融业方面也是全国发展最快、发展环境最好、最具活力的地区。整体来看，长三角地区金融市场发展规模较大，银行业、股票市场和保险业均对长三角区域产业结构优化以及经济增长具有一定的促进作用，但仍存在一定程度的区域不协调。

从银行业来看，长三角区域存贷款余额一直保持高速发展。截至 2019 年 10 月，长三角地区本外币存款余额 471 060.06 亿元，比 2018 年底增长 8.78%；截至 2019 年 10 月，长三角地区本外币贷款余额 375 716.29 亿元，比 2018 年底增长 11.72%。2018 年银行业对长三角区域经济贡献度（存贷款均值 /GDP）为 1.82。

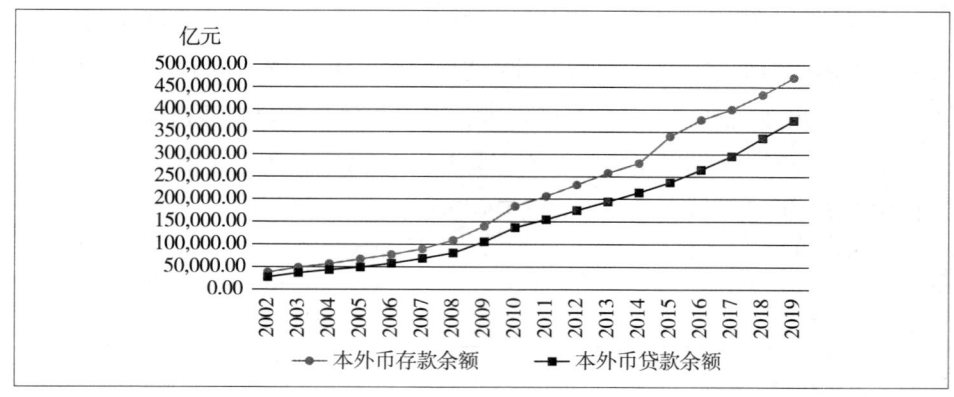

图 2-4　长三角区域本外币存款变化情况

数据来源：Wind

3 长三角区域一体化发展将为金融业提供新的市场空间

长三角一体化上升为国家战略，为区域经济的发展打开了一柄新的折扇，扇起的微风，将如蝴蝶效应一般，形成有效的经验推广至全国。

对于金融而言，长三角一体化至少在区域空间、产业分工、发展方式、国际视野等四个方面产生作用，扩大了市场区域空间，深化调整了区域范围内的产业分工，创新发展方式，提高经济效益，并且将国际视野遍布长三角全域。这四个方面是扇子的骨架，是挥动扇子的重要作用杆。对于长三角而言，金融又像是扇子的扇柄支撑点，实现了整个扇子的连接，金融力量渗透于长三角一体化发展的各个方面。

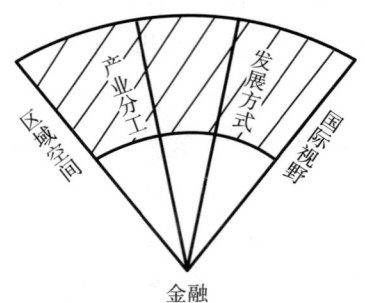

图 2-5　金融对长三角一体化的扇动作用

3.1 省界融合、同城化发展打开普惠金融市场空间

普惠金融的概念于 2005 年由联合国提出，是指以可负担的成本为有金融服务需求的社会各阶层和群体提供适当、有效的金融服务，小微企业、农民、城镇低收入人群等弱势群体是其重点服务对象。

以往商业银行普遍以区域划分为作业方式，设立银行网点，服务于网点附近一定范围的企业、居民客户。这种作业方式下，要实现普惠金融意味着要增设网点，而增设网点就要增加运营成本，相应的，利率定价水平也较难降低，不能给小微企业、居民客户提供高质量的金融服务。受监管约束，商业银行在跨区域经营方面受阻，这种边界的阻隔一方面降低了区域金融服务的竞争程度，不利于形成争相为客户提供优质服务的良性环境，另一方面，商业银行的客户对象规模受到限制，也使得商业银行无法得到规模效应，难以通过扩大业务量来取得盈利、降低业务定价水平。

长三角一体化打破了省界区隔，在《长江三角洲区域一体化发展规划纲要》中，明确提出了"同城化"的目标，要求"城市群同城化水平进一步提高，各城市群之间高效联动"、"以基础设施一体化和公共服务一卡通为着力点，加快南京、杭州、合肥、苏州、无锡、常熟、宁波都市圈建设，提升都市圈同城化水平"。同城化的发展，除了交通设施、基础建设、公共服务外，金融服务也应该走进同城化发展通道。随着长三角区域"同城化"的逐步推进，可以预见的是，金融服务的省界融合也将逐步深化，以往跨区域经营受阻的情况将逐步打破，跨省界的机构设置、金融服务需求将得到激发。例如，目前的跨省 ATM 机取款涉及手续费的问题，在长三角一体化同城化发展的过程中，这类因跨省而产生的费用有必要取消，真正落实同城化发展方向。

长三角地区是国内金融的前沿阵地，深化区域金融合作，能够更好地发挥长三角在深化金融改革、扩大金融开放方面的引领作用。长三角地区聚集了大量具有活力的小微企业和民营企业，以及庞大的居民客户。这些企业是长三角区域技术创新的活力之源和经济发展的重要组成部分。它们在长三角一体化过程中发挥着创造就业、研发和技术创新、优化资源配置等重要作用，但融资难、融资贵的问题始终是部分民营企业面临的问题。在居民客户层面来看，各地的服务水平有明显差异。比如，由于具有较高的客户信用水平和技术支撑，上海

区域居民消费贷款具有额度高、利率低、获取便捷的特点，而江苏、浙江等省份，特点是一些相对偏远的地区，消费贷款这项业务往往没有经济发达的区域发展得好。

一项业务的发展，外部来看，需要足够大的市场激发金融机构参与进来；内部来看，需要金融机构有足够的风险控制能力，确保业务的发展不会积累大的风险。按照金融同城化的趋势发展下去，商业银行面向的区域范围、客户群体得到明显放大，面对如此巨大的市场，区域性商业银行必然往区域相互渗透、金融服务协同的方向发展，提高长三角区域范围的金融竞争程度和活力。加上当前金融科技水平已经能够在较大程度上帮助商业银行控制跨区域经营的业务风险，特别是对小微企业、居民等普惠金融客户的风险识别和控制能力明显提升，将极大地推动普惠金融在长三角区域范围内的落地生根、蓬勃发展。

因此，我们认为，长三角一体化的省界融合、同城化发展首先将打开普惠金融市场空间，提高普惠金融的竞争程度的服务水平，促进普惠金融要素在省界间的转移发展。

3.2 产业分工、集群化发展打开产业金融市场空间

区域经济一体化发展与产业集群发展往往体现为一种相互交织的关系。区域经济一体化程度提高，能够加快要素流动，进而促进产业集群发展；产业集群程度的提高，能够提高经济运行效率、降低社会交易成本，进而让区域经济体分享到产业集群带来的好处，进而进一步推动区域经济一体化发展。产业集群作为推动区域经济发展的一种模式以及产业发展的重要组织形式，已经越来越得到国际组织、国家和地方政府的广泛重视。大量的企业集聚于一定区域，特别是有着上下游、互补关系的产业集聚于一定区域，可以进一步强化区域内生产的协作，分享因分工细化、沟通成本降低而带来的高效率，以及产品间的交通运输成本降低。在产业集聚体内，企业间更容易达成文化、价值、产品、交易等之间的共识，物理距离的减少加大了企业的违约成本，进而能够让园区企业内有更加透明的业务环境。从实践的发展来看，产业集群一旦形成，自然能够进入一种良性发展的态势，一方面吸引与符合该产业集群需要的企业入驻，

另一方面，加大企业间的互动，不断放大产业集群的良性辐射放应。

长三角一体化的发展目标中，我们也能看到对产业集群发展浓墨重彩的描述。要求"制定实施长三角制造业协同发展规划，全面提升制造业发展水平，按照集群化发展方向，打造全国先进制造业集聚区"，"围绕电子信息、生物医药、航空航天、高端装备、新材料、节能环保、汽车、绿色化工、纺织服装、智能家电十大领域，强化区域优势产业协作，推动传统产业升级改造，建设一批国家级战略性新兴产业基地，形成若干世界级制造业集群"，并且明确方向培育布局一批未来产业等等。

随着国家经济增速的降低，业务增量的时代已经一去不复返，从此进入存量挖掘加增量发展阶段。以往由于增速较快，新增项目较多，地方政府总体上不会有很高的竞争程度，因为"做大蛋糕"是主流，各地都能分得相应的利益。但在存量挖掘加增量发展阶段，由于增量项目也不够分配，地方政府间的竞争程度会加大，为了引入优质企业，往往会给予较大的优惠政策和支持力度，容易导致无序竞争，反而影响了产业集群的发展。因此，长三角一体化融合发展，可以说，将在解决无序竞争上做出积极探索，通过调整政府的组织方式、利益分配方式，在促进产业集群加速的发展的同时，实现各地政府的互利共赢。

长三角区域上市公司数量占比超过 1/3，具有细分产业的龙头地位，同时，共有国家级经济开发区 65 个、国家级高新技术产业开发区 33 个，占比分别为30%、20%，通过对长三角三省一市产业规划、上市公司、开发区的分析（详见后文），发现：①产业布局总体具有梯次结构。以长三角省份边界区域为中心，产业分布梯次向外呈现科技产业、现代工业和轻工业特点，这种产业的梯次分布，是经济开放、社会分工不断细化的结果，也是长三角产业一体化发展的重要基础。②产业布局有一定互补性。长三角三省一市有各自的产业优势，上海市的产业优势包括半导体、航空物流、生物医药、贸易服务等，江苏省的产业优势包括汽车零配件、机械化工、电子通信、生物医药等，浙江省的产业优势包括汽车零配件、软件科技、能源化工、纺织家具、林木产品、食品加工等，安徽省的产业优势包括汽车制造、食品加工、家具家电、新型建材等。产业优势重合的部分，通过协调机制有利于集聚优势；产业优势差异的部分，有利于整合长三角区域内的产业资源，形成与外部竞争的产业优势。③长三角省份边界的产业相似性较高。在长三角省份边界区域，包括江苏的苏州、浙江的嘉兴，以及上海市，在高科技产业的布局上，有一定的相似性，包括半导体、精密机械、生物医药、软件科技等。这种跨省界的产业相似性，体现出了长三角省份边界领域正在呈现产业集群的特点，这种产业集群，是发展构建世界级产业优势集群的重要基础。

综合上述的分析，我们认为，长三角一体化发展，必然加快产业集群趋势，而这种集群趋势，往往需要金融资源支持，在企业"走出去""引进来"层面提供充足的金融供给，给予金融机构较为广阔的市场空间。

3.3 科技支持、创新化发展打开特色金融市场空间

习近平同志在致首届数字中国建设峰会的贺信中指出："当今世界，信息技术创新日新月异，数字化、网络化、智能化深入发展，在推动经济社会发展、促进国家治理体系和治理能力现代化、满足人民日益增长的美好生活需要方面发挥着越来越重要的作用"。信息技术的发展，大大提高了经济活力，对促进区域经济的创新发展起到了极为重要的作用。

2018年11月，国家统计局公布了《战略性新兴产业分类（2018）》：新一代信息技术产业分为下一代信息网络产业、电子核心产业、新兴软件和新型信息技术服务、互联网与云计算、大数据服务、人工智能等5个大类、20个小类。从这个角度看，当前新技术已经发展到"大智移云"时代，即以大数据、智能化、移动互联、云计算共同驱动的时代。

当前新技术主要体现在基于海量业务和管理数据，通过数据分析与挖掘技术，应用机器学习等方法和工具，借助人工智能手段，推动传统技术向智能化技术转变，促进企业核心生产、制造环节相关的技术手段、产品、服务的创新。在产业背景的角度来看，技术发展有两点趋势：①新技术正在向纵深化和交叉化发展，包含芯片技术、网络技术、大数据、人工智能、区块链等一系列单一信息技术的纵向升级，在算力层面，采用FPGA、FPU、ASIC等CPU+X的异构计算模式可基本满足对处理器更快速、更高效、更方便的使用要求，机器人、神经网络、图像识别、语音识别、深度学习、区块链等在核心技术上持续突破；

同时，新技术之间交叉发展，以物联网、移动互联等技术为基础，以大数据为需求，与人工智能、区块链等技术相互交叉发展，深度学习算法在利用各类型深度神经网络处理海量数据方面具有优势，通过在计算机视觉和图像识别、语音识别等领域的持续应用，不断革新传统的技术框架。②新技术与产业应用融合发展，云计算、大数据、人工智能等新一代信息技术将加速渗透经济和社会生活各个领域。信息技术与产业发展加速融合，产业发展不断对信息技术提出新的需求，二者相互融合，互相促进，呈现融合式发展。因此信息技术的发展呈现系统技术的纵深化和融合化互相促进的特征。从"大智移云"来看，以服务运营为主要特征，这意味着新技术正从产品驱动转向服务带动。例如，共享单车就是典型的通过服务带动原有产业重构的例子。可见，信息产业驱动力正从产品转向服务，并呈现横向扩展、多点驱动的趋势。

新技术的发展，既推动金融行业向数字化的转型升级，提高了金融行业的服务效率和质量，又在很大程度上改变了现有的产业结构。比如，5G、人工智能等新技术的应用，为产品的应用提供了新的通道，替代了重复工作中的人工，既提高了企业效率，又降低了企业成本，以产生梯度优化效应，使技术创新所需要的资源优势互补，从而在相当长的时间内提高产业集群整体的竞争力。

（1）新技术成为产业提升的新动能，推动了传统产业群的优化组合。

埃森哲技术展望2019调研报告中指出：在过去的三年中，新兴技术加速提升组织创新的占比48%，显著加速提升组织创新的占比44%，仅有7%的保持不变。技术创新是产业稳步发展的重要保证与推进产业提升的新动能。

新技术的发展可以使产业中位于不同功能节点的企业快速了解市场、物流、商品需求的变化，结合智能化的分析技术，优化配置生产资源。经过长期的发展，各个成员企业必然会在产业布局中找到合适的位置，明确分工，最优化配置产业资源，实现优化组合。

（2）新技术拓展了产业发展的盈利模式。

新技术使传统企业的盈利模式得以颠覆，不只是依赖于自身产品所创造的利润，企业开拓了产品之外的利润来源。以数字经济相关的互联网企业为例，很多企业都是提供免费的商品和服务，其利润更多的是来自于广告收入，而发布广告的企业收入又是通过相关产品的出售实现的，但是彼此之间的相关度并不高。这样便将范围经济对产品相关性的要求降到了最低，将范围经济的经济效应发挥到了极致。

（3）新技术创新管理机制，重塑产业市场概念。

新技术使市场的组织方式由产业链条式转变为网络协同式，网络平台成为数字经济协调和配置资源的基本经济组织，生产方式由"标准化＋集中式"转变为"定制化＋分布式"，以平台方式重构交易模式和企业核心竞争力。

这给社会文化、政府监管、法律法规带来新挑战，使得政府也进一步应用新技术创新管理机制，也保障了长三角跨区域行政合作效率水平的提升，信息管理技术以及与之对应的管理机制的创新将信息误解和交流不畅的可能性降到最低，加速市场和政府资源配置方式的融合。

过去，金融行业讲科技金融，一般指对高科技行业的支持。随着新技术渗透各行各业，科技金融等特色金融服务的覆盖面大大拓宽，商业银行聚焦科技金融的发展，可以从面向高科技企业，调整到面向新型技术以及与新型技术应用相关的企业，真正成为不仅用技术，而且懂技术的金融企业。进一步地，新型技术的蓬勃应用，又将改造、重组分工方式和业务模式，瞄准这些新的领域，金融机构能够创设更多的特色金融服务，打开更大的市场空间。

3.4 区域协同、国际化发展打开国际金融市场空间

2020 年是上海国际金融建设行动计划的实现之年。总目标是，到 2020 年，上海基本确立以人民币产品为主导，具有较强金融资源配置能力和辐射能力的全球性金融市场地位，基本形成公平法治、创新高效、透明开放的金融服务体系，基本建成与我国经济实力以及人民币国际地位相适应的国际金融中心，迈入全球金融中心前列。2019 年 6 月，国务院副总理刘鹤在第 11 届陆家嘴论坛演讲中，指出要大力推进上海国际金融中心建设，努力推进"一带一路"建设，加快长三角一体化的进程。依托上海国际金融中心优势，服务和辐射长三角一体化发展，是题中之意。

在《长江三角洲区域一体化发展规划纲要》中，我们看到了世界级城市群、世界级产业群、世界级机场群、世界级港口群等字眼，长三角一体化的发展，

国际化、对接国际规则是重要方向。纵观近年来的国家政策，以 2013 年成立中国（上海）自由贸易试验区为起点，至 2019 年，通过经验的总结、推广，我国自贸区已增至 18 个，包括了几十个片区，覆盖了半数省份，形成了改革开放、面向国际的新格局。2019 年，在自贸区建设发展上，同样有一个标志性事件值得关注，那就是上海自贸试验区临港新片区正式揭牌，这是继 2013 年上海探索实践自贸试验区发展后的一个新的先行先试战略举措。临港新片区的发展目标，是到 2025 年，建立比较成熟的投资贸易自由化便利化制度体系，打造一批更高开放度的功能型平台，集聚一批世界一流企业，区域创造力和竞争力显著增强，经济、实力和经济总量大幅跃升。到 2035 年，建成具有较强国际市场影响力和竞争力的特殊经济功能区，形成更加成熟定型的制度成果，打造全球高端资源要素配置的核心功能，成为中国深度融入经济全球化的重要载体。

可以看出，临港新片区是对外开放探索的再升级，是进一步开展面向国际的投资贸易规则的新试验。可以预见的是，临港新片区的新经验，也将在未来几年内逐步复制推广至全国主要自贸区，推动自贸区发展取得新的突破。《长江三角洲区域一体化发展规划纲要》也将临港新片区纳入一体化发展范围，要求"以上海临港等地区为中国（上海）自由贸易试验区新片区，打造与国际通行规则相衔接，更具国际市场影响力和竞争力的特殊经济功能区"。上海自贸区、临港新片区、长三角生态绿色一体化发展示范区，以及长江三角洲区域自贸区、产业园的协同发展，将发挥各自的比较优势，合力形成新的对外开放格局。

长三角一体化面向世界级的协同发展，背后是国家对于经济开放、世界级城市群的布局。而这种前瞻性的布局，以及探索实践的新的国际贸易、国际投融资规则、政策和经验，对于金融行业而言，将使金融要素在国内、国际两个市场更加自由地流动，带来国际金融业务发展的新空间。

为研究分析金融机构服务长三角一体化的典型策略，本研究选取上海农商银行为分析对象，提炼金融机构服务长三角一体化发展的初步探索实践经验。

第二节　上海农商银行服务长三角一体化的起步探索实践

1 上海农商银行的发展情况概述

1.1 上海农商银行的基本情况

上海农商银行成立于 2005 年 8 月 25 日，是全国首家在农信基础上改制成立的省级股份制商业银行，目前总股本 86.8 亿股，国有法人股占比约为 66%，其中上海国资占比约为 37%，主要上海国资股东单位包括上海国际集团及其关联公司、太保人寿、国盛集团、申迪集团、东方国际集团、光明集团（入股主体为子公司）等。目前营业网点 370 多家，员工总数超过 6 000 人，控股设立 35 家沪农商村镇银行，控股长江联合金融租赁有限公司。

近年来，上海农商银行积极把握上海建设"五个中心"、打造"四大品牌"和推进"三项任务"的战略机遇，坚持以客户为中心，深入推进经营转型，以综合的营销手段推动客户发展，以创新的金融服务助力客户转型，以高效的流程管理改善客户体验，全面提升为客户创造价值的服务能力，全力打造服务型银行。在英国《银行家》公布的"2019 年全球 1000 强"榜单中，上海农商银行位居全球银行业第 156 位，比 2018 年上升 22 位，在国内商业银行中排名第 24 位。在"2019 年全球银行品牌价值 500 强"中排名第 191 位，比 2018 年上升 32 位。在中国银行业协会发布的"陀螺"评价体系中，位列国内农商银行第 2 位。标普评级从"BBB-"上调至"BBB"，展望稳定，短期主体信用评级从"A-3"上调至"A-2"。

1.2 上海农商银行在服务长三角一体化方面的主要优势

课题组经过向上海农商银行调研，综合比较同业银行，了解到上海农商银行具有以下优势：

一是得天独厚的区位优势和战略机遇。上海农商银行是总部设在上海的法人银行，业务主要集中在上海市区域。上海是我国最重要和最发达的经济与金融中心之一，也是长三角地区的核心城市，发挥着世界级城市群核心城市作用，有力推动着长三角地区一体化发展。上海具有雄厚的经济基础、合理的产业结构、蓬勃的市场活力和开放的社会文化，有良好的信用法制环境、丰富的人力资本、通达的信息网络等基础设施，在"长三角一体化"国家战略中扮演着重要角色，为上海农商银行服务长三角一体化提供了广阔空间。

二是扎实的客户基础和广泛的营销渠道。上海农商银行坚持扎根上海，尤其是在市郊地区，网点覆盖面广，客户沉淀率和忠诚度高，有较强的竞争优势。共有23家一级分支行（含总行营业部），其中20家位于上海。3家异地支行中，嘉善支行、昆山支行也位于长三角区域内，形成"一体两翼"的格局。同时，上海农商银行建立了物理网点、自助设备、网上银行、手机银行、微信银行、远程银行全渠道线上线下一体化的服务体系，为服务长三角客户提供了有力支撑。

三是齐全的业务资格和强大的综合服务能力。上海农商银行是全国农信系统中最早开展金融市场、投资银行和跨境业务的机构之一。金融市场业务方面，连续多年获评银行间市场核心交易商和活跃交易商，交易量排名居农商银行首位；投资银行方面，是全国具有 B 类主承销商资格的 7 家农村商业银行之一，并具有北京金融资产交易所债权融资计划主承销商资格；跨境业务方面，具有即期外汇买卖、衍生产品交易、外币债券、代客掉期、自营 / 代客货币利率掉期等多项业务资格。上海农商银行业务资格较为齐全，交易活跃度始终保持市场前列，使其具备向长三角客户提供高效的投融资综合金融服务的能力。

四是独具特色的"小微"和"三农"服务能力。上海农商银行始终坚持"定位向下、服务向细"，积极响应国家号召，以"服务三农、服务小微、服务科创"作为立行之本，扎实推进普惠金融服务。量身打造"三农"专属金融产品，先后推出"农村土地经营权抵押贷款"、"农业循环贷""农机贷"等产品；陆续推出针对中小微企业客户特点与需求的产品，如"鑫惠贷"、"积数贷"、"循环贷""银税贷"及中小微基金担保项下的担保贷款，是上海地区涉农贷款市场份额最高的商业银行，是全市国标小微企业贷款客户和贷款规模最多的商业银行之一，具备向长三角地区输出普惠金融服务的能力。

五是审慎的风险管理和良好的资产质量。上海农商银行始终坚持稳健的风险管理原则，建立了较为完备的、多层次的全面风险管理体系，构建了包含董事会、高管层、总行职能部门和分支机构的健全的风险治理架构，具有清晰的风险策略、风险偏好和风险限额，制定了完善的风险管理政策和程序。不断提升风险管理技术，建设功能强大的风险管理信息系统，获取高质量的风险数据。不良贷款率持续保持较低水平且呈下降趋势。截至 2017 年末、2018 年末、2019 年末，不良贷款率分别为 1.30%、1.13% 和 0.90%。良好的风险管理能力和资产质量也为上海农商银行服务长三角一体化奠定了坚实基础。

1.3 上海农商银行的个性化优势

进一步梳理聚焦，提炼上海农商银行的个性化优势，我们认为，主要包括以下几点：

一是具有扎根长三角的地域优势。由于目前的监管限制，跨区域机构设置受限，除已经有较多跨区域分支机构的情况外，区域性商业银行的发展往往与地区经济发展情况紧密相关。中东部商业银行发展理念先进，经营管理能力较强。中西部地区商业银行受限于地区经济和产业特点，总体上的经营管理水平偏低。上海农商银行的绝大多数业务在上海，虽然是农信社改制而来，但在上海市较为开放、国际化的环境中，取得后发优势，通过一系列的调整改造，已经取得了长足的进步，以及部分细分市场上的领先优势。随着长三角一体化发展的深入推进，作为长三角领头羊的上海，将进入一个新的发展阶段，为商业银行提供巨大的市场空间。这样的区位发展优势，是其他商业银行无可替代、百年一遇的。

二是具有在农信系统中的影响力。我国农村信用合作金融机构的发展历史悠久，通过不断地改制创新，在"分分合合"中曲折发展。虽然农村金融机构已逐步法人化、独立发展，但仍然具有天然的血脉联系和文化属性。上海农商银行作为首批由农信社改制为省级农村商业银行的区域性领导机构，并且资产规模名列前茅，市场化水平和经营管理水平较高，拥有巨大的影响和号召力，在农村金融机构中具有较强的示范和引领作用。加上农村金融机构近年来的快速发展，以及长三角区域农村金融机构进入高质量发展阶段，上海农商银行在农村金融机构中的影响力，在实现金融机构的业务协同中具有十分重要的作用。

三是具有深厚庞大的客户基础。在上海市 109 个乡镇中，上海农商银行的网点覆盖率达到98.2%，与地方政府保持着紧密的合作关系。企业客户客户沉淀率和忠诚度高，有较强的竞争优势。同时，依托面向全市的工会服务卡，零售客户范围覆盖了本市主要大中型企业（集团）及事业单位职工，个人客户数量达到千万级以上。这样庞大的客户基础，是上海农商银行的立身之本，也为其不断改进客户服务、金融产品提供了扎实的基础。

四是具有普惠金融的优良经验。 上海农商银行明确提出了"普惠金融助力百姓美好生活"的使命，明确以"可获得性、可负担性、可持续性"为原则，通过金融服务的便捷化、普惠化、多样化，提高普惠金融可获得性；通过优化金融资源配置，减费让利，践行普惠金融"可负担性"；通过打造服务型银行，实现普惠金融的"可持续性"。上海农商银行的普惠金融围绕"三性"原则开展和深化。例如，为有效解决农业经营主体融资痛点，创新推出"新农直报线上可循环贷款"产品；根据乡村振兴战略的要求，结合上海现代都市农业的特征，针对目前农民相对集中居住的金融需求，首家配套推出了宅基地住宅更新改造贷款——家园贷，为农户宅基地住宅翻建、改建、新建、装修及安置房装修提供资金支持等等。同时，通过服务小微、民营、科创企业，培育对小微企业"敢贷、能贷、愿贷"的公平信贷文化，不断提升小微企业金融服务的可得性和获得感。上海农商银行在普惠金融方面已积累了丰富的经验。

1.4 上海农商银行服务长三角一体化的战略定位和主要布局

作为一家起步郊区、扎根上海的本地法人银行，上海农商银行始终围绕服务国家战略，努力践行"普惠金融助力百姓美好生活"使命，以"打造为客户创造价值的服务型银行，建设具有最佳体验和卓越品牌的区域综合金融服务集团"为愿景，树立"诚信、责任、创新、共赢"的价值观，坚持"服务三农、服务小微、服务科创"，涉农贷款余额、小微贷款余额在全市领先。为认真贯彻落实国家的长三角一体化政策，上海农商银行成立了由董事长、行长担任双组长的"长三角一体化农村金融机构合作发展工作领导推进小组"，深刻分析这一重大战略部署对银行发展的挑战和机遇，明确将长三角工作纳入新三年发展战略规划。

在新三年发展战略规划中明确，要紧抓长三角一体化历史机遇，以长三角生态绿色一体化发展示范区为载体，加大长三角地区布局，推动资本、资金、业务、机构等"走出去"。成立长三角金融服务中心，统筹调配客户、财务、人力、网点等资源，视政策环境争取在地级市以上城市设立分行。加强与长三角农村金融机构的合作，增加同业授信额度，建立跨区域联动机制。青浦支行、昆山支行和嘉善支行以农业产业链、科创企业孵化链、先进制造配套链、商贸消费链等为突破口，加快自身发展，成为全行融入长三角一体化建设的先锋队。

未来，上海农商银行提出将重点推进以"客户、产品、组织、保障"为核心的四大体系建设，举全行之力支持长三角区域一体化发展，进一步提升对区域内实体经济，特别是县域、农村地区的金融服务水平，预计未来五年内，上海农商银行将为长三角地区客户（不含上海）提供授信不少于 2 000 亿元。

2 上海农商银行服务长三角一体化的起步探索实践

上海农商银行紧密跟踪国家经济政策趋势，在国家明确长三角一体化战略后，积极研究金融服务长三角一体化的策略和模式，取得了起步成效。

2.1 定位普惠金融，构建服务长三角一体化四柱支撑体系

如前文所述，上海农商银行明确了"普惠金融助力百姓美好生活"的使命，在长三角一体化打开普惠金融市场空间的催动下，上海农商银行经营管理上有了更大的施展空间。作为区域性商业银行，上海农商银行依据金融供应链的一般流程，从客群定位、产品创新、安全服务和客户满意四个环节推动普惠金融在长三角一体化的发展，探索建立"精准、创新、安全、高效"的四柱支撑体系，为客户提供温暖贴心的"普惠金融之家"。

党的十九大报告明确提出："要坚持在发展中保障和改善民生，在幼有所育、学有所教、劳有所得、病有所医、老有所养、住有所居、弱有所扶上不断取得新进展"，这是中国传统文化中百姓美好生活的集中体现。上海农商银行积极探索"精准、创新、安全、高效"的四柱支撑体系，建立便捷服务、温暖贴心、安全放心的"普惠金融之屋"，目的就是要让普惠金融惠及到百姓生活的方方面面。

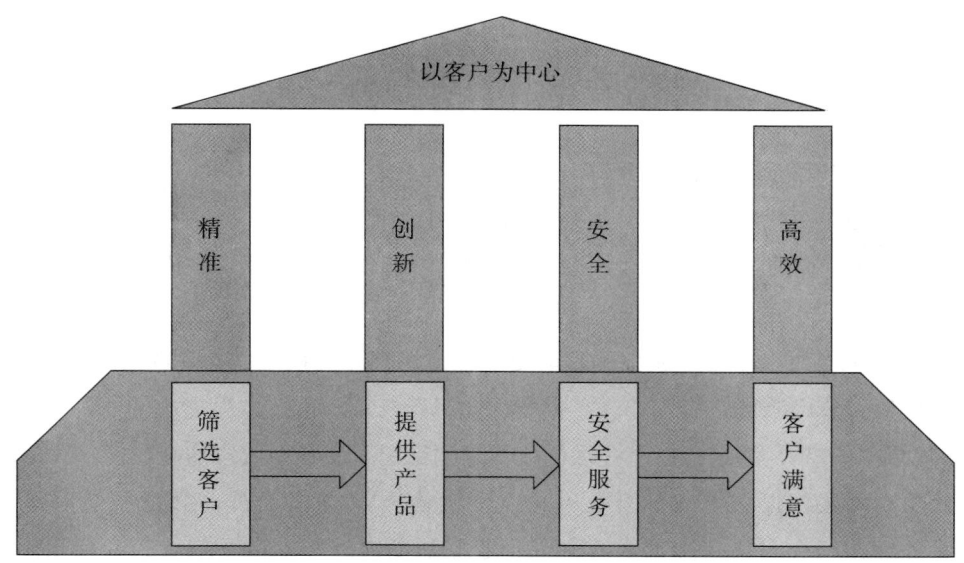

图 2-6　普惠金融的四柱支撑体系

2.1.1 "精准"定位目标客户

上海农商银行认为，普惠金融是一个长尾市场，不能按照以往关系型营销手段获客，必须通过精准营销分析批量化获客。因此，上海农商银行着力调整业务模式，改变客户经理对客户的单点营销，在产品上做文章，切入场景特征，实现对客户需求的精准把握。上海农商银行积极深化机构场景合作，构建多维获客模式，夯实零售基础客群。加强客户分层管理，通过客户画像和数据分析，开展精准营销，提供精准服务。采用哑铃式客户发展策略，重点发展高端私行财富客户和低端长尾客户，其中，私行客户聚焦小企业主和企业高管，财富客户聚焦中年客户，长尾客户聚焦年轻的郊区客户和外来务工人群。采取差异化客户经营策略，高端客户通过个性化服务实现价值获取，长尾客户通过线上化服务提高活跃度，中间层客户通过综合化服务提升资产贡献。总行建立基于数据驱动的客户经营长效机制，主要通过规划客群，对客群的数据分析发掘洞见，从而形成策略，继而通过策略指导分支行组织相应营销活动，在营销推动过程中根据分支行营销反馈，不断迭代产品和营销策略。通过营销活动的闭环管理，推进客群精准营销落地，促进客户经营从运动式向持续性、常态化的转变。

针对长三角区域更加广阔的市场，以往靠铺网点、铺人的模式更加不符合市场的需要，因此，"精准"服务支撑是上海农商银行开展长三角普惠金融服务的首要切入点。

2.1.2 "创新"丰富普惠产品

上海农商银行不断创新业务理念，对于小微金融服务，运用金融科技手段，实现小微业务办理的移动化、在线化、智能化，100万（含）以下符合"小额、高频、分散"特征的小微融资，向纯线上化方向发展，提高产出效能。服务上海科创中心建设，强化"鑫动能"客户培育库建设。创新专项融资产品，优化和完善启航贷、人才贷、高企贷、知识产权贷、科技鑫用贷、投贷联动等科创专项产品，满足科创企业从创业初期到稳定发展各个阶段的金融需求。深化与私募股权投资（PE）以及风险投资机构（VC）的合作，拓展投贷联动业务合作机会，扶持一批优质科创企业登陆境内外资本市场或成为各行业独角兽。

对于个人金融服务，大力发展消费贷款、信托资管代销和代发业务，推动基金、期缴保险、贵金属、个人外汇、个人生产经营贷款业务快速增长。围绕青年客群的消费需求和行为倾向，打造年轻化的产品体系，持续调优信用卡客群结构，从而实现信用卡业务的可持续发展。稳固高端信用卡"尊享出行"品牌特色，推进工会卡和公益卡精耕细作，加强公私联动，推进商务卡业务开展。创新产品方面，横向丰富产品体系，完善外卡类、套卡类、主题类等系列卡产品，推进三农类和科创类卡产品开发。

同时，创新加快营销服务渠道转型。积极开展场景营销，围绕教育、养老、健康、交通、家政等场景，加强平台合作，将金融产品服务融入客户生活。实行网格化营销管理，将网点辖属区域划分成农区、社区、商区、园区、专区五类区域，制定专属营销策略，一点一区一策，找准区域关键联系人，精准挖掘客户兴趣点，有针对性地开展外拓营销。

2.1.3 "安全"普惠万千客户

普惠金融，安全性必不可少。应用前沿科技促进普惠金融发展，有着更加开放的环境，也会带来安全性方面的隐患。安全性，对金融机构而言，是资产的安全；对客户而言，是信息的安全。

上海农商银行在业务端应用领先技术的同时，也加快风险管理数字化转型，积极构建智能化的风险管理体系，以"全客户、全业务、全流程、全押品、全预警"为定位，推进新一代 CMIS 系统建设。加强金融科技应用，通过引入大数据、AI、物联网等技术，形成客户统一风险视图，提供信息核验、风险名单验证、欺诈识别、信用评分、预警检测等风控服务。各种信息的交叉比对，能够更加有效地识别风险、控制风险。

同时，上海农商银行制定数据治理整体规划，优化数据治理制度流程体系框架，通过搭建数据管控相关平台，在数据生成前形成数据字典，供新业务、新系统开展使用；在数据流转过程中对数据集中采集和监控，对数据质量及时预警；在数据汇集后对数据比对校验和分析挖掘，形成数据管控闭环，形成数据定义、数据流转管控、数据价值生成的全生命周期管理，确保内部数据的管理安全和外部数据的合作安全。丰富网络安全技术防控手段，加强网络安全态势感知，深化和完善终端侧信息安全管控，提高安全事件智能关联分析和主动防控能力。金融机构数据的安全，直接反映出客户信息的安全。

2.1.4 "高效"提高客户满意度

上海农商银行着力提高数字化程度，明确"只要是线上能做的就不要线下做、集中能做的就不要分散做"的改革方向。随着长三角一体化区域范围的拓宽，商业银行的管理半径也相应扩大，按照以往层级报告式的业务运作方式，影响业务效率，也影响了客户体验。普惠金融客户往往对于效率有着较高的要求，没有高效的金融服务，就难有客户的黏性。上海农商银行通过数字化转型，实现业务通过系统自动受理、自动审批，把以往线下办理的业务尽可能转到线上来操作，依托大数据技术，搭建智能营销体系，根据客户消费数据、行为数据、个人特征数据等，实施"场景 + 数据 + 内容"的实时精准营销触达，并逐步实现客户、产品、员工、营销、管理"五个在线"。例如，2019 年上线的"鑫 E 贷"个人消费贷款产品，线上秒出审批结果，并且 24 小时全天候提供服务，大大提高了个人消费贷款的业务效率。

与此同时，上海农商银行持续推进网点转型，以科技为引领，以数字转型、场景建设为手段，统筹零售服务渠道，优化网点布局，实现多渠道融合互动，使全渠道客户体验无缝衔接。抓住 5G 技术应用的机遇，推进网点智能化和运营敏捷化，建设智能、敏捷、高效、安全的运营管理体系，实现运营管理从业务支撑型向价值创造型的快速转型，实施运营扁平化、垂直化管理，统筹管理网点柜面、移动柜面和远程服务的大运营职能。整合线上线下获客信息，实施精准推送、交叉引流，实现"线上预约、线下办理"一体化操作模式，提升客户体验。

2.2 坚持姓农本色，勇担长三角一体化乡村振兴主力军

实施乡村振兴战略是十九大做出的重要部署，是新时代解决"三农"问题的重要抓手，是党和国家事业发展的重要支撑，对于我国农村经济进一步发展都具有重大的意义。尽管长三角农村地区发展基础相对较好，但发展不平衡、不充分的问题仍然十分突出，农村经济社会发展明显滞后于长三角总体发展水平。实施乡村振兴战略，必然带来乡村发展形态和产业发展载体的转型，对金融服务的需求也会随之增加。

上海农商银行作为全国首家在农信基础上改制成立的省级股份制商业银行，多年来扎根农村、支持农业、造福农民，始终坚持姓农本色。在乡村振兴和长三角一体化发展两大国家战略交汇的时空背景下，上海农商银行既肩负着新时代的重托，也面临着难得的发展机遇，唯有勇担长三角一体化乡村振兴主力军，才能抓住机遇、不辱使命、不负重托。为此，上海农商银行顺应农业规律，紧贴农业需求，不断创新农村金融服务手段，专门为农业龙头企业、农业合作社等新型农业经营主体设计全产业链服务方案，量身定制金融产品。

2019 年 12 月，上海农商银行发布《金融创新支持乡村振兴实施方案》（以下简称《实施方案》）。该方案聚焦金融产业扶贫、支农金融产品创新、服务手段提升及服务覆盖面扩大等，重点围绕乡村振兴战略，优化涉农网点功能布局，提升服务效能，提升服务网点的金融辐射及服务能力。根据《实施方案》，到 2022 年末实现涉农贷款余额将超过 600 亿元，为长三角区域的乡村振兴发挥主力军作用。

2.2.1 完善支农服务体系

作为起源于农村信用合作社的涉农金融机构，上海农商银行已建立了较为完整的支农金融服务体系。在乡村振兴的时代背景下，上海农商银行需根据长

三角区域农业信息化、融合化、全流程化的发展特点，建立适应乡村振兴的体制机制，通过金融服务促进乡村振兴战略顺利实施。根据《实施方案》，上海农商银行着力细化金融服务方案，为各项重大涉农工程提供金融支持，培育区域特色明显、发展前景广阔的农产品品牌，为农业企业提供品牌塑造、销售渠道推介、金融支持等综合金融服务，向农村延伸金融服务链条，用品牌提升农业竞争力。

2.2.2 拓宽农民增收渠道

乡村振兴的主要抓手是兴农业，根本目的是富农民，提升农民生活的获得感、幸福感。为了实现富农民的目标，必须千方百计拓宽农民增收渠道，扶持和繁荣乡村涉农产业，培训和提升农民职业技能。在扶持和繁荣涉农产业方面，上海农商银行倾力支持乡村产业融合发展，营造旅游搭台、产业唱戏新格局，着力培育壮大一批农业产业化龙头企业，盘活土地资源、壮大集体经济。此外，上海农商银行还积极研究专门针对大学生返乡创业、旅游景区民宿投资等量身定制特色金融产品，为广大农民群众增收助一臂之力。在培训和提升农民职业技能方面，上海农商银行定期为涉农主体开展种养殖农技培训，尝试通过设立农产品支持计划、优秀扶贫人才支持计划、"新农人"培育发展支持计划等长效支持计划，积极支持农民参加职业教育、技能培训、再教育等学习教育活动，把融资、融智、融技三者结合起来，助力农民增产增收。

2.2.3 下沉农村服务触角

为了更好地服务乡村振兴，上海农商银行协同 35 家村镇银行及嘉善、昆山等跨区域支行，充分发挥农村金融机构服务三农的专业优势，进一步下沉服务中心，使服务触角延伸至乡镇、村队，以优质金融服务攻坚乡村振兴"最后一公里"，让乡村振兴的成果惠及更多百姓。此外，上海农商银行还根据农村、农业、农民的金融需求，推广新型移动支付产品，不断优化账户服务，做好服务乡村振兴配套金融基础工作。截至 2019 年 10 月末，全行涉农贷款余额已突破 500 亿元，在上海地区银行业涉农贷款规模排名中保持第一；存量合作社贷款客户逾 440 户，覆盖国家级、市级和区级合作社。此外，根据上海市中小微企业政策性融资担保基金管理中心数据，2019 年 1 月至 10 月，该行发放的全市合作社政策性农业信贷担保贷款的户数、金额约占全市总额的 60%。

2.3 注重产业布局，服务长三角一体化产业集群趋势

长三角区域拥有雄厚的产业基础以及全面的市场要素，世界级产业集群的定位符合其发展方向。作为大型农商银行，上海农商银行深知金融与产业的良性互动是区域经济发展的重要推动力量，而金融对产业的深入了解是金融企业可持续发展的基础。为此，上海农商银行积极探索产业金融模式，着力通过构建具有区域特色的产业金融服务体系，助力长三角产业集群发展。

2.3.1 研究长三角产业集群及其发展趋势

上海农商银行业务主要以本地为主，面对长三角一体化更加开阔的市场以及产业集聚和布局趋势，战略研究至关重要。为支撑长三角一体化的战略布局，上海农商银行整合内部组织架构，增强董事会办公室在战略研究方面的职能，同时，计划成立上海农商银行大学，下设金融扶贫研究中心、村镇银行发展研究中心、长三角农村金融研究院等专项研究中心，开展广泛的战略研究，以及对长三角区域范围内的市场机遇、产业集群发展研究。战略研究机构的整合，将为上海农商银行服务于长三角区域一体化发展提供强有力的支撑。

为了更加安全有效地服务于长三角产业集群发展，上海农商银行（以服务上海本地市场为主）及其控股子公司长江联合金融租赁有限公司（以服务长三角区域市场为主），积极开展产业研究。

根据各地的规划，可以看到长三角三省一市的重点产业布局：

（一）上海市：上海市"十三五"规划中，对于产业转型发展，重点强调"高端化、智能化、绿色化、服务化"，促进产业融合发展，不断完善以现代服务业为主、战略性新兴产业引领、先进制造业支撑的新型产业体系。具体而言，主要体现为几个方面：

（1）现代服务业：增强金融业的影响力和辐射能力，扩大信息消费，加快商贸转型。提升文化创意、体育健身、旅游休闲、时尚等产业竞争力，鼓励康复医疗、远程医疗、医疗旅游等新型业态发展，大力发展互联网教育，加快发展老年护理、家庭服务等产业。

（2）科技产业：聚焦生命、材料、环境、能源、物质等基础科学领域科学研究，实施航空发动机与燃气轮机、高端医疗影像设备、高端芯片、新型显示等一批重大战略项目，实施脑科学及人工智能、量子通信等一批基础前沿工程，

推进信息技术、生命科学和医学、高端装备等领域，促进平台经济、移动互联网、大数据、云计算、物联网等加速发展。

（3）先进制造业：在半导体装备材料、工业机器人、深远海洋装备等领域填补国内空白。发展壮大新一代信息技术、生物、高端装备等产业，全面提升上海极限制造、精密制造、成套制造能力。汽车产业向智能网联汽车和新能源汽车升级，船舶产业向高端船舶和海洋工程装备产业升级，钢铁、石化产业向新材料领域延伸产业链，都市工业加快向文化创意产业转型升级。

从上海的产业布局导向来看，紧紧围绕国际金融中心、国际贸易中心、国际航运中心和科技创新中心，现代服务业突出金融和文化健康领域，科技产业突出前沿科技研发，先进制造业突出精密制造领域，对传统产业的转型和疏解也作了具体部署。

（二）江苏省：江苏省的"十三五"规划中，要求推进产业"高端化、高技术化和服务化"发展，加快健全以高新技术产业为主导、服务经济为主体、先进制造业为支撑、现代农业为基础的现代产业体系，推动先进制造业和现代服务业成为主干部分。具体而言，主要体现为几个方面：

（1）高新技术产业：打造若干科学研究中心，发挥南京通信与网络、苏州纳米技术、泰州生物医药等优势，支持纳米材料、大数据、未来网络、3D打印、新一代信息技术和软件、石墨烯、智能机器人、小核酸和抗体药物等领域超前部署基础前沿技术研究。

（2）先进制造业：突出数控装备普及换代、现有装备智能改造、高端装备自主制造、工业机器人推广应用，推动机械、石化、冶金、纺织、轻工、建材等传统产业向高端化品牌化发展。重点发展新一代信息技术、高端装备、海洋工程、航空航天、新材料、节能环保、生物医药和新型医疗器械、新能源和智能电网、新能源汽车、数字创意等产业。

（3）现代服务业：发展现代金融、软件和信息服务、电子商务、现代物流、科技服务、服务外包、检验检测、国际航运等生产性服务业，大力发展基于网络的平台经济、文化创意、工业设计、人力资源服务等新兴业态。

除产业导向外，江苏省的"十三五"规划同时强调产业的区域布局，推进产业集群。规划提出，沿沪宁线地区重点推动区域高端创新要素集聚，大力发展总部经济，建设具有国际水平的战略性新兴产业、先进制造业基地和现代服务业高地。沿江地区重点发展现代物流、滨江旅游等服务业，推动新能源、新材料、生物技术和新医药、海洋工程装备等特色产业发展。沿海地区重点推进沿海深水大港、临港产业园区，主动承接国内外先进制造业和高端产业转移，加快发展物流、石化等临海产业，做大海洋经济规模和品牌。沿东陇海线地区积极承接中高端产业转移，重点发展原材料工业、消费品工业、电子信息、工程机械等产业。

江苏省在高科技产业的布局时间较早，在部分领域有较强的研发优势，比如量子通信、纳米技术、生物医药等，并且，虽然强调现代服务业发展，但高端装备制造等相对重型的先进制造业仍然是主体，也是江苏省经济发展的重要基础。

（三）**浙江省**：浙江省的"十三五"规划，提出全面提升先进制造业竞争力，着力打造现代服务业新引擎，促进先进制造业与现代服务业"双轮驱动"和融合发展，重点培育万亿级大产业，优化现代产业体系。具体而言，主要体现为几个方面：

（1）先进制造业：加快推动石油化工、纺织印染、五金机电、冶金、建材等产业转型升级，重点突破核心基础零部件、先进基础工艺、关键基础材料、产业技术基础等瓶颈，全方位提升产业发展水平。重点推进健康养老服务、生物医药和高性能医疗器械等重大项目。

（2）信息经济产业。实施"互联网＋"行动计划，建设特色鲜明、全国领先的电子商务、物联网、云计算、大数据、互联网金融创新、智慧物流、数字内容产业中心。推进产业组织、商业模式、供应链、物流链创新，支持基于互联网的各类创新。

（3）高技术产业：发展机器人与智能制造装备、新能源汽车及电池产业、航空（新型无人机等）和轨道交通、高端船舶与海工装备、新材料。突出节能和新能源技术装备制造、节能环保新材料、节能环保服务等重点领域。

（4）现代服务业：提升发展金融、信息、物流、会展等生产性服务业，支持发展养老、家政、教育文化等生活性服务业，加快推进一批时尚产业、旅游产业、金融产业的重大项目。

浙江省的产业布局中，突出了推进信息经济产业发展，主要发挥其在信息科技、软件服务等方面的优势，实现信息技术与制造业技术的深度融合，促进传统产业的改造升级。对于现代服务业的定位，主要为服务于产业与生活的配套，突出了文化创意和时尚产业。

（四）安徽省： 安徽省的"十三五"规划，提出至 2020 年，基本形成以战略性新兴产业为先导、先进制造业为主导、现代服务业为支撑的现代产业新体系，提高制造业增加值占比至 40%，确立制造强省的地位。具体而言，主要体现为几个方面：

（1）战略性新兴产业：推动电子信息、智能装备、新材料等一批战略性新兴产业加速发展成为主导产业。围绕量子通信、人工智能和智能机器人、动力电池、燃气轮机、数控机床、通用航空发动机、生物技术药物、高端医疗装备、高性能纤维及复合材料、石墨新材料、智能终端等前沿性领域，统筹科技研发、产业化和应用示范。

（2）先进制造业：新一代信息技术、智能装备、先进轨道交通装备、海洋工程装备和高端船舶、航空航天装备、节能和新能源汽车、新材料、新能源、节能环保、生物医药和高端医疗器械、现代农业机械。

（3）现代服务业：推动生产性服务业向专业化和价值链高端延伸，包括现代金融、现代物流、科技服务、电子商务、服务外包等。推进生活性服务业向精细和高品质转变，包括文化旅游、健康养老、运动休闲、商贸流动等。

安徽省处于强工业发展阶段，核心是推进传统产业的转型升级，同时，在新兴领域的研究发展处于加大投入阶段。另外，安徽省"十三五"规划中，提出深化长三角一体化发展，重点承接电子信息、汽车、装备制造、节能环保等先进制造业和高新技术产业，促进江浙沪地区金融、创意、文化、科技服务等现代服务业加速向安徽省延伸辐射，努力把安徽打造成为全国金融综合服务基地和科技服务基地。在新型显示、新能源汽车、机器人、集成电路、智能语音、量子通信、智能家电等领域，共同培育一批具有全球较强竞争力的产业集群。

对比以上长三角三省一市的"十三五"规划产业布局，进一步分析，发现有以下特点：

（1）产业总体布局有一定相似性。上海市、江苏省、浙江省、安徽省的产业布局中，主要体现的都是先进制造业、现代服务业和战略性新兴产业（高科技产业），与当前国家的产业转型发展总体契合。

（2）产业结构布局各有特点。上海市以现代服务业为主、战略新兴产业为引领、先进制造业为支撑，现代服务业在产业结构中占据较高地位；江苏省突出以高新技术产业为主导、服务经济为主体、先进制造业为支撑、现代农业为基础，与上海的结构定位有一定相似，但多了现代农业基础性作用；浙江省更加突出智能制造和先进制造的地位，推进传导产业升级，以现代服务业为支撑；安徽省突出工业基础性作用，以战略性新兴产业为先导、先进制造业为主导、现代服务业为支撑。

（3）战略性新兴产业的细分领域各有优势。三省一市的规划中，都强调了战略性新兴产业的先导作用，但在具体布局上，又有所侧重。上海市重点聚焦在生命、材料、环境、能源、物质等基础科学领域，江苏省重点在纳米材料、大数据、未来网络、3D打印、新一代信息技术和软件、石墨烯、智能机器人、小核酸和抗体药物等领域，浙江省重点是空天海洋、信息网络、生命科学、核技术等领域，安徽省重点是电子信息、智能装备、新材料领域。

长三角三省一市的产业总体发展方向趋同，但发展阶段有所差异、在细分领域上也各有优势，加上不同发展阶段下的产业梯度转移，整体来看，具有较强的互补和协同性。

我国上市制度总体较为严格，按照证监会发布的《首次公开发行股票并上市管理办法》（中国证券监督管理委员会令第141号），要求在主板上市的发行人"最近3个会计年度净利润均为正数且累计超过人民币3000万元"、"最近3个会计年度经营活动产生的现金流量净额累计超过人民币5000万元；或者最近3个会计年度营业收入累计超过人民币3亿元"，且有规范的公司治理运行制度体系和财务会计管理等。按照这样的标准，筛选出来并上市的公司，一般而言都是较为成熟的公司，具有一定的市场地位和竞争优势，代表着行业中某一方面的优势力量。因此，以上市公司的区域分布、行业分布来分析长三角三省一市的产业优势，具有一定的代表性。

另外，20世纪80年代以来，我国开始推进开发区发展，开发区是地方政府为促进区域经济迅速发展而设置的专门机构，通过分片式、集中式的产业布局，推进要素集中、效率提升。开发区由小到大、由弱到强，引领着我国经济的改革发展，逐步成为技术和资金的聚集地，成为工业产业链的龙头，成为产业经济升级换代的纽带，成为全国经济、区域经济、城市经济的重要支柱。历经 20 多年的发展，开发区制度已较为成熟，种类包括经济技术开发区、高新技术产业开发区、保税区、边境经济合作区、出口加工区、自由贸易区、旅游度假区等，层级上划分为国家级、省级、市级等。某种意义上来说，开发区代表着区域的产业优势和发展方向，对分析地方产业的比较优势也具有典型的代表意义。

因此，上海农商银行通过分析上市公司和开发区数据，进一步分析和验证长三角三省一市的产业优势情况。对上市公司的分析，主要将 A 股主板、中小板和创业板合并到一起，因为虽然有一定差异，但总体上仍然代表着主体的产业方向，同时，我们将科创板单独区分出来并分析，因为科创板在一定意义上代表着新型高新技术产业的发展方向；进一步地，将境外上市企业作汇总分析，避免出现样本上的遗漏。对开发区的分析，选取国家级经济技术开发区、高新技术产业开发区作为分析样本，因为国家级开发区具有较强的经济基础，且有更强的代表意义。

（一）A 股主板、中小板和创业板中长三角三省一市企业的产业分布

根据 2019 年 8 月末 Wind 资讯导出的数据，A 股主板、中小板和创业板共 3 681 家，长三角三省一市上市公司共 1 260 家，占比达到 34%，在较多产业中具有优势地位。以 Wind 三级行业分类，将长三角三省一市上市公司数量占比超过 34% 的行业（剔除单个行业样本数量小于 10 个的行业类型，样本数量较少时不具有代表性）列示如表 2-1，此类行业可以定义为长三角区域的优势产业：

表 2-1　长三角区域的优势产业

序号	行业	长三角	全国	占比
1	消费品经销商Ⅲ	6	10	60%
2	汽车零配件	75	136	55%
3	机械	157	315	50%
4	纺织品、服装与奢侈品	47	98	48%

序号	行业	长三角	全国	占比
5	半导体产品与半导体设备	32	69	46%
6	家庭耐用消费品	46	101	46%
7	海运Ⅲ	5	11	45%
8	互联网软件与服务Ⅲ	18	41	44%
9	容器与包装	10	23	43%
10	化工	129	301	43%
11	商业银行	14	33	42%
12	休闲设备与用品	8	19	42%
13	贸易公司与工业品经销商Ⅲ	15	36	42%
14	医疗保健提供商与服务	13	33	39%
15	专业服务	12	31	39%
16	电气设备	77	199	39%
17	航空货运与物流Ⅲ	12	32	38%
18	商业服务与用品	22	61	36%
19	纸与林木产品	11	31	35%
20	专营零售	6	17	35%

进一步整理长三角三省一市在优势产业内的上市公司数量，分析各省的产业比较优势情况，具体如表2-2：

表2-2　长三角三省一市在优势产业内的上市公司数量及比较优势情况

序号	行业	上海	江苏	浙江	安徽	比较优势情况
1	消费品经销商Ⅲ	1	4	1	0	样本数量少，难以判断
2	汽车零配件	12	27	33	3	江苏、浙江具有优势
3	机械	22	60	63	12	江苏、浙江具有优势

序号	行业	上海	江苏	浙江	安徽	比较优势情况
4	纺织品、服装与奢侈品	10	10	24	3	浙江具有优势
5	半导体产品与半导体设备	11	14	7	0	上海、江苏具有优势
6	家庭耐用消费品	4	13	23	6	浙江具有优势
7	海运Ⅲ	3	1	1	0	样本数量少，难以判断
8	互联网软件与服务Ⅲ	5	6	7	0	上海、江苏、浙江较为平均
9	容器与包装	7	1	1	1	上海具有优势
10	化工	23	51	43	12	江苏、浙江具有优势
11	商业银行	3	9	2	0	江苏上市中小银行较多，银行规模的可比性较差
12	休闲设备与用品	3	2	3	0	样本数量少，难以判断
13	贸易公司与工业品经销商Ⅲ	5	4	5	1	上海、江苏、浙江较为平均
14	医疗保健提供商与服务	3	3	7	0	浙江具有优势
15	专业服务	2	7	2	1	江苏具有优势
16	电气设备	14	30	31	2	江苏、浙江具有优势
17	航空货运与物流Ⅲ	6	3	3	0	上海具有优势
18	商业服务与用品	5	6	7	4	上海、江苏、浙江较为平均
19	纸与林木产品	1	2	7	1	浙江具有优势
20	专营零售	3	3	0	0	样本数量少，难以判断

从表2-2可知，三省一市的产业优势情况如下：

（1）上海市：半导体产品与半导体设备、容器与包装、航空货运与物流Ⅲ、商业服务与用品。

（2）江苏省：汽车零配件、机械、半导体产品与半导体设备、化工、专业服务、电气设备。

（3）浙江省：汽车零配件、机械，纺织品、服装与奢侈品，家庭耐用消费品、化工、医疗保健提供商与服务、电气设备、纸与林木产品。

（4）安徽省：与上海市、江苏省、浙江省相比，安徽省的上市公司总体数量较少，单纯从数据上未能反映出安徽省的产业比较优势，但可以看出安徽省在汽车零配件、机械、化工、电气设备方面有一定基础。

除以上有一定比较优势的产业情况外，互联网软件与服务Ⅲ、贸易公司与工业品经销商Ⅲ等2个行业中，上海市、江苏省和浙江省分布较为平均，都有一定的基础和优势。

（二）A股科创板中长三角三省一市企业的产业分布

2019年6月，科创板正式开板，设立科创板并试点注册制是我国提升服务科技创新企业能力、增强市场包容性、强化市场功能的一项资本市场重大改革举措，重点支持新一代信息技术、高端装备、新材料、新能源、节能环保以及生物医药等高新技术产业和战略性新兴产业，推动互联网、大数据、云计算、人工智能和制造业深度融合。因此，科创板上市企业在一定程度上代表了未来的产业方向以及长三角未来的产业优势方向。

研究人员收集了科创板已上市企业和申报上市企业名单，共计156家，同样按照Wind三级行业分类，将长三角申报企业涉及的行业数量作列示，具体如表2-3：

表2-3　科创板已上市企业和申报上市企业行业分布

序号	行业	全国	上海	江苏	浙江	安徽	长三角合计	长三角占比
1	半导体产品与半导体设备	14	8	3	0	0	11	79%
2	电子设备、仪器和元件	12	1	1	0	0	2	17%

序号	行业	全国	上海	江苏	浙江	安徽	长三角合计	长三角占比
3	互联网软件与服务Ⅲ	9	2	1	2	0	5	56%
4	化工	10	1	1	3	0	5	50%
5	机械	20	1	6	3	1	11	55%
6	金属、非金属与采矿	4	0	2	0	0	2	50%
7	汽车零配件	2	0	0	1	0	1	50%
8	软件	19	1	1	3	0	5	26%
9	商业服务与用品	6	0	2	0	0	2	33%
10	生物科技Ⅲ	12	3	2	1	0	6	50%
11	通信设备Ⅲ	5	0	0	0	1	1	20%
12	信息技术服务	4	0	1	0	0	1	25%
13	医疗保健设备与用品	11	2	2	1	0	5	45%
14	制药	10	2	4	0	0	6	60%
15	专业服务	1	1	0	0	0	1	100%
	合计	139	2	26	14	2	64	46%

在"半导体产品与半导体设备"行业上，上海市、江苏省具有优势，与上文分析相近，但从科创板的数据来看，上海市更具优势，申报企业达到8家，占全国比例达到57%；在"互联网软件与服务Ⅲ"行业上，上海市、江苏省和浙江省分布较为平均，与上文分析相近，都有一定优势，进一步结合"软件"行业情况，浙江省的优势更强；在"化工"行业上，前文分析江苏省、浙江省具有优势，从科创板的数据来看，浙江省的优势略强；在"机械"行业中，上海市、江苏省、浙江省、安徽省均有涉及，但江苏省、浙江省具有优势，与前文分析一致；在"金属、非金属与采矿"行业上，江苏省具有优势；在"生物科技Ⅲ"行业上，上海市、江苏省具有优势；在"医疗保健设备与用品"、"制药"行业上，上海市、江苏省具有优势。

（三）长三角三省一市国家级开发区的产业分布

根据国家商务部和科技部的数据，截至目前，我国共有国家级经济开发区219个、国家级高新技术产业开发区169个。其中，长三角三省一市共有国家级经济开发区65个、国家级高新技术产业开发区33个，占比分别为30%、20%。

表2-4　长三角三省一市国家级开发区的产业分布

	上海市	江苏省	浙江省	安徽省	合计
国家级经济技术开发区	6	26	21	12	65
国家级高新技术产业开发区	2	17	8	6	33

在开发区布局上，上海市由于地理面积较小，开发区数量较少。江苏省无论从开发区数量还是高新技术开发区的结构占比上，都有较大优势，并且，江苏省的各个地级市，均有相应的国家级经济开发区和高新技术产业开发区，分布均匀，可见江苏省的产业布局基础扎实。

进一步分析各开发区的产业分布（详见本章附录二），发现：

上海市的开发区按照功能区分，有较为清晰的定位，除化学工业开发区外，其余的园区产业总体布局体现几个特点：①高科技（集成电路与软件、信息业、生物医药）；②高端装备（航空、汽车、机电）；③贸易型（外向型加工、贸易商务展览）。

江苏省的开发区分布，既均匀，又有特点。比如，苏州市共有12个国家级开发区，占江苏省比例达到28%。我们按照江苏南部地区、中部地区、北部地区进一步作适当划分，以分析产业分布的特点。从产业方向上来看，江苏南部地区聚焦在智能制造、机密机械、生物医药、半导体、电子信息、软件科技、汽车零配件、商贸物流等领域，江苏中部地区聚焦在高端装备制造、航空航天、海洋工程、电子通信、光电显示、制药、化工能源等领域，江苏北部地区聚焦在汽车制造、能源材料、电子设备、食品加工、纺织服装等领域。整体产业布局从南到北体现科技产业、现代工业和传统轻工业的梯次结构。

与江苏省相似，浙江省的国家级开发区，在靠近长江三角洲地区、浙江省北部区域较为集中，但浙江省的集中度更高，包括杭州、嘉兴、湖州，国家级开发区共有 13 个，占比达到 45%。浙江省北部地区产业方向同样体现出高科技的特点，聚集在精密机械、软件科技、电子通信、能源材料等行业，同时，也有部分传统优势产业，如食品饮料、纺织服装等，有部分特色产业，如动漫游戏等；浙江省中部地区主要布局化工能源、装备制造、港口物流、生物医药、汽车配件等，同时，还有现代纸业、纺织等传统优势产业；浙江省南部地区主要布局轻工业加工、汽车产业、海洋科技、电商物流等，同时，仍然有纺织服装、食品加工等产业。整体来看，浙江省由北到南体现科技产业、现代工业、轻工业的梯次结构，由于传统在食品、纺织等领域有优势，因此在各个区域都有此类产业的身影。

与长三角其他省份相比，安徽省的国家级开发区偏少。根据经济情况和与长三角区域的贴合度，我们将安徽省区分为中东部地区和西部、北部地区。从产业方向上看，安徽省中东部地区开发区聚焦在汽车产业、铜基加工、家电家具、新型建材和服务外包领域，西部和北部地区与中东部地区相似度较高，同样布局在汽车产业、机械电子、家电家具等产业，但也有医药、食品、轻纺等产业。整体来看，安徽省还没有呈现明显的产业布局梯次结构。

通过以上对长三角三省一市产业规划、上市公司、开发区的分析，可以得到以下结论：

（1）产业布局总体具有梯次结构。以长三角省份边界区域为中心，产业分布梯次向外呈现科技产业、现代工业和轻工业特点。这种产业的梯次分布，是经济开放、社会分工不断细化的结果，也是长三角产业一体化发展的重要基础。

（2）产业布局有一定互补性。产业的梯次结构本身已经有一定的互补性，能够实现区域化的产业合作。同时，通过以上分析我们发现，长三角三省一市有各自的产业优势，上海市的产业优势包括半导体、航空物流、生物医药、贸易服务等，江苏省的产业优势包括汽车零配件、机械化工、电子通信、生物医药等，浙江省的产业优势包括汽车零配件、软件科技、能源化工、纺织家具、林木产品、食品加工等，安徽省的产业优势包括汽车制造、食品加工、家具家电、新型建材等。产业优势重合的部分，通过协调机制有利于集聚优势；产业优势差异的部分，有利于整合长三角区域内的产业资源，形成与外部竞争的产业优势。

（3）长三角省份边界的产业相似性较高。在长三角省份边界区域，包括江苏的苏州、浙江的嘉兴，以及上海市，在高科技产业的布局上，有一定的相似性，包括半导体、精密机械、生物医药、软件科技等。这种跨省界的产业相似性，体现出了长三角省份边界领域正在呈现产业集群的特点。这种产业集群，是发展构建世界级产业优势集群的重要基础。

2.3.2 布局主要产业方向

根据对长三角区域产业布局、产业集群及其趋势的研究，上海农商银行针对性地推出了金融服务方案，重点探索推进大数据、大健康、大消费、大环保产业金融服务模式，助力区域产业区高质量集聚。制定长三角区域重点支持客户名单和沪迁企业服务方案，对于有战略潜力的客户保持定力，给予特殊对待，不单以盈利为目的，更加注重为客户创造价值。同时，上海农商银行积极推进综合化经营，其控股的长江联合金融租赁有限公司，加大在长三角地区的业务投放，聚焦城市交通、先进制造、文化健康和环保能源四大专业领域，为中小企业客户提供便捷高效的专业服务，取得了良好的成效，努力成为上海农商银行集团布局长三角业务的桥头堡。

依托长三角地区嘉善、昆山两家跨区域支行，上海农商银行将金融服务触角延伸到浙江、江苏两省，加强服务上海外迁企业，是长三角农村金融机构中少有的在三个省份有网点的机构。经过布局探索，上海农商银行在长三角产业布局方面已经取得了一定成效。仅以上海农商银行控股的长江联合金融租赁有限公司数据来看，截至 2019 年末，长三角租赁资产余额占比 36.41%，较上年末提高了 19.26 个百分点，增速迅猛。

2.4 融入自贸区经济，加大特色金融与国际金融发展力度

身处上海这一改革开放的前沿阵地，上海农商银行虽然是农村金融机构，但始终以开放的眼界，不断创新科创、三农和民生特色金融，以及国际金融业务，在全国农村金融机构中处于领先地位。在长三角金融服务中，特色金融与国际金融的发展越发重要。

2.4.1 打造"一鑫二专三支持"科创金融服务体系

长三角金融与科技双轮驱动趋势已日益明显，科技产业的发展十分迅猛。

如前文产业分析来看，长三角区域具有非常重要的科技优势。然而，科创型企业的风险识别和判断一直是银行的痛点。基于多年服务经验，为服务长三角区域科技型企业，上海农商银行全新升级了系统化科创服务方案，推出"一鑫二专三支持"的科创金融服务体系。

"一鑫"，即战略型新兴企业客户"鑫动能"培育计划，聚焦国家战略性新兴产业，结合企业不同发展阶段，推出全生命周期、全价值链综合金融服务方案。

"二专"，即专营机构与专属产品，在 2012 年设立上海首家科技支行（张江科技支行）、2018 年设立杨浦双创行的基础上，形成了张江、杨浦"2+N"科技专营机构布局，推出针对科技企业的定制型"鑫科贷"系列产品和面向全市科技小巨人及培育企业的最高 6000 万元信用额度的"鑫用贷"产品等，支持和培育拥有核心技术和自主知识产权的科技型中小微企业。

"三支持"，即从"人才、机制、渠道"三个层面对科技型企业提供金融支持，组建科技产业专业化的客户经理、风控团队，通过机制优化，提高贷款审批效率，降低科技型企业融资成本，引入各方面渠道，为目标企业提供更广阔的平台，支持科技成果的转化。

依托上海经济活力大、投资机构多的优势，上海农商银行积极推动投贷联动。例如，与上海国方母基金合作，在项目层面上"投贷联动"，以"股权融资 + 企业贷款"的方式共同促进上海市、长三角乃至全国范围内的高科技企业发展，充分发挥银行在信贷投放以及私募股权投资基金在股权融资方面的相对优势。经过努力，上海农商银行在科技信贷、投贷联动和科技股权投资基金合作等领域不断先行先试，已取得了一定成效，也打造出了具有良好口碑的品牌形象。

2.4.2 推广"三农"金融服务乡村振兴

借助长三角一体化发展契机，上海农商银行将"三农"金融服务拓宽到长三角领域，力图搭建互利共赢的金融机构间、金融机构与客户间的合作平台，抓住乡村振兴示范村建设机遇，积极扶持新兴业态成长，启动农产品支持计划、优秀扶贫人才支持计划、"新农人"培育发展支持计划等一系列的举措突显"三农"金融服务特色。

此外，上海农商银行深化"银行＋担保＋保险"三方合作模式，推广新农直报线上可循环农业贷款，以提升农业经营主体融资的覆盖面、可得性、便利度。上海农商银行是全国银行业金融机构中首家与农业农村部新型农业经营主体信息直报系统（以下简称"新农直报"）实现大数据直联、线上预审批的银行。

针对长三角乡村振兴青年创新创业联盟积极对接市政策性农业担保基金和安信农保的涉农机构，上海农商银行给予1亿元的总体授信意向额度，推动相关部门及机构设立长三角农业担保基金，优先支持长三角地区设施农业、农产品加工、高科技农业以及新农村建设中重点农业产业项目。上海本地市场产业基金运作较为成熟，上海农商银行尝试在长三角市场范围内推广相关产业基金业务模式，形成金融要素运作层面的创新。

截至2019年10月末，上海农商银行涉农贷款余额已突破500亿元，在上海地区银行业涉农贷款规模排名中保持第一。存量合作社贷款客户逾440户，覆盖国家级、市级和区级合作社。到2022年末，上海农商银行计划涉农贷款余额不低于570亿元，保持上海地区市场份额第一，延伸服务长三角区域，同时将进一步实施涉农贷款减费让利措施，减轻涉农主体融资成本。

2.4.3 创新共享要素市场资源促进区域金融联动发展

上海要素市场发达，作为国际金融中心，集聚了包括股票、债券、货币、外汇、票据、期货、黄金、保险等各类全国性金融要素市场，成为国际上金融市场体系最为完备、最为集中的城市之一。上海已经基本建成了以较齐备的金融市场体系为支撑的、有一定国际影响力的金融中心。金融要素市场是上海国际金融中心建设的核心，也是上海国际金融中心建设的最大优势。长三角是我国区域一体化起步最早、基础最好、程度最高的地区之一，这在一定程度上得益于长三角金融机构的融合和快速发展，进一步丰富和扩大了长三角一体化的外延和内涵，也提升了长三角一体化的金融服务能力。

作为总部位于上海、隶属上海国资的本地商业银行，上海农商银行抓住长三角一体化机遇，依托上海金融要素市场，不断丰富业务资格，增强服务客户的能力，加快国际金融业务创新发展力度。

上海农商银行明确，对特定长三角地区客户提供结算便利化服务：等值美元 10 万（含）以上的货物贸易项下跨境支付免予核验进口报关单；经常项下跨境人民币结算凭《跨境人民币结算收／付款说明》直接办理。优质企业可签订购付汇便利化协议，享受"不落地"的购、付汇流程，实现快捷直通的跨境汇款业务。提供"GPI 全球汇款优享服务"，针对汇出汇款、汇入汇款的实时状态、收费情况以及相关最新信息，提供全面配套的查询功能。通过专项金融服务小组提供相关业务需求产品方案设计、业务政策咨询等一揽子个性化综合金融服务，包括国际结算、外币贸易融资、跨境并购贷款以及跨境对外担保等贸易融资业务。加强对于客户金融知识的普及，利用远期、掉期等外汇衍生工具，与贸易融资产品组合，帮助企业有效防范汇率波动风险。

同时，作为省级大型农商银行，上海农商银行是全国农信系统中最早开展金融市场、投资银行和跨境业务的机构之一，业务资格较为齐全，交易活跃度始终保持市场前列。并且，上海农商银行身处上海发达的开放型金融市场中，利用上海自贸区的特殊金融政策，能够为广大的农村金融机构提供特色化的合作产品。为此，上海农商银行积极梳理可以与长三角农村金融机构合作的业务范围，加快新产品开发，要求各业务条线分别推出一批针对长三角区域一体化发展示范区内客户的专属服务和产品，创新制定长三角区域重点支持客户名单和沪迁企业服务方案，联合异地农商银行给予跨区域金融联动服务；依托农信系统唯一获准开展自贸区分账核算业务的优势，共享自贸业务平台，在代理合作、跨境融资等方面开展与长三角农村金融机构的业务合作；探索搭建长三角区域客户风险信息及时共享机制；加强长三角农村金融机构人才方面的合作交流和联合培养，包括高水平培训资源的共享、合作开发短期业务培训项目等。

据了解，截至 2019 年 6 月末，上海农商银行已与张家港农商银行、昆山农商银行、常熟农商银行等 8 家长三角金融机构开展外币拆借业务；与江南农商银行、杭州联合银行开展外币掉期交易和国内证二级市场福费廷业务；与合肥科技银行、紫金农商银行开展受托代付业务合作，并与海门农商银行、宜兴农商银行等机构建立代理出口业务的初步合作意向。与此同时，配合长三角一体化工作部署，上海农商银行与长三角农村金融机构开展同业融资、利率债分销和债券借贷等多品种的业务合作，实现投资策略、市场研判及风险预警信息的交流共享，有效发挥央行和大行与农村金融机构之间的桥梁和纽带作用。在创新品种及业务推介方面，上海农商银行积极向常熟农商银行等机构进行线上同存业务推介，主动分享柜台债业务资格申请及系统准备经验，助力兄弟机构业务创新。未来，上海农商银行还将在银行卡、财富管理等零售金融业务领域，共享产品、服务、渠道、资源和经验等解决方案，与长三角金融机构携手并进，进一步提升对区域内零售客户，特别是县域、农村地区居民的金融服务水平，提升普通民众对长三角区域一体化成果的获得感。

2.5 创新成立一体化组织，实现农村金融机构协力同行

我国农村信用合作金融机构的发展历史悠久。早在20世纪50年代初，由于社会生产力水平偏低，农民需要通过资金融通和互助，以实现合作化的农业生产。1950年，中国人民银行和中华全国合作社联合总社提出首先在华北试办信用社（部）。而后，1951年5月，在召开第一届全国农村金融工作会议后，中国人民银行颁布了《农村信用合作社章程准则草案》，农村信用合作社进入规范化发展通道，开始普及和发展。从1958年后到十一届三中全会召开前，信用合作事业受到"左"的思想严重干扰，先后由人民公社、生产大队管理，又交由贫下中农管理，最后来交由国家银行管理。1984年，国务院发布《中国农业银行关于改革农村信用社管理体制的报告》，并决定恢复农村信用社组织上的群众性、管理上的民主性和经营上的灵活性，农村信用合作社开始进入恢复发展期。1996年，国务院印发《关于农村金融体制改革的决定》，明确农村信用社与中国农业银行脱离行政隶属关系，对农村信用社的业务管理和金融监管分别由县联社和中国人民银行承担，然后按合作制原则加以规范，农村信用社进入了自我管理、独立发展的新阶段。2003年，国务院审时度势，根据农业和农村经济发展对农村金融服务提出的新要求，印发《深化农村信用社改革试点方案》，启动了新一轮农信社改革，提出：一是以法人为单位，改革信用社产权制度，明晰产权关系，完善法人治理结构，区别各类情况，确定不同的产权形式；二是改革信用社管理体制，将信用社的管理交由地方政府负责。至此，全国各地农村信用社开始逐步改制为农村商业银行、农村合作银行等机构，统称为农村金融机构，迎来了新一轮的发展。

根据中国银保监会数据，截至 2019 年 6 月末，银行业金融机构法人共 4597 家，剔除规模较小、零散的村镇银行 1622 家，剩余 2975 家，其中农村商业银行 1423 家、农村信用社 782 家，占比达到 74%。截至 2019 年 9 月末，银行业金融机构总资产 277 万亿元，其中农村金融机构总资产 37 万亿元，占比达到 13.36%。截至 2018 年末，农村金融机构涉农贷款余额 9.6 万亿元，发放农户小额信用贷款 8595 亿元，同比增长 7.3%，普惠型涉农贷款余额约占银行业全部普惠型涉农贷款余额的 70% 以上，为建设农业强、农村美、农民富的美丽乡村做出了重要的贡献。农村金融机构共有营业网点 7.9 万个，金融服务的便利性、可得性显著优于其他金融机构。农村金融机构具有举足轻重的地位，并且，受益于城市化的发展进程，农村金融机构仍处于较快增长进程。

正因为农村金融机构拥有悠久的发展历史以及"分分合合"的曲折发展历程，虽然农村金融机构已逐步法人化、独立发展，但仍然具有天然的血脉联系和文化属性。上海农商银行作为首批由农信社改制为省级农村商业银行的区域性领导机构，在农村金融机构中具有较强的示范和引领作用。

长三角一体化发展，涉及上海、江苏、浙江和安徽四个省份，虽然总体上发展较为均衡，但仍然存在城乡发展不协调的问题。在长三角高质量一体化发展的过程中，绕不开城乡一体化发展。而城乡一体化发展，具有渗透广大县域地区、扎根"三农"服务的农村金融机构，因此具备天然的优势。正因为看中了这一点，上海农商银行开始推动长三角地区农村金融一体化发展组织，凝聚广大农村金融机构的力量，为长三角一体化再添助力。上海农商银行推动组织创新，采取了诸多措施推进形成服务于长三角一体化的农村金融机构协同组织。

（1）搭建常态化合作交流平台。上海农商银行积极总结以往与其他农村金融机构的合作交流经验，在 2018 及 2019 年，连续举办了两届长三角农村金融座谈会，紧密结合长三角一体化主题。在 2019 年 8 月第二届座谈会上，共有 25 家长三角地区农村金融机构参与进来，就长三角区域一体化进程中，农村金融机构如何加强同业合作、推进普惠金融和乡村振兴、进一步加大支持服务实体经济力度等议题展开充分讨论交流，并发布了《长三角农村金融机构合作宣言》，作为常态化合作交流平台的思想纲领。《合作宣言》认为，区域金融合作是推动区域经济发展的重要力量,服务三农小微、服务居民百姓是长三角农村金融机构不变的初心,服务长三角一体化是共同的使命。长三角农村金融机构有着相同的内生基因、相近的历史底蕴、相邻的地缘优势、相似的客群基础、相合的发展诉求,有着天然的紧密合作的基础,应在共建合作机制、共搭合作平台、共促业务发展、共享信息资源、共谱普惠新篇上展开深度合作,合力打造功能互补、优势叠加、特色鲜明的长三角农村金融集聚生态圈。第二届长三角农村金融机构座谈会,可以说是长三角农村金融机构一体化协同的冲锋号,打开了长三角金融一体化的先行发展通道,为长三角一体化中金融与实体产业的良性互动打下了坚实的基础。

(2)推动合作组织实体化运作。为执行长三角农村金融机构座谈会的会议要求,把长三角的金融合作落到实处,上海农商银行牵头组建了公司金融、贸易金融和金融市场三个专业委员会,作为独立于各成员单位的非法人组织,在公司金融、零售金融、金融市场等领域共享资源、加强合作、优势互补、互利共赢,提升长三角农村金融机构的市场影响力,共同为客户创造价值,提供综合、优质、全面的金融服务。根据成员单位的专业特色和区域特点,上海农商银行分门别类地安排三个专业委员会的成员单位。同时,制定委员会工作规则,创新组织形式,在委员会下设办公室,办公室采用轮值形式,提高各成员单位的参与积极性。委员会每年至少召开一次会议,就市场热点、具体项目、客户和产品信息展开磋商,协调解决业务过程中存在的问题。

(3)发布支持长三角一体化的综合金融服务方案。2019年11月,上海农商银行正式发布《上海农商银行支持长三角区域一体化发展综合金融服务方案》,列出了25条具体举措,重点推进以"客户、产品、组织、保障"为核心的四大体系建设,全力支持长三角区域一体化发展,进一步提升对区域内实体经济,特别是县域、农村地区的金融服务水平。服务方案明确,要深化"三农"服务,以更专注的态度服务"三农"客户,设立长三角"三农"服务团队,提升农业经营主体融资的覆盖面、可得性、便利度;把握G60科创走廊、科创板开板等契机,聚焦国家及上海市重点产业方向,开展广泛的投贷联动;持续丰富业务资格,结合金融科技整合资源,增强对客户的服务能力,推动长三角一体化专项产品落到实处。服务方案预计在未来五年内为长三角地区客户(不含上海)

提供授信不少于2000亿元，将有力支持国家战略的实施。

（4）组建内部支撑小组服务一体化组织。自长三角一体化战略上升为国家战略以来，上海农商银行认真贯彻落实有关工作，成立了由董事长、行长担任双组长的"长三角一体化农村金融机构合作发展工作领导推进小组"，下设工作组，明确将推进长三角区域金融服务纳入新三年发展战略，全力支持长三角区域一体化发展，进一步提升对区域内实体经济，特别是县域、农村地区的金融服务水平。领导小组、工作组根据长江三角洲区域一体化发展规划纲要、上海农商银行的战略规划，以及长三角农村金融机构座谈会的会谈成果，积极部署推进有关工作。上海农商银行还建立总体规划、阶段性进展评估、月度报告等管理机制，有力保障了长三角一体化协同组织的运作。

2.6 整合资源，实现金融与数据、科技等经济保障子系统元素的有机融合

正如本文第一章所论述，新技术带来诸多经济保障子系统元素迅速集聚，包括会计、审计、统计等。"大数据""云计算""区块链""人工智能""万物互联"等新技术的快速迭代和创新应用，不断创造出新的商业模式和业态，催生行业新格局。在此背景下，商业银行融合新技术，催生金融科技，主动拥抱金融科技，并积极寻求场景挖掘、拓户、风控、支付、资金托管结算等领域的合作机遇。金融科技与银行业态的竞争、合作、开放、共赢将成为趋势，科技赋能金融、金融赋能社会的良性市场循环正在形成。

从微观金融机构主体来看，外部而言，金融机构与数据、科技及其他中介服务机构的合作共赢日益深化，以上海农商银行为例，其加大了大数据应用的引入，与外部数据渠道商、数据产生机构开展直接的业务合作，联合为客户提供综合金融服务，是经济保障子系统在金融领域微观层面的表现形式。这种微观的表现，在市场中已日益涌现，成为丰富的联合体。内部而言，金融机构加大数据、科技等的应用，推动会计、审计、统计等功能的强化，提高内部精细化管理水平，有效完善内部控制和风险管理。以上海农商银行为例，共开展了以下几方面工作：

2.6.1 在战略中明确走"数字转型"之路

在新一轮发展战略中，上海农商银行用科技引领与数字化转型思维赋能业

务经营、变革管理机体，明确"只要是线上能做的就不要线下做、集中能做的就不要分散做"的改革方向。倡导树立数字文化，培养数据思维，培育数字人才，实现经验型思维向基于数据支撑的科学型思维转变。加强顶层设计与统筹安排，优化体制机制，规划资源配置，强化各级主体数字化转型责任，整体推进数据、科技、业务紧密深度融合，实现客户服务数字化、业务运营数字化、经营决策数字化。同时，上海农商银行明确以数据治理推动转型，以科技系统支撑转型、赋能业务驱动发展，将数据作为银行的重要资产，重视数据治理及应用产生的价值，实现数据分析应用对批量化获客、精准化营销、集中化运营、智能化风控、精细化管理、自动化决策的驱动价值。

2.6.2 在战术上加大外部开放共享力度

加强数字化生态合作，通过营销合作伙伴，以开放 API、SDK、大数据等金融科技手段对接场景生态，提高对场景生态的研究和穿透能力。通过场景互联、联动获客和联合经营，实现业务和数据的对外输出及获取。努力探索将复制性强的优势技术和业务产品与长三角农村中小金融机构开放共享，打造合作共赢的良好生态。

为掌握前沿技术，上海农商银行深入研究长三角区域的技术研发重点。

长三角地区高等院校、科研院所密集，拥有众多外资研发中心和本土企业研发总部，产学研合作成熟。在中国科技部发布的 2016—2017 年综合科技创新水平指数排名中，上海、江苏、浙江在全国各省市中分别排名第二、第五和第六位；《2017 福布斯创新力最强的 30 个城市》报告显示，长三角有 14 个城市入围，包括上海、苏州、杭州、合肥、南京等城市。而珠三角只有 7 个城市，京津冀也只有 2 个城市。随着移动互联网等网络传输基础设施的完善，5G 通信技术标准的推广普及，智能化、数字化、网络化等产业集群发展所需要的共性技术、关键技术的将会得到突破性发展，并进一步促进企业适应智能化技术的管理方法、营销方法，对传统流程进行优化、重组。

（1）大数据技术及发展

"十三五"时期是长三角区域一体化向纵深推进的关键时期，在《长三角区域信息化合作"十三五"规划（2016—2020 年）》的指导下，长三角区域加快推进信息化和信息经济发展合作，共同推进信息基础设施协同发展和信息资源共同开发利用，信息化与产业深度融合，加大在数据、信息基础设施、工业云、信息安全等领域的交流合作。

目前，长三角区域从基础架构、数据技术、大数据应用及大数据周边服务 4 大方向、37 个细分领域发展，进一步覆盖数据采集汇聚、存储处理、挖掘分析、数据应用、大数据周边服务等全产业链条，其中大数据应用占比 58%，数据技术占比 16%，基础架构占比 14%，大数据周边服务 12%。

其中，基于 5G 的 Web 应用技术在基础架构方面（数据源、数据存储及安全），长三角地区已经开展技术研究和储备。在基于大数据的商业服务技术方面，目前研究趋向于易用性、分析性能、语义搜索与嵌入式技术的技能提升，而随着微服务架构及容器技术的发展，更多的商业一体化云平台将提供更好、更灵活的服务。在数据安全与合法技术的发展方面，欧盟颁布的《通用数据保护条例》在 2018 年 5 月生效，这标志着企业利用技术手段无限制访问消费者数据的时代结束了，因此个人隐私的保护与相关技术的进一步应用实现成为发展的重点。

（2）人工智能

长三角区域一体化是人工智能产业发展的重大战略机遇，三省一市已先后出台了相关政策，做出了相应的战略布局，未来应该在统筹协调、一体推进、构建产业成长的生态体系上共同努力。

人工智能核心技术攻关方面。一是加强人工智能芯片、传感器、算法、平台等核心技术研发，推动 CPU、GPU、FPGA 等高端通用芯片现有成果向人工智能领域拓展。二是以关键技术为基础，以支撑解决方案打造和深化应用为目标，瞄准人工智能算法、智能芯片、智能传感器等基础领域和情绪感知、认知智能等前沿领域，系统推进关键核心领域攻关。三是顺应产业平台化、开源化发展趋势，引导和集中行业资源，打造自主架构的深度学习平台以及面向智能网联汽车等领域的人工智能开发平台 / 开发系统。

提升人工智能产业数据互联互通和开放共享水平。一是面向人工智能产品在制造、金融、医疗等领域的创新应用，推动建设并开放多种类型的人工智能海量训练资源库、标准测试数据集和云服务平台等。二是加速建立人工智能标准、测评、知识产权等服务体系，形成面向人工智能主要细分领域的测评能力。

（3）区块链技术

2017 年基于区块链的数字资产市场因达成智能合约的共识而经历前所未有的爆发式增长，引发了各国监管的重视和快速介入。因此，2018 年，在合规方面走在前列的国家推出的监管政策对整个行业产生了示范效应，加速了合规化的进程，形成了"牌照 + 沙盒计划 + 行业自律"三轮驱动的技术发展局面。

架构方面，公有链和联盟链融合将持续演进；部署方式方面，区块链即服务将加速演进；技术层面，跨链及高性能的需求日益凸显；共识方面，从单一向混合方式演进；智能合约方面，可插拔和易用成为关注的重点。

隐私加密保护技术的研究，目前主要针对两个方向：传输网络的隐私保护和交易、内容的隐私保护，主要有混币、环签名、零知识证明、同态加密和安全多方计算等方面的研究；互通性、跨链技术，通过相关接口和协议支持跨链功能、侧链 / 子链进行链接，或通过哈希时间锁技术实现跨链资产互换，兼容和打通区块链世界链与链之间高度异构化。区块链以外分布式账本技术，具有异步、高并发特性的 DAG 是研究热点，目前主要基于 DAG 的可编程性智能合约，主要聚焦在非图灵完备的智能合约或可编程脚本。

上海农商银行在研究掌握前沿技术趋势的基础上，牢牢抓住长三角一体化的战略机遇，探索研究金融科技发展规划，使上海农商银行业务经营和客户服务获得更加广阔的空间，推进 5G、人工智能、大数据、云计算、物联网等先进技术在长三角金融领域的创新应用，以科技服务突破地域限制发展，不断拓宽金融服务的宽度、广度，与长三角农村中小金融机构开放共享金融科技转型成果。同时，生态上共同搭建本地特色化生态圈，与外部资源采取多样合作形式，应用科技手段围绕上海农商银行上的核心业务衍生出一系列的周边业务，利用金融科技重新定义客户边界，切入客户高频生活场景，实现多点触达；利用区域性上海农商银行领头羊的优势，搭建普惠金融生态圈，同时与长三角各地政务机构单位或中小企业深化合作，提供特色产品与服务，共同搭建本地特色化生态圈。

2.6.3 在战役中集中攻关提升数据质量

上海农商银行将数据作为银行的重要资产，重视数据治理及应用产生的价值。通过数据仓库建设，引入外部高质量数据，再建立数据管理体系和数据管控工具，逐步进行平台整合，建立大数据平台，提升数据质量和价值，建立实时、动态、可视化、场景化的经营决策支持机制，实现数据分析应用对批量化获客、精准化营销、集中化运营、智能化风控、精细化管理、自动化决策的驱动价值。

全力打造数据、业务、智慧三大中台，形成完整的双速IT机制，构建"前台敏捷、中台强大、后台稳定"的信息科技体系。打造数据中台，整合各业务系统数据和外部数据，打通数据孤岛，对接人工智能，形成数据模型，构建客户和业务的统一视图；打造业务中台，从各项业务中提炼出客户、产品、订单、支付等公共服务，通过共享、复用、重组快速产生新的业务应用，构建敏捷的业务服务平台；打造智慧中台，充分运用人脸识别、指纹识别、语音识别、OCR识别、VR/AR增强、智能机器人等各项智慧能力，形成多层次、多模式的综合识别和服务能力，提升业务能力和客户体验。

此外，上海农商银行还以创新为驱动、数据为支撑，强化顶层设计，深化数据治理，努力开展长三角农村金融机构数据的互联互通，重点攻坚"金融机构之间各自为政，难以协调"和"利益问题导致数据联通工作难以推进"两个数据共享难题，形成数据的互惠共享，共同推进服务长三角"智慧金融、数字银行、品质服务"的数据基础。

通过强化金融功能，自发与经济保障子系统的有机融合，进一步放大了金融功能，既推动金融机构自身的健康发展，又有效服务与长三角一体化区域经济和产业集群发展。

第三节　上海农商银行服务长三角一体化发展中存在的主要困难和解决路径

1 内外部困难剖析

1.1 外部困难

一是"同城化"定位尚未得到监管部门认可。 2011年以来，除全国性银行、股份制银行以及部分城市商业银行外，国务院不支持地方商业银行跨省设立异地分支机构，银保监会对于农村金融机构，除不支持跨区域经营外，更有"资金不能跨省"等管理要求。甚至在异地 ATM 机取现收费等问题下，仍然存在明显的地域边界。在这样的监管约束下，商业银行特别是农村金融机构，无法跨区域设立分支机构，难以跨区域投放资金，在长三角一体化发展过程中，难以真正做到"同城化"经营，与长三角一体化的定位不符。事实上，作为服务地方中小企业主力军的农村金融机构，是地方经济发展的重要力量，这个庞大的资金资源，能够更好地提高地方经济活力以及区域经济一体化程度。

二是监管部门对新技术手段尚未完全认可。随着信息科技水平的提高，客户识别与验证的手段日益成熟与丰富，验证技术的提升可帮助银行通过大数据运用、人脸识别、生物技术、四要素验证等手段多纬度确认客户身份及真实意愿诉求，监管部门以往担心的非"面签"方式下的造假风险等，现有技术水平已经可以解决。然而，监管政策尚未随着技术发展而更新，如《商业银行信用卡业务监督管理办法》规定对首次申请银行信用卡的客户，不得采取全程系统自动发卡方式核发信用卡；《上海银监局关于进一步加强信用卡业务风险管控的通知》也规定应依法严格落实"亲访亲签"监管要求，认真核实持卡人身份、申请资料。此类监管约束，也造成商业银行无法跨区域渗透长三角下的异地区域市场，实现金融要素的充分流动。

1.2 内部不足

一是金融科技和数字化水平有待进一步提高。在一次问卷调研中，超过18%的受访者把金融科技应用水平偏低视为上海农商银行最大的劣势，如果再加上将此项放在第二位和第三位的受访者，超过40%的受访者都把金融科技应用水平偏低视为上海农商银行的明显劣势，可见虽然上海农商银行在提升金融科技水平方面做了大量努力，但仍然与受访者期望达到的目标有一定的差距。回顾上海农商银行金融科技发展历程，在其他银行花大力气、投重资源发展金融科技的时期，上海农商银行发展金融科技的步子迈得相对保守，未牢牢抓住金融科技助力银行实现跨越式发展的良机。近年来，虽然高管层始终高度重视金融科技发展和数字化转型，但对传统银行业而言，发展金融科技是一项系统性工程，需要加强顶层设计和统筹布局，理念的转变、系统的改造、人才的培养都有一个过程，目前看来，上海农商银行的金融科技水平与国内领先银行相比，与行内的期望相比，与支撑业务高速发展的需求相比，仍有差距。受技术水平所限，上海农商银行储存的大量客户资料、客户交易信息和商业数据未充分、有效利用，在信息挖掘、产品定制、精准营销方面仍有较大提升空间。

二是业务和产品的多样性和创新性有待进一步加强。目前上海农商银行仍以存贷业务为主，与同业相比，收入结构多元化格局未有效形成。在问卷调研中，有 6% 的受访者把产品种类不够丰富，不能满足客户的多样化需求视为上海农商银行最大的劣势，如果再加上将此项放在第二位和第三位上的受访者，近 30% 的受访者都把产品种类不够丰富视为上海农商银行的明显劣势，可见上海农商银行在产品创新方面有待进一步加强。当然，这其中也有更深层次的原因，上海农商银行的主要客户群分布在上海郊区，与同业相比，客群平均受教育水平和收入偏低、平均年龄偏高，相对比较保守，对于新兴金融产品的认识和接受程度较低，这在一定程度上制约了上海农商银行的产品创新。

三是长三角区域内的品牌知名度和市场接受度有待进一步提升。上海农商银行作为扎根于上海本地的农村金融机构，长期服务于上海城乡发展，在上海本地尤其是郊县地区积累了丰富的客户资源和良好的口碑，但随着服务范围向长三角区域的延伸，与大型金融机构和当地本土金融机构相比，上海农商银行在品牌知名度和市场接受度方面都不占优势，这在一定程度上会限制业务的拓展。调研中，有 10% 的受访者把品牌知名度和市场接受度较低视为上海农商银行最大的劣势，如果再加上将此项放在第二位和第三位上的受访者，18% 的受访者都把品牌知名度和市场接受度较低视为上海农商银行的明显劣势。在上海农商银行走出上海、服务长三角一体化的过程中可能会遇到一定的挑战，如何扩大区域内品牌影响力将是上海农商银行现阶段亟须研究的一个重要课题。

四是对长三角区域的市场研究有待进一步加强。由于上海农商银行在上海以外其他长三角区域的分支机构分布较少，对长三角区域内各地区的经济发展水平、客户状况尚未开展深度研究，对当地金融市场结构和竞争环境的研究，以及在这些地区开展业务的经验都相对匮乏。从调研结果来看，在"上海农商银行在服务长三角产业集群方面已经采取的措施"问题的回答中，30%的受访者表示对长三角区域的调研和了解还有待进一步加强。在开放式问题"您认为与同行业竞争者相比，上海农商银行服务长三角一体化中竞争的劣势在哪里？（按重要性程度排序）"的回答中，13%的受访者认为缺乏对长三角区域的了解是主要劣势。

2 深化以金融为基础的经济保障集成系统发展的相关建议

根据本课题研究，金融要素在经济保障系统元素中居于核心地位，对经济发展具有重要作用，对长三角一体化发展也有着巨大推动力。并且，金融也是长三角区域的一大优势，进一步深化以金融为核心的经济保障系统发展，能够在促进长三角一体化的同时，进一步增强长三角区域金融优势，形成良性循环。因此，本文提出以下建议。

2.1 确保金融要素的健康流动，凝聚经济保障子系统元素力量

金融要素的自由流动有利于优化资源配置。随着现代金融的发展，金融要素也是经济保障子系统中最具有要素流动性的元素。经济是肌体，金融是血脉，只有血脉顺畅流动，经济肌体才会体魄强健。

过去，商业银行开了网点、吸收了存款就可以赚钱，因此，以往区域性银行出现了跨区域无序扩张的冲动，国务院及银行监管部门及时叫停了这种无序竞争情况，禁止区域性银行跨省设立网点，强化异地业务管控。这种措施在一定程度上控制了异地业务风险，但也抑制了金融要素自由流动，导致商业银行竞争不够、普惠金融供给不足等问题。现如今，网点已渐渐成为商业银行的转型负担，跨区域的无序竞争冲动内生性已经不足。在此背景下，适当放松异地机构设立政策，有利于进一步促进金融要素的充分流动，进而支持实体经济发展。

《长江三角洲区域一体化发展规划纲要》已明确了"同城化"发展要求，而"同城化"不仅应该体现在公共服务上，还应该在产业发展、金融服务等方面逐

项落实。只有让民众切身感受到公共服务、产业发展和金融服务等方面的无差异化，才能真正实现"同城化"。因此，建议长三角一体化发展中，政府部门除加强三省一市的协调联动外，还应推动人民银行、银保监会等机构统一"同城化"发展共识，适当突破长三角区域范围内异地分支行机构准入、异地经营、异地服务等限制，真正实现金融要素在长三角范围内自由流动。为控制小型银行异地经营能力不足带来的潜在风险，建议设定一定的门槛，包括资产规模、不良资产率、资本充足率等指标，符合指标要求的商业银行可以适度探索在长三角区域范围内设立机构、开展业务。

2.2 适当明确相关监管政策，实现创新与安全齐头并进

当前金融科技的发展已越发成熟，金融科技与监管政策的矛盾越来越凸显，很多金融科技能够解决的问题、控制的风险，比如视频面签、人脸识别等等技术，仍然不符合现有监管政策要求，既对金融机构应用新型科技带来了阻碍，也抑制了金融服务的创新。

金融监管政策往往落后于业务实践，为确保安全，形成具体的业务标准需要时间。然而，金融监管部门应该意识到，金融科技的深化应用是大势所趋，总体上应该抱有鼓励的态度，而不是应用现有的监管条文片面地评价当前的科技应用不适当性。因此，建议金融监管部门积极、主动研究新型金融科技发展趋势，借鉴国际经验，尝试建立金融科技监管标准等体系，在控制金融科技发展风险的同时，适当放宽现有异地经营等方面的监管约束，既鼓励创新、又注重安全，防止金融机构在金融科技的应用上走偏，使普惠金融在长三角一体化范围内得到更强的推广和支持。

2.3 上海农商银行服务长三角一体化的切入点选择

上海农商银行在服务长三角一体化上已经有了初步的探索实践，相信经过上海农商银行的持续努力，一定能够在长三角一体化发展中有所作为。对照本文研究过程中对上海农商银行优势、劣势、存在的问题，以及未来的规划等方面的理解和分析，我们认为，长三角一体化作为区域性商业银行的一项重大发展机遇，必须一以贯之、徐徐图之，上海农商银行应该坚定聚焦长三角，在坚

守普惠金融战略的基础上，进一步优化经营策略。

2.3.1 面向城镇化趋势

长三角城市群是"一带一路"与长江经济带的重要交汇地带，是中国城镇化基础最好的地区之一。2018年年末，长三角主要的26个市的人口达1.54亿人，平均城镇化率为67.38%。上海最高，为87.6%。江苏、浙江城镇化率普遍在60%以上。安徽的城镇化率偏低，但也普遍在50%以上。

面对上海较高的城镇化率，在"三农"业务方面，上海农商银行虽然有丰富的经验和较大的优势，但随着市场空间逐步减小，客观的事实会削弱上海农商银行的竞争优势。面对长三角市场，短期来看，能够增加"三农"业务的覆盖面，发挥上海农商银行的优势，实现"三农"业务经验辐射长三角。然而，长期来看，无论是上海的国际化大都市建设还是长三角城市群建设都将进一步加快长三角区域的城镇化进程，长三角区域的城镇化率必然不断提高，区域内"三农"业务市场空间将在未来某个时刻出现拐点。因此，上海农商银行应乘着长三角一体化国家战略的东风，积极投身于长三角农村地区的城镇化建设，前瞻性布局农村金融市场，提高未来城镇居民的客户黏性，深耕普惠金融服务体系，实现上海农商银行与长三角的共生共荣。具体来说，上海农商银行要做好以下几个方面的工作。

一是明确业务定位，在业务战略中，从服务"三农"，向服务"乡村振兴"转变。"三农"是客观的主体，而"乡村振兴"是发展的过程，既包括"三农"客观主体，又包括乡村振兴后、城镇化后新的市场需求。二是挖掘市场需求，重点是分析研究长三角一体化中重点地区的城镇化趋势，对不同的城镇化趋势采取分层分类管理，区分城镇化率水平、城镇化速度，提供差异化金融服务。三是沉入异地市场，上海市场毕竟与异地市场不同，整体规范性程度更高，以上海的标准看异地的项目，永远有水土不服的情况出现。四是关注小微金融，业务定位从服务"三农"向服务"乡村振兴"转变，也就必然要求上海农商银行发挥自身优势，将服务"三农"的高效转移到城镇化过程中的小微金融（小微金融的经验可借鉴台州模式，详见本章第四节对台州模式的研究成果）。上海农商银行在服务长三角一体化发展过程中，必须充分了解、理解不同发展程度地域的情况，以上海的服务、当地的标准、开放的视角，真正扎根于区域市场，

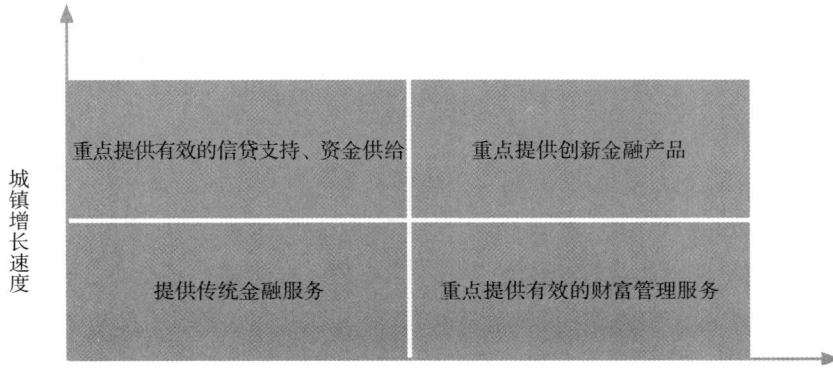

图 2-7　城镇化过程中农商银行的业务选择

形成品牌影响力。

2.3.2 面向国际化方向

如前文所述，长三角一体化，手段是打破区域和行政边界，方向是面向世界，提高在世界上的竞争力和影响力。抓住长三角一体化重大机遇，既要对内，又要对外。

对内，是金融资源的整合。利用上海农商银行所处的地域优势，通过现有经验的复制、前沿科技的应用，有效扩大金融服务范围，包括对长三角区域范围内金融机构、实体企业、个人客户的支持。这些工作，上海农商银行已经看到并推进。

对外，是国际视野的放大。虽然上海农商银行的跨境业务在农信系统中走在前列，但与国有大行和股份制银行相比，国际业务能力、国际品牌影响力仍有差距，并且，受到农村金融机构的监管约束，较难突破一些成熟的国际业务。但国际业务始终是上海农商银行需要重点突破的方向。一是高度重视量的积累，单靠与国际机构的交流，没有量的积累，难以推动品牌影响力的提高。上海农商银行应加大对国际业务的支持力度，包括资金、考核、人才配置等等，以做大规模为目标，发动全行挖掘国际业务需求，推动业务较快增长。上海作为面向世界的窗口，国际业务需求旺盛，精耕细作，定有收获。二是充分借助临港新片区政策，临港新片区是国家推进更高水平对外开放的重要抓手，金融改革先行先试，上海农商银行应将自身业务过程中遇到的问题，包括境外机构设立等等，与临港新片区业务实践匹配起来，做大临港新片区跨境金融服务，通过借助临港新片区的制度优势、政策优势，逐步解决障碍性问题。三是积累面向国际的人才资源，国际化业务的突破，人才第一位，只有专业性的团队配置到位，加上政策的突破，才能真正取得成效。在争取政策突破的过程中，上海农商银行应加强国际业务人才的培养和引进，为未来的业务演进储备力量。

2.3.3 面向数字型金融

金融、科技都是经济保障系统的重要元素。在新科技的驱动下，经济保障系统元素间日益融合；在金融的支撑下，经济保障系统元素资源配置更加合理，也发挥着更为重要的作用。金融科技与科技金融对于商业银行而言，显得越发重要。上海农商银行明确了数字化转型战略，加大前沿科技的应用力度，取得了一定成效。

本文研究过程中，通过问卷调研和访谈的方式，了解到绝大多数受访者都对新技术在上海农商银行中发挥作用持肯定态度，认为数据治理水平有所改善，全行数据思维和技术运用能力不断提升，数字化驱动业务发展能力持续增强；在开放平台、线上品牌、线下网点及智能客服等领域都作出亮眼的尝试，并产生了可见的成效，业务融合金融科技水平在全国农商银行中居于领先行列。然而，相比国内领先实践的大银行，上海农商银行在金融科技发展上还有较大差距，应用方面，在渠道、客户营销、产品、风控和运营方面基本都有涉及，但在客户营销（客户画像、KYC/KYB）方面较弱。在数据治理方面短板明显，刚刚起步，尚未引入外部高质量数据，无法对于业务创新进行有力的支撑。在技术方面，虽然具备较成熟的 IT 自主开发能力建设，但缺乏技术创新能力，需要对其 IT 基础设施进行改造升级。在人才方面，新技术专业人才相对匮乏，难以快速响应业务发展需要。

数字型金融一定是一个整体，有着自上而下的规划和相同的科技发展目标。只有在统一规划下的数字化转型，才是"数字型金融"，否则，充其量只能算作

"数字金融"。上海农商银行一是要进一步细化金融科技的发展规划，在分析现状和问题的基础上，阐述金融科技的发展目标、路径、策略，秉持开放性、安全性的原则，将以往分散开发和管理的信息系统逐步统一标准和规范，为未来的长远发展奠定良好基础。二是要与外部资源采取多样合作形式，应用科技手段围绕上海农商银行的核心业务衍生出一系列的周边业务，利用金融科技重新定义客户边界，切入客户高频生活场景，实现多点触达。利用区域性上海农商银行领头羊的优势，搭建普惠金融生态圈，同时与长三角各地政务机构单位或中小企业深化合作，提供特色产品与服务，共同搭建本地特色化生态圈。三是要努力推动长三角农村金融机构数据的互联互通。以创新为驱动、数据为支撑，强化顶层设计，深化数据治理，努力开展长三角农村金融机构数据的互联互通，重点攻坚"金融机构之间各自为政，难以协调"和"利益问题导致数据联通工作难以推进"两个数据共享难题，形成数据的互惠共享，共同推进服务长三角"智慧金融、数字银行、品质服务"的数据基础。四是积极把握技术发展趋势，推进 5G、人工智能、大数据、云计算、物联网等先进技术在长三角领域的创新应用，在服务客户的同时，学懂弄通技术发展方向，为自身的数字型金融发展积累人才资源。

2.3.4 面向差异化竞争

随着长三角一体化的逐步深化，区域边界逐步打开，在金融同城化落实的大方向下，长三角金融机构相互渗透，竞争程度必然加大。在激烈的竞争下，提供差异化的金融服务才是金融机构的制胜法宝。课题研究过程中，课题组了解到上海农商银行发展战略对于差异化竞争有相关的阐述，重点落在普惠金融上，但从访谈等过程中，了解到上海农商银行的差异化策略并不明显，更多是在向先进银行学习、同质化竞争的过程。

上海农商银行一是应细化对于差异化竞争的战略部署，既要自上而下思考差异化的发展方向，又要通过考核激励等手段，鼓励自下而上探索并产生符合自身特点的差异化业务实践。只有上下双方共同发力、达成共识，才能让"差异化竞争"不仅仅成为一纸空文。二是重点关注产品差异化和营销差异化，既要不断思考新场景、新产品，找到与众不同的产品方向，又要加强产品组合管理，在产品组合上实现差异化。在营销层面，上海农商银行有着较强的传统营销能力，要进一步思考传统营销能力在当前电子化营销方向中的新应用，不仅实现营销渠道的转型，也要实现营销能力的转型。三是注重品牌建设的差异化，进一步强化对外宣传和品牌建设的规划，明确统一的品牌形象和宣传重点。差异化不仅要自己内部觉得，也要让外部市场认可，促进内外达成共识。

2.3.5 面向供给侧改革

2019 年 2 月 23 日，习近平总书记在中共中央政治局第十三次集体学习时强调，要正确把握金融本质，深化金融供给侧结构性改革，积极开发个性化、差异化、定制化金融产品，增加中小金融机构数量和业务比重，改进小微企业和"三农"金融服务。随着经济社会的发展，长三角农村地区生产、生活方式在不断转型，农村经济结构和社会结构也发生了显著变化，农村金融需求主体由以小农户为主演变为以新型农业经营主体为主，其需求结构也随之发生变化，生产性、消费性金融需求明显增加，理财性金融需求逐步得到释放。

为适应农村金融需求端的新特点，上海农商银行下一步要在供给端做出新改变，以适应需求主体的新口味。要了解和掌握需求端的新口味，就必须实地走访农户、合作社、民营及小微企业等客户群体，深入了解"三农"、小微等各类需求主体的金融需求，通过走进生产车间，走上田间地头，与农户、企业经营者、管理人面对面交流，近距离聆听客户切身诉求，全面了解企业的发展历程、经营情况及与该行业务合作情况，切实把"以客户为中心"作为金融服务工作的立足点和出发点，进一步探索金融供给侧改革的路径和模式。在对需求主体进行广泛调研和走访的基础上，从三农工作的需求实际出发，在充分考虑农业生产周期、农业自然灾害风险等因素的基础上推出多元化、多门类、小快灵的金融产品，以此来满足需求端的新口味。此外，还可以争取在示范区试点涉农"两权"抵押贷款，将农村承包土地的经营权和农民住房财产权作为抵押物，解决农民担保抵押不足问题，从而推动金融供给侧结构性改革深入发展。

2.3.6 全面推进经济保障集成子系统的元素功能融合

按照长三角一体化区域经济高质量推进模型的基本思路，区域经济一体化发展需要创新构建经济保障集成子系统。从微观实体而言，不失为一种保障经济良性发展，集聚主要经济活动并相互关联和互动，系统提升集成效率的创新探索路径。诸如金融为轴的经济保障集成，企业内部的会计、审计、统计、税务、新技术支撑、营销、法务，可以成立子系统相关元素的集成联动试点小组，系统梳理、整合融合提升功能的试行方案。这项工作不是突发奇想的工作增量，而是对已有具体工作的重组和融合，从中寻找 1+1>2 的潜在功能。同样，企业内部的经济保障子系统合成，要善于和企业外部的相关元素内容衔接，诸如国家的法规财政、税务、经济规划职能部门等等。以商业银行为例，一定可以较好地科学统揽主营业务经济指标的有效保障。"经济大发展，集成保障一定是大势所趋"，早探索、早推进一定会更好地发挥金融的巨大作用。

第四节　上海农商银行问卷调研和浙江台州小微金融简介

1 上海农商银行问卷统计分析

为了了解上海农商银行在服务长三角一体化方面的实际状况，梳理金融机构服务长三角一体化的策略和模式，总结金融机构助力长三角一体化发展的有益经验，明确上海农商银行的闪光点、薄弱点、亟待改善点，为推动上海农商银行构建长三角金融服务模式提供决策支持，在上海农商银行的大力支持下，课题组结合上海农商银行工作实际，选取行内 24 个部门（分支机构）进行调研，通过问卷与访谈相结合的方式，从决策层、执行层、作业层三个不同的维度对上海农商银行服务长三角一体化国家战略进行的现状和实施成效进行系统评估。

经与上海农商银行多次会商，考虑到行内员工与长三角一体化相关程度，课题组选取了行内 19 个部门和 5 家支行（见表 2-5）进行了调研，涵盖上海农商银行主要职能部门以及在地域上与长三角一体化示范区相近、业务上的与长三角一体化发展相关的青浦支行、金山支行、松江支行、嘉善支行和昆山支行。

表 2-5　调查机构分布表

机构类型	职能部门	分支机构
名称	风险管理部、公司金融部、计划财务部、金融市场部、贸易金融部、网络金融部、信息科技部、运营保障部、资产负债部、资产管理部、人力资源部、董事办公室、授信部、合规部、会计部、零售部、信用卡部、总务部、办公室	青浦支行、金山支行、松江支行、嘉善支行、昆山支行
数量	19	5

　　在上海农商银行决策层的支持下，课题组与上海农商银行董事会办公室负责人、职能部门负责人进行了对接座谈，深入了解上海农商银行服务长三角一体化的进展情况、主要障碍，掌握了大量第一手资料。在此基础上，课题组形成了调查问卷初稿，并广泛听取各方意见对问卷进行了修改完善，最终形成定稿。鉴于不同层级、不同岗位的员工对金融业服务长三角一体化认知水平和了解程度的差异，本次问卷分为决策层、执行层和作业层三种类型，其中三种类型中问卷主体部分相同，只是根据不同层级（岗位）的了解程度对问卷中的题目进行了逐级删减。问卷经由上海农商银行董事会办公室下发并回收，并在此基础上对获得的统计数据进行分析研究，并由此形成了问卷调查原始数据分布情况（见表 2-6、表 2-7）。

表 2-6　各层级调查数据情况分布表

	数量	占比
决策层	4	1.75%
执行层	83	36.24%
作业层	142	62.01%
合计	229	100%

从表 2-6 中可以发现，在 229 份样本中，决策层 4 份，占全部调查样本的 1.75%；执行层 83 份，占全部调查样本的 36.24%；作业层 142 份，占全部调查样本的 62.01%。这样的逐级递减的分布是由于不同层级员工基数不同造成的，也体现了按比例抽样的调查思想。

表 2-7　各层级调查数据部门情况分布表

序号	部门	决策层	执行层	作业层
1	行领导	4	\	\
2	风险管理部	\	3	6
3	公司金融部	\	4	6
4	计划财务部	\	2	6
5	金融市场部	\	5	6
6	贸易金融部	\	5	6
7	网络金融部	\	4	6
8	信息科技部	\	5	6
9	运营保障部	\	3	6
10	资产负债部	\	1	6
11	资产管理部	\	3	6
12	董事会办公室	\	2	6
13	人力资源部	\	3	6
14	授信部	\	4	6
15	合规部	\	2	6
16	会计部	\	3	6
17	零售部	\	4	6
18	信用卡部	\	5	6
19	总务部	\	3	6

序号	部门	决策层	执行层	作业层
20	办公室	\	3	5
21	青浦支行	\	4	6
22	金山支行	\	5	6
23	松江支行	\	4	5
24	嘉善支行	\	3	6
25	昆山支行	\	3	6
	合计	4	83	142

从表2-7可以看出，调查对象涵盖了上海农商银行服务长三角一体化相关业务部门及分支机构。从层级上来看，各职能部门及分支机构都有执行层和作业层参与调研，体现了此次抽样调研具有较强的代表性。从问卷回收情况来看，上海农商银行员工对此次调研给予了高度支持和配合，总数232份问卷中，3份信息缺失，有效问卷高达98.7%。

1. 对长三角一体化机遇的认知：76%的受访者认为长三角一体化对上海农商银行而言是战略性重大机遇，22%的受访者认为是业务性重要机遇，仅有1.7%的受访者认为是业务性一般机遇。此外，决策层中认为长三角一体化对上海农商银行而言是战略性重大机遇的比例为100%，可见上海农商银行决策层在对长三角一体化的认识上已经达成了共识。其他受访者也对长三角一体化机遇普遍给予了很高的认识，这对于下一步上海农商银行服务长三角一体化发展奠定了思想认识基础。

战略性重大机遇	（174,76%）	（4,100%）	（72,86.7%）	（98,69%）
业务性重要机遇	（51,22.3%）	（0,0%）	（9,10.8%）	（42,29.6%）
业务性一般机遇	（4,1.7%）	（0,0%）	（1,1.2%）	（3,2..1%）
算不上机遇	（0,0%）	（0,0%）	（0,0%）	（0,0%）

说明：上表中，第一列括号内表示的数据分别是选择该选项的人数合计和选择该选项的人数占受访总体（229 人）的比例。第二列括号内表示的数据分别是决策层中选择该选项的人数合计和选择该选项的人数占受访决策层人数（4人）的比例。第三列括号内表示的数据分别是执行层中选择该选项的人数合计和选择该选项的人数占受访执行层人数（83 人）的比例。第四列括号内表示的数据分别是作业层中选择该选项的人数合计和选择该选项的人数占受访作业车层人数（142 人）的比例。以下各表格同样处理。

2. 对区块链、大数据、云计算、人工智能等新技术的了解程度：在 229 名受访者中，有 137 名受访者表示比较了解，正在主动了解上述新技术；84 名受访者表示听说过，但没有进行深入了解；有 8 名受访者表示对新技术进行过系统学习，这部分受访者多来自信息科技部和运营保障部等专业技术岗位，大部分受访者表示对新技术比较了解，正在主动了解上述新技术。对于没听说过新技术这一选项选择人数为 0，说明农商银行全体员工对新技术具有较高的知晓度，即便不熟悉该技术的人也知道其作用，这为农商行大力发展金融科技提供了一定的支撑。由此可以看出上海农商银行全体职员对区块链等新技术已经有了一个总体的了解，而且大部分职员正在通过各种途径加强对新技术的了解和学习。

非常了解	（8, 3.5%）	（0, 0%）	（6, 7.2%）	（2, 1.4%）
比较了解	（137, 59.8%）	（1, 25%）	（51, 61.4%）	（85, 59.9%）
听说过	（84, 36.7%）	（3, 75%）	（25, 30.1%）	（56, 39.4%）
没听说过	（0, 0%）	（0, 0%）	（0, 0%）	（0, 0%）

3. 会计、金融和新技术结合趋势，尤其是金融科技在上海农商银行实务中发挥的作用：25% 的受访者认为已经发挥了明显的作用，70.7% 的受访者表示将来会发挥作用。由此可见，绝大多数受访者都对会计、金融和新技术结合在银行事务中发挥作用持肯定态度，只不过其中有人认为其已经发挥了作用，有人认为其会在将来发挥作用，这应该是由于会计、金融和新技术结合是一种新的

形态，其在实务中作用发挥的程度受理论研究的影响，这也从侧面印证了本课题研究具有较强的前瞻性。

发挥了明显的作用	（57, 24.9%）	（2, 50%）	（26, 31.3%）	（29, 20.4%）
将来可能会发挥作用	（162, 70.7%）	（2, 50%）	（53, 63.9%）	（107, 75.4%）
感觉没什么作用	（5, 2.2%）	（0, 0%）	（0, 0%）	（5, 3.5%）
没思考过这个问题	（0, 0%）	（0, 0%）	（0, 0%）	（0, 0%）
其他	（4, 1.7%）	（0, 0%）	（3, 3.6%）	（1, 0.7%）

4. **受访者对上海农商银行服务长三角一体化的突破口选择**：鉴于作业层员工对这个问题的了解程度有限，可能会导致难以回答，因此该问题只出现在决策层和执行层的问卷中。综合来看，40%的受访者认为应该从创新产业金融服务模式入手，25%的受访者认为应该从成立一体化组织入手，21%的受访者认为应该从突破政策限制入手。从调研结果的数据分布来看，各选项之间比较分散，并没有某个选项表现出明显的集中度，这也证明目前银行方面在服务长三角一体化突破口的选择上还没有形成共识，还需要进一步明确自身优势，加强长三角区域内金融业状况的调研，结合自身优势找准突破口，同时也说明加强本课题研究对上海农商银行而言意义重大。

成立一体化组织	（23, 26.4%）	（0, 0%）	（23, 27.7%）	（0, 0%）
突破政策限制	（19, 21.8%）	（3, 75%）	（16, 19.3%）	（0, 0%）
创新产业金融服务模式	（35, 40.2%）	（1, 25%）	（34, 41%）	（0, 0%）
发挥要素市场优势	（6, 6.9%）	（1, 25%）	（5, 6%）	（0, 0%）
发展金融科技应用	（8, 9.2%）	（1, 25%）	（7, 8.4%）	（0, 0%）
其他	（1, 1.1%）	（0, 0%）	（1, 1.2%）	（0, 0%）

5. **长三角农村金融机构座谈会常态化工作机制存在的问题**：鉴于只有决策

层对长三角农村金融机构座谈有全面的了解，因此该问题是设计在了决策层问卷中。50% 的受访者表示行政区划分割限制了银行间的实质性合作，25% 的受访者表示金融政策等外部环境限制了合作，25% 的受访者表示金融机构之间处于自身利益考虑，并不愿真心合作。由此可见，行政区划分割不仅制约了区域内三省一市的合作，也限制了区域内金融机构之间展开合作，也正是基于行政区划分割对区域经济发展的制约，国家才将长三角一体化发展纳入国家战略，从顶层规划上解决行政区分割对区域经济发展的制约。此外，对于不同金融机构之间担心利益受损不愿真心合作的情况，可以尝试通过在保证各方现有基本业务格局的情况下，共同开发新市场、做大蛋糕，实现互利共赢，打消彼此顾虑。如果说行政区划分割以及自身利益考量等制约因素还可以通过双方加强沟通和合作来解决的话，那么现行金融政策等外部环境对长三角区域内金融机构合作的限制则只能通过调整现有监管政策来实现。在长三角一体化上升为国家战略的背景下，长三角金融服务一体化理应成为长三角一体化的重要组成部分。

行政区划分割限制了实质性合作	（2，50%）	（2，50%）	（0，0%）	（0，0%）
金融政策等外部环境限制了合作	（1，25%）	（1，25%）	（0，0%）	（0，0%）
彼此打着小九九，不愿真心合作	（1，25%）	（1，25%）	（0，0%）	（0，0%）
没什么问题，已经进行了很好的合作	（0，0%）	（0，0%）	（0，0%）	（0，0%）
其他	（0，0%）	（0，0%）	（0，0%）	（0，0%）

6. 制约上海农商银行发展的最突出问题： 问卷设计在了决策层和执行层中，39.1% 的受访者认为是人才问题，28.7% 的受访者认为是管理问题，21.8% 的受访者认为是技术问题。再从不同层级对这一问题的认识来看，50% 的决策层认为制约银行发展的最突出问题是监管政策的不断调整，而 39.8% 的执行层认为制约银行发展的最突出问题是人才问题，28.9% 执行层认为是管理问题。由此可见，对于制约银行发展的最突出问题，决策层和执行层有不同的认识，这是由

于不同层级管理者看待问题视角的区别导致的。决策层从行业的角度出发，跳出上海农商银行审视农商银行面临的问题，执行层则更多从银行内部考虑这个问题。

管理问题	（25, 28.7%）	（1, 25%）	（24, 28.9%）	（0, 0%）
人才问题	（34, 39.1%）	（1, 25%）	（33, 39.8%）	（0, 0%）
资金问题	（0, 0%）	（0, 0%）	（0, 0%）	（0, 0%）
技术问题	（19, 21.8%）	（0, 0%）	（19, 22.9%）	（0, 0%）
会计准则频繁修订	（0, 0%）	（0, 0%）	（0, 0%）	（0, 0%）
监管政策不断调整	（4, 4.6%）	（2, 50%）	（2, 2.4%）	（0, 0%）
其他	（5, 5.7%）	（0, 0%）	（5, 6%）	（0, 0%）

7. 上海农商银行服务长三角一体化在业务扩张和顶层战略设计方面的关系：问题只体现在了决策层和执行层问卷中，从调研结果来看认识相对比较集中。59.8% 的受访者认为应当先有顶层设计才能进行业务扩张，24.1% 的受访者认为两者可以同时进行，不同层级之间对这一问题的认识也基本相同，说明大家一致认为要在做好顶层设计的基础上才能进行业务扩展。

必须先有顶层规划才能进行业务扩张	（52, 59.8%）	（2, 50%）	（50, 60.2%）	（0, 0%）
摸着石头过河，先通过业务扩张熟悉外省市金融市场环境	（10, 11.5%）	（0, 0%）	（10, 12%）	（0, 0%）
两者之间没有关系，可以分开进行	（2, 2.3%）	（1, 25%）	（1, 1.2%）	（0, 0%）
两者同时进行	（21, 24.1%）	（1, 25%）	（20, 24.1%）	（0, 0%）
其他	（0, 0%）	（0, 0%）	（0, 0%）	（0, 0%）

8. 上海农商银行在新技术应用方面所处的水平： 52.8% 的受访者认为处于较低水平，37.1% 的受访者表示处于中等水平。从不同层级来看，75% 的决策层、39.8% 的执行层、34.5% 的作业层认为处于中等水平；25% 的决策层、45.8% 的执行层、57.7% 的作业层认为处于较低水平。

处于领先水平	（6，2.6%）	（0，0%）	（1，1.2%）	（5，3.5%）
处于中等水平	（85，37.1%）	（3，75%）	（33，39.8%）	（49，34.5%）
处于较低水平	（121，52.8%）	（1，25%）	（38，45.8%）	（82，57.7%）
没有什么实际应用	（16，7%）	（0，0%）	（9，10.8%）	（7，4.9%）

9. 上海农商银行是否体现了农村金融机构的服务特色： 调查只体现在决策层问卷中。100% 的受访者认为虽然涉农业务不占主体，但仍高于非农村金融机构。上海农商银行充分体现了农村金融机构的服务特色，这一点也与其肩负的"三农"使命相吻合。

是的，主要业务均为涉农业务	（0，0%）	（0，0%）	（0，0%）	（0，0%）
是的，虽然涉农业务不占主体，但仍高于非农村金融机构	（4，100%）	（4，100%）	（0，0%）	（0，0%）
不是，跟其他非农村金融机构没有差别	（0，0%）	（0，0%）	（0，0%）	（0，0%）
不是，农村金融机构与上海国际大都市的定位不匹配，长三角一体化正好提供了契机和平台	（0，0%）	（0，0%）	（0，0%）	（0，0%）

10. 长三角一体化发展可能给个人工作带来的影响： 67.2% 的受访者表示会给个人提供更多的发展空间，24.5% 的受访者表示会带来更大的工作压力。从不同层级来看，25% 的决策层、62.7% 的执行层、71.1% 的作层认为给个人提供更多的发展空间；50% 的决策层、32.5% 的执行层、19% 的作业层表示会带来更大

的工作压力，由此可见，层级越低越认为长三角一体化发展会给个人带来发展空间，层级越高越认为长三角一体化发展会给个人带来工作压力。可能是由于长三角一体化发展的推动工作主要在决策层和执行层，对其中存在困难和遇到的障碍比较了解。而作业层受访者则较少参与这一工作，所以更多的是看到个人发展空间的提升。

提供更多发展空间	（154, 67.2%）	（1, 25%）	（52, 62.7%）	（101, 71.1%）
带来更大工作压力	（56, 24.5%）	（2, 50%）	（27, 32.5%）	（27, 19%）
不会有什么影响	（11, 4.8%）	（0, 0%）	（1, 1.2%）	（10, 7%）
不清楚	（10, 4.4%）	（1, 25%）	（3, 3.6%）	（6, 4.2%）

11. 金融机构在长三角一体化建设中能够发挥的作用： 有 214 人选择了发挥金融要素作用，优化长三角的资源配置；203 人选择了串联金融与产业各方，实现互利共赢；195 人选择了为长三角一体化重要产业方向提供资金支持；124 人选择了引导长三角重要产业转型升级。

串联金融与产业	（203, 88.6%）	（3, 75%）	（74, 89.2%）	（126, 88.7%）
发挥要素作用	（214, 93.4%）	（4, 100%）	（77, 92.8%）	（133, 93.7%）
提供资金支持	（195, 85.2%）	（3, 75%）	（64, 77.1%）	（128, 90.1%）
引导产业转型	（124, 54.1%）	（2, 50%）	（46, 55.4%）	（76, 53.5%）
其他	（4, 1.7%）	（0, 0%）	（2, 2.4%）	（2, 1.4%）

12. 长三角农村金融座谈会常态化工作机制作用发挥状况： 调研只设计在了决策层问卷中。从结果来看，受访者均认为农村金融机构座谈会常态化工作机制有利于长三角农村金融机构互通有无、务虚交流以及长三角农村金融机构在具体项目上的合作落地。75% 的受访者表示有利于加深农村金融机构间

的互信，在资金合作上有所作用。50%的受访者表示有利于发挥农村金融机构传统优势，形成有效的合作模式服务乡村振兴，对于开拓农村金融市场大有益处。

加强交流	（4,1.7%）	（4,100%）	（0,0%）	（0,0%）
项目合作	（4,1.7%）	（4,100%）	（0,0%）	（0,0%）
加深互信	（3,1.3%）	（3,75%）	（0,0%）	（0,0%）
服务乡村振兴	（2,0.9%）	（2,50%）	（0,0%）	（0,0%）
业务营销	（2,0.9%）	（2,50%）	（0,0%）	（0,0%）
效果有限	（0,0%）	（0,0%）	（0,0%）	（0,0%）

13. **上海农商银行业务拓展的重点方向**：205人表示应该纵向拓展，发现新的业务需求，进入新的行业领域；170人表示应该横向拓展，增设分支机构、延伸服务触角等。就上海农商银行目前所处的外部环境来看，由于政策方面的限制，无法在长三角区域内其他省市增设新的分支机构，因此就短期来看，发现新的业务需求，进入新的行业领域等纵向拓展应该是上海农商银行服务长三角一体化过程中业务拓展的重点方向。

14. **上海农商银行服务长三角一体化建设的重点业务领域以及是否具备了服务相应领域的必要能力**：214名受访者表示重点业务领域是服务区域范围内的中小企业，202名受访者表示重点业务领域是"三农"、小微、科创等普惠金融业务，165名受访者表示重点业务领域是服务地方基础设施建设。从上海农商行是否具备了服务相应业务领域的必要能力调研结果来看，绝大多数受访者都表示具备了相应的业务能力。这一现象应该是受访者从银行自身优势和特长出发，先审视自身具备了哪方面的能力，然后在此基础上钩选了上海农商银行服务长三角一体化建设的重点业务领域。

类别	选项				
基础设施建设		（165，72.1%）	（2，50%）	（57，68.7%）	（106，74.6%）
	是	（126，55%）	（2，50%）	（43，51.8%）	（81，57%）
	否	（17，7.4%）	（0，0%）	（6，7.2%）	（11，7.7%）
	说不清	（22，9.6%）	（0，0%）	（8，9.6%）	（14，9.9%）
中小企业		（214，93.4%）	（4，100%）	（76，91.6%）	（134，94.4%）
	是	（174，76%）	（4，100%）	（65，78.3%）	（105，73.9%）
	否	（18，7.9%）	（0，0%）	（6，7.2%）	（12，8.5%）
	说不清	（21，9.2%）	（0，0%）	（5，6%）	（16，11.3%）
"三农"、小微等		（202，88.2%）	（4，100%）	（71，85.5%）	（127，89.4%）
	是	（168，73.4%）	（3，75%）	（62，74.7%）	（103，72.5%）
	否	（16，7%）	（1，25%）	（6，7.2%）	（9，6.3%）
	说不清	（18，7.9%）	（0，0%）	（3，3.6%）	（15，10.6%）
其他		（3，1.3%）	（0，0%）	（1，1.2%）	（2，1.4%）
	是	（1，0.4%）	（0，0%）	（0，0%）	（1，0.7%）
	否	（0，0%）	（0，0%）	（0，0%）	（0，0%）
	说不清	（3，1.3%）	（0，0%）	（2，2.4%）	（1，0.7%）

15. 上海农商银行应对与其他金融机构的竞争： 207 名受访者表示要强调合作，主动搭建合作平台；109 名受访者表示要做大蛋糕，共同开发新市场，实现互利共赢；22 名受访者表示要瞄准对方市场，在竞争中一决高下。从三个层级来看，大家对于这一问题的认识也比较接近，都充分认识到了合作的重要性，都认为在激烈竞争中与对手争夺市场并非最优选择。

搭建平台	（207, 91.7%）	（3, 75%）	（73, 88%）	（134, 94.4%）
共同开发新市场	（199, 88.2%）	（3, 75%）	（70, 84.3%）	（129, 90.8%）
抢占对方市场	（22, 9.6%）	（0, 0%）	（6, 7.2%）	（16, 11.3%）
其他	（3, 1.3%）	（0, 0%）	（1, 1.2%）	（2, 1.4%）

16. 长三角一体化建设可能对上海农商银行带来的不利影响： 147 名受访者表示可能会加剧行业竞争，130 名受访者表示会提高运营成本，110 名受访者表示会扩大金融风险，69 名受访者表示会缩小盈利空间。就三个层级来看，75% 的决策者认为会提高运营成本，而持有同样观点的执行层和作业层比例为50% 左右；就金融风险来看，50% 的决策层和作业层认为会扩大金融风险，而持同样观点的执行层的比例为 43.4%；从行业竞争层面来看，60% 左右的执行层和作业层认为会加剧行业竞争，持同样观点的决策层比例为 25%；从盈利空间来看，25% 的执行层和 33.8% 的作业层认为长三角一体化建设会缩小银行盈利空间。

提高运营成本	（130, 56.8%）	（3, 75%）	（45, 54.2%）	（82, 57.7%）
扩大金融风险	（110, 48%）	（2, 50%）	（36, 43.4%）	（72, 50.7%）
加剧行业竞争	（147, 64.2%）	（1, 25%）	（55, 66.3%）	（91, 64.1%）
缩小盈利空间	（69, 30.1%）	（0, 0%）	（21, 25.3%）	（48, 33.8%）
其他	（1, 0.4%）	（0, 0%）	（0, 0%）	（1, 0.7%）
没有不利影响	（15, 6.6%）	（1, 25%）	（7, 8.4%）	（7, 4.9%）

17. 上海农商银行在服务长三角产业集群方面已经采取的措施： 该问题的调研仅面向决策层和执行层进行。结果显示 55 名受访者表示已经进行了区域内产

业布局的调研，56 名受访者表示加强了对区域内产业布局的研究，64 名受访者表示密切了与区域内政府部门的沟通联系。从各层级的反馈来看，75% 的决策层认为加强了对区域内产业布局的调研，63.9% 的执行层持同样观点。74.7% 的执行层认为密切了与区域内政府部门的沟通，50% 的决策层持同样观点。可见各层级对现阶段服务长三角产业集群方面已经采取的措施认识方面还有不同。

开展了对区域内产业布局的调研	（55，63.2%）	（2，50%）	（53，63.9%）	（0，0%）
加强了对区域内产业发展的研究	（56，64.4%）	（3，75%）	（53，63.9%）	（0，0%）
密切了与区域内政府部门的沟通联系	（64，73.6%）	（2，50%）	（62，74.7%）	（0，0%）
开展了金融科技应用的布局	（22，25.3%）	（0，0%）	（22，26.5%）	（0，0%）
没有采取什么措施	（4，4.6%）	（0，0%）	（4，4.8%）	（0，0%）
其他	（1，1.1%）	（0，0%）	（1，1.2%）	（0，0%）

18. 上海农商银行在服务长三角产业集群方面下一步的主要措施： 71 名受访者表示下一步将对标长三角一体化发展战略，为企业量身定制产业金融服务；69 名受访者表示下一步将发展金融科技，进一步降低成本，创新业务手段；63 名受访者表示下一步将拓展业务需求，进入新的行业领域；55 名受访者表示下一步将突出农业特色，服务涉农产业；53 名受访者表示下一步将增设分支机构，延伸产业金融服务触角。从层级角度来看，发展金融科技、拓展业务需求这两个方面的措施得到了决策层和执行层的认可，占比均在 75% 以上。

增设分支机构，延伸产业金融服务触角	（56，64.4%）	（3，75%）	（53，63.9%）	（0，0%）
拓展业务需求，进入新的行业领域	（66，75.9%）	（3，75%）	（63，75.9%）	（0，0%）
对标长三角一体化发展战略，为企业量身定制产业金融服务	（73，83.9%）	（2，50%）	（71，85.5%）	（0，0%）

突出农业特色，服务涉农产业	（56，64.4%）	（1，25%）	（55，66.3%）	（0，0%）
发展金融科技，进一步降低成本，创新业务手段	（72，82.8%）	（3，75%）	（69，83.1%）	（0，0%）
其他	（1，1.1%）	（0，0%）	（1，1.2%）	（0，0%）

19. 金融科技在上海农商银行服务长三角一体化中的应用价值： 206 名受访者表示金融科技将会在产品创新和精准营销方面发挥作用；199 名受访者表示金融科技会增加客户触点，提升客户黏性；185 名受访者表示金融科技将会在提升风险控制能力方面发挥作用。从三个层级的反馈来看，以各层级内选项人数多少排序前三名分别是：决策层——客户黏性、精准营销、风险控制；执行层——精准营销、客户黏性、风险控制；作业层——精准营销、客户黏性、风险控制。可见受访者对金融科技在提升客户黏性和精准营销方面寄予厚望。

应用移动互联技术增加客户接触点，提升客户黏性	（199，86.9%）	（4，100%）	（74，89.2%）	（121，85.2%）
基于大数据分析的产品创新和精准营销	（206，90%）	（4，100%）	（76，91.6%）	（126，88.7%）
贷款业务线上化降低成本	（174，76%）	（2，50%）	（66，79.5%）	（106，74.6%）
应用大数据提升风控能力	（185，80.8%）	（3，75%）	（73，88%）	（109，76.8%）
应用人工智能代替真人，发展智能投顾业务，降低成本	（91，39.7%）	（2，50%）	（30，36.1%）	（59，41.5%）
应用区块链技术实现数据安全管理	（98，42.8%）	（2，50%）	（31，37.3%）	（65，45.8%）
其他	（1，0.4%）	（0，0%）	（0，0%）	（1，0.7%）

20. 在 A+H 股上开始实施的新金融工具会计准则对上海农商银行的影响：鉴于问题的专业性较强，调研仅针对决策层进行。结果显示所有决策层都认为新的金融会计准则会对上海农商银行的战略决策、业务选择、财务业绩、金融监管以及实施成本有影响，在对具体影响结果的反馈上并不一致，例如对战略决策的影响有 2 名受访者认为是正面影响，2 名受访者认为是负面影响；在业务选择、财务业绩等选项上分别有 1 位受访者选了正面、负面和不清楚。由此可见决策层对新金融工具会计准则对上海农商银行的影响意见比较分散，尚未达成共识。

对战略决策有影响	（4，100%）	正面	（2，50%）
		负面	（1，25%）
		说不清	（1，25%）
对业务选择有影响	（4，100%）	正面	（1，25%）
		负面	（1，25%）
		说不清	（1，25%）
对财务业绩有影响	（4，100%）	正面	（1，25%）
		负面	（1，25%）
		说不清	（1，25%）
对金融监管有影响	（4，100%）	正面	（1，25%）
		负面	（0，0%）
		说不清	（2，50%）
对集团内的实施成本有影响	（4，100%）	正面	（3，75%）
		负面	（0，0%）
		说不清	（0，0%）

21. **上海农商银行发展中需要突破的政策限制**：184 位受访者表示不能跨区经营是银行当前最需要突破的政策限制，其次是 155 人选择的业务资格限制和对外股权投资牌照限制，再次是 109 人选择的对农村商业银行的考核评价机制限制。从各层级情况来看，决策层 100% 的受访者选择了跨区经营限制和业务资格及投资牌照限制，执行层选择这两项的比例分别为 77.1% 和 71.1%，作业层选择这两项的比例分别为 81.7% 和 64.8%。由此可见，现行禁止农村商业银行跨区经营以及对其业务资格和对外股权投资牌照的限制的确影响到了上海农商银行的发展。银行的决策层、执行层和作业层在这个问题上达成了高度共识。

不能跨区经营	（184，80.3%）	（4，100%）	（64，77.1%）	（116，81.7%）
"三农"和小微企业的贷款占比	（62，27.1%）	（0，0%）	（13，15.7%）	（49，34.5%）
对农村商业银行的考核评价机制	（109，47.6%）	（1，25%）	（39，47%）	（69，48.6%）
业务资格限制和对外股权投资牌照限制	（155，67.7%）	（4，100%）	（59，71.1%）	（92，64.8%）
没有什么限制	（2，0.9%）	（0，0%）	（1，1.2%）	（1，0.7%）
其他	（7，3.1%）	（0，0%）	（4，4.8%）	（3，2.1%）

22. **如何突破政策限制**：190 名受访者表示要以长三角一体化为契机，联合区域内农村金融机构共同呼吁放宽政策限制；128 名受访者表示要自身主动向金融监管部门呼吁放宽政策限制；120 名受访者表示要通过专家学者向政府部门提出政策建议；103 名受访者表示要与其他金融机构合作，寻求政策监管的"中间地带"。从各层级来看，决策层、执行层选项排序前三均为联合域内金融机构共同呼吁、通过专家学者提出建议、上海农商行自身向主管部门呼吁。可见对于哪些政策限制了发展、如何突破这些政策的限制在管理层中已经形成了基本一致的意见。

自身主动向金融监管部门呼吁放宽政策限制	（128，55.9%）	（3，75%）	（47，56.6%）	（78，54.9%）
通过专家学者向政府部门提出政策建议	（120，52.4%）	（3，75%）	（49，59%）	（68，47.9%）
以长三角一体化为契机，联合区域内农村金融机构共同呼吁放款政策限制	（190，83%）	（4，100%）	（65，78.3%）	（121，85.2%）
与其他金融机构合作，寻求政策监管的"中间地带"	（103，45%）	（0，0%）	（34，41%）	（69，48.6%）
坚持老本行，在现有业务领域做深、做精	（48，21%）	（0，0%）	（15，18.1%）	（33，23.2%）
现有限制性的政策有道理，不可能突破	（4，1.7%）	（0，0%）	（0，0%）	（4，2.8%）
其他	（0，0%）	（0，0%）	（0，0%）	（0，0%）

23. 金融机构与其服务对象的关系：215 名受访者表示是互惠互利关系，158 名受访者表示是服务与被服务的关系，131 名受访者表示是供需关系。从各层级来看，决策层 100% 认为两者是互惠互利关系，执行层和作业层分别有 94% 和 93% 的受访者持同样观点。可见受访者普遍认为金融机构与服务对象之间应该建立彼此共存、互利共赢的关系。25% 的决策层认为两者是服务与被服务关系，执行层和作业层分别有 71.1% 和 69% 的受访者持同样观点。

服务与被服务的关系	（158，69%）	（1，25%）	（59，71.1%）	（98，69%）
债务债权关系	（49，21.4%）	（0，0%）	（19，22.9%）	（30，21.1%）
互惠互利关系	（215，93.9%）	（4，100%）	（78，94%）	（133，93.7%）
供需关系	（131，57.2%）	（2，50%）	（40，48.2%）	（89，62.7%）
信托关系	（16，7%）	（1，25%）	（4，4.8%）	（11，7.7%）
其他	（5，2.2%）	（0，0%）	（4，4.8%）	（1，0.7%）

24. **实现长三角区域农村金融机构数据共享中存在的障碍：** 鉴于问题的专业性较高，该问题只在决策层和执行层进行了调研。结果显示，有 69 名受访者认为不同金融机构之间难以协调；68 名受访者表示各方由于担心利益受损，并不愿意在开展数据联通方面进行实质性推进；60 名受访者表示数据联通可能会造成数据安全问题。从决策层和执行层两个层级来看，双方对这一问题的看法大致相同，100% 的决策层和 78 的执行层认为是金融机构之间各自为政，难以协调；75% 的决策层和 78.3% 的执行层认为是利益问题导致数据联通工作难以推进。

政策层面不允许	（29，33.3%）	（2，50%）	（27，32.5%）	（0，0%）
各自为政难协调	（69，79.3%）	（4，100%）	（65，78.3%）	（0，0%）
实践当中没必要	（0，0%）	（0，0%）	（0，0%）	（0，0%）
利益方面有顾虑	（68，78.2%）	（3，75%）	（65，78.3%）	（0，0%）
数据安全问题	（60，69%）	（2，50%）	（58，69.9%）	（0，0%）
数据异构，整合困难	（46，52.9%）	（3，75%）	（43，51.8%）	（0，0%）
没有什么障碍	（0，0%）	（0，0%）	（0，0%）	（0，0%）
其他	（2，2.3%）	（0，0%）	（2，2.4%）	（0，0%）

25. **实现长三角区域农村金融机构数据共享带来的影响：** 218 名受访者表示应用大数据分析的产品创新和精准营销能力增加；204 名受访者表示应用大数据提升风控能力，降低金融风险；101 名受访者表示数据共享导致数据泄露的风险增大，金融安全压力增加。从三个层级来看，决策层选择上述三个方面（提升精准营销能力、提升风控能力、增加数据泄露风险）的人数比重分别为 100%、75%、50%，执行层的比重分别为 91.6%、95.2%、44.6%，作业层分别为 97.2%、85.9%、43.7%。由此可见，各层级对数据共享实现产品创新和精准营销以及提升风控能力方面都持肯定态度，这也将是数据共享将给上海农商银行带来的新机遇。

应用大数据分析的产品创新和精准营销能力增加	（218，95.2%）	（4，100%）	（76，91.6%）	（138，97.2%）
应用大数据提升风控能力，降低金融风险	（204，89.1%）	（3，75%）	（79，95.2%）	（122，85.9%）
数据共享导致数据泄露的风险增大，金融安全压力增加	（101，44.1%）	（2，50%）	（37，44.6%）	（62，43.7%）
使得财务并表工作更方便	（35，15.3%）	（0，0%）	（6，7.2%）	（29，20.4%）
其他	（3，1.3%）	（0，0%）	（1，1.2%）	（2，1.4%）

26. **上海农商银行如何推进长三角区域普惠金融服务**：结果显示 198 名受访者表示要关注小微企业，为其量身定制金融服务；196 名受访者表示要发展金融科技，提升农村用户体验；170 名受访者表示要坚持农村特色，创新农村金融产品；139 名受访者表示要增加分支机构，延伸基层服务触角；130 名受访者表示要降低服务门槛，服务乡村振兴战略。从各层级来看，决策层内各选项人数汇总排序是定制金融服务（100%）、发展金融科技（75%）、坚持农村特色（50%）、服务乡村战略（50%）、增加分支机构（50%）；执行层内各选项人数汇总排序是定制金融服务（90.4%）、发展金融科技（85.5%）、坚持农村特色（79.5%）、服务乡村战略（55.4%）、增加分支机构（55.4%）；作业层内各选项人数汇总排序是发展金融科技（85.9%）、定制金融服务（82%）、坚持农村特色（71.8%）、增加分支机构（64.1%）、服务乡村战略（57.7%）。总体来看各层级都将关注小微企业，为其量身定制金融服务和发展金融科技，提升农村用户体验将会作为推荐长三角普惠金融的重点方向。

增加分支机构，延伸基层服务触角	（139，60.7%）	（2，50%）	（46，55.4%）	（91，64.1%）
坚持农村特色，创新农村金融产品	（170，74.2%）	（2，50%）	（66，79.5%）	（102，71.8%）
关注小微企业，量身定制金融服务	（198，86.5%）	（4，100%）	（75，90.4%）	（119，83.8%）

降低服务门槛，服务乡村振兴战略	（130，56.8%）	（2，50%）	（46，55.4%）	（82，57.7%）
发展金融科技，提升农村用户体验	（196，85.6%）	（3，75%）	（71，85.5%）	（122，85.9%）
其他	（1，0.4%）	（0，1.2%）	（1，0%）	（0，0%）

课题组还对上海农商银行服务长三角一体化中独有的优势进行了调研。作为主观题目，要求受访者依据重要性程度排序写出三个独有优势。从调研结果来看，排序第一的优势是上海农商银行处于上海，也就是区位优势明显，上海农商银行可以充分利用上海在金融要素市场方面的优势，实现更高的资源配置效率。排序第二的优势是上海农商银行的农业特色，它是长三角区域规模最大、业务资格最齐全、产品种类最丰富的农村商业银行，在长三角一体化中要充分发挥农业特色优势，服务乡村振兴战略。

课题组对上海农商银行服务长三角一体化竞争中的劣势也进行了调研，让受访者依据重要性程度排序写出三个劣势。从调研结果来看，排序第一的劣势是由于政策限制不能进行跨区域经营，现有的分支机构布局不能够满足长三角一体化的服务需求。排序第二的是金融科技应用不足，在竞争中处于不利地位。

最后，课题组对上海农商银行服务长三角一体化中创新金融服务的策略和手段进行了调研，让受访者依据重要性程度排序写出前三个。从调研结果来看，排序第一的是加大金融科技应用，不断探索区块链、大数据、人工智能在金融服务中的应用。排序第二的是加强金融产品创新，在新技术的引领下，对客户的需求进行分析和预测，为"三农"、小微企业提供精准服务。

2 长三角一体化背景下浙江台州小微金融服务区域经济简介

2018 年 11 月，为完善中国改革开放空间布局，习总书记宣布"将支持长江三角洲区域一体化发展上升为国家战略"。长三角一体化过程中，金融一体化是重要的一环，金融必需更好地服务实体经济，优化资源配置，促进企业成长，为区域经济发展提供动力。

2.1 小微金融服务区域经济发展

学术界鲜有关于小微金融如何服务区域经济发展的探讨，我们以"小微金融"、"经济"为主题在知网检索，仅有 40 篇文献涉及，而对小微金融服务区域经济相关文献不足 10 篇。我们就台州小微金融服务区域经济展开探讨能更进一步丰富该领域的研究。

为获取更多相关文献，研究人员拓展检索范围，以"金融服务区域经济"为主题检索核心期刊 [1—13]，共有核心文献 285 篇。通过梳理我们发现早期文献（1993—1998）主要以描述性的定性研究展开，朱新天等（1993）认为"区域资金投入""区域货币聚集""区域资金流动"等是推动区域经济发展的主要因素。刘明志（1996）认为经济的运行、发展高度依赖于金融市场。袁隆生等（1995）认为区域金融中心的培育能极大推进中心城市和县域经济的发展，并以浙江为例阐述如"宁绍帮"钱庄、宁波钱业的"过账制"对金融中心建设的助力。

1999 年及之后研究手法开始多样化，在定性描述的基础上增加案例研究、实证研究，使得这一领域研究成果更为丰富。何嗣江（2003）以"温州模式"为例探讨了在民营经济高度发达的区域[1]，规范民间融资及组建民营小金融机构，或许是一条长期解决民营企业融资困境的捷径。谈儒勇（1999）、艾洪德等（2004）、李志辉等（2007）分别以 OLS 检验、格兰杰因果关系检验模型、面板数据研究发现金融发展能促进经济增长。杜云福（2008）进一步以面板数据门限模型论证较之投资、消费，金融发展更能推进经济增长。之后的研究更多地探讨区域金融、产业聚集、区域经济三者关系。钱水土（2010）、丁苑春等（2012）、邓杨丰等（2013）、潘卫红（2015）、严圣艳等（2019）的研究显示深化金融体系改革、促进区域产业集聚，能实现区域经济可持续发展。

---

① 1979—2000 年温州国内生产总值年均递增 15% 以上，2000 年民营经济在全市国内生产总值中占 85% 左右，在工商业中占 95% 左右，税收占全市税收收入的 70%。（何嗣江，2003）

2.2 台州小微金融服务区域经济有效实践

台州经济在浙江经济甚或中国经济发展中都有着自己的贡献。自 1996 年—2008 年期间，台州 GDP 占全省 GDP 比重约为 9.5% 左右，2009—2017 年则保持在 8.5% 左右的水平，略微呈现下滑态势[1]。长三角一体化背景下，台州 GDP 在全国 GDP 占比维持 0.6% 的水平。[2] 台州 GDP 与全国 GDP 比较见表 2-8 所示。

表 2-8　台州 GDP 与全国 GDP 比较

	2018 年 4 季度	2019 年 1 季度	2019 年 2 季度	2019 年 3 季度
全国	234108.3	197123	218585.4	227899.1
台州	1455.26	1130.56	1132.99	1365.94
占比 - 全国	0.62%	0.57%	0.52%	0.60%

单位：亿元

2.2.1 台州小微金融行业发展现状

2015 年 12 月 2 日，国务院常务会议决定，在台州建设国家级小微企业金融服务改革试验区，为全国探索可复制、可推广的法人小微企业金融服务经验。在政府的推动下，打造"实体经济 + 小微金融 + 五心服务"的新时代"台州现象"，形成以"专注实体、深耕小微、精准供给、稳健运行"为主要特征的小微金融服务"台州模式"。台州银行"小本贷款"、泰隆商业银行"SG 泰融易"、台州农信"小额丰收贷款卡"等一批金融产品多次被人民银行、银监会作为样本在全国推广。

截至 2019 年 5 月末，台州小微企业贷款余额 3231 亿元，占全部贷款的 40.8%，高于全国近 20 个百分点。小微企业申贷获得率达到 95.86%。金融生态环境持续向好，台州银行业不良贷款率 0.74%，信贷资产质量保持全省最优水平。

2.2.2 台州小微金融服务区域经济发展经验总结

课题组围绕企业定位、服务推广、持续发展与政府助推四个方面总结"台州模式"经验如图 2-8 所示。

---

① 数据来源参考：http://tieba.baidu.com/p/5976652570
② 国家 GDP 数据来源国家统计局（国内生产总值（不变价）），台州数据为网页查询推算数据。

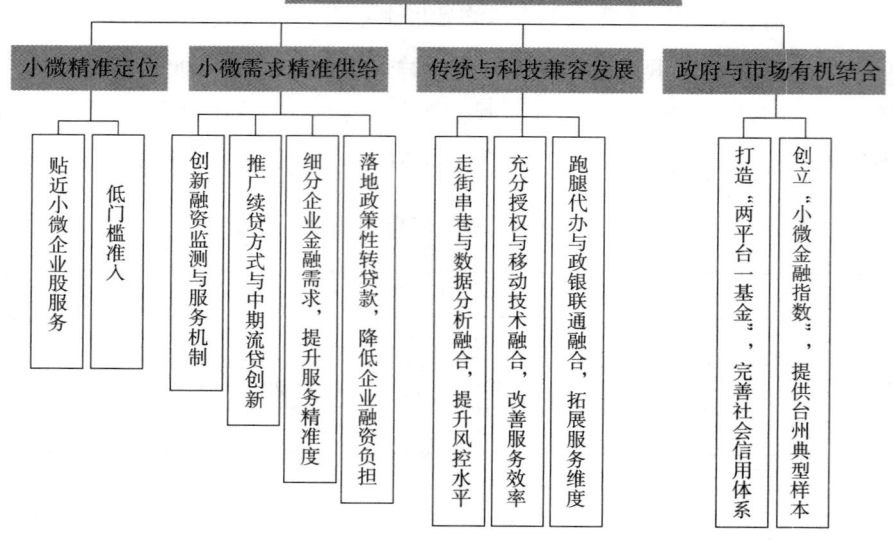

图 2-8 "台州模式"经验总结

一、小微企业精准定位

规避大中银行激烈竞争，台州法人银行坚守定位服务为"有强烈融资需求但容易被传统金融机构所遗忘"的小微企业，并展开服务。

（1）贴近小微企业。机构中 80% 为社区支行或小微专营支行，80% 的机构设在乡镇以下，2.8 万名银行从业人员中一半以上是一线客户经理，充分发挥"社区化"管理优势，通过"扫街"、"扫楼"辐射点多面广的小微企业，为客户提供更为便捷、全面的信息与服务。截至 2019 年 5 月末，台州法人银行户均贷款 27.7 万元，其中 100 万元以下贷款户数占比 96.4%，50 万元以下贷款户数占比 91.5%。

（2）低门槛准入。银行通过充分挖掘信义价值，创新信用贷款方式，摒弃过度依赖抵质押物的传统信贷模式。只要有劳动意愿、有劳动能力且无不良嗜好的"两有一无"群体就有机会获得贷款，为小微企业融资提供了一条"容易走、能实现"的路径。截至 2019 年 5 月末，台州市信用贷款余额 930 亿元，同比增长 31%，其中法人银行信用和保证类贷款占比超过 70%。

二、对小微企业需求的精准供给

（1）创新融资监测与服务机制。通过主办银行、伙伴银行进行的数据归集与走访，实现融资满足与需求数据的实时动态追踪，再有的放矢地为企业提供服务。

（2）推广续贷方式与中期流贷创新。台州从农商银行开始试点，全市推广"零周期、零费用、零门槛""正面清单＋负面清单""正向激励＋尽职免责"的还款方式创新，真正免除小微企业贷款"过桥"环节。截至 2019 年 5 月末，已创新 99 款还款方式产品，惠及 14 万户企业，将客户平均转贷天数压缩至 4.67 天，较上年同期缩短 0.31 天。开展三年期流动资金贷款试点，加强企业现金流测算，提前嵌入年审制、预审制与循环式服务，科学匹配企业中长期需求。截至 2019 年一季度末，全市银行业中期流动资金贷款服务企业 3274 户，余额 385 亿元。

（3）细分企业金融需求，提升服务精准度。台州法人银行按照小微园区型、供应链型、科技创新型、吸纳就业型 4 种小微群体不同特点，有针对性推行园区"五位一体"、供应链平台等差异化、个性化服务方案，帮助小微企业提升核心竞争力。截至 2019 年 5 月末，已服务小微园区 77 个，园区企业 1667 家，贷款余额 28 亿元；供应链上下游企业 220 家，贷款余额 14 亿元；科创型企业 1035 家，贷款余额 130 亿元。

（4）落地政策性转贷款，降低企业融资负担。台州法人银行积极对接政策性银行，探索项目共同评审机制，引入低成本资金，将利润空间主动让利给小微企业。截至 2019 年 5 月末，已签订 61 亿元转贷款合作框架协议，累计投放贷款 81.89 亿元，共为小微企业节省融资成本近 1.6 亿元。

三、传统与科技兼容发展

（1）走街串巷与数据分析融合，提升风控水平。台州法人银行在"三品三表""三看三不看"等交叉检验技术上，建立信贷工厂，引入司法、税务、工商等外部数据，建立评估、评级、预警模型，构建"人情网"与"数据网"结合的风险防控架构，实现"数据跑"协助"人工跑"，更好判断小微企业风险状况。

（2）充分授权与移动技术融合，改善服务效率。台州法人银行在 80% 信贷审批权下放基层机构的基础上，积极应用"掌上办贷"数字金融平台，带动移动金融作业平台（PAD 终端）升级，让客户点点按键，就有客户经理上门办贷，实现小微企业首贷 3 小时、续贷半小时。其中，台州法人城商行已通过 PAD 累计发放贷款 394 亿元，服务小微企业 18.8 万家，数字金融替代率达到 66%。

（3）跑腿代办与政银联通融合，拓展服务维度。台州法人银行在工商、税务服务以外，将小微金改与跑改有机结合，延申社银、税银、警银等 130 多项服务，让群众办事从"最多跑一次"提升到"就近最多跑一次"，实现了政府、银行和群众三方共赢。

四、政府与市场有机结合

在台州政府的支持下，法人城商行通过设立分支机构、发起村镇银行、技术输出等方式，实现"台州模式"走出去。截至 2019 年 5 月末，台州法人城商行在 11 个省、市开办分支机构 489 家，发起村镇银行 25 家。台州银行、泰隆银行分别作为全国投资管理型和"多县一行"村镇银行试点。

（1）打造"两平台一基金"，完善社会信用体系。建立以"政府出资为主，银行捐资为辅"的小微企业信用保证基金，累计承保金额 267.8 亿元，服务市场主体 1.7 万余家，在保余额 87 亿元。建立金融服务信用信息共享平台，汇集 15 个部门、63 万家市场主体的 8816 万条信用信息。推进动产质押融资全国试点，以商标专用权质押融资平台为抓手，累计办理商标专用权质押登记 1617 件，累计发放贷款 107.4 亿元。

（2）创立"小微金融指数"，提供台州典型样本。设立浙江（台州）小微金融研究院，开展小微金融运行规律、发展趋势等方向的理论研究与实践总结。编制全国首个"小微金融指数（台州样本）"，为政府服务企业决策、金融机构精准服务小微企业、监测防范小微企业运行风险提供指导和参考。

2.3 台州小微金融发展展望

在总结"台州模式"成功经验的基础上，结合长三角一体化的发展大趋势，进一步推广普惠金融做法经验和模式，深化金融改革，提升科技助力支持城商行等金融机构创新运用移动互联网技术突破金融服务的时空限制，建设"线上线下融合化、数字化、智能化的小微金融服务平台"，提高小微金融融资便捷性和灵活性。同时运用大数据等新兴技术，更为精准地识别小微企业融资需求，更好地满足实体经济多样化的金融需求。

附录一：上海农商银行服务长三角一体化调研问卷

决策层问卷

尊敬的女士／先生：

您好，为了了解上海农商银行在服务长三角一体化方面的实际状况，梳理金融机构服务长三角一体化的策略和模式，明确闪光点、薄弱点、亟待改善点，特进行此次调研，感谢您百忙之中抽出时间填写问卷，希望通过本次调研，倾听您的宝贵建议，为推动上海农商银行构建长三角金融服务模式建言献策。

《深化以金融为核心竞争力的集成生态系统
服务长三角产业集群的有效实践》课题组
2019 年 10 月

一、单选题

1. 您认为长三角一体化对上海农商银行而言是什么样的机遇？

（　　）A 战略性重大机遇

（　　）B 业务性重要机遇，可以作为对外宣传的亮点

（　　）C 业务性一般机遇

（　　）D 算不上机遇

2. 您对区块链、大数据、云计算、人工智能等新技术的了解程度如何？

（　　）A 非常了解，对上述新技术进行过系统学习

（　　）B 比较了解，正在主动了解上述新技术

（　　）C 听说过，但没有进行深入了解

（　　）D 没听说过

3. 您认为会计、金融和新技术结合趋势，尤其是金融科技在上海农商银行实务

中发挥的作用如何？

（　　）A 已经发挥了明显的作用

（　　）B 将来可能会发挥作用

（　　）C 感觉没什么作用

（　　）D 没思考过这个问题

（　　）E 其他 _____

4. 您认为上海农商银行要服务好长三角一体化建设首先应该从哪个方面入手？

（　　）A 成立一体化组织

（　　）B 突破政策限制

（　　）C 创新产业金融服务模式

（　　）D 发挥要素市场优势

（　　）E 发展金融科技应用

（　　）F 其他 _____

5. 您认为长三角农村金融机构座谈会常态化工作机制最突出的问题是什么？

（　　）A 行政区划分割限制了实质性合作

（　　）B 金融政策等外部环境限制了合作

（　　）C 彼此打着小九九，不愿真心合作

（　　）D 没什么问题，已经进行了很好的合作

（　　）E 其他 _____

6. 您认为现阶段制约上海农商银行发展的最突出问题是什么？

（　　）A 管理问题

（　　）B 人才问题

（　　）C 资金问题

（　　）D 技术问题

（　　）E 会计准则频繁修订

（　　）F 监管政策不断调整

（　　）G 其他 _____

7. 您认为上海农商银行服务长三角一体化在业务扩张和顶层战略设计方面的关系是怎样的？

（　　）A 必须先有顶层规划才能进行业务扩张

（　　）B 摸着石头过河，先通过业务扩张熟悉外省市金融市场环境

（　　）C 两者之间没有关系，可以分开进行

（　　）D 两者同时进行

（　　）E 其他 _____

8. 与长三角区域内其他银行相比，您认为上海农商银行在区块链、大数据、云计算、人工智能等新技术应用方面处于什么水平？

（　　）A 处于领先水平

（　　）B 处于中等水平

（　　）C 处于较低水平

（　　）D 没有什么实际应用

9. 您认为上海农商银行是否体现了农村金融机构的服务特色？

（　　）A 是的，主要业务均为涉农业务

（　　）B 是的，虽然涉农业务不占主体，但仍高于非农村金融机构

（　　）C 不是，跟其他非农村金融机构没有差别

（　　）D 不是，农村金融机构与上海国际大都市的定位不匹配，长三角一体化正好提供了契机和平台

（　　）E 不清楚

10. 您认为长三角一体化发展可能会给您的工作会带来哪些影响？

（　　）A 会给个人提供更多的发展空间

（　　）B 会带来更大的工作压力

（　　）C 不会有什么影响

（　　）D 不清楚

二、多选题

1. 您认为金融机构在长三角一体化建设中可以发挥什么作用？

（　　）A 串联金融与产业各方，实现互利共赢

（　　）B 发挥金融要素作用，优化长三角的资源配置

（　　）C 为长三角一体化重要产业方向提供资金支持

（　）D 引导长三角重要产业转型升级

（　）E 其他 _____

2. 您认为长三角农村金融座谈会常态化工作机制有何作用？

（　）A 有利于长三角农村金融机构互通有无、务虚交流

（　）B 有利于长三角农村金融机构在具体项目上的合作落地

（　）C 有利于加深农村金融机构间的互信，在资金合作上有所作用

（　）D 有利于发挥农村金融机构传统优势，形成有效的合作模式服务乡村振兴

（　）E 有利于加强与地方政府的沟通联系，利于业务营销

（　）F 效果有限，没有明显作用

3. 您认为上海农商银行在长三角一体化背景下业务拓展方面的创新重点是什么？

（　）A 横向拓展（增设新的分支机构、延伸服务触角等）

（　）B 纵向拓展（拓展新的业务需求、进入新的行业领域等）

（　）C 其他 _____

4. 您认为上海农商银行服务长三角一体化建设的重点业务领域是什么？目前是否已经具备了服务相应业务领域的必要能力？

（　）A 服务地方基础设施建设　　　　　　　（　）A 是（　）B 否（　）C 说不清

（　）B 服务区域范围内的中小企业　　　　　（　）A 是（　）B 否（　）C 说不清

（　）C "三农"、小微、科创等普惠金融业务　（　）A 是（　）B 否（　）C 说不清

（　）D 其他 _____　　　　　　　　　　（　）A 是（　）B 否（　）C 说不清

5. 您认为在服务长三角一体化中，上海农商银行应该怎样应对与其他金融机构的竞争？

（　）A 强调合作，主动搭建合作平台

（　）B 做大蛋糕，共同开发新市场，实现互利共赢

（　）C 瞄准对方现有市场，在竞争中一决高下

（　）D 其他 _____

6. 您认为服务长三角一体化建设可能给上海农商银行带来哪些不利影响？

（　）A 提高运营成本

（　）B 扩大金融风险

（　）C 加剧行业竞争

（　　）D 缩小盈利空间

（　　）E 其他 _____

（　　）F 没有不利影响

7. 您认为上海农商银行在服务长三角产业集群方面已经采取了哪些举措？

（　　）A 开展了对区域内产业布局的调研

（　　）B 加强了对区域内产业发展的研究

（　　）C 密切了与区域内政府部门的沟通联系

（　　）D 开展了金融科技应用的布局

（　　）E 没有采取什么措施

（　　）F 其他 _____

8. 您认为上海农商银行在服务长三角产业集群方面还可以做哪些工作？

（　　）A 增设分支机构，延伸产业金融服务触角

（　　）B 拓展业务需求，进入新的行业领域

（　　）C 对标长三角一体化发展战略，为企业量身定制产业金融服务

（　　）D 突出农业特色，服务涉农产业

（　　）E 发展金融科技，进一步降低成本，创新业务手段

（　　）F 其他 _____

9. 您认为上海农商银行服务长三角一体化建设应用金融科技的价值主要体现在哪些方面？

（　　）A 应用移动互联技术增加客户接触点，提升客户黏性

（　　）B 基于大数据分析的产品创新和精准营销

（　　）C 贷款业务线上化降低成本

（　　）D 应用大数据提升风控能力

（　　）E 应用人工智能代替真人，发展智能投顾业务，降低成本

（　　）F 应用区块链技术实现数据安全管理

（　　）G 其他 _____

10. 您认为从 2018 年起在 A+H 股上开始实施的新金融工具会计准则对上海农商银行的影响如何？

（　　）A 对战略决策有影响，影响是 　　　　（　）A 正面（　）B 负面（　）C 说不清

（　）B 对业务选择有影响，影响是　　　　（　）A 正面（　）B 负面（　）C 说不清

（　）C 对财务业绩有影响，影响是　　　　（　）A 正面（　）B 负面（　）C 说不清

（　）D 对金融监管有影响，影响是　　　　（　）A 正面（　）B 负面（　）C 说不清

（　）E 对集团内的实施成本有影响，影响是（　）A 正面（　）B 负面（　）C 说不清

11. 您认为上海农商银行在长三角一体化发展中急需突破的政策限制有哪些？

（　）A 不能跨区经营

（　）B "三农"和小微企业的贷款占比

（　）C 对农村商业银行的考核评价机制

（　）D 业务资格限制和对外股权投资牌照限制

（　）E 没有什么限制

（　）F 其他 _____

12. 您认为上海农商银行应当如何突破现有政策限制？

（　）A 自身主动向金融监管部门呼吁放宽政策限制

（　）B 通过专家学者向政府部门提出政策建议

（　）C 以长三角一体化为契机，联合区域内农村金融机构共同呼吁放款政策限制

（　）D 与其他金融机构合作，寻求政策监管的"中间地带"

（　）E 坚持老本行，在现有业务领域做深、做精

（　）F 现有限制性的政策有道理，不可能突破

（　）G 其他 _____

13. 您认为金融机构与其服务对象的关系是怎样的？

（　）A 服务与被服务的关系

（　）B 债务债权关系

（　）C 互惠互利关系

（　）D 供需关系

（　）E 信托关系

（　）F 其他 _____

14. 您认为打通长三角区域农村金融机构数据联通，实现数据共享的障碍主要有哪些？

（　）A 政策层面不允许

（　　）B 各自为政难协调

（　　）C 实践当中没必要

（　　）D 利益方面有顾虑

（　　）E 数据安全问题

（　　）F 数据异构，整合困难

（　　）G 没有什么障碍

（　　）H 其他 _____

15. 您认为实现长三角区域农村金融机构数据共享会带来哪些影响？

（　　）A 应用大数据分析的产品创新和精准营销能力增加

（　　）B 应用大数据提升风控能力，降低金融风险

（　　）C 数据共享导致数据泄露的风险增大，金融安全压力增加

（　　）D 使得财务并表工作更方便

（　　）E 其他 _____

16. 您认为上海农商银行在推进长三角区域普惠金融服务方面，还要做到以下哪几条？

（　　）A 增加分支机构，延伸基层服务触角

（　　）B 坚持农村特色，创新农村金融产品

（　　）C 关注小微企业，量身定制金融服务

（　　）D 降低服务门槛，服务乡村振兴战略

（　　）E 发展金融科技，提升农村用户体验

（　　）F 其他 _____

17. 您认为与同行业竞争者相比，上海农商银行在服务长三角一体化中独有的优势有哪些？（按重要性程度排序）

① _____

② _____

③ _____

18. 您认为与同行业竞争者相比，上海农商银行服务长三角一体化中竞争的劣势在哪里？（按重要性程度排序）

① _____

② _____

③ _____

19. 您认为上海农商银行在服务长三角一体化中创新金融服务的策略和手段主要有哪些？（按重要性程度排序）

① _____

② _____

③ _____

执行层问卷

尊敬的女士／先生：

  您好，为了了解上海农商银行在服务长三角一体化方面的实际状况，梳理金融机构服务长三角一体化的策略和模式，明确闪光点、薄弱点、亟待改善点，特进行此次调研，感谢您百忙之中抽出时间填写问卷，希望通过本次调研，倾听您的宝贵建议，为推动上海农商银行构建长三角金融服务模式建言献策。

《深化以金融为核心竞争力的集成生态系统

服务长三角产业集群的有效实践》课题组

2019 年 10 月

一、单选题

1. 您认为长三角一体化对上海农商银行而言是什么样的机遇？

（　　）A 战略性重大机遇

（　　）B 业务性重要机遇，可以作为对外宣传的亮点

（　　）C 业务性一般机遇

（　　）D 算不上机遇

2. 您对区块链、大数据、云计算、人工智能等新技术的了解程度如何？

（　　）A 非常了解，对上述新技术进行过系统学习

（　　）B 比较了解，正在主动了解上述新技术

（　　）C 听说过，但没有进行深入了解

（　　）D 没听说过

3. 您认为会计、金融和新技术结合趋势，尤其是金融科技在上海农商银行实务中发挥的作用如何？

（　　）A 已经发挥了明显的作用

（　　）B 将来可能会发挥作用

（　　）C 感觉没什么作用

（　　）D 没思考过这个问题

（　　）E 其他 _____

4. 您认为上海农商银行要服务好长三角一体化建设首先应该从哪个方面入手？

（　　）A 成立一体化组织

（　　）B 突破政策限制

（　　）C 创新产业金融服务模式

（　　）D 发挥要素市场优势

（　　）E 发展金融科技应用

（　　）F 其他 _____

5. 您认为现阶段制约上海农商银行发展的最突出问题是什么？

（　　）A 管理问题

（　　）B 人才问题

（　　）C 资金问题

（　　）D 技术问题

（　　）E 会计准则频繁修订

（　　）F 监管政策不断调整

（　　）G 其他 _____

6. 您认为上海农商银行服务长三角一体化在业务扩张和顶层战略设计方面的关系是怎样的？

（　　）A 必须先有顶层规划才能进行业务扩张

（　　）B 摸着石头过河，先通过业务扩张熟悉外省市金融市场环境

（　　）C 两者之间没有关系，可以分开进行

（　　）D 两者同时进行

（　　）E 其他 _____

7. 与长三角区域内其他银行相比，您认为上海农商银行在区块链、大数据、云计算、人工智能等新技术应用方面处于什么水平？

（　　）A 处于领先水平

（　　）B 处于中等水平

（　　）C 处于较低水平

（　　）D 没有什么实际应用

8. 您认为长三角一体化发展可能会给您的工作会带来哪些影响？

（　　）A 会给个人提供更多的发展空间

（　　）B 会带来更大的工作压力

（　　）C 不会有什么影响

（　　）D 不清楚

二、多选题

1. 您认为金融机构在长三角一体化建设中可以发挥什么作用？

（　　）A 串联金融与产业各方，实现互利共赢

（　　）B 发挥金融要素作用，优化长三角的资源配置

（　　）C 为长三角一体化重要产业方向提供资金支持

（　　）D 引导长三角重要产业转型升级

（　　）E 其他 _____

2. 您认为上海农商银行在长三角一体化背景下业务拓展方面的创新重点是什么？

（　　）A 横向拓展（增设新的分支机构、延伸服务触角等）

（　　）B 纵向拓展（拓展新的业务需求、进入新的行业领域等）

（　　）C 其他 _____

3. 您认为上海农商银行服务长三角一体化建设的重点业务领域是什么？目前是否已经具备了服务相应业务领域的必要能力？

（　）A 服务地方基础设施建设　　　　（　）A 是（　）B 否（　）C 说不清

（　）B 服务区域范围内的中小企业　　（　）A 是（　）B 否（　）C 说不清

（　）C "三农"、小微、科创等普惠金融业务　（　）A 是（　）B 否（　）C 说不清

（　）D 其他 _____　　　　　　（　）A 是（　）B 否（　）C 说不清

4. 您认为在服务长三角一体化中，上海农商银行应该怎样应对与其他金融机构的竞争？

（　）A 强调合作，主动搭建合作平台

（　）B 做大蛋糕，共同开发新市场，实现互利共赢

（　）C 瞄准对方现有市场，在竞争中一决高下

（　）D 其他 _____

5. 您认为服务长三角一体化建设可能给上海农商银行带来哪些不利影响？

（　）A 提高运营成本

（　）B 扩大金融风险

（　）C 加剧行业竞争

（　）D 缩小盈利空间

（　）E 其他 _____

（　）F 没有不利影响

6. 您认为上海农商银行在服务长三角产业集群方面已经采取了哪些举措？

（　）A 开展了对区域内产业布局的调研

（　）B 加强了对区域内产业发展的研究

（　）C 密切了与区域内政府部门的沟通联系

（　）D 开展了金融科技应用的布局

（　）E 没有采取什么措施

（　）F 其他 _____

7. 您认为上海农商银行在服务长三角产业集群方面还可以做哪些工作？

（　）A 增设分支机构，延伸产业金融服务触角

（　）B 拓展业务需求，进入新的行业领域

（　）C 对标长三角一体化发展战略，为企业量身定制产业金融服务

（　）D 突出农业特色，服务涉农产业

（ ）E 发展金融科技，进一步降低成本，创新业务手段

（ ）F 其他 _____

8. 您认为上海农商银行服务长三角一体化建设应用金融科技的价值主要体现在哪些方面？

（ ）A 应用移动互联技术增加客户接触点，提升客户黏性

（ ）B 基于大数据分析的产品创新和精准营销

（ ）C 贷款业务线上化降低成本

（ ）D 应用大数据提升风控能力

（ ）E 应用人工智能代替真人，发展智能投顾业务，降低成本

（ ）F 应用区块链技术实现数据安全管理

（ ）G 其他 _____

9. 您认为上海农商银行在长三角一体化发展中急需突破的政策限制有哪些？

（ ）A 不能跨区经营

（ ）B "三农"和小微企业的贷款占比

（ ）C 对农村商业银行的考核评价机制

（ ）D 业务资格限制和对外股权投资牌照限制

（ ）E 没有什么限制

（ ）F 其他 _____

10. 您认为上海农商银行应当如何突破现有政策限制？

（ ）A 自身主动向金融监管部门呼吁放宽政策限制

（ ）B 通过专家学者向政府部门提出政策建议

（ ）C 以长三角一体化为契机，联合区域内农村金融机构共同呼吁放款政策限制

（ ）D 与其他金融机构合作，寻求政策监管的"中间地带"

（ ）E 坚持老本行，在现有业务领域做深、做精

（ ）F 现有限制性的政策有道理，不可能突破

（ ）G 其他 _____

11. 您认为金融机构与其服务对象的关系是怎样的？

（ ）A 服务与被服务的关系

（ ）B 债务债权关系

（ ）C 互惠互利关系

（ ）D 供需关系

（ ）E 信托关系

（ ）F 其他 _____

12. 您认为打通长三角区域农村金融机构数据联通，实现数据共享的障碍主要有哪些？

（ ）A 政策层面不允许

（ ）B 各自为政难协调

（ ）C 实践当中没必要

（ ）D 利益方面有顾虑

（ ）E 数据安全问题

（ ）F 数据异构，整合困难

（ ）G 没有什么障碍

（ ）H 其他 _____

13. 您认为实现长三角区域农村金融机构数据共享会带来哪些影响？

（ ）A 应用大数据分析的产品创新和精准营销能力增加

（ ）B 应用大数据提升风控能力，降低金融风险

（ ）C 数据共享导致数据泄露的风险增大，金融安全压力增加

（ ）D 使得财务并表工作更方便

（ ）E 其他 _____

14. 您认为上海农商银行在推进长三角区域普惠金融服务方面，还要做到以下哪几条？

（ ）A 增加分支机构，延伸基层服务触角

（ ）B 坚持农村特色，创新农村金融产品

（ ）C 关注小微企业，量身定制金融服务

（ ）D 降低服务门槛，服务乡村振兴战略

（ ）E 发展金融科技，提升农村用户体验

（ ）F 其他 _____

15. 您认为与同行业竞争者相比，上海农商银行服务长三角一体化中独有的优势

有哪些？（按重要性程度排序）

① _____

② _____

③ _____

16. 您认为与同行业竞争者相比，上海农商银行在服务长三角一体化中竞争的劣势在哪里？（按重要性程度排序）

① _____

② _____

③ _____

17. 您认为上海农商银行服务长三角一体化中创新金融服务的策略和手段主要有哪些？（按重要性程度排序）

① _____

② _____

③ _____

作业层问卷

尊敬的女士／先生：

　　您好，为了了解上海农商银行在服务长三角一体化方面的实际状况，梳理金融机构服务长三角一体化的策略和模式，明确闪光点、薄弱点、亟待改善点，特进行此次调研，感谢您百忙之中抽出时间填写问卷，希望通过本次调研，倾听您的宝贵建议，为推动上海农商银行构建长三角金融服务模式建言献策。

《深化以金融为核心竞争力的集成生态系统
服务长三角产业集群的有效实践》课题组
2019 年 10 月

一、单选题

1. 您认为长三角一体化对上海农商银行而言是什么样的机遇?

（　　）A 战略性重大机遇

（　　）B 业务性重要机遇，可以作为对外宣传的亮点

（　　）C 业务性一般机遇

（　　）D 算不上机遇

2. 您对区块链、大数据、云计算、人工智能等新技术的了解程度如何?

（　　）A 非常了解，对上述新技术进行过系统学习

（　　）B 比较了解，正在主动了解上述新技术

（　　）C 听说过，但没有进行深入了解

（　　）D 没听说过

3. 您认为会计、金融和新技术结合趋势，尤其是金融科技在上海农商银行实务中发挥的作用如何?

（　　）A 已经发挥了明显的作用

（　　）B 将来可能会发挥作用

（　　）C 感觉没什么作用

（　　）D 没思考过这个问题

（　　）E 其他 ＿＿＿＿＿＿＿＿

4. 与长三角区域内其他银行相比，您认为上海农商银行在区块链、大数据、云计算、人工智能等新技术应用方面处于什么水平?

（　　）A 处于领先水平

（　　）B 处于中等水平

（　　）C 处于较低水平

（　　）D 没有什么实际应用

5. 您认为长三角一体化发展可能会给您的工作会带来哪些影响?

（　　）A 会给个人提供更多的发展空间

（　　）B 会带来更大的工作压力

（　　）C 不会有什么影响

（　　）D 不清楚

二、多选题

1. 您认为金融机构在长三角一体化建设中可以发挥什么作用？

（　　）A 串联金融与产业各方，实现互利共赢

（　　）B 发挥金融要素作用，优化长三角的资源配置

（　　）C 为长三角一体化重要产业方向提供资金支持

（　　）D 引导长三角重要产业转型升级

（　　）E 其他 _____

2. 您认为上海农商银行在长三角一体化背景下业务拓展方面的创新重点是什么？

（　　）A 横向拓展（增设新的分支机构、延伸服务触角等）

（　　）B 纵向拓展（拓展新的业务需求、进入新的行业领域等）

（　　）C 其他 _____

3. 您认为上海农商银行服务长三角一体化建设的重点业务领域是什么？目前是否已经具备了服务相应业务领域的必要能力？

（　　）A 服务地方基础设施建设　　　　　　（　）A 是（　）B 否（　）C 说不清

（　　）B 服务区域范围内的中小企业　　　　（　）A 是（　）B 否（　）C 说不清

（　　）C "三农"、小微、科创等普惠金融业务　（　）A 是（　）B 否（　）C 说不清

（　　）D 其他 _____　　　　　　　　　　（　）A 是（　）B 否（　）C 说不清

4. 您认为在服务长三角一体化中，上海农商银行应该怎样应对与其他金融机构的竞争？

（　　）A 强调合作，主动搭建合作平台

（　　）B 做大蛋糕，共同开发新市场，实现互利共赢

（　　）C 瞄准对方现有市场，在竞争中一决高下

（　　）D 其他 _____

5. 您认为服务长三角一体化建设可能给上海农商银行带来哪些不利影响？

（　　）A 提高运营成本

（　　）B 扩大金融风险

（　　）C 加剧行业竞争

（　　）D 缩小盈利空间

（　　）E 其他 _____

（　　）F 没有不利影响

6. 您认为上海农商银行服务长三角一体化建设应用金融科技的价值主要体现在哪些方面？

（　　）A 应用移动互联技术增加客户接触点，提升客户黏性

（　　）B 基于大数据分析的产品创新和精准营销

（　　）C 贷款业务线上化降低成本

（　　）D 应用大数据提升风控能力

（　　）E 应用人工智能代替真人，发展智能投顾业务，降低成本

（　　）F 应用区块链技术实现数据安全管理

（　　）G 其他 _____

7. 您认为上海农商银行在长三角一体化发展中急需突破的政策限制有哪些？

（　　）A 不能跨区经营

（　　）B "三农"和小微企业的贷款占比

（　　）C 对农村商业银行的考核评价机制

（　　）D 业务资格限制和对外股权投资牌照限制

（　　）E 没有什么限制

（　　）F 其他 _____

8. 您认为上海农商银行应当如何突破现有政策限制？

（　　）A 自身主动向金融监管部门呼吁放宽政策限制

（　　）B 通过专家学者向政府部门提出政策建议

（　　）C 以长三角一体化为契机，联合区域内农村金融机构共同呼吁放款政策限制

（　　）D 与其他金融机构合作，寻求政策监管的"中间地带"

（　　）E 坚持老本行，在现有业务领域做深、做精

（　　）F 现有限制性的政策有道理，不可能突破

（　　）G 其他 _____

9. 您认为金融机构与其服务对象的关系是怎样的？

（　　）A 服务与被服务的关系

（　　）B 债务债权关系

（　　）C 互惠互利关系

（　　）D 供需关系

（　　）E 信托关系

（　　）F 其他 _____

10. 您认为实现长三角区域农村金融机构数据共享会带来哪些影响？

（　　）A 应用大数据分析的产品创新和精准营销能力增加

（　　）B 应用大数据提升风控能力，降低金融风险

（　　）C 数据共享导致数据泄露的风险增大，金融安全压力增加

（　　）D 使得财务并表工作更方便

（　　）E 其他 _____

11. 您认为上海农商银行在推进长三角区域普惠金融服务方面，还要做到以下哪几条？

（　　）A 增加分支机构，延伸基层服务触角

（　　）B 坚持农村特色，创新农村金融产品

（　　）C 关注小微企业，量身定制金融服务

（　　）D 降低服务门槛，服务乡村振兴战略

（　　）E 发展金融科技，提升农村用户体验

（　　）F 其他 _____

12. 您认为与同行业竞争者相比，上海农商银行在服务长三角一体化中独有的优势有哪些？（按重要性程度排序）

① _____

② _____

③ _____

13. 您认为与同行业竞争者相比，上海农商银行在服务长三角一体化中竞争的劣势在哪里？（按重要性程度排序）

① _____

② _____

③ _____

14. 您认为上海农商银行在服务长三角一体化中创新金融服务的策略和手段主要

有哪些？（按重要性程度排序）

① _____

② _____

③ _____

附录二：长三角三省一市国家级开发区产业分布

1.上海市国家级开发区产业分布

序号	开发区	产业方向
1	闵行经济技术开发区	机电（以轨道交通、电站设备为代表）、医药医疗（以血制品、常用药物为代表）、轻工（以食品、饮料为代表）
2	虹桥经济技术开发区	以外贸中心为特征的展览、展销、办公、商务、居住餐饮、购物
3	上海漕河泾新兴技术开发区	微电子、光电子、计算机及其软件和新材料
4	金桥出口加工区	汽车、电子信息、现代家电、食品加工与生物医药
5	上海化学工业经济技术开发区	发展以烯烃和芳烃为原料的中下游石油化工装置以及精细化工深加工系列
6	松江经济开发区	电子信息、食品加工、精细化工、现代装备、集成电路、新能源汽车、生物医药
7	紫竹国家高新技术产业开发区	集成电路与软件、新能源、航空、数字内容、新材料和生命科学
8	上海张江高新技术产业开发区	集成电路、软件和生物医药，信息业（包括微电子、光电子、计算机及其软件）、新材料、电子信息及现代家电、汽车及零部件

2. 江苏省国家级开发区产业分布

序号	开发区	地级市	区域	产业
1	苏州工业园区	苏州市	江苏南部地区	智能制造、商贸物流、健康医药、高端机械设备、汽车零部件、金融商务，生物医药、纳米技术应用、人工智能产业已初具规模
2	苏州浒墅关经济技术开发区	苏州市		新型建材、精密机械、精细化工、电子资讯
3	相城经济技术开发区	苏州市		集成电路、智能家居、汽车及零部件、机器人、新材料与增材制造、未来城市科技、人工智能 AI+
4	吴中经济技术开发区	苏州市		电子信息、精密机械、生物医药、精细化工、新型材料、新能源
5	昆山经济技术开发区	苏州市		电子信息、精密机械、民生用品
6	吴江经济技术开发区	苏州市		软件科技、精密机械、数控机床、汽车零部件、新能源新材料
7	太仓港经济技术开发区	苏州市		港口码头、临江工业、现代物流、新能源、新材料、新装备、新医药
8	张家港经济技术开发区	苏州市		半导体、绿色能源、智能装备
9	常熟经济技术开发区	苏州市		汽车及零部件、冶金及装备制造、新能源、创新创意、现代物流、医疗器械及生物医药、节能环保新能源新材料、新一代信息技术
10	苏州高新技术产业开发区	苏州市		新一代信息技术、医疗器械、新能源，集成电路芯片设计、制造和应用，太阳能光伏和锂电池，医疗器械，大数据
11	昆山高新技术产业开发区	苏州市		小核酸、机器人、传感器，电子信息、精密模具、装备制造、新能源、新材料、新显示
12	常熟高新技术产业开发区	苏州市		汽车及零部件、高端装备制造、高端电子信息和高技术服务业

序号	开发区	地级市	区域	产业
13	锡山经济技术开发区	无锡市	江苏南部地区	电子信息和集成电路，精密机械，汽车零部件，生产性服务业（检验检测等）
14	宜兴经济技术开发区	无锡市		新能源、光电子、新材料（GMT，塑料）、先进装备制造
15	无锡高新技术产业开发区	无锡市		集成电路设计、软件及电子信息
16	江阴高新技术产业开发区	无锡市		新传感、新医药、新能源、新材料、新装备、新文化
17	常州高新技术产业开发区	常州市		装备制造、化工新材料、光伏、生物医药、新能源车辆
18	武进高新技术产业开发区	常州市		电子科技、机械装备、汽车零部件、物流仓储、中心商贸
19	南京经济技术开发区	南京市	江苏中部地区	光电显示、高端装备（工程机械、轨道交通设备、特高压输变电设备、汽车零部件等）、生物医药，新能源汽车、人工智能（发展方向）
20	南京江宁经济技术开发区	南京市		汽车、智能电网、新一代信息技术，高端装备制造、节能环保、生命科学，现代物流、软件研发、文化休旅
21	南京高新技术产业开发区	南京市		软件及电子信息、生物医药、卫星导航应用
22	南通经济技术开发区	南通市		高分子新材料、电子信息、医药健康、大数据、智慧物流
23	海安经济技术开发区	南通市		高端装备制造、汽车及零部件、光伏光电、现代纺织、现代商贸物流、软件及服务外包、高档家具等七大特色产业
24	海门经济技术开发区	南通市		轻工纺织、电子通讯、新材料、生物医药、化工
25	如皋经济技术开发区	南通市		节能与新能源汽车、长寿生物科技、新能源三大新兴产业，纺织服装、电子电气及装备、特色食品等三大传统产业

序号	开发区	地级市	区域	产业
26	南通高新技术产业开发区	南通市		精密机电、新材料、新能源
27	镇江经济技术开发区	镇江市		化工、造纸，航空航天、新材料、新能源
28	镇江高新技术产业开发区	镇江市		围绕船舶与海工配套、半导体通信、数字创意（数字教育、网络游戏及虚拟现实）、高技术服务、现代服务
29	靖江经济技术开发区	泰州市	江苏中部地区	船舶修造及配套、特色冶金、粮油加工、木材加工、石化能源、汽车配件、生物医药、机电及装备制造
30	泰州医药高新技术产业开发区	泰州市		医药、软件和信息
31	扬州经济技术开发区	扬州市		太阳能光伏产业、半导体照明、新材料、智能电网、电子书，轿车、面包车、客车、特种车辆的生产基地，高端轻工产业（高档生活护理用品、造纸、冰箱电器等），港口物流
32	扬州高新技术产业开发区	扬州市		数控装备制造、生物技术、新型光电、现代服务业
33	盐城经济技术开发区	盐城市	江苏北部地区	光电产业（太阳能光伏、LED照明产业链和光显示产业链），新能源汽车（整车、动力电池、电机、电控、三电总成），电子信息、新材料、食品加工、国际贸易、仓储物流、跨境电商
34	盐城高新技术产业开发区	盐城市		智能终端、高端装备、新能源，电商物流、汽车消费、商务商贸
35	淮安经济技术开发区	淮安市		新能源汽车及零部件、智能装备、生命健康、软件和信息、盐化新材料
36	淮安高新技术产业开发区	淮安市		食品加工、新能源、新材料、新装备、电子信息
37	宿迁经济技术开发区	宿迁市		智能家电、食品饮料、光电、机械电子、纺织服装、装备制造

序号	开发区	地级市	区域	产业
38	沭阳县经济技术开发区	宿迁市	江苏北部地区	纺织服装、装备制造、电子信息、新能源、新材料
39	宿迁高新技术产业开发区	宿迁市		新材料（玻璃科技）、装备制造（北斗电子通信）、食品饮料
40	连云港经济技术开发区	连云港市		生命健康、先进材料、临港装备制造
41	连云港高新技术产业开发区	连云港市		智能制造装备、新一代信息技术、大健康、科技服务业
42	徐州经济技术开发区	徐州市		高端装备与智能制造，新能源新材料（太阳能光伏、氢能燃料电池、新能源汽车），集成电路及ICT产业，生物技术和新医药产业，现代服务业
43	徐州高新技术产业开发区	徐州市		安全科技、智能装备、电子信息、汽车及核心零部件

3. 浙江省国家级开发区产业分布

序号	开发区	地级市	区域	产业方向
1	嘉兴经济技术开发区	嘉兴市	浙江北部地区	汽车零部件、精密机械、电子信息、食品加工和高档纺织
2	嘉善经济技术开发区	嘉兴市		电子、精密机械
3	平湖经济开发区	嘉兴市		光纤通信、新型电子元器件、精密机械、微型电机
4	嘉兴秀洲高新技术产业开发区	嘉兴市		以光伏为主体的新能源产业、以智能制造为核心的装备制造业、以纳米技术为核心的新材料产业
5	湖州经济技术开发区	湖州市		生物医药、新能源、节能环保、新材料、汽配机电、健康食品
6	长兴经济技术开发区	湖州市		装备制造（汽车电子系统、汽车底盘系统、物流输送机械）、电子电器、太阳能光伏发电、纺织服饰

序号	开发区	地级市	区域	产业方向
7	湖州莫干山高新技术产业开发区	湖州市	浙江北部地区	智能汽车、地理信息、生物医药、通用航空
8	杭州经济技术开发区	杭州市		电子通信、生物医药、机械制造、食品饮料
9	萧山经济技术开发区	杭州市		机械制造、轻纺服装、电子电器、精细化工、家具
10	杭州余杭经济技术开发区	杭州市		智能装备产业、健康医疗产业、绿色环保产业、布艺家纺产业
11	富阳经济技术开发区	杭州市		电子信息、文化创意、物联网、电子商务、生物医药、先进装备制造、智慧体育
12	杭州国家高新技术产业开发区	杭州市		通信设备制造、软件、集成电路设计制造、数字电视、动漫产业和网络游戏
13	萧山临江高新技术产业开发区	杭州市		汽车、机械装备、新能源、新材料和军民合作产业
14	宁波经济技术开发区	宁波市	浙江中部地区	电力、化工、不锈钢、修造船、汽车、现代纸业、机电、轻纺、粮油食品、塑胶、建材
15	宁波大榭开发区	宁波市		临港石化、港口物流、商贸服务
16	宁波石化经济技术开发区	宁波市		石油化工
17	宁波杭州湾经济技术开发区	宁波市		汽车及其关键零部件、通用航空、智能电视和智能终端、高性能新材料、生命健康、高端装备制造、旅游休闲、体育等
18	宁波国家高新技术产业开发区	宁波市		新能源、新材料、新一代信息技术
19	绍兴袍江经济技术开发区	绍兴市		电子信息、节能环保、新材料、食品饮料、轻纺
20	绍兴柯桥经济技术开发区	绍兴市		电子信息、机电一体化、新型材料
21	杭州湾上虞经济技术开发区	绍兴市		现代医药、新材料、汽车及零部件、高端装备

序号	开发区	地级市	区域	产业方向
22	绍兴国家高新技术产业开发区	绍兴市	浙江中部地区	电子信息、生命健康
23	金华经济技术开发区	金华市		汽车及配件、生物医药、电子信息、机电一体化及新材料
24	义乌经济技术开发区	金华市		彩印包装、针织服装、工艺饰品、拉链
25	衢州经济技术开发区	衢州市	浙江南部地区	金属制品、工程装备机械、绿色食品加工、汽摩配加工、皮革服装
26	衢州国家高新技术产业开发区	衢州市		氟硅化工、精细化工、生物化工
27	丽水经济技术开发区	丽水市		塑料制品、机械制造、汽车配件、生物制药
28	温州经济技术开发区	温州市		电气机械、服装鞋革、海洋科技与激光光电、新能源新材料、高端装备制造、电商与物流、汽车产业
29	温州国家高新技术产业开发区	温州市		电子信息、生物医药、新材料、新能源

4. 安徽省国家级开发区产业分布

序号	开发区	地级市	区域	产业方向
1	宁国经济技术开发区	宣城市	安徽省中东部地区	汽车零部件、电子元器件、耐磨铸件
2	宣城经济技术开发区	宣城市		汽车及汽车零部件产业、卫浴洁具产业、光电产业、新型建材
3	芜湖经济技术开发区	芜湖市		汽车及零部件、电子电器产业、新材料产业（PVC型、管材和石膏板、铜基材料）
4	芜湖高新技术产业开发区	芜湖市		汽车及汽车零部件、电子信息、节能环保制造、服务外包
5	马鞍山经济技术开发区	马鞍山市		汽车及零部件制造、食品及乳制品、机械深加工及成套设备制造、新材料及环保产业

序号	开发区	地级市	区域	产业方向
6	马鞍山慈湖高新技术产业开发区	马鞍山市	安徽省中东部地区	新材料、高端装备制造、软件服务外包
7	铜陵经济技术开发区	铜陵市		以铜基新材料产业为主导，新能源汽车、电子信息材料、先进装备制造业、精细化工
8	铜陵狮子山高新技术产业开发区	铜陵市		光电光伏、装备制造、铜精深加工和现代服务业
9	合肥经济技术开发区	合肥市		汽车及零部件、装备制造、家电电子、快速消费品
10	合肥高新技术产业开发区	合肥市		智能语音、电子信息、智能制造、公共安全、新能源、生物医药
11	滁州经济技术开发区	滁州市	安徽省西部和北部地区	智能家电及电子信息产业，绿色食品产业
12	池州经济技术开发区	池州市		电子信息、新能源、装备制造、新材料、文化创意、物流
13	安庆经济技术开发区	安庆市		汽车零部件、食品、纺织、装配制造、电子信息、制药、商贸物流
14	桐城经济技术开发区	安庆市		机械电子、医药食品、家纺服装、包装印刷
15	淮南经济技术开发区	淮南市		新能源汽车及零配件、机械装备、生物医药、轻工纺织
16	淮南高新技术产业开发区	淮南市		大数据、新能源、生物医药、先进装备制造
17	六安经济技术开发区	六安市		高端装备制造、纺织、新材料、食品医药健康、现代服务业
18	蚌埠高新技术产业开发区	蚌埠		装备制造及汽车零部件、电子信息、新材料和新能源、生物医药

第三章

推进科创引领长三角一体化的产业集群成长子系统高质量集成发展

——以上海张江生物医药产业集群的创新探索为例

第一节　三维高质量发展推进模型是对长三角一体化进程的高度理论凝练

长三角一体化是区域经济规划和发展的一体化，也是以金融为核心要素的区域经济保障集成系统的一体化，更是以科技创新为核心动力的产业集群成长系统的一体化。本项研究以"三维高质量发展推进模型"来描述上述各子系统之间的关系：三维鼎立、互相支撑、紧密融合、协同作用，为长三角一体化的国家战略服务。其中，区域经济为模型运行范围，是长三角经济一体化区域的方向、目标、定位和特定阶段产业发展方向、服务保障方向、产品创新方向。虚拟经济、实体经济为模型运作的双引擎，同时点燃区域经济发展两翼的发动机，形成高质量、优速度、稳状态的区域经济飞行器。实体经济维的成长、增长属性，虚拟经济维的生态集成属性，区域经济维的创新研发属性，汇合成长三角一体化战略的系统科学属性。

1 三维高质量发展推进模型的内部子系统核心功能

"三维高质量发展推进模型"包含经济保障集成系统、产业集群成长系统和区域经济研用系统这三个维度的子系统。各维度子系统的提法具有严谨的内在逻辑，架构合理，功能独立且互补，共同构建高质量发展的经济主题。

经济保障集成系统核心功能聚焦于资本高效配置。资金是现代企业的血液，金融是经济体系健康运营的核心。所谓金融，即资本跨时间和跨空间的优化配置。会计、审计、统计等工具直接影响到资本配置过程中的计量、核算方法和规则，因而也有必要进行跨时间、跨空间的统一和优化。

产业集群成长系统核心功能聚焦于科技创新升级。产业集群内各企业之间的相互关系，有直接竞争型，上下游协作型，核心＋配套型等。无论哪一种类型，对于促进企业提升创新动力、优化创新资源配置、扩大科技创新红利等，都具有直接的促进作用。

区域经济研用系统核心功能聚焦于产业布局规划和协同创新。产业布局规划依托区域经济发展规划，是落实和推进区域经济发展规划、树立区域经济相对竞争优势和发展特色品牌的关键要素。

2 三维高质量发展推进模型的内部子系统资源配置分工

经济保障集成系统，主要是为企业发展配置金融资源。具体包括：社会资本导流、资本集聚、增值机制、收益分配、退出渠道等。

产业集群成长系统，主要是帮助企业配置自身发展中需要的科技创新资源。

区域经济研用系统，主要是为企业发展配置政策资源。具体包括：专项扶持政策、物理空间配置、产业主题选择、人力资源配套等。

政策资源（包含物理空间、扶持政策、产业主题、人力资源集聚导向等）、金融资源、科技创新资源基本上包含了现代企业发展所需要的各种要素，是对马克思政治经济学中"土地、人力、资本、技术"生产要素理论的升级和完善。

3 三维高质量发展推进模型的内部子系统运作动力

经济保障集成系统，运作的动力主要来自于金融机构。哪家金融机构对产业发展中蕴藏的金融服务需求认识更加到位，对资金配置、周转、增值、退出各环节的运作更具把控能力、对资本计量和核算规则的地区性差异处理水平更高，就能更好地发挥保障产业发展的功能，在和其他保障元素的协力中，自身也得到更好的发展机遇。

产业集群成长系统运作的动力主要来自于企业自身。政府可以通过产业规划把具有关联性的企业聚集在同一个物理空间范围内，为产业集团的成长创造外部条件，但主导产业集团成长系统运作的，仍然是企业自身。因为政策资源和金融资源都是外界可以配置给企业的，唯独科技资源是企业需要自己创造、积累、更新和延展的。企业基于更好地发展自己的科技资源优势、更好地发挥科技创新带来的运营红利和市场优势，主动地与同业竞争对手、与上下游协作企业、与产业链核心企业和配套企业开展品质竞争、研发协同、工艺优化、生产同步、管理协作等活动，推动产业集群效应显著提升。如果政府和社会给企业提供有利于其开展科技创新活动的外部环境及相关资源，将大大助推产业集群成长系统的发展。

区域经济研用系统运作的动力主要来自于政府，也有市场和协作的因素。各级政府对管辖范围内的社会经济发展负责，因此成为区域经济发展、协同创新、产业规划布局的操盘手，科技创新的风向标，政策资源源源不断的供给和调节方。

第二节　科技创新引领长三角产业集群成长子系统一体化发展

所谓一体化，是不同经济体通过制订共同的规则实现区域经济合作、协调、协同和融合的过程。在实践中，经济一体化效益实现程度取决于经济一体化的融合深度。一般来讲，一体化融合的程度越深，实现的整体效益就越大。但深度融合通常需要完成各地区之间经济保障集成子系统、产业集群成长子系统和区域经济研用子系统的整体重构。从实体经济的角度来看，评价产业集群成长子系统是否获得经济一体化红利的唯一标准，就是看产业集群是否能通过区域一体化获得更多的科技创新要素，从而提高自身的可持续发展能力和市场竞争力。科技创新，是引领长三角一体化下产业集群成长的核心引擎。

1 科技创新在长三角一体化发展中的引领作用

2019 年 12 月，中共中央、国务院印发了《长江三角洲区域一体化发展规划纲要》，对科技创新在长三角一体化发展中的重要功能作了详尽的阐述。总体来讲，我们要深入实施创新驱动发展战略，走"科创＋产业"道路，促进创新链与产业链深度融合，以科创中心建设为引领，打造产业升级版和实体经济发展高地，不断提升在全球价值链中的位势，为高质量一体化发展注入强劲动能。

1.1 构建区域创新共同体

联合提升原始创新能力。加强科技创新前瞻布局和资源共享，集中突破一批卡脖子核心关键技术，联手营造有利于提升自主创新能力的创新生态，打造全国原始创新策源地。加强上海张江、安徽合肥综合性国家科学中心建设，健全开放共享合作机制。推动硬 X 射线自由电子激光装置、未来网络试验设施、超重力离心模拟与实验装置、高效低碳燃气轮机试验装置、聚变堆主机关键系统综合研究设施等重大科技基础设施集群化发展。优先布局国家重大战略项目、国家科技重大专项，共同实施国际大科学计划和国际大科学工程。加快科技资源共享服务平台优化升级，推动重大科研基础设施、大型科研仪器、科技文献、科学数据等科技资源合理流动与开放共享。

协同推进科技成果转移转化。充分发挥市场和政府作用，打通原始创新向现实生产力转化通道，推动科技成果跨区域转化。加强原始创新成果转化，重点开展新一代信息技术、高端装备制造、生命健康、绿色技术、新能源、智能交通等领域科技创新联合攻关，构建开放、协同、高效的共性技术研发平台，实施科技成果应用示范和科技惠民工程。发挥长三角技术交易市场联盟作用，推动技术交易市场互联互通，共建全球创新成果集散中心。依托现有国家科技成果转移转化示范区，建立健全协同联动机制，共建科技成果转移转化高地。打造长三角技术转移服务平台，实现成果转化项目资金共同投入、技术共同转化、利益共同分享。

共建产业创新大平台。瞄准世界科技前沿和产业制高点，共建多层次产业创新大平台。充分发挥创新资源集聚优势，协同推动原始创新、技术创新和产业创新，合力打造长三角科技创新共同体，形成具有全国影响力的科技创新和制造业研发高地。发挥长三角双创示范基地联盟作用，加强跨区域"双创"合作，联合共建国家级科技成果孵化基地和双创示范基地。加强清华长三角研究院等创新平台建设，共同办好浦江创新论坛、长三角国际创新挑战赛，打造高水平创新品牌。

强化协同创新政策支撑。加大政策支持力度，形成推动协同创新的强大合力。研究制定覆盖长三角全域的全面创新改革试验方案。建立一体化人才保障服务标准，实行人才评价标准互认制度，允许地方高校按照国家有关规定自主开展人才引进和职称评定。加强长三角知识产权联合保护。支持地方探索建立区域创新收益共享机制，鼓励设立产业投资、创业投资、股权投资、科技创新、科技成果转化引导基金。在上海证券交易所设立科创板并试点注册制，鼓励长三角地区高成长创新企业到科创板上市融资。

1.2 加强产业分工协作

共同推动制造业高质量发展。制定实施长三角制造业协同发展规划，全面提升制造业发展水平，按照集群化发展方向，打造全国先进制造业集聚区。围绕电子信息、生物医药、航空航天、高端装备、新材料、节能环保、汽车、绿色化工、纺织服装、智能家电十大领域，强化区域优势产业协作，推动传统产业升级改造，建设一批国家级战略性新兴产业基地，形成若干世界级制造业集群。聚焦集成电路、新型显示、物联网、大数据、人工智能、新能源汽车、生命健康、大飞机、智能制造、前沿新材料十大重点领域，加快发展新能源、智能汽车、新一代移动通信产业、延伸机器人、集成电路产业链，培育一批具有国际竞争力的龙头企业。面向量子信息、类脑芯片、第三代半导体、下一代人工智能、靶向药物、免疫细胞治疗、干细胞治疗、基因检测八大领域，加快培育布局一批未来产业。

合力发展高端服务经济。加快服务业服务内容、业态和商业模式创新，共同培育高端服务品牌，增强服务经济发展新动能。围绕现代金融、现代物流、科技服务、软件和信息服务、电子商务、文化创意、体育服务、人力资源服务、智慧健康养老九大服务业，联合打造一批高水平服务业集聚区和创新平台。在研发设计、供应链服务、检验检测、全球维修、总集成总承包、市场营销、制造数字化服务、工业互联网、绿色节能等领域，大力推动服务业跨界发展。在旅游、养老等领域探索跨区域合作新模式，提高文化教育、医疗保健、养老安老等资源的供给质量和供给效率。积极开展区域品牌提升行动，协同推进服务标准化建设，打造一批展示长三角服务形象的高端服务品牌。

引导产业合理布局。坚持市场机制主导和产业政策引导相结合，完善区域产业政策，强化中心区产业集聚能力，推动产业结构升级，优化重点产业布局和统筹发展。中心区重点布局总部经济、研发设计、高端制造、销售等产业链环节，大力发展创新经济、服务经济、绿色经济，加快推动一般制造业转移，打造具有全球竞争力的产业创新高地。支持苏北、浙西南、皖北和皖西大别山革命老区重点发展现代农业、文化旅游、大健康、医药产业、农产品加工等特色产业及配套产业。充分发挥皖北、苏北粮食主产区综合优势，实施现代农业提升工程，建设长三角绿色农产品生产加工供应基地。建设皖北承接产业转移集聚区，积极承接产业转移。推动中心区重化工业和工程机械、轻工食品、纺织服装等传统产业向具备承接能力的中心区以外城市和部分沿海地区升级转移，建立与产业转移承接地间利益分享机制，加大对产业转移重大项目的土地、融资等政策支持力度。

1.3 推动产业与创新深度融合

加强创新链与产业链跨区域协同。依托创新链提升产业链，围绕产业链优化创新链，促进产业链与创新链精准对接，打造产业链为基础、创新链为引领的产业升级版。聚焦关键共性技术、前沿引领技术、应用型技术，建立政学产研多方参与机制，开展跨学科跨领域协作攻关，形成基础研究、技术开发、成果转化和产业创新全流程创新产业链。支持龙头企业跨区域整合科研院所研究力量，鼓励科研人员深度参与产业创新活动。成立区域产业联盟。综合运用政府采购、首台套政策、技术标准等政策工具，加快科研成果从样品到产品、从产品到商品的转化。

共同培育新技术、新业态、新模式。推动互联网新技术与产业融合，发展平台经济、共享经济、体验经济，加快形成经济发展新动能。加强大数据、云计算、区块链、物联网、人工智能、卫星导航等新技术研发应用，支持龙头企业联合科研机构建立长三角人工智能等新型研发平台，鼓励有条件的城市开展新一代人工智能应用示范和创新发展，打造全国重要的创新型经济发展高地。率先开展智能汽车测试，实现自动驾驶汽车产业化应用。提升流通创新能力，打造商产融合产业集群和平台经济龙头企业。建设一批跨境电商综合试验区，构建覆盖率和便捷度全球领先的新零售网络。推动数字化、信息化与制造业、服务业融合，发挥电商平台、大数据核心技术和长三角制造网络等优势，打通行业间数据壁垒，率先建立区域性工业互联网平台和区域产业升级服务平台。

2 生物医药产业集群是研究长三角产业集群成长子系统一体化发展的典型样本

近年来，在长三角三省一市将生物医药产业列为各自的战略新兴产业予以重点支持的背景下，长三角地区生物医药产业发展处于全国领先地位，但离世界级定位还有很长的路要走。国际经验表明，生物医药产业发展大致遵循"地方集聚—区域协同—全球竞合"的空间成长路径。长三角地区当前正处于从"地方集聚"向"区域协同"的关键跃升期。以长三角更高质量的一体化战略促进生物医药产业的区域协同发展正当其时。

2.1 长三角生物医药产业园区的综合竞争力优势明显

在中国生物技术发展中心发布的"2017年国家生物医药产业园区综合竞争力排行榜"中，长三角地区有20个园区位居前50强，包括:上海张江高新区（第2位，以下用数字表示）、苏州工业园（4）、连云港高新区（11）、泰州医药高新区（12）、南京高新区（15）、杭州经济技术开发区（16）、南通高新区（18）、杭州高新区（21）、宁波高新区（22）、浙江余杭生物医药高新区（27）、上海松江经济技术开发区（29）、江阴高新区（31）、合肥高新区（32）、上海紫竹高新区（33）、富阳经济技术开发区（37）、昆山高新区（39）、合肥经济技术开发区（43）、常熟经济技术开发区（45）、萧山经济技术开发区（47）、吴中经济开发区（48）、常熟高新区（49）、常州高新区（50）。

2.2 长三角地区生物医药产业保持高速成长

"十三五"以来，长三角生物医药产业保持两位数增长速度，在全国的优势地位日益突出。2018年，江苏省医药制药业规模以上工业总产值已接近5000亿，位居全国第一，同比增长10.4%，占全国比重高达15%。到2020年，江苏省生物医药产业产值将超6 000亿元。上海2017年生物医药产业经济规模达到3 046.42亿元，其中生物医药制造业总产值1 066.59亿元，首次超过千亿元大关。2018年达到1 176.60亿元，同比增长9.8%。2020年生物医药产业经济规模有望达到4 000亿元。浙江医药制造业总产值在"十二五"末已达1 279.4亿元，2017年达到1 343.1亿元。制造业优势和数字经济优势快速结合，互联网＋生物医药催生了健康产业发展的新业态和新模式，极大地拓展了生物医药产业发展空间。安徽省则着力构建国内领先的现代医药产业体系，力争到2020年，医药产业主营业务收入达到2 000亿元，形成10个以上5亿级医药大品种、培育10个以上行业知名品牌。

2.3 长三角地区生物医药产业集群已显现规模和特色

园区化、基地化是迄今为止长三角各地生物医药产业发展的主要方略。江苏形成了泰州、徐州、连云港、南京、南通、苏州、常州和无锡八大医药集聚地，集中了全省80%以上的生物医药企业，产值占全省总量的95%以上，构成了江苏医药产业发展格局。上海创新要素集聚、企业链条齐备、综合配套优势明显，形成了以浦东张江为核心，以金山、奉贤、徐汇等园区为重点的"聚焦张江、一核多点"的生物医药产业空间格局；浙江则形成了杭州、宁波、绍兴、湖州、台州竞相发展的空间布局；安徽形成了亳州、阜阳、合肥差异化发展、三足鼎立的格局。

集聚效应促进了产业规模快速扩张，也初步形成了各地特色产业优势。如上海张江的生物药、"创新药"和高端医疗器械，连云港的生物制药和现代中药制造，南京江北新区的基因之城，泰州的生物制药和疫苗，昆山高新区的小核酸产业，杭州的新药研发、医疗器械、医疗数据，宁波的医疗器械，绍兴的高端化学药品制剂、生物技术药物和先进制药装备，安徽的阜阳太和现代医药、亳州现代中药、合肥生命健康产业等。这为新时代长三角地区生物医药产业协同发展打下了坚实的基础。

2.4 长三角生物医药产业集群布局有待进一步集聚提升

目前，长三角生物医药产业是我国生物医药产业三大重点集聚区域之一，它以上海为核心，江苏、浙江为两翼，形成了一个由连云港、泰州、南京、常州、无锡、苏州、上海、湖州、绍兴、杭州、金华、台州组成的密集的医药产业群带网络。上海、苏州、泰州、宁波、杭州成为其中最重要的网络结点域，是资金、技术和产品的密集集中区。

上海作为龙头，拥有以张江药谷为核心的上海国家生物产业基地和国家医药出口基地，形成了完善的生物医药创新体系和产业集群，以及以中科院药物所、国家基因组南方中心为主的"一所六中心"体系，是我国研发和成果转化中心，是国内生物医药领域研发机构最集中、创新实力最强、新药创制成果最突出的基地之一。江苏和浙江作为生物医药产业成长性最好、最活跃的地区，生物医药产值位居全国首位，其中江苏形成了苏州、南京、泰州、连云港等一批生物医药研发基地。浙江形成以杭州国家生物产业基地和台州国家化学原料基地为核心，并拥有湖州、金华等生物产业集聚带。但相比上海，江苏、浙江的生物医药产业无论在研发、创新水平还是人才储备方面，都需要花更大的努力。

从纵向联系看，长三角区域集群内高校和科研机构间互动较多，其次是企业间和政府间。从横向联系看，沪浙、沪苏集群间互动较强，其中沪浙集群间的互动最强，苏浙集群间的互动稍弱。

2.5 一体化发展是长三角地区生物医药产业集群的共同需求

各自为政式的局部发展，带来了区域层面的一系列问题，迫切要求深入实施长三角地区更高质量一体化国家战略，促进生物医药产业协同发展。主要体现在：

一是各地、各园区之间竞争激烈。生物医药产业发展所需要的人才、技术、资本、通道等高端专用型创新要素有限，新药的研制尤其是原创药的研制耗时长、投资大、风险高，依靠本地、本园区内生型创新驱动发展难以满足短期内实现产业快速跃升的实践诉求，利用政策优惠等手段吸引其他城市、园区的人才团队、项目、企业等入驻成为最为便捷的途径，"挖墙脚"现象也比较普遍。

二是各地"大而全""小而全"的资源配置导致事倍功半。各地基于对生物医药产业上下游协同发展重要性的认识，致力于建设完整的产业生态系统，在本辖区内搭建相对独立完整的创新链、产业链，而相对忽略了在更大空间尺度上的协同发展问题。

三是创新优势和产业化优势的错位现象突出。上海生物医药产业在人才、科研院所与研发机构、大实验装置、临床资源、创新平台、国际联系等创新链环节具有显著优势，江苏具有全国最强的产业化优势，浙江生产优势与数字经济耦合优势明显，安徽中医药产业优势明显，这些各自的优势尚未能实现区域内共享，限制了各自优势的放大效应。例如，2018年上海共获得药品生产批件11件，其中新药证书3个；临床研究批件共74件，其中34件为1类新药，53个3类医疗器械产品获得生产许可，35个产品进入国家创新医疗器械特别审批通道，占全国17.1%，已有10个获批上市，占全国18.5%，但上海医药制造业产值2017年才突破千亿元大关。

要促进生物医药产业的发展，必须实现真正的协同创新。基础研究、转化研究以及产业化这三方面是相辅相成的，需要政、产、学、研、金共同努力。更为重要的是，这种产业链的协同需要跨越行政辖区的限制。长三角地区无疑是各地生物医药产业协同发展的第一选择区域。研究表明，生物医药产业内不同子领域、不同环节并非均遵循产业集群规律，基础研究环节多集聚于少数地方，而其后的各环节越发需要与外部的合作与协同。

可喜的是，《促进上海市生物医药产业高质量发展行动方案（2018—2020年）》已将"推动长三角生物医药产业集群高质量发展"作为组织实施的重大举措之一。2019年5月28日，来自沪苏浙皖的55家企业联合发起成立了长三角G60科创走廊生物医药产业联盟，通过结成"命运共同体"抱团发展，开拓生物药、化学药、医疗器械等万亿级市场。

第三节 科技创新引领长三角生物医药产业集群高质量发展现状及问题

1 长三角生物医药产业核心集群的发展状况分析——以上海张江为例

1.1 张江生物医药产业的科创实力处于全国领先地位

1.1.1 产业主体综合实力全国第一

总体上看，张江生物医药产业集群的各项指标在全国均位列前五，总体实力是当之无愧的全国第一。具体包括：张江生物医药基地企业总数单位化排名全国第 1 位；单位化高新技术企业数量位列全国第 2 位；独角兽企业数量位列全国第 1 位；医药工业百强企业数量位列全国第 5 位；上市企业数量位列全国第 4 位。

1.1.2 创新产品和能力位居前列

从创新布局看，张江国内发明专利申请数量单位化排名第 1 位；药物临床试验总数单位化排名第 1 位；CDE 受理药品总数单位化排名第 1 位。从已上市产品看，单位化上市二、三类医疗器械数量排名第 1 位，单位化国产上市药品数量排名第 21 位。从创新人才看，张江生物医药单位化高端人才数量排名第 4 位。

1.1.3 基础生态优势显著

张江生物医药产业生态的基础优势明显，并具备品牌感召力和专业人才集聚度两个突出优势。基础优势：拥有 600+ 家生命健康创新企业、60+ 家核心支撑科研机构、80+ 家公共服务平台、30+ 家跨国公司研发中心，创新要素集聚、产业配套完备、科研及管理体系完善。品牌感召力：受访企业普遍反映，"张江药谷"不仅是张江医药人最具归属感和号召力的符号，对国外团队也具有天然亲和力。专业人才集聚度：跨国外企高层次研发设计人才的溢出，以及 CRO、CDMO 企业培养和引入的一线技术员工，共同构成了张江生物医药产业发展的未来。

1.1.4 辐射协同效应明显

张江成熟的产业生态提供了覆盖药物研发至产业化全过程的专业服务及资源，并已嵌入了长三角乃至全球的协同创新生态网络。海雁医药、华领医药、上海瀚森等一批张江企业借力于张江及周边的优质 CRO/CDMO 服务，可更加专注于自身优势环节的巩固和提高。例如，华领医药在 Dorzagliatin（HMS5552）的研制过程中，形成了"中西合璧，联合创新"的"无实验室"新药研发模式。具体而言，上海药物所实验室进行技术研究，药明康德实验室开发产品，益诺思进行药品研制过程中的动物实验、细胞实验、生物测试，泰格医药、科文斯和美国方达医药进行中美临床实验，缔脉进行临床数据分析，药明康德和迪赛诺进行原料药和药品制剂生产。

1.2 张江生物医药产业具备"上海制造"的科技创新特征

1.2.1 对"上海制造"内涵的理解

"上海制造"包括了以下三方面的丰富内涵。

（1）平台型制造：即具有平台化属性的高科技制造服务。其关键是通过生产制造的平台化技术和持续优化，创造最高制造效率和最优制造服务，体现对研发创新源头的重要支撑，是新加坡等全球城市高端制造的重要形态。比如张江的晶圆代工产业、合同研发生产（CDMO）产业。

（2）新业态制造：即研发与制造紧密相连的高技术、高附加值制造。其关键是研发与制造不倾向于分离，且能承受本地的商务成本与环境约束。比如人工智能领域的中小型机器人、生物医药领域的 CAR-T。

（3）研发型制造：即以研发为驱动的制造，紧抓产品价值链微笑曲线的两端，生产环节通过社会化方式或在上海以外的地区体现。其关键是企业高能级的研发活动在上海以及最终销售、结算、利润回流到上海。比如张江的生物医药研发，集成电路设计。

基于上述认识，我们认为"上海制造"是产业生态中的重要一环，对于构建全产业链生态圈具有核心战略意义。因为：从产业地位上，"上海制造"不是简单代工，而是具有平台化属性的高科技"智造"服务，创造最高制造效率和最优制造服务，包含了创新和发展的内涵；从产业链关系上，"上海制造"集成了工艺设计、工程设计、制造管理等复合能力与经验，与研发端、市场端高度关联和互补，难以粗略地分地域布局；从管控要求看，"上海制造"是高标准和强监管的，行业准入门槛高，所需监管理念和手段先进。

1.2.2 张江生物医药产业的"上海制造"特征

基于上述对"上海制造"内涵和挑战的理解，生物医药产业具备新技术"上海制造"的特征。张江生物医药产业集群是"上海制造"品牌的重要代表，也是研究长三角产业集群与生态集成系统的合成与突破的典型样本。比如体现平台型制造的合同研发生产（CDMO）；体现新业态制造的嵌合抗原受体 T 细胞免疫疗法（CAR-T）、AI+ 医疗领域的服务机器人；体现研发型制造的大量创新药物研发企业（PD-1、小分子靶向、双特异性抗体等）。

1.2.3 张江生物医药产业集群高质量发展存在的问题及挑战

本项目课题组在接近一年的时间里，通过组织贴近企业发展需求的问卷调研、专家访谈、企业调研、园区走访等方式，从张江生物医药产业集群进一步健康发展的需求视角，对长三角产业集群与生态集成系统的合成与突破，做了探索性的思考。

专题调研显示：企业大多看好张江，选择布局江苏、浙江等地时，主要考虑的是投资成本及风险。例如，药明康德及国内部分 CDMO 公司都选择围绕上海周边布局；医工院根据业务发展逐步向长三角地区延伸产业链条，其药物安全评价中心在江苏海门建立大型实验动物（猴类）动物实验室及其相关动物安全性评价实验室等。

调研显示，张江生物医药产业集群高质量发展存在的问题主要有：一是产业生态要素方面，关键制造环节缺少经得起国际标准考验的 CMO/CDMO；关键研发环节缺少符合国际申报要求的临床前 CRO、优质的教学与临床研究医院、国际知名的研究机构；关键投资和服务环节缺少必不可少的基础性和专有性生产设施配套、灵活的产业风险投资、设计 / 咨询 / 服务机构等。二是产业准入方面，项目落地审批要求高、时间长，制造类项目更甚。三是发展成本方面，高涨的人力成本和运营成本、GLP 动物实验和临床试验费用，以及进口设备和耗材成本等；四是人才方面，上海住房成本高和子女入学难等客观制约因素，导致人才，特别是一线技术人才和基层员工难以引进和留住。五是政策服务方面，过半受访企业认为近三年来上海对企业创新研发的财税扶持力度一般。同时，现有人才政策大部分集中在金字塔顶端的高端人才，缺少基础性人才政策和对团队的鼓励政策。

调研显示，生物医药产业集群高质量发展挑战主要体现在四个方面：①资源环境紧约束趋势下，如何解决构建高质量产业集群的突出问题瓶颈，打造先进产业集群。②制度优化提升的趋势下，如何利用机制和政策撬动产业、引导创新。③多层次资本市场建设趋势下，如何更好利用金融助力创新研发型企业发展，实现金融与产业集群的协同。④长三角一体化趋势下，如何处理上海与周边关系，实现长三角一体化的产业集成。

2 长三角生物医药产业非核心集群的发展状况分析——以浙江台州为例

2.1 浙江台州生物医药产业集群的发展优势

2.1.1 台州医药制造之都的优势

当前，生物医药产业发展正面临重大的机遇，从长远来看，生物医药产业是新兴产业，是健康产业，也是绿色产业。台州市是浙江省规模最大的医药集聚区，是国家生物医药科技兴贸创新基地。全国唯一的国家级化学原料药出口基地，医化产业国家级专家服务基地，打造世界级的高端医药产业制造中心和环境优美、生态宜居的"中国绿色药都"是《台州市医药产业发展规划（2014—2020 年）》的建设目标。目前，全市拥有规上医化企业 153 家，上市医化企业 13 家，有 3 家企业列入中国医药工业百强企业，化学原料药出口占浙江省 1/3、全国 1/10，2019 年 1~11 月份全市规模上医药产业增加值 105.0 亿元，同比增长 9.0%，高出全市规上工作总体增加值 7.7 个百分点，增速居增量超百亿产业第一。经过数十年的发展，台州医药产业已然在医药制造环节占据了不可或缺的位置，制药工业不仅在全国乃至国际上均有较强的影响力和竞争力。

2.1.2 台州龙头医药企业的带动和引导作用

台州拥有海正药业、华海药业、仙琚药业、天宇药业、联化科技、司太立等 A 股上市企业，他们在各自的制药领域有较强的优势，拥有自己品牌产品和销售市场，市场竞争力强，大多在研发、生产和销售上具有较强能力。这些具有核心竞争力的医药企业就构成了台州生物医药产业链构建的主体基础力量，在生物医药产业链构建中发挥了带动和引导作用。现阶段，要积极发挥骨干医药企业在台州市生物医药产业链构建中的主导作用，支持龙头企业进行技术创新和产业规模扩张，从而吸纳相关支持企业和配套企业加入产业链。

2.1.3 台州医药产业的集聚优势

台州市医药产业集聚明显，已逐步形成以海正药业为代表的椒江区块、天宇药业为代表的黄岩区块、华海药业为代表的临海区块、仙琚制药为代表的仙居区块、圣达药业为代表的天台和三门区块五大主要产业版图。台州市生物制药产业园位于临海医化园区，是台州市医药产业集聚的区域，也是生物医药产业链分布的核心区域。临海医化园区具有人才、技术优势和丰富的医药产业资源，它是增强我市生物医药产业链的自主创新能力，抢占全国甚至世界生物医药产业制高点的重要基地。以临海医化园区为核心，可以辐射黄岩—临海—温岭—玉环—三门，发挥其化学原料药和中间体、生物制造基地的主要优势和特色，也可以发挥玉环、三门丰富的海洋生物资源优势，着力打造甲壳素及其衍生物、藻类产品生产基地，为全省乃至全国的生物医药产业链提供配套供应。

2.2 浙江台州生物医药产业集群高质量发展面临的挑战

按照《台州市人民政府办公室关于印发台州市医药产业发展规划的通知》以及《中共台州市委、市政府关于加快医药产业发展的实施意见》的要求，台州各生物医药产业园区要把握发展方向，聚焦本市生物医药产业发展的核心技术，加快与上海、江苏等地产业对接，锁定其在长三角生物医药产业链中的位置，积极推动台州医药产业融入长三角药谷、服务长三角生物医药产业一体化发展。

2.2.1 融入长三角产业链分工，跟进产业转移

根据长三角医药产业间的产业链分布模式，医药产业链分为研发设计、生产制造和销售服务三个环节。上海、江苏地区的医药产业产业链相对完善，尤其医药研发和创新设计方面较强。而台州的医药产业规模相对较小、基础薄弱、产业链偏短、结构完整性差，主要分布在医药产业链中端的生产环节，大多以生产原料药为主，因此不能一味追求创新。台州要发挥自身优势，避免重复竞争发展，推动当地企业融入上海以及长三角产业先进地区产业链，制定长三角地区高端产业链，研发创新系列跟踪清单，把握上海等地高端资源项目转移的机会。同时优化营商环境，发展湾区经济，吸引国内外知名生物医药企业来台

州设立研究分支机构、制造基地。

2.2.2 加强与长三角政府间合作，助力产业成长

为更好地融入长三角，台州市政府要全面开展与长三角地区政府间在医药领域的合作。如：制定政府公共配套服务学习清单，引进先进的 MAH 药品监管体系，实现与上海之间的药品监管信息互通、监管政策统一；通过举办行业交流会、产业推动会等，为台州企业搭建跨地区的交流合作平台，深度对接长三角地区高新产业，推动台州企业"走出去"、先进企业"走进来"；加大对医药行业的政策引导和扶持力度，对新药生产项目、环境污染较少的项目实行税收优惠，成立产业基金，优先扶持高技术含量、高前景的医药类科技创新项目。

2.2.3 重视长三角地区医药人才、资源整合，促进产业协同发展

面对台州市生物医药产业高端人才匮乏，专业人才不足的问题，台州应重视人才引进与培养，整合长三角地区医药行业的优质资源，比如核心药企、高校、科研院所、优质实验室以及现有的长三角绿色制药协同创新中心等，与各地政府牵头协作搭建资源共享服务平台和科技创新平台，设立产业联盟，集中各地资源联手攻破医药技术领域的难题，推动集群企业合作创新能力和企业绩效提升。还要总结"浙江'千人计划'台州生物医药产业研究院"的运行经验，探索政产学研金介用"七位一体"的新路子。

2.2.4 发挥先进制造业集群优势，创新高端产业发展模式

台州是全国先进制造之都，区域内医疗器械制造基础良好，可就优势领域如体外诊断、医疗器械等，与上海、江苏等地区的创新要素资源和高端项目开展合作，利用灵活的民营机制或"飞地模式"等，推进辖区内企业创新建设，如以台州（仙居）医疗器械产业园和玉环医药产业功能区为基地，打造"中国无菌医疗器械制造装备中心"，积极探索"绿色药都"新建设模式，助力台州融入长三角一体化。

3 科创引领的长三角生物医药产业集群一体化发展的问题及建议

3.1 长三角生物医药产业集群一体化发展中存在的问题

虽然长三角地区医药产业集群间的联系日益紧密，推动了集群企业的创新

能力和效益，但还是存在一些不足之处，主要集中在以下几点：1. 从生产环节来看，产品生产上有很大的同构性和替代性，产业集群之间的竞争激烈，导致资源配置不合理。2. 从研发创新环节看，国外一般新药的研发需要联合多个药企和研究机构共同进行，往往需要联合多个集群的资源。但长三角地区药企以仿制药为主，企业研发过程一般只通过单个研究机构或组织，协作性不够，研发创新的能力不足。3. 在销售环节，各大药企均有自己的销售网络，由于产品的雷同性，存在跑量和低价销售，容易导致产能剩余。

3.2 长三角生物医药产业集群协同创新与融合发展的建议

为共同推动长三角生物医药产业尽快融合发展，成为全球顶级的生物医药产业集聚区，有以下几个方面的建议。

（1）以源头创新、创新转化为抓手加强长三角生物医药协同创新体系。充分发挥长三角一体化产业基金的引导作用，建设长三角生物医药创新中心，聚焦新药、创新医疗器械的基础研究与源头创新，协同提升自主创新能力；支持中介组织在研发成果转化中的作用，促进产业化进程和效率。

（2）建立长三角生物医药产业园区协调新机制。支持长三角各产业园区之间的协同联动，建议成立长三角生物医药产业园区协同发展联盟，建立起有效的信息沟通、经验交流、工作协调机制，理顺规范园区之间的竞合关系，营造优良的区域产业创新发展生态。

（3）实施长三角医疗器械注册人制度、药品上市许可持有人制度。2017年12月，医疗器械注册人制度开始在上海自贸区试点，2018年6月29日扩大至上海全市范围实施，2019年8月4日江苏、浙江、安徽被批准试点。沪苏浙已开放药品上市许可持有人制度试点。2018年5月苏浙沪签订了药品检查机构区域协作备忘录。建议在沪苏浙皖实施"长三角医疗器械注册人制度、药品上市许可持有人制度"，实现监管程序、检查结果、标准手续三统一，形成协同监管，使得产业链上下游可以更好地安排业务所在地，在长三角共同打造全产业链的生物医药产业集群。

（4）加快构建长三角产业公地，促进长三角生物医药产业集群以张江作为重要的龙头集群进一步融合，生物医药产业生态进一步优化。

（5）以需求为导向，进一步完善重要产业生态要素。在关键制造和研发平台方面，要适度引入高端研发和制造平台，实现高附加值产品本地转化，充分激活和释放现有平台产能；在基础性和专有性生产设施配套方面，要一方面引进制造配套企业，一方面推动配套制造国产化，创造环境提高国产配套品质，降低制造成本。

（6）建立合理的人才队伍，扩大规模，优化人才梯队结构，加快人才培育引进步伐，加大培养培训力度。

（7）制定着眼于长远发展的产业政策。要形成一套产业政策服务体系，鼓励张江中小企业使用高端制造平台，对临床委托和后续生产进行补贴。

（8）加强产业生态和产业氛围的营造。在产业氛围方面，要注重两个"感受"：一是宾至如归的安全感，对于产品质量和个人信誉都要有安全感；二是耳目一新的新鲜感，不仅是表面感观，更要考虑塑造深层次感受，包括生产研发、城市建设、环境绿化等各方面。

第四节　加快破解生物医药产业发展制度瓶颈，打造高质量生物医药产业集群

1 构建高质量生物医药产业集群存在的瓶颈问题

张江生物医药产业集群高质量发展面临的主要问题，体现在产业与城市的关系呈现此消彼长而非共生共容的现象，随着城市升级和日益趋紧的资源和环境约束，不仅制造环节被挤压，导致产业化外溢、产业链断裂等一系列连锁反应，并且已逐步向环境较敏感产业的研发端挤压传导，为敏感产业的研发端发展带来突击影响。

1.1 环境管理制度精细度不足

从准入上，环评程序趋严，压缩了环境敏感型产业的发展空间。以张江区域为例，因环评"一刀切"，生物医药产业的发展空间层层受限。根据区域环

评，整个张江生物医药产业腹地剩余用地仅 195.2 公顷。其中，部分地块因环保限制严，只做医疗器械，不接受任何有关"药"的项目。因此，目前张江真正能落户做药的研发用地仅剩 31.8 公顷，能落户药的产业化的用地仅剩 16.2 公顷。一些研发项目由于上海环评的过于严苛和不可预期，只好落户外省市。

从监管上，排放处理和环境监管方式滞后，造成因噎废食。国际标杆地区，如美国的波士顿地区、旧金山湾区等，生物医药产业都是与城市高度融合的，也没有影响环境的生态性和优美性。动物实验房一墙之隔就是咖啡吧，生物制品制造基地一路之隔就是住宅的例子并不罕见。这主要得益于其在环境处理上的"理性化、高标准、重自律、严处罚"，即环境标准高、环保措施强、合规成本低、违法代价大，"放"与"管"相辅相成。

1.2 规划用地制度适配性不足

当前，制造的研发化比重越来越大，越来越多的项目难以界定是制造还是研发，且随着个性化、定制化生产方式的不断推进和发展，研发与制造从空间上也将更加难以分离。这些都对现有规划用地制度提出了挑战。是把 M 升级成 C65，还是继续保留传统 M？规划调整的确进退两难，也明显感到越来越多的产业项目难以对号入座目前的用地分类。比如生物医药的 CAR-T 领域，是当下个性化免疫治疗的一个热点，其研发流程与制造工艺是需要零距离衔接的，希望的用地形态是研发用途高度复合一定的生产功能。在张江的复星凯特项目就因其用地性质是 C65 总部研发用地，难以安排生产活动，后大量协调才得以个案解决。新业态、新产业提出的功能混合和弹性发展的高不确定性，对用地管理提出了新的考验。

广东深圳为更好适应产业用地的高度复合和弹性发展需求，于 2014 年新增了新型产业用地（M0）类别，大力倡导融合研发、创意、升级、中试、无污染生产等复合功能的用地，为其研发与制造高度复合的新型产业量身定制了一类新的用地门类；同时将容积率上限提高至 6.0，为高质量 GDP 的实现创造了先决条件。最近广东东莞也紧随其后推出 M0 用地管理办法，引起了积极的社会反响。

1.3 存量更新政策支撑不足

以张江最为核心的 1.67 平方公里张江药谷地区为例，早在十多年之前就已开发完毕，容积率普遍为 1.0~1.5，园区城市功能、城市形态落后，与中国药谷身份极不匹配。从需求看，该地区有极大的更新动力。张江药谷是对张江医药人最具归属感和号召力的符号，哈雷路、蔡伦路上，三步一朋、五步一友，体现了非常显著的生态效应和边界效应。部分小业主普通工业厂房的租金已接近张江甲级写字楼租金水平。但因小业主产权分散、工业地价预期过高、土地收储有效手段不足、对平台公司要求自持比例过高等，造成实际操作上的动力不足。

2 打造高质量生物医药产业集群的对策建议

2.1 建议以张江生物医药产业为试点，积极探索制造与城市融合发展的新模式

在产业发展、用地规划、环境约束、存量更新的协同上探索一条新路，以细化完善"张江药谷重点突破行动计划"的基本内容。建议成立"张江药谷重点突破行动计划小组"，加快确定三年工作内容。我们认为，在打响"上海制造"品牌的三年行动计划中，应把"加快形成张江药谷重点突破行动计划"、把"张江打造成为上海高质量发展的特色地"作为重要的工作抓手。目前，当务之急是以问题为导向，抓紧破解发展瓶颈。

2.2 建议完善环境管理的"放"与"管"举措

参考国际标杆地区发展经验，在前端准入上，探索分级分类的环评机制，根据环境友好度，差异化、精细化地进行环境准入安排和审批程序，对于环境排放和影响较小的项目，适当放宽并快速通过。在源头管理上，提高建设项目的环保标准，把更严格的环保措施和排放要求前置和固化到建设项目的审批要求中，同时引导和鼓励各类资本率先借鉴国外 CLASS A 等级实验室的开发理念和部分标准（如完全封闭设计、废气处理、空气净化、新风系统、智能监控等），探索建立一批先导性的产业空间载体。在末端管理上，引入智能、物联等新的技术手段和平台并逐步成为强制要求，加强污染排放的末端管理和从重处罚，管控环境风险。

2.3 建议大幅推进用地的复合弹性高效举措

适应于制造升级与城市升级需求，优化用地分类与管理。为解燃眉之急，允许研发用地混合一定比例无污染工业，更好适应研发集制造一体化的用地需求；允许工业 M 类及总部研发类 C65 用地容积率上限突破 3.0 等。为中长期发展，建议系统研究 M 类工业用地的分类方法和管理办法，建立符合全球城市特点和新一代制造特点的工业用地制度安排。

2.4 建议突破工业用地存量更新政策壁垒举措

综合利用政策性限制和市场化引导，解决工业用地存量更新上的动力问题。通过限制工业地价、容积率奖励、原权利人土地使用权入股等综合方式激发存量更新动力。通过自用限制、闲置土地管理、过量收益限制等倒逼土地收储。同时，鼓励平台公司回购产权，通过独立开发、合作开发等方式，实现国资平台对产业空间资源的有效引导。

2.5 建议启动"张江生物医药"产业基金的研究与设计，助推产融结合的张江药谷金融产品问世

张江生物医药是地属上海自贸区、上海科创中心、上海国际金融中心、浦东综合配套改革的国家战略集聚产业，要依托上海自贸区金融创新平台，开展重心放低的新型金融产品设计，使张江生物医药产业突出对优秀企业精英的支持，确定张江生物制药产业原始创新为典型的精英人才的基金组成比例结构，形成更多留在张江的资本生产力，特别是推动社会资本参与其中，形成科技资本优势，形成张江生物医药特征的金融支持环境，突出强化引导作用。

第五节　发挥"医保"指挥棒作用，引导生物医药产业更大的创新探索

医保政策对创新型医疗器械产品市场导入的制约作用，是生物医药产业面

临的一个共性难点。张江药谷部分创新型医疗器械企业在创新医疗器械产品拿到注册证后进上海医院和医保的环节，集中反映了三个共性的问题：一是创新医疗器械产品进入医院、医保，在上海没有特殊通道。二是部分审批程序还有待完善。三是对新产品的医保支付机制有待明确。

在企业反映基础上，经与医保局等职能部门以及卫生经济学专家充分交流和研究，我们认为：上海医疗医保政策在规范与效率的审批和管理方面已经走在了全国前列。比如对医疗器械、医疗服务技术实施的编码管理等，特别是近期出台的几项新政，对于新增医疗服务项目医保编码审核，由90个工作日缩短为最长30天；对于新增医院开展已开展的项目审核，由90个工作日缩短为2天。但也进一步认识到：医保不只是有保障人民群众健康的作用，更是撬动产业、引导创新的指挥棒，在医保如何促进创新活动上，值得上海进行更大的探索。

1 "医保"引导医疗器械创新的问题反映

1.1 创新产品进入医药医保是否有优先权，需要新的共识

按照上海现有审批程序，无论是创新医疗器械产品还是一般医疗器械产品，在拿到注册证后，进医院、进医保的审批程序上，是一视同仁的。从国家食药监总局角度，2014年专门出台了《创新医疗器械特别审批程序（试行）》，加快创新医疗器械的注册特别审批程序，创新医疗器械比一般医疗器械的注册审批一般可快1~2年左右。不少省市对于创新医疗器械产品设置了绿色通道，进一步加速创新产品进入市场。如，四川华西医院对获得国家药监《创新医疗器械》的产品直接进医院，不受招标周期限制。

一般而言，医药和医械有两个不同逻辑的市场，一个是创新市场、一个是常规市场，医保对其作用不同。医保和创新市场的关系：首先医保政策是医药或医械创新的重要促进器和调节器。其次医药或医械的创新活动是对医保承受力的重大支撑。因本土自主创新产品上市或预期上市而造成国外产品定价大幅下降的案例，不胜枚举。比如，微创医疗的心脏支架，歌礼的丙肝药物，君实等一批PD-1/PD-L1药物。这在全球医药市场也是铁律。从这些角度看，是否需

要支持本土创新器械产品优先进入医保和医院，不言而喻。

1.2 什么样的创新产品，可优先进入医药医保，需要新的定义

创新产品没有优先进入医院医保，更多的顾虑来自于，各职能部门对于创新产品的定义尚未统一。国家药监局《创新医疗器械特别审批程序（试行）》对创新产品的定义是：主要工作原理／作用机理为国内首创，产品性能或者安全性与同类产品比较有根本性改进，技术上处于国际领先水平，并且具有显著的临床应用价值。上海市经信委牵头为促进各类创新产品的市场化和产业化，发布了《上海市创新产品推荐目录》，经药监局批准的医疗器械创新产品自动进入该目录。医保部门的考虑是：不是制造原理和结构不一样就是创新。真正的创新产品，除了客观评价产品的安全性、有效性、创新性，更加需要强调经济性和社会适应性。确实存在这样的案例，在技术上做到了创新，但临床使用是有缺陷的，这样的产品即使进入医保，市场也不大。从各监管部门、审批部门、产业部门出发，兼顾各个视角形成的对创新产品的重新定义和共识，可能需要纳入重要议事议程，这也是创新企业热切期盼的。

1.3 医保控费压力下，怎样形成对新产品买单，需要新的探索

根据《关于继续做好本市新增医疗服务项目价格管理的通知》：新项目原则上医保暂不予支付。市医疗保障局根据新项目试行的实际效果以及监测评估结果，综合参保人员需求、临床诊疗需要及基金承受能力，适时调整医保支付政策。对于暂不支付的新项目后期如何才能获得医保支付，目前没有明确的流程和机制。未来如何纳入医保，如何予以支付，如何进行谈判，需要提供哪些安全性、有效性、经济性证据，企业、资本都十分关注。

医保控费和创新买单是一对永恒的矛盾，也是全球性的难题。在上海老龄化日益严重、医保基金比较紧张、医保购买日趋紧张的情况下，如何为创新产品买单，包括在纳入医保的评估方式上、梯度支付方式上，形成更为明确的企业预期和社会预期，情形十分迫切。虽充满挑战，但需勇往直前。

2 促进"医保"引导医疗器械创新的对策建议

2.1 从更高角度看待创新产品和医保的辩证关系，为创新产品设置特殊通道

医保是整个医疗生态极其重要的一环，是医疗——医药医械——医保三医联动的重要调节器，其对于保医疗基本的直接作用，以及对促进创新和产业良性发展的间接作用，同等重要。在这一共识下，需要设置针对创新产品的特殊通道，不仅是在程序上加速创新产品进医院进医保的速度，更加需要在医保的梯度支付、医保与商保的结合等方面探索，形成扶持创新产品的确切机制和平衡点，逐步固化企业和社会对医保鼓励创新产品的预期。既可以实现医保的战略性购买目标，也有利于激发企业创新的积极性。

2.2 倡导并定义以价值为导向的创新产品，解决各方对创新产品认知不一这一根源性矛盾

从医保角度如何评价一个好的创新产品，一般是基于成本效益和价值的医疗技术创新评估。从这个角度来讲，需要鼓励的创新产品可以分为两类：一类是一般的创新产品，在现有的成本效益曲线下，成本的增加或减少、改善了现有的健康状况。一类是更加值得鼓励的，跃升了成本效益曲线的颠覆性产品。需要避免的"创新产品"是成本的增加、不改善或达不到现有产品的成本效益曲线的产品。这需要卫生经济学家、技术行业专家等通力协作形成，也是目前我国医疗领域的一个最大短板。

2.3 把握审批的放、管、服，贯彻好"降低门槛、管住风险、价值服务"的有机统一关系

体现在放上。一是进一步宽进准入、联动审批、减少重复。比如，所有的增加规格都需要重新审批，多部门信息是否可以互认、减少重复。二是进一步解决遗留问题，比如，对于创新诊断试剂的医疗服务，其收费编码进入医保报销的审批问题，需明确细则、加快解决。

体现在管上。一是加强卫生经济学与行业结合的研究，为医保部门的操作提供技术指引。二是把医药医械审批效率纳入上海营商环境的重要考核内容，把医院帮助研发和使用创新产品作为重要考核导向。

体现在服上。一是建议医保部门牵头，制定医疗器械创新产品的需求名单，反向指导研发企业的产品创新。二是探索政府审批部门的 Know-How 对创新产品研发的前置引导，职能部门可大有为。

生物医药产业的可持续发展必须在协同创新的体制、机制上给予认真配套，上海在"医保"环节上的积极作为，值得整个社会学习、借鉴。

第六节　优化"金融科创板＋注册制"安排，为长三角生物医药产业集群量身定制配套经济保障集成生态通道

加大"科创板＋注册制"与"生物医药产业"的专项衔接是完成金融与产业集群协同、有序发展的重要切入口。在科创板的众多行业门类中，研发型生物医药企业作为相对独特的一类群体，而应予以特别关注。

其一，研发型生物医药企业（国际上称为生物科技公司，即 Biotech），因长期的无收入与盈利特征，在众多科技企业中最为典型和集中。以美国资本市场为例，业务发展尚处初创，未能通过任何财务资格测试而又寻求上市的公司中，生物科技公司（Biotech）占了大部分。其二，我国生物医药产业整个行业迎来从仿制时代向创新时代的重要转换，一线资本大举进入，高起点创业涌现，高水平成果爆发。2018 年中国对全球医药研发的贡献率已上升到 4.6%，首次跨入第二梯队（美国为 68%、日本为 11%、英国为 5%、德国为 4.6%）。特别是海外归国的华人科学家创新创业群体，正是这一趋势转换的重要战略力量。以上海和江苏为代表的长三角地区是重要集聚地。呼吁重点关注这类群体，正是出于其特殊历史地位的考虑。其三，比较国际成熟市场经验，以香港主板"18A"为例，科创板在针对研发型生物医药上市上，还有较大进步空间。因此，我们建议在科创板完成稳步运行的第一步后，有必要针对创新型生物医药企业进行精细化的完善和提升。

课题组针对部分创新型生物医药企业反映的科创板上市门槛偏高的问题，集中听取了代表性创新生物医药企业、投资机构、券商、行业专家等提出的意

见建议，与上海证监局、上海证券交易所等主管部门进行交流，深入研究香港主板上市规则18A。在此基础上，我们认为，加大"科创板＋注册制"与生物医药产业的专项衔接，是完成金融与产业集群协同、有序发展的重要切入口。

1 研发型生物医药企业在科创板的上市情况及存在的主要问题

科创板的突破性变化主要体现在：①允许尚未盈利或存在累计未弥补亏损的企业上市，主要在第5套上市标准中进行了规定；②允许红筹企业上市；③允许分拆业务独立、符合条件的子公司上市；④放开发行价格限制；⑤灵活股权激励制度；⑥特定条件下的同股不同权安排；⑦严格的强制退市制度；⑧限制特定股东减持首发前股份。上述制度改革创新大幅度提升了研发型生物医药企业上市的包容度和适应性。

截至2019年8月上旬，生物医药领域共有35家企业申报科创板并获得受理，占比近1/4。3家无盈利生物医药企业（泽璟制药、百奥泰、天智航）提交了申请。从地域分布看，上海和江苏各7家，各占比20%，并列排名第一。从标准选择看，86%选择了第一套标准（市值＋利润＋收入），1家企业选择第二套标准（市值＋收入＋研发投入），1家企业选择第四套标准（市值＋收入），3家企业（泽璟制药、百奥泰、天智航）选择了第五套标准（市值标准）。从未来拓展和完善的空间看，企业、投资机构、券商集中提出了以下诉求：

1.1 创新取向有待明确

从目前科创板受理及上市的生物医药企业看，真正的biotech公司占比较少（目前无上市，其中三家尚处于审核阶段）。容易被理解为科创板的定位还是以服务有盈利的企业为主导。在稳步运行的起步阶段，在强调创新与控制风险上，更倾向于后者可以理解，但未来还是更应进一步强化创新取向。

1.2 准入门槛有待降低

主要体现在：①普遍反映40亿元估值标准偏高。不少业内人士表示，对于大部分新药研发企业，20 亿元的估值就是比较刚性的门槛了。②红筹上市的门槛更高，需达到"100 亿估值"或"50 亿估值 +5 亿收入"。

1.3 减持规则较为严苛

按照目前规则，公司上市时未盈利的，在公司实现盈利前，控股股东、实际控制人、董监高及核心技术人员上市三年内不得减持首发前股份。对于上述主体三年后的减持要求也较为严苛。

1.4 配套规则尚待推敲或明确

主要体现在：①如何进行实际控制人的合理认定？研发型生物医药企业早期融资规模越来越大，实控人看起来应该是投资人控股，但基金有一定的存续期且不参与公司运营。如何认定实际控制人值得进一步推敲。②如何进行合理的企业估值和定价？国外资本市场的一级市场和二级市场估值传递体系是通畅的，但国内上市和未上市如同鲤鱼跳龙门。③如何创造更为便利的上市后再融资渠道？香港再融资渠道非常通畅，目前国内再融资审批和监管程序相对严格，可使用的再融资工具组合也相对较少，值得深入探讨。④在退市要求上，"上市后第四个会计年度，净利润为负值且收入少于 1 亿元；或净资产为负"的企业将面临退市，对于研发型生物医药企业过于严格。⑤对于红筹企业上市，外管、商务部分政策尚有未明之处，如企业老股是否可以在科创板上市，后续是否可正常减持，减持所获资金是否可以出境？等等。

2 与香港主板比较的启示

值得比较借鉴的是香港主板 18A 规则。2018 年 3 月，香港联交所在主板上市规则中，专门加入针对未有收益或盈利的生物科技企业的第十八 A 章，即业界著名的"18A"，同时制定了配套的指引信，强烈释放了港股拥抱无盈利、无收入生物科技公司的信号，使香港迅速成为全球第二大生物科技企业上市地。主要启示为：

2.1 鲜明的创新导向

香港启用"18A"上市规则以来，歌礼生物成为"无收入第一股"，百济神州以"尚无盈利"紧跟上市，迅速树立了港股拥抱无盈利、无收入生物科技企业的标签。截至 2019 年 7 月底，递表的生物科技公司有 17 家，其中已上市 8 家，信达生物、君实生物、基石药业、华领医药等已上市企业都是我国研发型生物医药企业的当家花旦和主流代表。

2.2 精细化的管理规则

主要内容包括：精细化地体现生物科技公司特点，对上市门槛进行了 9 项指标的定义，包括刚性指标和辅助指标。精细化地体现细分产业特点，对药剂（小分子药物）、生物制剂、医疗器材（包括诊断器材）、其他等产品概念验证进行清晰定义。精细化地对"资深投资者"、"相当数额的投资"等定义进行了细致的列举式说明。在精细化管理规则中，体现的是应对创新风险、降低创新风险，而不是规避风险。

2.3 适度的上市门槛

主要有两个关键指针。一个是 15 亿港元的估值门槛。港交所对纳斯达克生物科技公司进行深入分析后发现，64% 的企业有能力达到 15 亿港元的上市预期要求。另一个是通过一期临床试验的产品门槛。港交所的逻辑是：虽然第一期临床试验后公司的失败率仍然很高，虽然通过第一期临床试验的规定意味着会错过一些大有前景而未通过临床试验的公司，它们会因此转到美国上市，但至少应以通过第一期临床试验、以为投资者评估申请人研发及核心产品提供参考。门槛设置有取有舍、宽紧适度。

2.4 香港资本市场的本地优势

比如，香港资本市场在再融资、个人外汇管理等方面的规范、通畅，都为吸引优质企业在港股上市提供了重要前提。

3 加大"科创板 + 注册制"与生物医药产业衔接的对策建议

3.1 强化创新导向，树立科创板拥抱研发型生物医药企业的鲜明标签

针对研发型生物医药企业（Biotech）的特殊性，科创板在稳步运行一段时间后，有必要进一步强化创新导向。一方面让越来越多的研发型生物医药主流企业进入科创板，特别是鼓励"金字塔尖科学家 + 原跨国药企高管团队 + 全球化技术研发团队 + 顶级风投"的主流生物科技公司在科创板上市。一方面让科创板更好地运用中国的主场创新优势，用好上海和长三角地区的主场创新优势，使科创板能在生物医药创新群体崛起的历史机遇中，抓住时机、互为促进、共赢发展。假以时日，生物医药一定能成为科创板最受瞩目的板块。

3.2 尊重特性、尊重差异，出台针对研发型生物医药板块的上市细则

建议针对研发型生物医药板块的特殊性，补充出台精细化细则。一是尊重产业特性。在上市准入上，建议设置更为精细和合理准入门槛，而不只是简单降低 40 亿的市值门槛。在资本减持上，建议优化资本减持要求或通过非公开转让通道，为机构减持提供合理通道，并放宽退市要求。二是尊重细分差异。根据创新等级和风险系数，区分"me-too、me-better"药物（跟随创新）、"first in class"药物（原始创新）差异。根据行业细分差异，区分药剂、生物制剂以及医疗器械差异，以更好匹配准入门槛和监管要求。

3.3 正视风险、应对风险，探索针对性的风险管控举措

（1）强化信息披露，以强有力的机制保证企业信息披露及时和充分，特别是对研发进程有重大影响的信息披露，如对临床实验失败、临床实验中的不良事件，是否考虑纳入主动披露内容。

（2）强化市场约束，充分发挥专业机构投资者对项目的筛选功能以及定价参考功能，强化保荐机构 IPO 的保荐责任和上市后的持续督导责任，通过各方协力降低风险。

（3）强化投资者风险意识。科创板投资者相对比较专业，要严格执行投资者适当性管理，培育成熟的股权投资文化以及买者自负的理念。

（4）强化监管力度，对于违法违规行为及时采取措施，严格执法，完善司法救济途径，保护投资者合法权益。如，针对新药临床结束到上报监管机构的较长窗口期，建议要有对内部交易的监控和处罚。

（5）进一步探讨合理化的实际控制人认定。

3.4 先行探索共性配套政策，弥补中国资本市场本地优势

研发型生物医药企业的特点是高度国际化，全球化的创业团队、全球化的多地临床试验、全球范围的研发合作。因此，科创板的制度创新不仅是上市本身，也需要外汇管理部门、商务部门、税务部门等通力合力，弥补中国资本市场面向国际化的资金进出优势，包括上市后再融资问题、个人外汇管制问题等等。

产业集群的成长，科创引领是第一要务。而金融为核的保障集成也至关重要。长三角地域的上海证交所"科创板"平台，可以成为得天独厚的重要生态通道，值得高度重视。

第七节　推进科创引领长三角一体化的生物医药产业集群成长子系统建设，树立长三角一体化的产业集成典范

1 长三角生物医药产业集成发展趋势及挑战

1.1 高能级创新资源分流和新一轮外资导入并存

一方面，长三角一体化从空间布局上造成了东边（浦东）钝化，中间（虹桥）优化，西边（生态绿色一体化示范区）强化的现象。长三角一体化包括三个重点区域：生态绿色一体化发展示范区、上海自贸区新片区和虹桥商务区。西面的生态绿色一体化发展示范区已明确在江苏吴江、浙江嘉善和上海青浦，其体量、能级、竞争力都不可小觑。同时，自贸区新片区在税收、外籍人士出入境及居留、资本开放等方面都有体制、机制创新，对张江产业和人才会造成一定程度的分流。一方面，重新加速的全球化下，以美日为主的二三流企业将较多进入中国"都市圈的结合部"。当前，全球化发展呈现退二进三的态势。退

二：特朗普的贸易战和技术战影响全球化进程；进三：从宏观数据看，FDI仍然是净流入，实到吸引外资额较好。新一轮的外资潮有两个特点：一是来源地以日美为主；二是目的地以都市圈结合地为主，比如上海和杭州交接的嘉兴地区，上海和南京交接的苏南走廊等，这些区域拥有商务成本优势，并可充分享受大都市的公共服务。生产力布局调整对区域的影响是实实在在、不能回避的，高能级创新资源的分流是挡不住的，要尽可能地趋利避害。

1.2 产业链上的分化和产业空间集聚并存

一方面，企业的研发、生产、服务环节分化布局。80%以上的张江受访企业将早期发现和临床前研究落在张江，临床、中试和产业化布局则选择长三角、国内其他省份，甚至境外。另一方面，产业空间优化和集群布局趋势明显。长三角已形成以上海、苏州为龙头，沿长江流域的南通、泰州、南京、合肥等地的沿长江集聚带，杭州、宁波、绍兴及其周边区域的环杭州湾集聚区，连云港及其周边区域的海州湾集聚区。更高频的区域产业要素流动形成了区域间的"你中有我、我中有你"。提升土地、人才、技术、资本和设备等资源的配置效率，纳入长三角大格局谋划产业发展，成为各区域思考的重要议题。

1.3 区域同质竞争和地方特色并存

一方面，多数园区都将创新药、高端医疗器械的研发和制造作为产业主导方向，采取"政策＋空间＋资本"的方式吸引外区企业落户和产业化，产业项目竞争激烈。例如，苏州提供针对企业不同发展阶段的政策补贴，并鼓励研发企业把CDMO作为产业化实现方式。同时，通过高度市场化的投资基金与项目建立联系，引导外区企业当地布局产业化。另一方面，长三角各地产业特色不同。整体看，上海的新药研发和外资具备先发优势；江苏是药物制剂和仿制药，苏州发展态势迅猛；浙江是原料药和化学化工；安徽偏重中医药。同时，一批细分特色鲜明的区域产业制造节点应运而生。其中，浙江和安徽的细分特色尤为突出。如：杭州滨江的智慧医疗（和仁科技、医惠科技、创业软件、泰格医药），杭州桐庐的内窥镜及器械（康基、天松、光典），绍兴的体外诊断（普施康、泰司特），台州的原料药制造（海正药业、仙琚药业、九洲药业），金华兰溪的天然药物制造（康恩贝、一新、天一堂），亳州的现代中药制造（济人药业、广印堂、协和成），阜阳太和的医药商贸（华源医药）等。考虑到未来资源限制和项目数量，基于本地产业基础，确定适合当地的特色产业定位和发展策略已是大势所趋。

1.4 政府间合作机制和跨行政边界联盟并存

一方面，长三角政府间合作机制正在不断完善。比如，三省一市药品监管部门探索监管制度创新，共筑药品监管区域协作体系，实现监管政策标准的互动统一、监管信息和资源的互通共享、检查员的互派互任，以及检查结果的互相认可。另一方面，大量跨行政边界联盟不断产生。如长三角科技资源共享服务平台、长三角实验动物产业联盟、长三角绿色制药协同创新中心、长三角干细胞产业联盟、长三角 G60 科创走廊生物医药产业联盟等。在长三角一体化的背景下，通过区域间资源共享、优势互补和产业协同，促进产业合理布局，是产业界共同探索的方向。

2 发挥张江生物医药产业集群的溢出效应，探索建立长三角一体化产业集成典范的对策和建议

2.1 探索推动科技创新一体化战略布局，打造长三角技术外溢区

围绕创新药、免疫治疗、基因编辑、脑科学与脑机接口等前沿技术领域，培育支持源头创新项目，依托长三角科技资源共享服务平台、长三角实验动物产业联盟、长三角绿色制药协同创新中心、长三角干细胞产业联盟、长三角G60 科创走廊生物医药产业联盟等，联手突破基础研究和卡脖子领域，发挥平台带动张江科学城产业创新发展的作用。此外，向上申请整合长三角优质临床试验、公共技术服务、高校、科研机构等创新资源，搭建线上创新服务平台，引入专业平台运营机构，推动线下资源对接与交易。

2.2 探索推动高值医用耗材的集中采购，协同打造共同、公平的长三角市场

在上海医药采购"阳光平台"的基础上，总结江苏、安徽高值耗材带量采

购成熟经验，对于临床用量较大、采购金额较高、临床使用较成熟、多家企业生产的高值医用耗材，协同卫健委、药监局等部门推动高值耗材分类集中采购，平等扶持优质企业发展，在长三角区域打造共同的市场。

2.3 探索推动体制机制一体化，向上申请形成国家标准

一方面，依托目前已形成的三省一市药品监管部门共同打造的药品监管区域协作体系，积极向国家部门争取形成全国标准，在药品、医疗器械上市许可持有人跨省委托监管层面实现全国监管政策及标准统一、检查员资格和检查结果互认、监管信息与资源共享。另一方面，参考北京经验，联合长三角临床试验机构，推动临床试验多中心伦理互认，节省临床试验时间，降低研发成本，提升研发效率。

2.4 探索推动园区联动，打造生物医药产业高质量发展平台

一是共建共享公共服务平台。如建设长三角前沿技术知识产权运营公共服务平台、区域协同创新资源交易与转化平台等；二是鼓励园区生物医药服务类企业异地设点，为当地医疗健康服务；三是推动长三角园区承接张江产业化成果，共建符合国际标准的产业化基地，探索利益分享机制。

第八节　发挥张江科创资源集聚优势，建设长三角中医药产业先进集群的初步思考

中医药产业是我国生物制药产业发展战略布局上的重要组成部分。2018年10月，上海市政府颁发了《上海市中医药发展战略规划纲要（2018—2035年）》，对上海市中医药产业发展提出了系统化的指导方案。2020年3月2日，在指导新冠肺炎疫情管控的过程中，孙春兰副总理首次提出中医药要学习借鉴西医药循证、药理分析等方式，通过数据的科学分析，加快筛选出有效治疗方法和药物，集中推出一批临床效果好的中成药，研究建立中医药救治"全覆盖"和"全过程"的临床用药与质量保障体系。孙春兰副总理的指导意见为中医药的现

代化发展指明了方向，也为长三角中医药产业的一体化发展指明了道路。

1 长三角一体化背景下，建设长三角中医药产业先进集群条件具备

1.1 政策导向积极

积极推进长三角中医药产业一体化发展是政府主管部门长期坚持的政策导向。2019 年 9 月份，上海市政府印发的《关于推进健康上海行动的实施意见》中明确定调："提升各级医疗卫生机构中医药服务能力，建设覆盖城乡、分工明确、功能互补、密切协作的中医医疗服务网络，促进中医药资源均衡布局。深化长三角中医药创新合作，到 2022 年和 2030 年，中医药服务网络持续完善，中医药服务能力持续提升，长三角医疗、公共卫生、中医药服务等领域一体化持续加强。"

2020 年 1 月，在全国中医药局长会议上，国家卫生健康委党组成员、国家中医药管理局党组书记余艳红表示，我国中医药发展将积极融入长三角一体化发展等区域发展战略，打造中医药发展高地，布局 3~5 个国家中医药综合改革示范区，形成推动中医药高质量发展的区域增长极。

1.2 科技资源丰富

对照全国中医药资源分布格局，长三角地区在中医药学术资源方面独领风骚。江浙沪皖都有中医药大学、中医院等专业机构网络，同时，作为全国生物制药产业集群最发达的地区，各大生物制药企业的研发机构也构成了长三角中医药科研资源的重要组成部分。

2020 年 1 月，由江苏、浙江、安徽和上海市这三省一市中医药学会联合组建的"长三角中医药学会联盟"正式成立，进一步加强了长三角中医药学术资源和研发能力的深度整合。据悉，该联盟将通过构建长三角地区中医药学会服务平台和工作机制，全面带动整个长江经济带和华东地区中医药事业发展，为全国中医药学术协同发展起到示范作用。该联盟的工作中心是搭建长三角地区中医药学会服务平台，探索长三角地区中医药行业专家共享、科研共享、教学共享、管理共享的合作共建模式，建立中医药学会及下属专科分会联席会议制

度，开展中医药政策研究与咨询，联合开展高水平中医药人才建设，开放中医药继续教育基地，共享中医药继教网络平台和中医药精品课程资源库，扩大中医药专业继续教育覆盖面，组建中医药健康科普共享平台，建立中医药期刊联盟，培育一批长三角地区特色中医药服务贸易项目和服务品牌、旅游品牌，提升中医药国际化等。

2 建设以张江药谷为核心的长三角中医药产业先进集群，是上海抢占中医药产业全国制高点的重要契机

2.1 科创资源是中医药产业现代化发展的首要资源

中医药产业分为中药产业和中医产业两个组成部分，其中，中药产业又分为中成药、饮片、药妆三大支柱产业。目前，中药产业的主要生产环节包括：上游的动物养殖、中药材种植或矿物采集环节，药材采收和粗加工环节，药材贸易流转环节，中药产品生产加工环节，中药产品销售环节等。中药产业现代化发展的主要障碍，业内一致认为在于药材养殖、种植和采集的科学化，中药药材质量体系的标准化，检测手段的科学化，加工工艺的现代化等方面。可以看到，无论在哪个方面，科技创新资源都是中药产业摆脱传统模式、转型现代化发展的第一需求。

中医现代化发展的主要内涵在于中医思维和西医技术的有序结合。无论是在临床循证评价、药理分析、药物筛选，还是在建立中医药救治"全覆盖"和"全过程"的临床用药与质量保障体系方面，现代医疗研究、分析、检测技术的深入融合都势在必行。科技创新资源同样也是支撑中医现代化的基础资源。

2.2 科创资源集聚的张江药谷是长三角中医药产业集群核心的天然之选

张江药谷是全国生物医药产业科创资源集聚中心，同时，张江也是上海建设全球科创中心的战略载体，在5G通讯、智能制造、大数据分析等方面资源优势明显，双重资源叠加，决定了张江药谷是长三角中医药产业集群核心的天然之选。

张江药谷作为长三角中医药产业集群的核心，具有无可比拟的天然条件：

第一，张江药谷是中国现代生物医药产业的研发高地，长期累积的现代生物医药产业技术资源、发展经验、管理体系为中医的现代化发展提供了充足的借鉴资源；第二，张江作为长三角无可争议的国家级科创中心建设载体，现代科技创新资源得天独厚，为中药产业现代化发展亟须的养殖技术、采集技术、检测技术、加工制造技术提供了高水平的研发支持平台；第三，张江以及上海具备高水平的现代生物医药产业研究平台，如：中科院药物研究所、上海中医药大学等；第四，张江以及上海为包括中医药产业在内的现代生物医药产业发展提供了充足的专业人力资源、优越的金融服务环境和强劲的产业政策支持。

2.3 建设以张江药谷为核心的长三角中医药产业先进集群，有利于确立上海在全国中医药产业生态链的中心地位

研发是生物医药产业的龙头环节。随着中医药产业现代化的加速，科技创新资源在产业链中的作用将日益重要，并且最终必然成为产品附加值增值的决定性要素。张江药谷在中医药产业现代化发展的进程中，将成为现代中医药产品和技术的研发平台、现代中医药检测和质量标准体系的发源地、现代中医药制造工艺的改进中心和现代中医药产品智能制造中心，从而真正发挥长三角中医药产业集群核心的辐射、引领作用，促进长三角中医药产业加快一体化融合进程，确立上海在全国中医药产业生态链的中心地位。

3 发挥科创引领作用，加快推进长三角中医药产业先进集群建设

3.1 以科技创新引领中药质量保障体系建设

充分发挥张江药谷和上海中医药研究平台集聚的优势，积极参与中药材、中药饮片和中成药等产品标准的制定、提高和完善。积极推动现代信息技术进入中药材种植养殖、加工、收购、储存、运输、销售到使用的全过程追溯体系建设。积极推动现有检验机构、研究院所和生产企业采用现代技术手段和设备提升中药材检验检测能力。

3.2 以科技创新引领中药产业转型升级

充分发挥张江药谷和上海中医药研究平台集聚的优势，针对中药产业发展现实需求，突出基础研究、共性关键技术、产品创制及集成示范应用全链条科技创新，加速中药生产工艺和流程的标准化、现代化建设，提高中药生产技术水平。积极构建创新中药研发平台，加强中药新药研发、经典名方开发和中药大品种二次开发力度，开展大规模、规范化临床试验，培育一批具有市场竞争力的名方大药，积极推动中成药的临床应用。

3.3 以科技创新引领中医药产业融合发展

充分发挥张江综合性国家科学中心中医药科技创新分中心功能，融合现代科技成果，聚焦若干个重大疑难疾病、慢性病，加强中医药防治技术和新药研发，不断推动中医药理论与实践发展。充分利用现代科技和互联网技术，深入研究开发健康服务相关产品，努力打造智慧中医，促进中医药产业融合发展。

3.4 以科技创新引领长三角中医药产业集群一体化发展

充分发挥张江药谷对长三角生物医药产业的辐射作用，以科技创新引领长三角中医药产业集群一体化发展。加强医、教、研、产的深度合作，构建产学研结合协同创新、转化应用平台，健全和完善产学研结合的体制机制，提升长三角中医药产业集群协同创新水平。创新多层次长三角合作研究机制，联合长三角知名大学和研究机构，打造重大疾病临床疗效研究和数据管理平台，在中医药重大疾病防治、中医健康服务和中医药国际标准领域，确立张江药谷和上海的核心地位，引领长三角中医药产业集群一体化发展。

附录一：长三角生物医药园区案例集

一、江苏苏州工业园·生物医药产业园 BIOBAY

生物医药产业园于 2006 年动工，包括三大园区：苏州生物医药产业园一期

（原苏州生物纳米科技园）、苏州生物医药产业园二期、苏虞生物医药产业园。其发展分为三个阶段：2006—2009年的起步探索期，发展缓慢且艰难，园区定位为孵化创新创业企业；2010—2015年的快速发展期，在招商引资、园区规模拓展、产业资本发展等层面表现不凡；2016年至今的行业引领期，构建世界一流的生物产业生态圈，将全球资本、人才、科技等各方面的资源完美地拼接在一起。2018年生物医药产值达780亿元，连续多年保持30%的增长，已经成为全国范围内生物医药产业最具竞争力的区域之一。

1. 园区特征

创新实力凸显。国产PD-1药品已有三家获批上市，分别是信达（信迪利单抗注射液·达伯舒）、君实（特瑞普利单抗）、恒瑞（卡瑞利珠单抗）。其中，信达由苏州工业园区自主孵化培育；君实产品在张江研发，其苏州子公司负责生产；恒瑞产品也由其苏州子公司生产。

◆新药研发领域，园区已累计获得1类新药临床批件82张，2018年新增一类新药临床批件34张，约占全国的20%。

◆医疗器械领域，累计获得注册证580余张，10个产品进入国家医疗器械创新产品审批"绿色通道"，占全省同期的36%。

创新人才集聚。拥有430+高科技研发企业，近10 000名高层次研发人才，国家千人计划62人，江苏高层次创新创业人才引进计划79人，姑苏创新创业领军人才计划102人，苏州工业园区科技领军人才233人。

产业基金活跃。本土专业基金和国际化基金发挥各自优势通力合作，团队成员参与到项目最初概念设想到落地运营的全过程，形成"资本＋技术＋政府＋产业园区"的投资方式。例如，"BioBAY"发挥本土孵化经验和能力，"通和毓承"提供资金和行业发展趋势的前瞻判断，已成功推动信达、基石顺利上市。也为后续包括亚盛医药、康宁杰瑞、开拓药业等一系列园区公司顺利登陆资本市场积累了宝贵经验。

产业生态完善。国际化交流互动平台：冷泉港亚洲会议中心、中国医药创新与投资大会、ChinaBio生物产业合作论坛、DeviceChina医疗器械高峰论坛等；研究平台：中科院药物所苏州研究院、中国医科院苏州系统医学研究所、英国牛津大学苏州研究院等；产业联盟：医药科技联盟、新药创始人俱乐部、园区湖畔医用植介入产业研究院等。

2. 产业发展

园区已形成国内最集聚的涵盖新药创制、医疗器械、生物技术的特色产业集群。

产业优势领域：

◆新药创制。已建立新药研发完整产业链，包括药物前体设计及靶点开发、原料中间体合成、药物商业化开发、中试平台、产业化基地、临床／非临床CRO 服务机构、中介咨询等环节。（博瑞生物、丹诺医药、基石药业、派格医药）

◆高端医疗器械。在植介入、精准医疗、医学影像、治疗设备等领域呈现出产业集聚效应，形成了相互促进、协同发展的早中期产业梯队。（瑞尔通、桓晨医疗、朗润医疗、惠生科技）

◆生物技术。（百拓生物、浩欧博、新海生物）

3. 相关政策

"苏州生物医药产业发展"新政：对研发创新特别是新药研发和高端医疗器械给予奖补，鼓励临床试验机构和专业医疗机构发展。在新政策下，单个企业每年的各类资助加起来最高可达 8 000 万元；针对顶尖人才（团队）出台"一人一策"实施办法，给予量身定制、上不封顶的特殊支持；领军人才给予项目资助和安家补贴；政策、用地、资金三管齐下，重点支持项目产业化。

"科技领军人才创新创业工程"政策：提供创业启动资金、创业股权投资、科技贷款及贴息、研发用房及住房免租等一揽子扶持，平均支持力度均在千万元以上。对上海药物所、上海生化所、上海技物所、复旦药学院所落户的重大创新和成果转化团队，分别给予过亿元的支持。

"1+7+X"科创扶持体系：聚焦创新创业、新兴产业、科技金融、创新政策、公共平台、知识产权等六大专项，政策力度较大，比如：生物医药、人工智能和纳米等主导产业最高可以获得 5 000 万元的落地补助，房租减半等；对建设科技公共服务平台的最高可获得 1 000 万元补贴等；科技领军人才最高可获得 500 万元的创业启动资金、1 000 万元股权投资、500 万元贷款支持等；众创空间最高可获得最高 200 万元补贴等。

二、浙江杭州经济技术开发区（下沙科技城）·杭州医药港小镇

杭州经济技术开发区于 1990 年成立，1993 年 4 月成为国家级开发区，是集工业园区、高教园区、出口加工区于一体的综合性园区。2005 年，开发区以杭州市"医药港"产业园核心区建设为标志，发展了 10 余年。医药港规划总面积 3.4 平方公里，着力打造生物医药企业孵化、加速、产业化全过程的特色产业平台，是省级特色小镇和省级高新技术特色小镇。

1. 园区特征

产业发展快速。产值规模超过了 250 亿元，连续数年实现 15% 以上增长，在杭州市生物医药产业中处于核心地位，产值占全市总产值的近 50%。

创新企业集聚。集聚各类生物医药企业 450 余家，仅 2018 年就有 152 家新设立的医药企业。全球十大药企中的辉瑞、默沙东、吉利亚、礼来等七家已入驻。

产业协同创新体系完善。构建了包含实验室研究、临床前研究、临床试验、注册审批、药品上市的全链式生物医药产业平台。与牛津大学、帝国理工等全球 100 强高校共建了产业转化中心；与清华大学、浙江大学等国内知名院校合作设立生物医药创新研究院。

产业金融体系形成。设立了全市首个规模 50 亿元的生物医药产业基金、3 000 万美金的海外基金、1 亿元的产业贷款风险池基金，形成了股权、债权、风险补偿等多层次、具有区域特色的产业金融体系。

2. 产业发展

重点聚焦生物技术制药、生物医学工程以及高端医疗器械三大领域，同时鼓励其他领域的高端项目。

研发管线：生物医药企业年均研发经费超 10 亿元，150 多个产品开展临床前研究，50 多个产品进入临床试验。

◆产业链优势环节—初创、中试阶段。

◆生物制药：九源基因。

◆化学制药：雅培眼力健。

◆现代中药：康莱特、爱生药业。

◆医疗器械：艾博生物、泰尔茂、旭化成、史密斯医学仪器。

3. 相关政策

"金沙英才"黄金八条政策：每年设立 9 亿元的人才科技专项资金。鼓励创新人才和团队引进；高层次人才创业项目给予四个"1000"政策扶持，单个项目累计可获超过 3000 万元的支持；提供金融、安居、人才服务等一系列保障；针对区内 14 所高校顶尖人才提供津贴支持和"人才创业券"等项目落地专业服务。

区校合作政策：全面实现平台共建、产业共兴、人才共育、资源共享、氛围共创"五大工程"。高校建设创新园区最高补助 1 000 万元，高校人才创业最高可获 1 000 万元启动资助，博士生就业落户可获 20 万元住房保障。开放学校设备设施，推进资源共享，设立区校专项奖学金。

三、浙江杭州高新区（滨江）

杭州高新区始建于 1990 年，是国务院批准的首批国家级高新技术产业开发区之一。2002 年杭州高新区与滨江区合并。经过 20 年的创新发展，正在实现从"天堂硅谷"到"智慧 e 谷"的跨越，滨江区已成为浙江的产业高地、人才高地、创新高地，日渐成为国际化的科技新城。

1. 产业发展

围绕"互联网 +"产业，着力打造"数字经济最强区"，形成了电子商务、智慧互联、智慧物联、智慧医疗、智慧安防、智慧环保等一大批产业集群。其中，智慧医疗产业成为一股发展迅猛的新力量，集聚了阿里巴巴、创业软件、丁香园、医惠科技、银江股份、和仁科技、泰格医药、好络维等一批智慧医疗创新企业。

杭州高新区（滨江）智慧新天地：高新区（滨江）把西部入城口 5.6 平方公里的智慧新天地园区作为发展智慧医疗产业的平台，发展智慧医疗网络服务业及其装备制造业，聚集以基因芯片、数字诊疗、医疗器械等为重点的大健康产业，是智慧医疗企业办公、研发的基地。

2. 相关政策

"1+X"产业政策：主要突出高端人才培养引进、主导产业扶持、协同创新体系完善、企业上市扶持、企业融资支持、国际化建设等方面。在人才方面，形成"人才引进 + 创新 + 创业 + 生活"的全方位人才政策，对入选"5050"计划的人才，提供最高 1 000 万元的研发资助、500 万元创业发展资助以及 500 万元贷款贴息等。在扶持企业方面，对不同类别的产业、不同阶段的企业、不同功能的平台实施全方位全流程精准扶持。比如对于初创期企业，政府提供低租金物业和启动资金；对于成长期企业，将对区里贡献超过上一年的增量部分，100% 返还给企业；对于成熟型企业，将其增量部分 50% 返还给企业。

四、江苏泰州国家医药高新技术产业开发区

泰州医药高新区 2009 年成立，由科技部、卫生部、国家食品药品监督管理局、国家中医药管理局与江苏省人民政府共同建设，是我国首个国家级医药高新区，也是国务院批准的具有专业特色国家高新区。园区已经历了 10 年的高速发展，从前期的匆匆发展进入了理性发展阶段，对产业的理解也更加理性深刻，正在谱写下一个"黄金十年"。

1. 园区特征

产业目标明确（一城一业）。致力于打造中国规模最大、产业链最完善的生物医药产业基地。

创新企业集聚。拥有扬子江、恒瑞、亚盛等龙头企业；引入了阿斯利康、

武田制药、勃林格殷格翰、石药集团、海王药业等一批国内外知名企业。

产业服务专业。 园区拥有一支生物医药背景的高学历园区管理团队，50%的管委会工作人员是生物医药专业的高学历人才。

公共服务完善。 具备专业化配套服务、完善的平台、快速的注册审批通道，建立了疫苗工程中心、新型制剂研发平台、新药孵化器服务平台等21个公共服务平台。

2. 产业发展

构建了疫苗、抗体药、诊断试剂及高端医疗器械、化学药新型制剂、中药现代化和保化品等六大特色产业集群。产业细分方向：抗体药物、新型疫苗、诊断试剂、高性能医疗器械。

（1）产业链优势环节——制造

◆化学药新型试剂产业化：阿斯利康、复旦张江生产基地。

◆诊断试剂及高端医疗器械：在基因测试、核糖核酸、POCT等领域形成完整产业链。（硕世、美时、命码、泽成）

（2）产业细分优势领域——生物疫苗

疫苗产业集聚度全国园区最高，集聚12家疫苗企业，是国家唯一的新型疫苗及特异性诊断试剂集聚发展试点区。（中慧元通、华威特、中崇信诺、康淮生物、勃林格殷格翰等）

3. 园区劣势

• 区位差，短时间内交通短板明显。

• 地方资金有限。

• 人才吸引力较弱。

• 大学、科研机构、医疗机构少，难以形成孵化创新生态。

4. 相关政策

"六大引才计划"：顶尖人才顶级支持"金凤凰"计划、产业领军人才集聚计划、离岸孵化"飞地引才"计划、高层次人才集聚计划、海外人才"智汇凤城"计划、"凤还巢"计划。鼓励顶尖人才（团队），带技术、带项目、带资金到泰州创新创业，实现核心技术产业化并能形成产业地标的，按"一事一议"原则，3 年内给予最高 1 亿元的项目资助，特别优秀的上不封顶。

五、浙江桐庐——中国微创外科器械小镇

桐庐县的医疗器械产业已有近 30 年的发展历史，是全国最大硬管内窥镜生产基地之一，主打产品为医用硬管内窥镜手术器械，在全国医疗器械市场享有较高的知名度和美誉度，曾被中国医疗器械行业协会授予"中国医用内镜产业基地"称号。2017 年，桐庐主动融入"产业强县"战略，大力建设"中国外科器械小镇"，小镇以富春江科技城、富春山健康城、江南镇医疗器械产业园为核心，已纳入杭州市生物医药产业创新发展产业布局，是浙江省首个以医疗器械产业为核心的小镇。

1. 发展特征

产业发展快速。2017 年，桐庐县医疗器械行业总产值达到 13.7 亿元，税收 1.22 亿元，同比增长 28%。

产业集聚明显。已集聚了超过 1000 家医疗器械企业，其中生产企业 82 家，配套手术器械国内市场份额占有率达 30% 以上（代表企业包括康基、天松、光典等）。近五年桐庐县医疗器械企业加速聚集，仅 2018 年就新增医疗器械生产经营企业 500 余家，同比增长超 130%。

产业服务优化。一是搭建医疗器械销售平台。对医疗器械经营企业采取告知承诺制，申请人只需签署告知承诺书，就可领取经营许可证，1 个月内工作人员上门核查承诺事项。二是设立了浙江省医疗器械检验研究院桐庐受理点和创新医疗器械服务点，打通了审批、检验、检查通道，在县域内实现了送检产品受理、检测状态查询及最新产品标准查询等功能。并对外科器械研究实验室的建设、检测业务的开展、质量管理体系的保障等提供全方位的指导和帮助。三是成立了三个统一仓储平台。针对经营企业数量多、规模小、管理松的现状，桐庐县市场监管局对医疗器械经营企业仓储、售后等环节进行整合，鼓励其委

托统一仓储，促进企业规模化、规范化发展。四是全过程风险管控。如在产品研发阶段，就产品检验检测、成果转化方面与科研院校展开合作，推动产品向高端化、标准化发展；在注册环节，引入第三方专业服务团队，对企业人员开展培训与指导。

2. 相关机制和政策

在机制上，成立桐庐县"中国微创外科器械小镇"建设工作领导小组，形成了以政府为主导，全县各部门、乡镇、平台共同参与的大监管、大发展工作机制。

六、安徽亳州——中医药产业基地

安徽亳州是闻名遐迩的中华药都，是神医华佗的故里、中医药文化的重要发祥地，中药材种植、加工、经营有两千多年的历史。现代中药产业已成为亳州的主导产业、立市之本，2018 年亳州市中医药产业的规模已经突破了 1 000 亿，达到 1 096.8 亿元，逐步形成了中药材种植、饮片加工、成药制造、物流贸易、保健医疗、科教研发等完整的现代中药产业体系。

1. 发展特征

亳州市中医药产业在种植规模、产业流通和生产均有明显优势，正在争取建设中医药综合改革试验区、国家生物产业基地、中药配方颗粒剂生产试点区、"互联网＋中医医疗"试点区。

中药材种植历史悠久。全市中药材种植面积约占全国的 10%，安徽亳州现代农业综合开发中药材示范区是全国最大的中药材规范化种植示范基地和中药材进出口检测示范基地，获评为国家中药材安徽特色农产品优势区。

流通优势突出。全球规模最大的中药材专业市场、全球最大的中药材集散中心和价格形成中心，中医药流通业线上线下贸易额达 743.2 亿元。其中亳州中药材交易中心中药材日上市量就超过 6 000 吨，上市品种多达 2 600 多种，年销售额已突破 400 亿元。

加工优势突出。GMP 药品生产企业达 175 家，中药饮片加工企业约占全国的 15%，3 家本土企业位居全国中药饮片出口城际前十名，3 家本土企业入选中华民族医药百强榜，5 家企业获批为省级中药配方颗粒生产试点企业，5 家企业通过破壁饮片生产现场核查，上报待批中药配方颗粒质量标准研究品种1294 个。

潜力优势突出。市政府制定出台十多项促进药品技术转让、研发和培育的扶持政策，设立首批 10 亿元的药品技术转让和研发专项基金，在研新药品种 13 个、转入药品技术品种 6 个、待转入 394 个，吸引仿制药一致性评价品种 303 个，引进兽药品种 2 个，列入国家、省医保目录品种 4 个，

2. 相关政策

"世界中医药之都"建设发展规划：以中药材初加工园区建设、药品技术转让、中药配方颗粒和破壁饮片等新型饮片推进、药博会等重点工作为抓手，推动亳州现代中药产业发展。

相关产业促进政策：陆续出台了《亳州市中药配方颗粒项目建设工作推进方案》《促进药品技术转让、研发和培育的扶持政策》《亳州市支持仿制药一致性评价奖励办法》等扶持政策，为产业招大引强、创新发展提供政策支持。

3. 发展劣势

• 产业层级不够高。中药工业产品主要是中药饮片或粗加工产品，中成药大品种与高附加值产品种类严重偏少，且生产规模严重偏低，主流产品科技含量偏低、知名品牌偏少、利润空间偏小、市场竞争力偏弱。

• 创新人才缺乏。

• 区位交通不佳，地处皖北，受交通因素掣肘。

七、浙江台州——化学原料药产业基地

浙江台州是全国医药化工行业发达地区之一，浙江省化学原料药生产（出口）基地是目前全国唯一的国家级化学原料药生产出口基地，化学原料药出口

量占浙江省 1/3、全国 1/10 的份额，是全球知名原料药采购"超级市场"。基地由台州湾南岸的椒江外沙岩头医化园区、北岸的临海川南园区两个地理板块组成，规划总面积为 30 平方公里。

1. 发展特征

原料药企集聚。台州聚集了全国知名原料药企，托起了"原料药之都"的名号。如华海药业、海正药业、仙琚药业、九洲药业、永太科技、天宇股份、海翔药业、司太立制药、圣达生物、济民药业、奥翔药业、星明药业、江北药业等。

• 海正药业：国家抗生素、抗肿瘤药生产基地，蒽环类抗肿瘤药产量名列世界前茅，阿霉素产量占国际市场 60% 份额，表柔比星占国际市场 70% 以上份额，是全球第二家生产生物农药阿维菌素和伊维菌素的厂家，也是我国医药行业唯一一家 WHO 指定的全球抗结核病药物的生产企业。

• 海翔药业：克林霉素系列产品产量稳居全球前列；雅赛利盐酸万古霉素、杆菌肽、杆菌肽锌产量均占据全球市场 50% 以上份额。

• 九洲药业卡马西平、酮洛芬和格列齐特原料药及中间体，国际市场占有率均居世界第一。

• 星明药业氯氮平销售占国内市场 70% 份额，占国际市场 45% 份额。

医药行业结构逐步优化。规模以上企业数量占比从 2000 年的 4.0% 下降到 2017 年的 2.1%，其工业总产值比重从 6.4% 提升到 8.1%。目前，台州市拥有规模以上医化企业 78 家，其中上市企业 13 家，3 家进入中国医药工业百强企业，30 余家企业的近 300 个剂型或产品获得国外认证（注册）。

环保倒逼企业转型。早期粗放的发展造成台州环境恶化严重，环保要求倒逼企业淘汰落后产能或进行大规模搬迁，促使原料药行业加速洗牌。医化企业签订"退、转、升"协议，向产业链延伸发展，从源头大幅减少污染。比如：有的企业转向 CDMO 平台，辅助其他企业开发原料药和制剂；有的企业将自身的产业链向下游制剂扩展。

完善产业配套服务体系。创新平台：建设了开放共享的行业专业和区域创新服务平台、以中科院台州应用技术研发与产业化中心为重点的科技成果转化平台和以浙江高校产学研联盟台州中心为重点的科技创新资源引借平台。台州国际生物医药发展论坛：2017 年开始举办，旨在通过论坛促进人才交流和企业转型，并计划将论坛打造为国内有影响力的长期性的生物医药高峰论坛。

2. 相关政策

台州市医药产业发展规划：打造绿色药都，推动地方产业转型。到 2020 年，医药制剂与原料药产值比达到 6∶4，高端原料药、制剂产品国际竞争力进一步增强。

台州市医药产业环境准入指导意见：从空间布局、产品要求、装备要求、排放要求四方面做出具体规定，提高医药产业环境准入门槛。

人才新政三十条等政策：设立规模达 200 亿元的政府产业基金、10 亿元的人才创业基金、1 亿元的天使梦想基金，为人才创业提供全方位支持。

3. 相关劣势

• 生物医药产业基础较为薄弱。目前台州只有制剂和成品药企业 10 多家，建成生产线 40 多条，相当一部分药企还主要从事原料药和中间体生产，相对处于价值链中的不利地位。

• 同质化竞争激烈。医药化工企业有 2 000 多家，大多企业都在做原料药，生产重点和产能都很集中。

• 环保问题突出。

• 具备国际视野的创新人才不足。

八、江苏连云港——经济技术开发区

医药产业是连云港开发区最具特色和竞争力的主导产业——以不到 1/10 的资源，创造 1/3 的产值，贡献近 1/2 的税收，带动 3/4 的研发投入。连云港已成为全国最大的对美制剂出口基地、抗肿瘤药物和抗肝炎药物生产基地以及全国重要的创新药、现代中药生产基地。

1. 发展特征

生物医药产业龙头企业相对集中。集聚各类生产型医药企业 27 家，其中医药制造企业 16 家，医药器械制造企业 11 家，关联配套企业 134 家。培育了恒瑞医药、正大天晴、豪森药业、康缘药业等国内领军企业（医药行业"实力派"和医药创新"领跑者"），四家企业入选全国医药工业百强企业，分排第 14、17、22 和 42 位。

恒瑞医药自主研发的硫培非格司亭注射液是我国首个获世卫组织化学命名的粒细胞刺激因子类药物（G-CSF）。

豪森药业的"国产格列卫"甲磺酸伊马替尼，通过仿制药一致性评价，其上市价仅为进口格列卫的十分之一。

康缘药业"中药制药过程新技术国家重点实验室"经国家科技部评估审定，位居医药领域首位。

新药研发投入强度高。恒瑞医药研发费用占营业收入比重常年维持在 10% 左右，2017 年研发资金达 17.5 亿元，占公司当年营业收入的 12.65%。正大天晴、豪森药业、康缘药业均达到或接近这样的研发投入，由此建立从新药发展到临床研究的完整创新体系，形成"上市一批、临床一批、开发一批"的良性循环。

营商环境持续优化。出台引荐项目奖励办法，对引荐人给予新建项目形成固定资产总额 4‰的奖励；运行产业招商基金，以招定投，不招不投，以资本撬动招商；制定工业厂房租赁补贴、入驻平台补贴等专项政策，创新运用产业规划、创新资金扶持等办法，促进医药产业持续发展。

2. 产业发展

发展定位："外地研发 + 连云港生产"，重点发展化学药、现代中药、生物药三大优势产业，药用辅料、药用包装两大配套产业，医疗器械、制药装备两大特色产业。

产业优势领域——以化学原料药和普通化学药制剂生产制造为主导，药用辅料、包装材料、医疗器械等板块占比较小。

产业链优势环节——偏重于产业链条的研发后端和制造端，主要集中在化学原料药工艺开发与生产、化学药普通剂型开发和生产等环节。

3. 相关劣势

• 整体"只见树木、不见森林"。主要靠龙头企业支撑，中小企业优势品种少，竞争力较弱。龙头企业逐步向外寻求生产力布局，技术服务型、中小型、初创型企业成长较为缓慢。

• 产业链关联度弱，医药企业产业环节基本相同，彼此间为平行甚至是竞争关系。

• 创新资源集聚效应不强，缺乏专业化的科教资源、创新载体、投融资支持。

• 园区水电汽、危废处置等基础配套有短板。

• 周边交通体系的缺失。

附录二：张江生物医药产业发展企业问卷统计数据及结果分析

本次调研共回收 69 份问卷，以下是部分调研结果。

A2 公司成立时间：多数受访企业成立时间短，48.5% 受访企业的成立时间在 3 年之内，成立时间在 10 年以上的企业仅有 8 家，占受访企业总数的 12.1%。

3 年之内	32	48.5%
3~5 年	15	22.7%
5~10 年	11	16.7%
10 年以上	8	12.1%

A3 公司产品阶段：多数受访企业的产品处于在临床前阶段或产业化 / 商业化阶段，处于临床阶段的受访企业仅有 8 家，占受访企业总数的 12.5%。

临床前	23	35.9%
产业化 / 商业化	20	31.3%
产业化前夕	13	20.3%
临床	8	12.5%

A4 企业类型：受访企业以初创型公司为主，成熟型企业仅占受访企业的 10.4%。

初创型	42	62.7%
成长型	18	26.9%
成熟型	7	10.4%

A5 企业规模：大部分受访企业规模较小，员工人数不足 100 人、年销售额在 1 000 万元以下的企业占受访企业的 76.1%，员工人数超过 500 人、年销售额在 15 000 万元以上的受访企业仅有 1 家。

员工人数 <100 人，年销售额 <1 000 万元	51	76.1%
员工人数 100~500 人，年销售额 1 001~15 000 万元	9	13.4%
员工人数 100~500 人，年销售额 <1 000 万元	6	9.0%
员工人数 >500 人，年销售额 >15 000 万元	1	1.5%

C9 是否有海外产品上市：据统计，2018 年有海外产品上市的公司有易义（上海）健康管理咨询有限公司和上海邦先医疗科技有限公司，占受访企业的 3.1%。其中，据上海邦先医疗科技有限公司介绍，该公司 2018 年海外研发产品上市个数为 1。

C13 风险投资来源地：根据 32 家受访企业的统计结果可知，几乎所有企业最重要的风险投资来源于中国境内，上海和北京是主要来源地。只有上海蓝园生物工程有限公司表示其公司最重要的风险投资来源于美国。

具体填写情况	频率	占比
中国	17	40.5%
上海	8	19.0%
北京	6	14.3%
美国	1	2.4%
填"无"	10	23.8%

D1 企业主要业务功能在国内外布局的现状与规划情况：从调研结果来看，大部分受访企业的早期发现和临床前研究业务在张江开展，分别占受访企业总数81.3%、80.5%。另外，还有个别企业的早期发现和临床前研究业务布局在台北、英国、美国加州和波士顿等地。在临床研究方面，多数受访企业在国内其他地方开展业务，而不是在张江开展业务，还有个别企业在美国、欧盟、澳大利亚进行临床研究。企业的中试阶段都在国内进行，张江是主要布局地。除长三角地区外，个别企业也在北京、山东、甘肃、台湾进行中试。多数受访企业的商业化布局在张江，但从具体填写情况来看，除长三角外，受访企业在国内多个省份进行商业化，遍布湖北、福建、河南、贵州、云南等地，还有个别企业在境外进行商业化。

问卷填写具体情况：

早期发现（缺失 14 家企业数据）		临床前研究（缺失 26 家企业数据）		临床研究（缺失 34 家企业数据）		中试阶段（缺失 24 家企业数据）		商业化（缺失 26 家企业数据）	
张江	43	张江	33	中国	20	张江	23	张江	22
上海	4	上海	5	张江	10	上海	4	上海	3
徐汇	1	徐汇	1	上海	2	苏州	4	苏州	2
周浦	1	周浦	1	北京	1	江苏	4	江苏	2
北京	1	北京	1	广州	1	中国	3	浙江	2
中国	1	广州	1	美国	1	浙江	2	贵州	2

中国台北	1	南通	1	欧盟	1	徐汇	1	徐汇	1
英国	1	山东	1	澳大利亚	1	周浦	1	周浦	1
加州	1	中国台北	1			浦东	1	昆山	1
波士顿	1	英国	1			北京	1	杭州	1
硅谷	1	加州	1			昆山	1	泰州	1
美国	1	波士顿	1			杭州	1	丽水	1
		圣地亚哥	1			扬州	1	武汉	1
		美国	1			山东	1	福建	1
		境外	1			甘肃	1	河南	1
						中国台湾	1	云南	1
								境外	1

D2 张江最有必要加强的产业生态要素： 从统计结果来看，受访企业认为张江最有必要加强的产业生态要素是学术会议 / 产业活动 / 人际交往 / 信息交流，其次是风险投资 / 技术转移机构 / 知识产权服务机构 / 律所 / 会计师事务所，CRO、临床研究医院也是企业认为张江需要加强的重要的产业生态要素。

张江最有必要加强的产业生态	个案数	个案百分比
学术会议 / 产业活动 / 人际交往 / 信息交流	33	52.4%
风险投资 / 技术转移机构 / 知识产权服务机构 / 律所 / 会计师事务所	32	50.8%
CRO	21	33.3%
临床医院	18	28.6%
CDMO	17	27.0%
医疗器械 CMO	17	27.0%
CSO	4	6.3%

D3 与长三角合作密切度最高或预期最高的城市：从问卷填写情况来看，受访企业与长三角合作密切度最高或预期最高的城市是上海，其次是苏州，受访企业也与南京、杭州合作密切。另外，也有个别受访企业与无锡、嘉兴、合肥、昆山、宁波、亳州、无锡等地合作密切。

问卷填写具体情况（频次）

上海	苏州	南京	杭州	无锡	嘉兴	合肥	昆山	宁波	亳州	常州
21	19	16	15	4	3	2	2	2	2	1
泰州	临海	江苏	浙江	安徽	北京	广州	武汉	西北	青海	四川
1	1	11	9	2	3	2	2	1	1	1

F1 企业享受过或正在享受的政府优惠政策：据统计，67 家受访企业中，享受过或正在享受的政府优惠政策的企业有 46 家，其中税收减免政策和财政资金直接扶持是获益企业最多的政府优惠政策。受访企业中，有 26 家企业享受过或正在享受税收减免政策，20 家企业享受过或正在享受财政资金直接扶持政策。

企业享受过或正在享受的政府优惠政策	个案数	个案百分比
税收减免政策	26	38.8%
财政资金直接支持	20	29.9%
公共服务支持	13	19.4%
融资支持	12	17.9%
贷款贴息支持	10	14.9%
技术改造或创新	5	7.5%
人才培训或引进政策	5	7.5%
减免行政性费用	4	6.0%
土地政策	4	6.0%
产业规划引导	2	3.0%
市场开拓政策	1	1.5%
其他	1	1.5%

企业享受过或正在享受的政府优惠政策	个案数	个案百分比
无	21	32.8%

F2 近三年获得过政府的资金政策支持： 从统计结果来看，近三年企业获得政府的资金政策支持以专利资助专项资金、中小企业发展专项资金、高新技术企业认定为主，获得过科技奖励和促进人才发展专项资金的受访企业极少。

近三年获得过政府的资金政策支持	个案数	个案百分比
专利资助专项资金	16	39.0%
中小企业发展专项资金	15	36.6%
高新技术企业认定	14	34.1%
科技创新计划专项资金	11	26.8%
人才补贴	8	19.5%
重大产业科技专项资金	7	17.1%
战略性新兴产业发展专项资金	7	17.1%
浦江人才计划	4	9.8%
技术改造专项支持	4	9.8%
促进人才发展专项资金	2	4.9%
科技奖励	1	2.4%

F3 政府支持力度： 近半数（33家）受访企业认为近三年来上海市或各级政府对企业创新和研发上财税政策扶持力度一般，有8家企业认为政府支持力度很高，17家企业认为政府支持力度较高，还有9家企业认为政府支持力度低。

F4 企业没有享受政府优惠政策的原因： 据统计，企业没有享受到政府优惠政策的主要原因是手续烦琐，企业申报成功率低。不了解政策信息和缺乏了解、申报政策的专业人员也阻碍企业享受政府优惠政策。还有部分企业表示政策吸引力弱，所以没有享受政府优惠政策。另外，还有一家企业由于申报条件不符所以未能享受政府优惠政策。

手续烦琐，企业申报成功率低	41	67.2%
不了解政策信息	30	49.2%
缺乏了解、申报政策的专业人员	25	41.0%
政策吸引力弱	15	24.6%

F5 企业需求或建议：从受访情况来看，近八成企业认为政府资金政策支持需要降低政策申请门槛和扩大政策支持范围，过半数企业还认为政府需要优化资金扶持方式，还有近四成企业认为政府应该提高资金扶持标准。

降低政策申请门槛	52	78.8%
扩大政策支持范围	52	78.8%
优化资金扶持方式	38	57.6%
提高资金扶持标准	24	36.4%

本次调研政府支持率一般的有 33 份问卷，以下是部分调研结果。

A2 公司成立时间：多数企业成立时间较短，成立时间在 3 年之内的有 15 家，占政府支持率一般企业总数的 45.5%，成立于 5~10 年和 10 年以上的企业均有 5 家。

3 年之内	15	45.5%
3~5 年	8	24.2%
10 年以上	5	15.2%
5~10 年	5	15.2%

A3 公司产品阶段：多数企业产品处于临床前和产业化、商业化阶段，处于临床阶段的仅有 3 家。

临床前	13	39.4%
产业化 / 商业化	9	27.3%
产业化前夕	7	21.2%
临床	3	9.1%

A4 企业类型： 大多数企业为初创型企业，有 22 家，占政府支持率一般企业总数的 66.7%。成熟型企业仅有 2 家，占政府支持率一般企业总数的 6.1%。

初创型	22	66.7%
成长型	9	27.3%
成熟型	2	6.1%

A5 企业规模： 绝大多数企业规模在员工人数 <100 人，年销售额 <1000 万元，有 27 家，占政府支持率一般企业总数的 81.8%。企业规模为员工人数 >500 人，年销售额 >15 000 万元的企业数为 0。

员工人数 <100 人，年销售额 <1 000 万元	27	81.8%
员工人数 100~500 人，年销售额 <1 000 万元	3	9.1%
员工人数 100~500 人，年销售额 1 001~15 000 万元	3	9.1%
员工人数 >500 人，年销售额 >15 000 万元	0	0

32 家成立于 3 年之内的企业

F1 公司享受过或正在享受的政府优惠政策： 有半数以上尚未享受过政府的优惠政策，少数企业享受过或正在享受税收减免和融资支持的政策，分别是 6 家和 5 家，占成立于 3 年之内企业总数的 18.8% 和 15.6%。

税收减免政策	6	18.8%
融资支持	5	15.6%
财政资金直接扶持	4	12.5%
公共服务支持	4	12.5%
贷款贴息支持	3	9.4%
土地政策	2	6.3%
技术改造或创新	1	3.1%
减免行政性费用	1	3.1%

人才培训或引进政策	1	3.1%
产业规划引导	0	0
市场开拓政策	0	0
其他方面	0	0
无	19	59.4%

F2 公司近三年年获得过政府的资金政策：少数企业享受过或者正在享受着中小企业发展专项资金和专利资助专项资等资金支持，暂无企业享受过"中国制造2025"资金和标准化推进专项资金的支持。

中小企业发展专项资金	6	18.8%
专利资助专项资	5	15.6%
高新技术产业化专项支持	4	12.5%
科技创新计划专项资金	4	12.5%
高新技术企业认定	3	9.4%
人才补贴	3	9.4%
战略性新兴产业发展专项资金	3	9.4%
重大产业科技专项资金	3	9.4%
促进人才发展专项资金	1	3.1%
技术改造专项支持	1	3.1%
科技奖励	1	3.1%
浦江人才计划	1	3.1%
"中国制造2025"资金	0	0
标准化推进专项资金	0	0
其他	9	28.1%

F3 公司认为近三年来上海市或各级政府对企业创新和研发上财税政策扶持力度：多数企业受上海市或各级政府创新和研发上财税政策扶持力度较为一般，

有15家，占成立于3年之内企业总数的46.9%。受政府支持较低的企业仅有6家，占比为18.8%。

一般	15	46.9
较高	8	25.0
低	6	18.8
很高	3	9.4

F4 公司没有享受到政府优惠政策的原因： 多数企业认为没有享受到政府优惠政策的原因是手续烦琐，企业申报成功率低，有20家，占成立于3年之下企业总数的62.5%。

手续烦琐，企业申报成功率低	20	62.5%
不了解政策信息	13	40.6%
缺乏了解、申报政策的专业人员	12	37.5%
政策吸引力弱	9	28.1%
其他（请注明）	3	9.4%

F5 公司对政府资金政策支持还有哪些需求或建议： 大多数成立于3年之内的公司对政府资金政策支持的建议是降低政策申请门槛和扩大政策支持范围，有23家，占比为71.9%。少数认为需要提高资金扶持标准，仅有10家。

降低政策申请门槛	23	71.9%
扩大政策支持范围	23	71.9%
优化资金扶持方式	17	53.1%
提高资金扶持标准	10	31.3%
其他（请注明）	1	3.1%

42 家初创型企业企业

F1 公司享受过或正在享受的政府优惠政策： 多数企业尚未享受过政府优惠政策，

有 18 家，占初创型企业总数的 42.9%。部分企业享受过税收减免政策和财政资金直接扶持的政策。暂无企业享受过市场开拓、产业规划引导和其他方面的政策。

税收减免政策	13	31%
财政资金直接扶持	10	23.8%
融资支持	8	19%
贷款贴息支持	6	14.3%
公共服务支持	5	11.9%
减免行政性费用	3	7.1%
土地政策	3	7.1%
人才培训或引进政策	2	4.8%
技术改造或创新	1	2.4%
产业规划引导	0	0
市场开拓政策	0	0
其他方面	0	0
无	18	42.9%

F2 公司近三年获得过政府的资金政策支持：部分企业享受过重大产业科技专项资金和中小企业发展专项资金的资金政策支持，分别有 10 家和 9 家。暂无企业享受过"中国制造 2025"资金和标准化推进专项资金的资金政策支持。

专利资助专项资	10	23.8%
中小企业发展专项资金	9	21.4%
科技创新计划专项资金	8	19%
高新技术产业化专项支持	5	11.9%
高新技术企业认定	4	9.5%
人才补贴	4	9.5%
战略性新兴产业发展专项资金	4	9.5%
重大产业科技专项资金	4	9.5%

促进人才发展专项资金	1	2.4%
技术改造专项支持	1	2.4%
科技奖励	1	2.4%
浦江人才计划	1	2.4%
"中国制造2025"资金	0	0
标准化推进专项资金	0	0
其他	11	26.2%

F3 公司认为近三年来上海市或各级政府对企业创新和研发上财税政策扶持力度： 大多数企业认为近三年来上海市或各级政府对企业创新和研发上财税政策扶持力度一般，有22家，占初创型企业总数的52.4%。认为政府扶持力度低的企业仅有7家。

一般	22	52.4
较高	9	21.4
低	7	16.7
很高	4	9.5

F4 公司没有享受到政府优惠政策的原因： 大多数企业没有享受到政府优惠政策的原因是手续烦琐，企业申报成功率低，占69%。少数企业认为政策吸引力弱，有12家，占初创型企业总数的28.6%。

手续烦琐，企业申报成功率低	29	69%
不了解政策信息	17	40.5%
缺乏了解、申报政策的专业人员	17	40.5%
政策吸引力弱	12	28.6%
其他（请注明）	2	4.8%

F5 公司对政府资金政策支持还有哪些需求或建议： 多数企业认为政府应该降低

政策申请门槛和扩大政策支持范围，有32家，占初创型企业总数的76.2%。半数企业认为政府应该优化资金扶持方式，少数企业认为政府应该优化资金扶持方式。

降低政策申请门槛	32	76.2%
扩大政策支持范围	32	76.2%
优化资金扶持方式	21	50%
优化资金扶持方式	14	33.3%
其他（请注明）	1	2.4%

51 家销售额＜1 000 万的企业

F1 公司享受过或正在享受的政府优惠政策：对于 51 家企业规模在销售额 <1000 万，企业人数 <100 人的企业，多数尚未享受过政府优惠政策，有 21 家，占分析数据的 41.2%。部分企业享受过税收减免政策，有 16 家，占 31.4%，暂无企业享受过市场开拓政策、产业规划引导等优惠政策。

税收减免政策	16	31.4%
财政资金直接扶持	11	21.6%
融资支持	10	19.6%
公共服务支持	8	15.7%
贷款贴息支持	7	13.7%
减免行政性费用	3	5.9%
土地政策	3	5.9%
技术改造或创新	2	3.9%
人才培训或引进政策	2	3.9%
产业规划引导	0	0
市场开拓政策	0	0
其他方面	0	0
无	21	41.2%

F2 公司近三年获得过政府的资金政策支持：部分企业享受过专利资助专项资金和中小企业发展专项资金的政策支持，分别为 11 家和 13 家，占比为 21.6% 和 25.5%。暂无企业享受过"中国制造 2025"资金和标准化推进专项资金的政策支持。

中小企业发展专项资金	13	25.5%
专利资助专项资	11	21.6%
科技创新计划专项资金	7	13.7%
高新技术产业化专项支持	6	11.8%
战略性新兴产业发展专项资金	6	11.8%
重大产业科技专项资金	5	9.8%
高新技术企业认定	4	7.8%
人才补贴	3	5.9%
技术改造专项支持	2	3.9%
浦江人才计划	2	3.9%
促进人才发展专项资金	1	2%
科技奖励	1	2%
"中国制造 2025"资金	0	0
标准化推进专项资金	0	0
其他	15	29.4%

F3 公司认为近三年来上海市或各级政府对企业创新和研发上财税政策扶持力度：大多数企业认为近三年来上海市或各级政府对企业创新和研发上财税政策扶持力度一般，少数企业认为政府的政策支持力度低，仅有 8 家，占比为 15.7%。

一般	27	52.9
较高	9	17.6
低	8	15.7
很高	7	13.7

F4 公司没有享受到政府优惠政策的原因： 大多数企业没有享受到政府优惠政策的原因是手续烦琐，企业申报成功率低，有 34 家，占 66.7%。部分企业不了解政策信息和缺乏了解、申报政策的专业人员。少数企业认为政策吸引力弱，有 15 家，占企业规模为员工人数 <100、销售额 <1000 万的企业总数的 29.4%。

手续烦琐，企业申报成功率低	34	66.7%
不了解政策信息	21	41.2%
缺乏了解、申报政策的专业人员	21	41.2%
政策吸引力弱	15	29.4%
其他（请注明）	3	5.9%

F5 公司对政府资金政策支持还有哪些需求或建议： 多数企业对政府资金政策支持的建议为降低政策申请门槛和扩大政策支持范围，分别为 78.4% 和 74.5%。少数企业认为政府应该提高资金扶持标准，有 19 家，占比为 37.3%。

降低政策申请门槛	40	78.4%
扩大政策支持范围	38	74.5%
优化资金扶持方式	26	51%
提高资金扶持标准	19	37.3%
其他（请注明）	1	2%

31 家产品处于临床与临床前阶段的企业

F1 公司享受过或正在享受的政府优惠政策： 处于临床和临床前阶段的企业有 10 家未享受过政府优惠政策，占 32.3%。部分企业享受过或正在享受财政资金直接扶持和税收减免政策，暂无企业享受过产业规划引导和市场开拓政策。

税收减免政策	10	32.2%
财政资金直接扶持	9	29%
公共服务支持	7	22.6%
融资支持	7	22.6%

贷款贴息支持	5	16.1%
人才培训或引进政策	2	6.5%
技术改造或创新	1	3.2%
减免行政性费用	1	3.2%
土地政策	1	3.2%
产业规划引导	0	0
市场开拓政策	0	0
其他方面	1	3.2%
无	10	32.3%

F2 公司近三年获得过政府的资金政策支持: 部分企业享受过专利资助专项资金的资金政策支持,有 7 家,占 22.6%。没有企业获得过科技奖励、"中国制造 2025"资金、标准化推进专项资金等资金政策资助。

专利资助专项资	7	22.6%
科技创新计划专项资金	6	19,4%
高新技术产业化专项支持	4	12.9%
高新技术企业认定	4	12.9%
人才补贴	4	12.9%
中小企业发展专项资金	4	12.9%
战略性新兴产业发展专项资金	3	9.7%
重大产业科技专项资金	3	9.7%
促进人才发展专项资金	1	3.2%
技术改造专项支持	1	3.2%
浦江人才计划	1	3.2%
"中国制造 2025"资金	0	0
标准化推进专项资金	0	0
科技奖励	0	0
其他	8	25.8%

F3 公司认为近三年来上海市或各级政府对企业创新和研发上财税政策扶持力度：大多数企业受上海市或各级政府创新和研发上财税政策扶持力度较为一般，有 16 家企业，占临床和临床前阶段的 51.6%。支持力度很高的企业仅有 2 家。

一般	16	51.6
较高	7	22.6
低	6	19.4
很高	2	6.5

F4 公司没有享受到政府优惠政策的原因：多数企业认为没有享受到政府优惠政策的原因是手续烦琐，企业申报成功率低，觉得政策吸引力弱仅有 9 家，占临床和临床前企业总数的 29%。

手续烦琐，企业申报成功率低	17	54.8%
其他（请注明）	15	48.4%
不了解政策信息	11	35.5%
缺乏了解、申报政策的专业人员	11	35.5%
政策吸引力弱	9	29.0%

F5 公司对政府资金政策支持还有哪些需求或建议：大多数企业需要的资金政策支持是降低政策申请门槛、扩大政策支持范围和优化资金扶持方式。

降低政策申请门槛	24	77.4%
扩大政策支持范围	23	74.2%
优化资金扶持方式	21	67.7%
提高资金扶持标准	11	35.5%
其他（请注明）	0	0

本次调研政府支持率较高的有 25 份问卷，以下是部分调研结果。

A2 公司成立时间： 政府支持率较高的企业多数成立时间较短，11 家成立于 3 年之内，占支持率较高企业总数的 44%。成立时间在 10 年之上的仅有 3 家，占支持率较高企业总数的 12%。

3 年之内	11	44%
3~5 年	5	20%
5~10 年	5	20%
10 年以上	3	12%

A3 公司产品阶段： 多数企业产品处于产业化、商业化阶段，有 11 家，占支持率较高企业总数的 44%。处于临床和产业化阶段的企业较少，分别有三家。

产业化 / 商业化	11	44%
临床前	6	24%
产业化前夕	3	12%
临床	3	12%

A4 企业类型： 支持率较高企业以初创型为主，成熟型企业仅有四家，占支持率较高企业总数的 16%。

初创型	13	52%
成长型	8	32%
成熟型	4	16%

A5 企业规模： 企业规模以员工人数 <100 人，年销售额 <1000 万元的规模为主，有 16 家，占支持率较高企业总数的 64%。员工人数 >500 人，年销售额 >15000 万元的企业仅有 1 家。

员工人数 <100 人，年销售额 <1 000 万元	16	64%
员工人数 100~500 人，年销售额 1 001~15 000 万元	6	24%
员工人数 100~500 人，年销售额 <1 000 万元	2	8%
员工人数 >500 人，年销售额 >15 000 万元	1	4%

本次调研政府支持率低的有 9 份问卷，以下是部分调研结果。

A2 公司成立时间：多数企业成立时间较短，有 6 家企业成立时间在 3 年之内，占政府支持率低类型企业的 66.7%。成立于 10 年之上的企业为 0。

3 年之内	6	66.7%
3~5 年	2	22.2%
5~10 年	1	11.1%
10 年以上	0	0

A3 公司产品阶段：企业产品处于临床前、产业化前夕、临床的企业分别是 2、3、4 家。没有企业产品处于产业化、商业化阶段。

临床前	4	44.4%
产业化前夕	3	33.3%
临床	2	22.2%
产业化 / 商业化	0	0

A4 企业类型：大多数企业处于初创型阶段，占政府支持率较低企业总数的 77.8%，成长型和成熟型阶段的企业分别有 1 家。

初创型	7	77.8%
成熟型	1	11.1%
成长型	1	11.1%

A5 企业规模： 绝大多数企业规模为员工人数 <100 人，年销售额 <1 000 万元，有 8 家，占政府支持率较低企业总数的 88.9%。员工人数 100~500 人、年销售额 1 001~15 000 万元和员工人数 >500 人、年销售额 >15 000 万元的企业数均为 0。

员工人数 <100 人，年销售额 <1 000 万元	8	88.9%
员工人数 100~500 人，年销售额 <1 000 万元	1	11.1%
员工人数 >500 人，年销售额 >15 000 万元	0	0
员工人数 100~500 人，年销售额 1 001~15 000 万元	0	0

注：上述统计信息中有个别企业数据缺失

附录三：上海张江生物医药产业发展企业问卷

企业名称：_____

企业地址：_____

填报联系人：_____ 联系电话：_____

第一部分　企业基本信息（A）

A1 贵公司行业归属是 _____

A2 贵公司的成立时间（　　）

（1）3 年之内　　　（2）3~5 年　　　（3）5~10 年　　　（4）10 年以上

A3 贵公司产品所处的阶段（　　）

（1）临床前　　　（2）临床　　　（3）产业化前夕　　　（4）产业化/商业化

A4 贵公司属于下列哪个类型的企业（　　）

（1）初创型　　　（2）成长型　　　（3）成熟型

A5 贵公司的企业规模为（　　）

（1）员工人数 >500 人，年销售额 >15 000 万元

（2）员工人数 100~500 人，年销售额 1 001~15 000 万元

（3）员工人数 100~500 人，年销售额 <1 000 万元

（4）员工人数 <100 人，年销售额 <1 000 万元

第二部分　企业人力资源信息（B）

B1 贵公司目前员工总人数 _____ **人，其中：**院士人数：_____ 人；千人人数：_____ 人；浦江人才人数：_____ 人；博士人数：_____ 人。

B2 贵公司目前科研人员有 _____ **人，近三年研发人员占职工总人数比例**

（1）2016 年：_____ （2）2017 年：_____ （3）2018 年：_____

B3 贵公司最为紧缺的岗位 / 职位（　）（　）（　）【限选三项】

（1）高级技术研发人员　　　　（2）生产技术人员　　　　（3）质量管理人员

（4）市场销售管理人员　　　　（5）销售人员　　　　　　（6）检验员

（7）生产工人　　　　　　　　（8）健康服务技师　　　　（9）营养师

（10）健康管理师　　　　　　（11）其他人员（请填写 _____ ）

B4 造成贵公司缺乏这类人员的原因是（　）（　）（　）【限选三项】

（1）行业整体发展环境　　　　　　　　（2）国家对该类人才的培养体系和制度

（3）就业环境　　　　　　　　　　　　（4）工资待遇

（5）领导对该类人员培养的重视程度　　（6）其他（ _____ ）

第三部分　企业运营管理信息（C）

C1 贵公司近三年主要经济指标信息（单位：万元）

评价指标	2016 年	2017 年	2018 年
营业总收入			
利润总额			
纳税总额			
总资产			

研发投入			
市场推广			

C2.1 贵公司产品的生产模式（　　）

（1）代工　　　　　　　（2）自产　　　　　　　（3）合作生产

C2.2 贵公司未来产品生产的倾向（　　）

（1）更多代工　　　　　（2）更多自产　　　　　（3）更多合作生产

C3 贵公司的产品主要为以下哪类（　　）（非药品类企业可不填）

（1）一般仿制药　　　　（2）首仿药　　　　　　（3）化学小分子创新药

（4）生物类创新药　　　（5）原料、辅料或中间体（6）技术性外包服务

C4 贵公司医疗器械产品主要属于哪个监管大类（　　）（非医疗器械类企业可不填）

（1）一类　　　　　　　（2）二类　　　　　　　（3）三类

（4）一类、三类　　　　（5）一类、二类　　　　（6）二类、三类

（7）全覆盖

C5 贵公司医疗器械产品的核心部件或材料是否依赖进口（　　）（非医疗器械类企业可不填）

（1）是　　　　　　　　（2）否

C8 贵公司 2018 年新提供的新服务或新技术有（　　）

（1）5 种以下　　　　　（2）5~15 种　　　　　　（3）16~30 种

（4）30 种以上

C9 贵公司 2018 年是否有海外研发产品上市（　　）

（1）是　　　　　　　　（2）否

C10 贵公司 2018 年海外研发产品上市个数 ＿＿＿＿＿

C11 未来三年，贵公司规划发展方向（　　）

（1）向更加专业化方向发展　　　　（2）向产业链上游发展

（3）向产业链下游发展　　　　　　（4）向其他行业发展

C12 贵公司的融资渠道主要为（　　）

（1）投融资机构　　　　　　　　（2）银行贷款

（3）财政资金直接扶持　　　　　（4）发行债券

（5）其他

C13 贵公司获得最重要的风险投资来自于哪个国家或城市 _____

C14 贵公司解决经营问题的主要途径是（　）（　）（　）【限选三项】

（1）降低服务成本　　　　　　　（2）优化服务或产品结构或技术创新

（3）加强企业标准化管理　　　　（4）加强品牌建设

（5）拓展营销渠道　　　　　　　（6）加强市场推广活动

（7）加强资金管理，拓宽融资渠道　（8）加强人才培训

（9）其他

第四部分　企业发展的环境与生态（D）

D1 贵公司主要业务功能在国内外布局的现状与规划情况【可填多地】

早期发现:（　）（　）（　）【所在的地区，例如：张江、波士顿】

临床前研究:（　）（　）（　）【所在的地区，例如：张江、波士顿】

临床研究:（　）（　）（　）（　）【所在的国家，例如：中国、美国、澳大利亚】

中试生产:（　）（　）（　）【所在的地区，例如：张江…】

商业化生产:（　）（　）（　）【所在的地区，例如：张江…】

D2 贵公司认为张江地区的哪些产业生态要素最有必要加强（　）（　）（　）【限选三项】

（1）CRO　　　　　　　　　　　（2）CDMO

（3）医疗器械 CMO　　　　　　　（4）CSO

（5）临床研究医院

（6）风险投资 / 技术转移机构 / 知识产权服务机构 / 律所 / 会计师事务所

（7）学术会议 / 产业活动 / 人际交往 / 信息交流

（8）其他

D3 贵公司与长三角地区哪些城市的合作密切度最高或预期最高（　）（　）（　）【限填三项】

D4 贵公司认为国内外企业带来的竞争压力主要在于（　　）（　　）（　　）【限选三项】

（1）营销理念和模式　　　　　　　　（2）品牌优势

（3）资本　　　　　　　　　　　　　（4）市场推广

（5）宣传投放　　　　　　　　　　　（6）营销渠道

（7）企业运营管理　　　　　　　　　（8）其他

D5 贵公司认为政府支持企业提升竞争力在那些方面还可以进一步发挥作用（　　）

（1）加大资金扶持力度　　　　　　　（2）支持企业自主创新

（3）加大产业用地保障力度　　　　　（4）解决企业融资难、贵问题

（5）降低企业税负　　　　　　　　　（6）加大大型骨干企业培育力度

（7）为企业"走出去"提供综合服务　（8）扶持中小微企业发展

（9）加强人才培养和引进　　　　　　（10）扶持标准制定与贯彻

（11）其他（请注明）

第五部分　企业科技创新信息（E）

E1 贵公司截至目前企业拥有专利、著作权、注册商标情况

（1）发明专利 _____　　　　　（2）实用新型专利 _____

（3）外观设计专利 _____　　　　（4）软件著作权 _____

（5）注册商标 _____　　　　　　（6）其他 _____

E2 贵公司 2018 年科技成果产业化项目数量（　　）

（1）1~3　　　（2）4~6　　　（3）7~10　　　（4）10 个以上　　　（5）无

E3 贵公司拥有新药证书数量（　　）（非药品类企业可不填）

（1）无　　　（2）1　　　（3）2~3　　　（4）4~6　　　（5）7 以上

E4.1 贵公司是否获得的临床试验批件（　　）（非药品类企业可不填）

（1）是【请继续回答 E7.2】　　　　　（2）否

E4.2 贵公司获得的临床试验批件处于的阶段是（　　）（非药品类企业可不填）

（1）I 期　　　　　　　（2）II 期　　　　　　　（3）III 期

E5 贵公司通过创新医疗器械特别审批的产品数量（   ）（非医疗器械类企业可不填）

（1）无   （2）1~2   （3）3~4

（4）5~6   （5）6个以上

E6 贵公司目前拥有何种标准（   ）

（1）无   （2）企业标准   （3）团体标准

（4）行业标准   （5）地方标准   （6）国家标准

（7）其他 _____

E7 贵公司主导的行业或产品标准有几项（   ）

（1）无   （2）1~2   （3）2~4

（4）4~6   （5）7项以上

E8 若有独立的科技研发部门，则贵公司拥有何种形式的科技研发部门（   ）

（1）重点实验室   （2）工程中心   （3）公共技术服务平台

（4）工程实验室   （5）技术中心   （6）重大基础设施

（7）孵化器   （8）国家级平台   （9）其他 _____

E9 贵公司近三年研发投入占当年销售收入比重

（1）2016年　%   （2）2017年　%   （3）2018年　%

E10 政府财政补贴占研发投入的比重（   ）

（1）0~10%   （2）10%~30%   （3）30%~50%   （4）50%以上

E11.1 贵公司在技术研发上是否有跨领域的技术性合作（   ）

（1）是【请继续回答E11.2】（2）否

E11.2 贵公司跨领域的技术研发合作，主要在哪些领域（   ）

（1）大数据   （2）互联网   （3）人工智能

（4）新材料   （5）食品   （6）其他 _____

E12 贵公司在技术创新、新品研发方面所面临的主要困难（   ）【可多选】

（1）缺乏经费   （2）科研仪器设备陈旧老化

（3）决策层开发新产品意识不强   （4）缺少专业技术带头人

（5）缺乏技术标准、难以通过国家认证（6）缺乏政策的扶持与引导

（7）其他 _____

E13 贵公司认为政府或园区在提高企业自主创新能力上应该发挥哪些作用（　　）【可多选】

（1）帮助搭建科技合作平台

（2）完善促进企业技术创新的金融服务体系

（3）建立完善的多层次中介服务体系（如信息咨询、人才培训、技术指导、贷款担保等）

（4）出台向中小微企业倾斜的创新扶持政策

（5）建立完善有利于企业发展的社会环境

（6）保护知识产权，创造公平竞争的市场环境

（7）搭建企业与有高新技术的高校科研院所合作的平台

（8）加大标准化培训服务

（9）其他 ＿＿＿＿＿＿＿ （请注明）

第六部分　政府扶持及协会支持需求调查（F）

F1 贵公司享受过或正在享受的政府优惠政策具体是（　　）【可多选】

（1）融资支持 　　　　　　　　（2）财政资金直接扶持

（3）贷款贴息支持 　　　　　　（4）减免行政性费用

（5）税收减免政策 　　　　　　（6）技术改造或创新

（7）市场开拓政策 　　　　　　（8）土地政策

（9）人才培训或引进政策 　　　（10）产业规划引导

（11）公共服务支持 　　　　　　（12）其他方面

（13）无

F2 贵公司近三年获得过政府的资金政策支持是（　　）【可多选】

（1）高新技术产业化专项支持 　（2）重大产业科技专项资金

（3）专利资助专项资 　　　　　（4）战略性新兴产业发展专项资金

（5）中小企业发展专项资金 　　（6）高新技术企业认定

（7）科技奖励 　　　　　　　　（8）"中国制造2025"资金

（9）科技创新计划专项资金 　　（10）浦江人才计划

（11）标准化推进专项资金　　　　（12）技术改造专项支持

（13）促进人才发展专项资金　　　　（14）人才补贴

（15）其他

F3 贵公司认为近三年来上海市或各级政府对企业创新和研发上财税政策扶持力度（　　）

（1）很高　　　　（2）较高　　　　（3）一般　　　　（4）低

F4 贵公司没有享受到政府优惠政策的原因是（　　）【可多选】

（1）政策吸引力弱　　　　（2）手续烦琐，企业申报成功率低

（3）不了解政策信息　　　　（4）缺乏了解、申报政策的专业人员

（5）其他（请注明）

F5 贵公司对政府资金政策支持还有哪些需求或建议（　　）（　　）（　　）【限选三项】

（1）提高资金扶持标准　　　　（2）降低政策申请门槛

（3）扩大政策支持范围　　　　（4）优化资金扶持方式

（5）其他（请注明）

F6 贵公司希望行业协会对企业有哪些方面的支持和帮助（　　）（　　）（　　）【限选三项】

（1）培训支持　　　　（2）人才引进

（3）融资引导　　　　（4）市场开拓

（5）展会服务　　　　（6）技术研发

（7）宣传拓展　　　　（8）管理咨询

（9）信息服务　　　　（10）规划引导

（11）政策法规服务　　　　（12）其他（请注明）

第七部分　问题与建议（G）

G1 贵公司对自身发展存在问题有何想法以及改进措施（　　）【可多选】

（1）向上下游发展　　　　（2）转向其他行业

（3）多元化发展　　　　（4）加大创新力度

（5）调整企业架构　　　　（6）寻找政府支持

（7）融资并购　　　　（8）其他 _____（请注明）

G2 贵公司对本行业的发展有何想法或建议（   ）【可多选】

（1）加强创新载体建设 （2）加强公共服务平台建设

（3）建设专业服务机构 （4）发挥协会职能

（5）加强人才培养 （6）其他 _____（请注明）

G3 贵公司对于提高上海市企业自主创新能力有什么建议或意见（   ）【可多选】

（1）制定专项针对性的产业政策 （2）推进关键技术突破和产业化

（3）加快提升自主创新能力 （4）积极拓宽融资渠道

（5）培育壮大优势核心企业 （6）营造良好市场环境

（7）加强改革和完善相关法规 （8）其他 _____（请注明）

G4 贵公司对当前或未来政府给予行业的政策支持有什么建议或意见（   ）【可多选】

（1）加大产业支持力度 （2）优化审批流程

（3）科学布局产业空间 （4）创新人才引进

（5）支持企业培育 （6）加强行业监管

（7）国际化便利 （8）其他 _____（请注明）

第四章

长三角一体化的区域经济研用子系统探索
——以浙江清华长三角研究院"北斗七星"发展模式为例

第一节 协同创新对长三角一体化发展的重要意义

1 协同创新助力长三角高质量一体化

当今世界，随着科技全球化与区域化的加速发展，区域越来越成为科技创新的主体与单元，现阶段世界的主要科技创新大多来自于区域协同创新，由此形成的区域协同创新共同体成为一个国家的经济增长极。目前，长三角地区产业结构的转型与升级进入关键阶段。科技创新在城市与区域产业发展中的作用越来越大，科技创新的区域之间合作关系与协同状况对于区域科技创新能力的影响越来越大。深化区域科技创新合作，提高区域整体创新能力，是突破长三角地区产业结构不合理和增长方式粗放等重大瓶颈的战略选择。

长三角作为我国一体化水平最高的区域之一，构建区域创新共同体是长三角更高质量一体化的重要战略举措。推进长三角区域协同创新，全面提高长三角开放创新水平，集聚创新要素，形成与国际通行规则相适应的投资、贸易制度，培育具有全球影响力的科技创新高地，有利于长三角城市群加快成为我国参与国际竞争的重要平台，提升国际、国内要素配置能力和效率，带动国家竞争力的全面增强。同时，推进长三角区域协同创新，整合沪苏浙皖的创新和产业优势，有利于推动区域间共同设计创新议题、互联互通创新要素、联合组织技术攻关，打造区域协同创新共同体，统筹和引领长三角区域一体化发展，并最终为我国推动和实现区域协调发展提供新模式。

上海市科学研究所发布的《2019 长三角一体化区域协同创新指数》显示，三省一市虽在产业大类中有同质化竞争，但细分领域呈现错位发展格局。其中，上海生物医药产业增速最快，江苏在新材料和智能装备制造领域形成优势，浙江信息服务行业发展迅猛，安徽则在装备制造、新能源等领域后发赶上。

上海张江、安徽合肥综合性国家科学中心、苏南国家自主创新示范区、杭州城西科创大走廊……一批创新大平台推动长三角地区高质量一体化"加速跑"。以长三角正在建设的 G60 科创走廊为例，当前这条走廊已经成立新材料产业技术创新联盟（浙江金华）、机器人产业联盟（安徽芜湖）、智能驾驶产业联盟（江苏苏州），并在合肥挂牌成立首个长三角 G60 科创走廊产业合作示范园（物联网）。长三角一体化必将从共性与个性、合作与竞争、集聚和辐射等方面，多维突破，齐头并进。

总之，长三角地区构建区域协同创新共同体，需要上海、浙江、江苏和安徽"三省一市"根据各自优势与特色提供多样的支撑力量。进一步打通上海与浙江、江苏和安徽的合作通道，有利于长三角区域建立互利共赢、协同发展的更高层次区域合作机制，推动区域经济更高水平、更高质量的开放发展。

2 长三角区域具有协同创新方面的典型优势

2.1 资源要素加速集聚，协同创新基础不断夯实

2010—2017 年长三角研发经费投入显著提升，R&D 经费增速普遍高于 GDP 增速。2017 年长三角地区总体 R&D 投入强度为 2.71%，但区域差异显著，其中上海 R&D 投入强度为 3.93%，江苏、浙江和安徽分别为 2.63%、2.45%、2.05%。三省一市政府在创新驱动发展的主导和引导作用较强，长三角地区财政科技拨款占政府支出的比重为 4.33%，高于全国平均水平（2.56%）。

长三角区域研发人员集聚效应不断加强，多极化的人才分布格局基本形成，核心城市上海等已带动边缘城市实现整体崛起。

从大型仪器共享情况来看，截至 2018 年 12 月，"长三角区域科技资源共

享平台"已集聚区域内的 628 家单位的价值 50 万元以上的仪器设施达 20407 台（套）。区域内大型仪器共享为三省一市高质量科研协作提供了高能级服务。

2.2 科研合作不断深化，人才流动成为重要联系纽带

从长三角地区科研人才流动来看，总体特征表现为人才流动"高位运转"，上海成为交汇之地。上海、南京、杭州、合肥四大城市之间科研人才流动总量逐渐趋于平稳，上海科研人才流动性最强，且上海与南京之间科研人才流动最频繁。从长三角地区科研合作网络发展来看，科研合作网络的构成密度和节点联结广度不断增强。上海、杭州、南京、合肥四大城市是长三角地区科研合作网络的核心节点。四大核心城市中，上海"首位城市"地位明显，形成了"上海 - 南京"G42 沿线、"上海—杭州"G60 沿线的科研合作主干线，以及"上海—合肥""南京—杭州"的次级干线。

2.3 技术溢出呈现多点爆发，两个"三角"成为核心枢纽

从长三角区域内跨省域合作国内发明专利申请量来看，从 2010 年的 357 件增长到了 2017 年的 1 671 件，7 年间增长近 5 倍，参与跨省域合作城市从 2010 年的 31 个增长至 2017 年 37 个。其中，沪宁、沪杭、杭宁成为技术合作主要通道，在空间上构成技术合作"三角"枢纽地带。

从长三角区域技术专利转移情况可以看出，上海、苏州、南通三大技术转移枢纽城市已逐步形成。其中，上海是典型的技术输出型城市，对长三角区域的创新辐射能力极其显著；苏州是典型的均衡型城市，技术输入量和技术输出量基本保持平衡；南通是典型的技术输入型城市，是长三角最大技术专利输入城市。

2.4 产业发展生态逐步优化，协同互补大于同质竞争

长三角国家高新技术园区和经济技术开发区数量变化呈现快速增长特征，总量从 2010 年的 46 家提升到了 2017 年的 97 家，园区的创新服务和产业集群极大改善了区域产业生态，为地方经济高质量发展提供了重要动力。

从长三角区域整体产业发展生态来看，三省一市在产业大类中的同质化竞争略有增强，但基本实现细分领域的错位发展格局。其中，上海生物医药产业增速最快，江苏在新材料和智能装备制造领域形成优势，浙江信息服务行业发展迅猛，安徽则在装备制造、新能源等工业领域后发赶上。

2.5 协同创新环境日趋完善，一体化创新格局端倪初露

从创新环境来看，长三角区域交通基础设施快速发展，支撑创新资源要素高效流动；国家级孵化器蓬勃发展，全力推动长三角"双创"升级；长三角区域内创投资本加速集聚，科技型创业倍受青睐；落户长三角三省一市的外资研发主体总量趋稳，溢出效应逐步显现；在科技项目联动、资源共享、人才政策等创新政策跨域协同方面试点突破持续稳步推进。

3 长三角一体化战略下协同创新的政策背景

3.1 长三角一体化国家战略纲要、区域发展实施方案

2019年5月13日，中共中央政治局召开会议，会议审议了《长江三角洲区域一体化发展规划纲要》。2019年12月1日，中共中央、国务院印发了《长江三角洲区域一体化发展规划纲要》。

《规划纲要》在基本原则中明确"坚持创新共建。推动科技创新与产业发展深度融合，促进人才流动和科研资源共享，整合区域创新资源，联合开展卡脖子关键核心技术攻关，打造区域创新共同体，共同完善技术创新链，形成区域联动、分工协作、协同推进的技术创新体系。"

同时，《规划纲要》在发展目标中提出"到2025年，科创产业融合发展体系基本建立。区域协同创新体系基本形成，成为全国重要创新策源地。优势产业领域竞争力进一步增强，形成若干世界级产业集群。创新链与产业链深度融合，产业迈向中高端。到2025年，研发投入强度达到3%以上，科技进步贡献率达到65%，高技术产业产值占规模以上工业总产值比重达到18%。"

2019年6月14日，为深入实施《长江三角洲区域一体化发展规划纲要》，充分发挥浙江优势，推动全省域全方位融入国家战略，进一步明确浙江省推进

长三角一体化发展的总体要求、重点任务和工作举措。中共浙江省委、浙江省人民政府印发《浙江省推进长江三角洲区域一体化发展行动方案》。

《行动方案》在重点任务中指出：高水平建设大湾区，共同构建长三角产业创新协同体系。以环杭州湾经济区为核心，加快集聚高端创新要素，大力发展高端产业，加强科技体制改革和创新体系建设合作，建设一批高能级创新合作平台，打造全国发展强劲活跃增长极的主载体和长三角高质量一体化发展的领航地。

同时强调：协同建设长三角重大创新平台，全面对接上海全球科创中心建设，加强与长三角高端科研创新平台的全面合作，共同研究制定长三角区域全面创新改革试验方案；推动科技创新资源开放共享，共同打造长三角区域面向全球的国际科创要素对接服务平台，构建一流创新创业生态环境；共建长三角世界级先进制造业集群，围绕新一代信息技术、高端装备制造、生命健康、节能环保、新材料、智能交通等产业领域，跨区域打造现代化的产业创新体系和全产业链。

3.2 创新驱动发展战略相关政策

2016年4月，国务院办公厅印发《促进科技成果转移转化行动方案》，方案强调，促进科技成果转移转化是实施创新驱动发展战略的重要任务，是加强科技与经济紧密结合的关键环节，对于推进结构性改革尤其是供给侧结构性改革、支撑经济转型升级和产业结构调整，促进大众创业、万众创新，打造经济发展新引擎具有重要意义。要完善有利于科技成果转移转化的政策环境，发挥市场配置资源的决定性作用，更好发挥政府作用，推动建立符合科技创新规律和市场经济规律的科技成果转移转化体系，促进科技成果资本化、产业化，形成经济持续稳定增长新动力。

2016年5月，中共中央、国务院发布《国家创新驱动发展战略纲要》。提出，创新驱动就是创新成为引领发展的第一动力，科技创新与制度创新、管理创新、商业模式创新、业态创新和文化创新相结合，推动发展方式向依靠持续的知识积累、技术进步和劳动力素质提升转变，促进经济向形态更高级、分工更精细、结构更合理的阶段演进。

同时提出，实施创新驱动发展战略要以科技创新为核心推动全面创新，坚持把科技创新摆在国家发展全局的核心位置，以科技创新带动和促进管理创新、组织创新和商业模式创新等全面创新，打造创新驱动发展新引擎，大幅度提高科技对经济社会发展的支撑引领能力，使创新成为引领发展的第一动力。

在战略任务方面，《纲要》按照习近平总书记"面向世界科技前沿、面向国家重大需求、面向国民经济主战场"的要求，针对创新驱动发展的重点领域和关键环节进行部署，从创新能力、人才队伍、主体布局、协同创新、全社会创新等方面提出了 8 个方面的任务。

2016 年 8 月 8 日，国务院印发《"十三五"国家科技创新规划》的通知，明确了"十三五"时期科技创新的总体思路、发展目标、主要任务和重大举措。在整体部署中指出：未来五年，我国科技创新工作将紧紧围绕深入实施国家"十三五"规划纲要和创新驱动发展战略纲要，有力支撑"中国制造 2025""互联网 +"、网络强国、海洋强国、航天强国、健康中国建设、军民融合发展、"一带一路"建设、京津冀协同发展、长江经济带发展等国家战略实施，充分发挥科技创新在推动产业迈向中高端、增添发展新动能、拓展发展新空间、提高发展质量和效益中的核心引领作用。

2017 年 9 月，国务院印发《国家技术转移体系建设方案》，提出了加快建设和完善国家技术转移体系的总体思路、发展目标、重点任务和保障措施，部署构建符合科技创新规律、技术转移规律和产业发展规律的国家技术转移体系，全面提升科技供给与转移扩散能力。

3.3 长三角区域协同创新相关政策

在政策层面上，如果说最早的"星期六工程师"还仅仅是民间的科技合作的话，则到 2003 年，江浙沪三地共同签署了《苏浙沪共同推进长三角创新系统建设协议书》，是长三角进入政府主导区域合作的开端。随后，2004 年长三角区域重大科技项目攻关启动，16 个城市签订了共建大型科学仪器设施协作共用平台协议。2006 年，科技部正式启动了《长三角"十一五"科技发展规划》编制工作。2008 年，上海、浙江、江苏、安徽三省一市联合发布了《长三角科技合作三年行动（2008—2010）》。2014年10月，长三角区域科技部门签署成立了"长三角科技发展战略研究联盟"。2016年6月，国家发改委发布了《长三角洲参数群发展规划》，明确提出了长三角要加强科技创新资源，强化科技成果转化，共建技术创新链和区域协同创新体系，率先实现经济转型升级。2018年4月，长三角创新合作发展论坛在上海举行，三省一市签署技术市场合作协议，四方将动态发布技术合作供求信息，实现信息共享；探索互联互通科技服务体系，实现服务共享；加强各方平台科技合作交流对接，实现活动及人才共享；构建长三角技术市场四方联席会议机制，实现跨区域技术转移合作的常态化。2018年7月，《长三角地区一体化发展三年行动计划（2018—2020年）》正式下发，提出积极搭建一批合作平台，包括共建覆盖三省一市的G60科创走廊，研究规划建设长三角创新城市圈，建设具有全国影响力的长三角产业协同发展示范区。2019年12月1日，中共中央、国务院印发了《长江三角洲区域一体化发展规划纲要》，提出到2025年，科创产业融合发展体系基本建立创新链与产业链深度融合，产业迈向中高端。

第二节　浙江清华长三角研究院的概述

1 浙江清华长三角研究院的历史沿革

1.1 浙江经济模式遇到了"成长的烦恼"

改革开放以来，长三角地区经济社会快速发展，引人瞩目。2003年，作为长三角重要组成部分的浙江正面临着新的挑战和机遇，中小企业为主，"低小散"、粗放型的经济发展模式成为新阶段发展的桎梏。浙江是一个资源匮乏的省份，人均资源占有量远低于全国人均水平，能源资源供应外向依存度逐年扩大，环境容量几乎饱和。21世纪初，浙江省能源产出不可能有改观，但能源消费增长的势头却十分强劲。根据浙江省"十一五"规划纲要，以9%~11%的经济增长速度计算，按照当时的能耗水平，到2010年浙江能源需求将达到1.85亿吨至

2 亿吨标准煤。

从 2003 年开始，"电荒"一直是浙江经济发展的"附骨之刺"。当时浙江成为全国拉闸限电范围最大、缺电最严重的省份，企业发展遭受严重损失。浙江经济模式遇到了"成长的烦恼"——土地、能源等要素制约不断加剧，高投入、高消耗、高污染的粗放型经济增长方式难以为继。于是，浙江主动寻求经济增长方式由"高消耗、高污染、低效益"向"低消耗、低污染、高效益"转变，依靠科技创新推动浙江经济转型发展，打造浙江在长三角地区的核心竞争力。

1.2 科技创新是支撑经济转型的"原动力"

2003 年 3 月 17 日，时任浙江省委书记习近平高瞻远瞩，亲自谋划，率省党政代表团赴清华大学，商讨共建浙江清华长三角研究院（以下简称"长三角研究院"）事宜。同年 12 月 31 日，长三角研究院正式落户嘉兴。2005 年 3 月 18 日，时任浙江省委书记习近平在《浙江日报》"之江新语"栏目发表文章写道："浙江省工业以传统加工制造业为主，改造和提升传统产业的任务十分繁重。我们要抓住科技创新和实施品牌战略两个重点，全面提升产业层次，提高企业素质，增加产品的附加值，增强区域特色经济的竞争优势。"

作为浙江"引进大院名校，共建创新载体"战略的先行者，浙江省第一家省校共建新型创新载体，长三角研究院的发展一直牵动着总书记的心。2014 年，长三角研究院成立 10 周年之际，习近平总书记做出重要批示：浙江清华长三角研究院 10 年来的探索实践说明，省校合作是优化科技资源配置、促进科技成果转化、实现科技与经济融合的有效模式。希望总结经验，再接再厉，不断巩固省校合作成果，全面深化科技体制改革，努力把长三角研究院建设成为具有先进水平的新型创新载体，为推动区域创新体系建设做出更大的贡献。

过去 16 年来，长三角研究院成绩斐然，已逐步成长为清华大学重要的"产学研"试验平台和成果转化基地，以及国内一流的新型创新载体。它为嘉兴、为浙江后续的经济转型、高质量发展和"两个高水平"建设注入了源源不断的新动能。其在国内率先提出的"政产学研金介用"七位一体（"北斗七星"）协同创新理念对深化体制改革、推动区域协同创新和高科技成果产业化，具有重大的现实意义和示范作用。

1.3 打造"科创灯塔"，服务长三角一体化

2019 年 12 月 1 日，中共中央、国务院印发了《长江三角洲区域一体化发展规划纲要》。这一国家级《规划纲要》是长三角一体化上升为国家战略，长三角地区当前和今后一个时期一体化发展的纲领性文件。清华长三角研究院作为唯一创新载体被列入《规划纲要》。

"我们长三角研究院为创新而生，我们要做的不只是引进一批项目、孵化一批企业，而是致力于构建具有先进水平的新型创新载体，为区域发展提供可复制、可推广的创新支撑。"长三角研究院党委书记、院长王涛说。面向未来，长三角研究院将充分发挥其在推进长三角高质量一体化发展中的排头兵作用和深化省校合作的桥梁纽带作用，聚焦重大科技成果转移转化。"政产学研金介用"七位一体的协同创新模式，将进一步发挥三省一市各自产业、科技、区位优势，让平台成为国家创新体系建设的示范先驱，努力为浙江省乃至长三角地区率先建成创新型省份（区域）、推动长三角区域高质量发展做出更大的贡献。

2 浙江清华长三角研究院的发展情况

2.1 长三角研究院的基本情况

长三角研究院是由浙江省人民政府与清华大学本着优势互补、共同发展的精神联合组建的研究机构，是综合性高科技研发、科技合作、投资孵化，以及人才引进培育的新型创新载体。"坚持科技研究、坚持产业发展"，以清华大学科技人才为依托，面向长三角经济社会发展需求，形成了具有三螺旋特色的"北斗七星"发展模式，在生物医药、生态环境、先进制造、信息技术、现代农业、食品安全、分析测试、柔性电子、数字创意等重点领域形成了综合技术

支撑能力。目前在开展科技创新、人才培养和高新技术产业化方面，均取得显著成效。

合作机制上，为了保证校地合作的顺利进行，研究院领导班子5个人中，3个来自清华大学，2个来自浙江省，同时，研究院实行理事会领导下的院长负责制。理事长由浙江省分管科技的副省长担任，副理事长有3个，其中常务副理事长一般为清华大学常务副书记，其他两位则由浙江省科技厅厅长和嘉兴市市长担任，浙江省财政厅、科技厅等与合作相关的省级部门是研究院的理事单位。

管理机制上，为了区别传统科研机构，在最初制度设计时把研究院的性质确定为：按照适应市场经济和科技发展规律的新体制和机制运行，实行自收自支、企业化管理的事业单位，属于市场主导型地方研究院（详见表4-1）。虽然还有事业编制，但在人员管理上，已经完全打破身份，薪酬体系全院一盘棋，都采用绩效管理的模式。长三角研究院制度灵活，促使人才创新创造活力充分迸发。

2.2 长三角研究院在服务长三角一体化的战略定位和主要布局

长三角研究院以"省校合作的桥梁，人才培养的摇篮，科技创新的平台，成果转化的基地"为发展定位，为了实现区域协同发展的战略格局，长三角研究院以嘉兴院区为总部，在杭州、宁波、台州等地设立产学研基地。同时，围绕柔性电子、数字创意、军民融合等重点领域设立了专业化的研究院，各院区形成了特色各异且配套完善的创业孵化体系。长三角研究院不仅在浙江扎下根、立住脚，也具备了辐射长三角、服务长三角的综合实力。在新的时代拐点，推进长三角更高质量一体化发展已上升为一项重要的国家战略。2019年8月31日，上海市政府与清华大学共建，长三角研究院参与筹建的上海清华国际创新中心正式成立，肩负着打造高层次人才汇聚地、高新技术集成地以及创新创业配套资源核心地的重大历史使命。

表 4-1 地方研究院的不同运作模式及其典型代表和主要特点

模式	简介	典型代表	成立年份	主要特点
政府主导型	市场运营能力一般较弱，但可以充分利用政府的资源控制优势提供大量的公共技术和公共服务等"公共品"（以实现创新的快速扩散），亦能实现一种平衡，并且容易突出产业优势。	台湾工研院	1973	（1）政府方面：诞生在特定的社会经济环境中，发展模式无法离开政府部门从资金到政策上的大量红利，政府作用较大。（2）产业方面：专注于科技成果转化的中间环节，定位于"以民营事业的精神，来经营公营事业"，坚持"不与企业争市场"。（3）研究方面：坚持"一个研发单位对应一个产业"的惯例，形成了基础研究所，焦点中心和连接中心三大支柱。
		广东省工业技术研究院	2010	（1）政府方面：支持力度较大，集技术研发、成果转化、新兴产业孵化为一体。其中市场化程度最高的单位之一的华南新药创制中心，是以广东省9家医药企业各出资1000万元共同组建的科类民办丰企业机构。（2）产业方面：有创制公司负责中心的成果转化，共同享有转化的各占利润的各种利润的50%。企业同政府保持紧密合作关系，同时，仍保持一定的自主性。在政府角色的各种拨款和项目支持基础上，把重心放在市场盈利能力上。（3）研究方面：建设综合性新药创制技术大平台，支持现代性创新药物发现、新药临床研究评价、新药信息管理价技术平台，新药技术培训和咨询为一体的新药创制体系。建立了集现代新药研发及新药临床前和临床创制体系。
市场主导型	强调市场中的自我运营能力，强调从技术到市场的贯通，重视科技成果转移转化，做出创新和改革。	深圳清华大学研究院	1996	（1）政府方面：基于政策支持的我国首个市校共建机构，性质为企业化运作的研究院性质的事业单位。借助"四不像"①的体制灵活性，为改革创新创造了有利的环境条件。（2）产业方面：注重加速科技成果的转化，培育高科技创业企业，以及成果转化平台和用金融杠杆实现了快速发展。1999年成立的创投公司为其聚集第一桶金，并借助孵化器和科技和面向市场的科技成果。（3）研究方面：更加注重知识产权和面向市场的科技成果。

① "四不像"理念的全面表达为："四不像"理论，即：研究院既是大学又不完全像大学、文化不同；研究院既是科研机构又不完全像科研机构，内容不同；研究院既是企业又不完全像企业，目标不同；研究院既是事业单位又不完全像事业单位，机制不同。

模式	简介	典型代表	成立年份	主要特点
		浙江清华长三角研究院	2003	（1）政府方面：省校共建研究院的典型，是习近平同志在浙江工作时亲自谋划、直接推动，大力支持下创建的新型化创新载体，是政府对深化科技体制改革、推动科技和经济紧密结合先行探索和实践。（2）产业方面：面向市场和社会需求，注重科技成果转移转化，秉持"坚持科技研究、坚持产业发展"的办院方针，依托清华、面向长三角，人才培养和高新技术产业化基地"的目标，面向浙江，立足浙江，依托清华"建成国内一流的科技创新、"政、产、学、研、金、介、用"多要素协同创新的"北斗七星模式"。（3）研究方面：利用清华大学及自建研究所的科研值的科研成果，重点研发有市场需求和社会价值的科研成果。
政府—市场平衡型	强调通过严密的制度设计和完善的科层组织，实现市场和政府的完美平衡。	德国：弗朗霍夫协会	1949	（1）政府方面：政府直接拨款占1/3，同时政府的非营利科研机构，以"促进应用研究"为宗旨；该协会定位为民办公助的竞争性款项组织项目经费占1/3；（2）产业方面：工作的起点是市场需求（而不是单纯地强调技术的先进性），1/3的经费来源于企业服务。（3）研究方面：通过自制订宪研究项目计划，来完成联邦和各州委托的任务和合同，依托知识产权和合同管理，在工业应用研究方面的成绩举世瞩目。
		日本：产学连携本部	2004	（1）政府方面：基于政策支持，"产学连携研究推进部"和"事业化推进部"三部门与东大TLO株式会社（由技术转移办公室大学衍生而来）和东大自有的风投公司东京大学先端资本株式会社合作，实现对传统日本大学的改造，促其转型。（2）产业方面：基于产业界对大学需求的响应，产学关系实现从"技术转移"到"知识共同创造"的转变，实现大学研究社会资本化。依靠3个部门与2个企业"proprius21"计划来推动传统的共同研发向更加多元的产学研合作的转变。（3）研究方面：通过TLO和东大先端资本帮助其盘活资产、创造盈利。同时，东大的校友网络在产学连携过程中至关重要，而这种网络本身就是政府产业、等方面的协同和结合。比如，乡治友孝在通产的工作经历及其长期辅导通产学端资本走向成功是必不可少的。

图表来源：王涛、赵闽、陈劲、李纪珍：中国创新蓝皮书：《国家创新发展报告（2016）》。

区域创新发展模式：从"三螺旋创新理论"到"北斗七星模式" ——以浙江清华长三角研究院为例。

目前，长三角研究院拥有多个国家级、省级重点创新平台，构建了科学家在线、水木茶社、创投母基金、科技保险等一系列综合创新服务平台，有力推动了柔性电子技术、AR/VR 等重大项目落地，积极实施海纳英才支持计划，在硅谷、波士顿、慕尼黑、伦敦等地建立 10 余个国际联络机构和 8 个离岸孵化器。

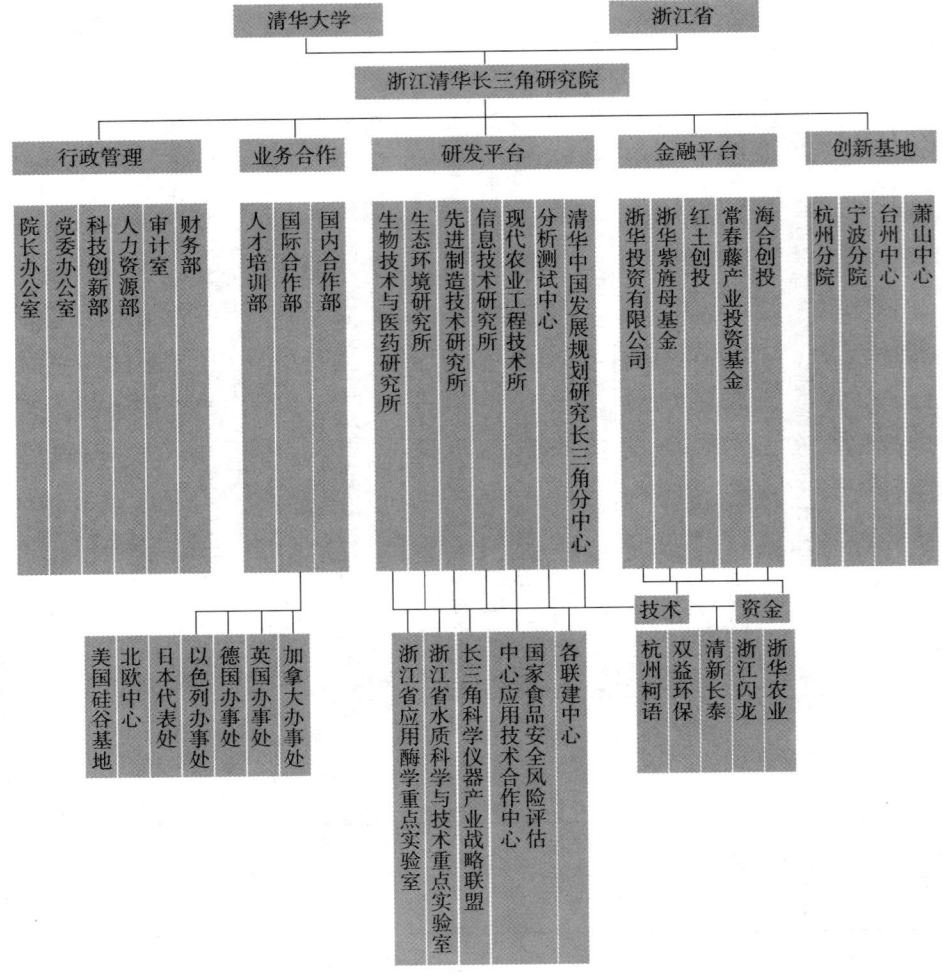

图 4-1　浙江清华长三角研究院的组织机构图（选列）

2.3 长三角研究院在服务长三角一体化方面的主要优势

2.3.1 科技创新与成果转化

长三角研究院自成立以来，科技创新综合实力稳步提升，各项科技指标稳步攀升，成效显著。承担大项目能力不断凸显，仅2019年年承担项目100余项，其中合同额100万元以上的项目金额占总合同额的78%，技术交易额过亿元。年申请专利数、获得专业授权屡获新高。

同时，科技载体不断丰富，新型研究中心、"院地共建"研究所、专业院、海纳中心等类型的出现进一步丰富了科研载体的形式和内容。科创领域进一步聚焦，在柔性电子、数字创意、区块链、氢能等产业领域，技术引领和支撑能力不断提升，推动了一批领先技术从实验室快速走向市场。

2.3.2 科技孵化与产业对接

截至2019年12月，长三角研究院已有国家级科技企业孵化器2家、众创空间2家、省级科技企业孵化器1家、军民融合产业示范基地2家，此外还有省双创示范基地、产业创新服务综合体，以及海外人才离岸创新创业基地、国际科技合作基地、海智计划工作基地、省首批海外创新孵化中心、海外产业创新服务综合体等创新创业平台。长三角研究院的产业发展以其全资平台浙江浙华投资有限公司为基础，浙华投资主要负责协调、推动研究院科技成果产业化和产业布局工作，以紫旌母基金为主导的多层次科技投融资服务体系已逐步完善（如图4-2所示）。

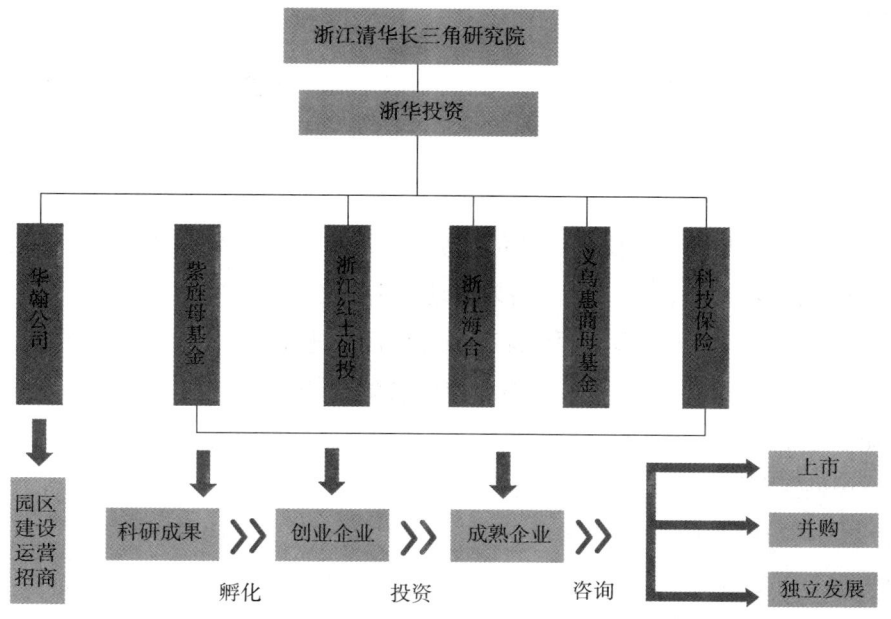

图4-2 浙江清华长三角研究院产业投资体系

长三角研究院通过整合政府、企业、高校、研究院的各方优势，着力构建了以母基金为引领，股权投资基金、科技保险有机结合的科技金融支撑体系。围绕高新技术及战略性新兴产业，打造专业子基金投资链条，以资本链引领、整合、促进创新链和产业链。研究院平台＋产业＋基金的模式，可快速整合各类资源，建立行业细分产业生态，服务于科技创新与科技成果转化，将科技、人才、产业与资本全面结合，实现科技与经济的有效融合。

在国际合作的进程中，长三角研究院不断深化海外引才机制，建立长效化的招才引智和技术转移交流渠道，逐步形成了"海外孵化、天使投资、带土移植、平台支持、民资参与、双向互动"的工作流程（如图4-3所示）。研究院国际合作部在海内外设孵化基地，引进的高层次海外人才先在海外孵化器进行前期孵化，再带土移植到国内落户，进而产业化。

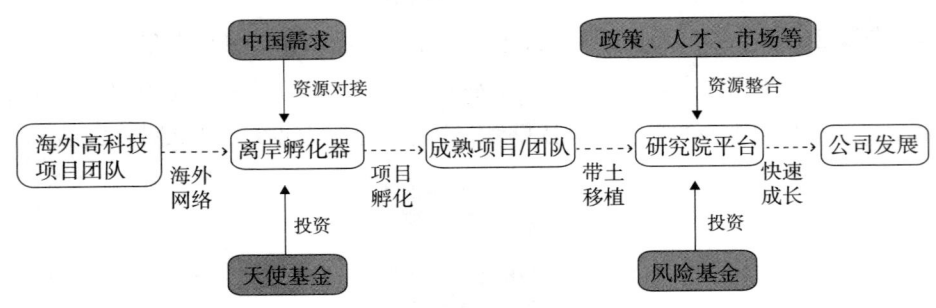

图4-3　科技孵化与产业对接的工作流程

截止2019年4月，长三角研究院参与管理基金总规模超过75亿元，投资的子基金总规模超过100亿元，有效推动了TMT、医疗健康、节能环保、新材料、集成电路、军工等多个领域的高科技项目引进孵化。同时，还发起成立了全国首家科技保险公司、国资委系统的首家金融资产交易中心、长三角新三板企业服务中心等一批新兴金融服务平台，形成了丰富的科技金融业态，为创新创业提供强大的金融支持。

2.3.3 全球智力资源优化整合

长三角地区要打造世界级城市群，离不开各式人才的支撑。作为长三角一员的浙江，近年来就通过创新创业赛事、"走出去"、"请进来"等途径向海外招才引智。由浙江省和清华大学共同发起，省委组织部、省科技厅和浙江清华长三角研究院共同主办的"海外学子浙江行"活动至2019年已连续举办十一届，已成为长三角区域举办时间最早、持续时间最久、交流最活跃、影响最广泛的招才引智活动之一。活动累计邀请超过1 300个海外高层次项目团队来浙江考察对接，并促成800余名海外学子落户浙江，其中入选国家、省市各地人才计划400余人，落户项目总投资额超过50亿元，带动社会有效投资超200亿元。

继"海外学子浙江行"、博士后校地对接、人才培训、选送优秀毕业生到地方等合作方式之后，由浙江省委组织部主办，省人社厅、浙江清华长三角研究院承办的首届"青年才俊浙江行"暨"百名清华博士浙江行"活动再次为广大学子提供了解浙江、施展才华的有效途径。目前已初步形成"青年才俊浙江行"和"海外学子浙江行"两翼齐飞、双轮驱动的引才格局，服务浙江乃至长三角一体化高质量发展。

同时，2019年12月18日落地于绍兴柯桥的浙江清华长三角研究院国际人才运营中心正式开园并投入使用，旨在为入驻的国际人才提供全方位服务，打造高层次人才创新创业"梦工场"。

3 浙江清华长三角研究院的"北斗七星"模式

3.1 "北斗七星"模式的理论基础

20世纪90年代以来，随着知识经济的崛起和发展，社会面临的经营环境和创新环境也发生了很大的变化。如何激发不同创新主体的创新动力和创新活力，使彼此之间良性互动，从而形成新的创新动力和机制，成为新的研究问题。在这种形式下，三螺旋创新理论应运而生。三螺旋创新理论最早于20世纪90年代被提出（Etzkowitz, Leydesdorff, 1993，1995），借鉴生物学的三螺旋概念，强调政产学研的互动协同、紧密合作，探讨大学、政府和产业等不同创新主体是如何以市场为导向，围绕知识的转移，形成一种螺旋上升的力量的。

三螺旋创新理论的不同主体间相互补充、相互促进，三方在合作和互动中创造动力机制，从而实现持续创新。三螺旋创新理论的核心价值就在于将具有不同价值体系的大学、政府和产业在发展区域社会经济的目标上统一起来，基于三种不同创新主体的互动，融通传统边界（包括学术、行业、地域、职能及观念等边界），形成知识领域、行政领域和生产领域的三力合一，实现三螺旋持续上升的内在动力（庄涛，2015），为经济和社会发展提供坚实的基础。研究院以三螺旋理论所提倡的方向为指导，在理论和实践的探索中逐步形成了基于三螺旋理论模型的平台支撑的多要素发展模式——七位一体的"北斗七星"模式（如图 4-4 所示）。

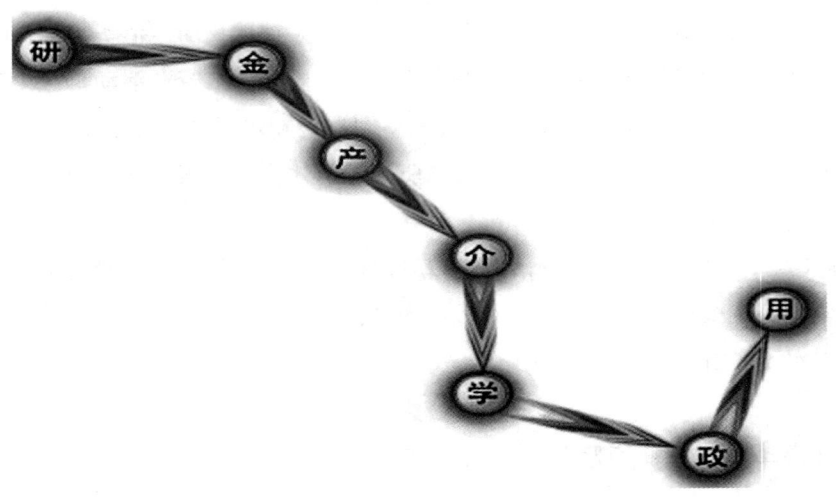

图 4-4　七位一体的"北斗七星"发展模式

3.2 "北斗七星"模式的内涵

"北斗七星"是指长三角研究院提出的"政、产、学、研、金、介、用"的"七位一体"创新发展模式，即以政府为支撑、以大学为依托，注重开展应用性技术研究，以满足市场服务用户为落脚点，实行企业化管理的运行方式，金融机构与中介机构充分参与和密切配合。

研：坚持开展应用性科技研究，促进区域技术进步并提高自主创新能力。

金：推进金融与科技有机结合，发挥资本对科技成果产业化的支撑作用。

产：坚持科技成果转化不动摇，推动高新技术产业发展及经济结构调整。

介：发挥积极的桥梁纽带作用，促进各创新要素的有效集聚和有机结合。

学：利用清华优质的教育资源，采用多种形式培养创新管理复合型人才。

政：依托省校共建的独特优势，协助政府发挥调控扶持和政策导向作用。

用：面向经济社会建设主战场，服务区域创新体系建设促进可持续发展。

"一开始，研究院走的也是传统'产学研'相结合的路子，可是在实践中发现，没有金融创新，很多项目无法正常开展，这就有了'北斗七星'中的'金'。之后为了促进人才、技术等资源更有效集聚和结合，引入'介'，而科研成果转化的最终目的是运用，这就是'用'。"长三角研究院党委副书记、工会主席吴云达说。传统的"科研驱动"的发展模式不能有效解决科技与经济结合不紧密的问题，而单纯的"市场驱动"存在经济效益和社会效益不平衡的问题。要实现创新资源的最优配置，促进科技成果迅速转化为经济效益和社会效益，需要与国家及区域重大战略和创新需求紧密结合，打通"创新链"、"产业链"和"资金链"，实现三链融合的"产业驱动"模式（如图 4-5 所示）。

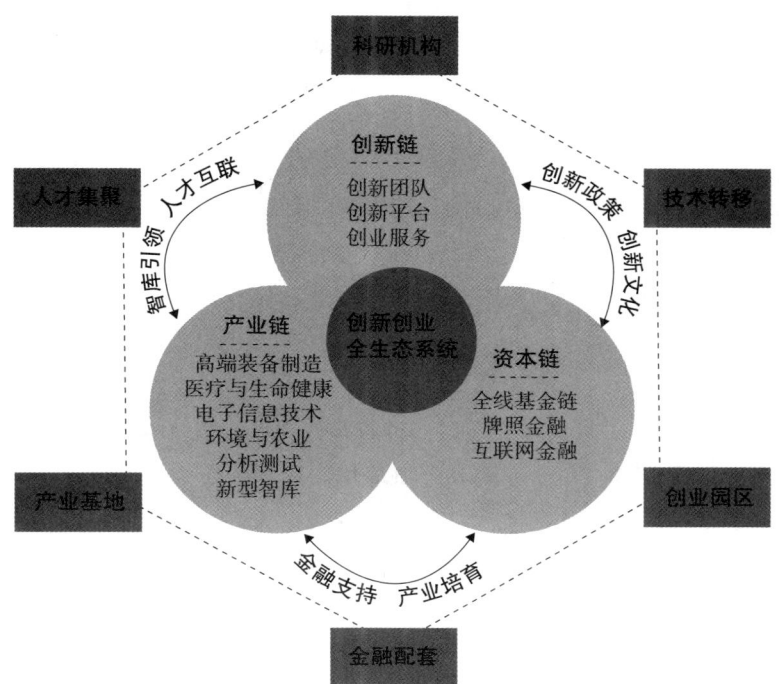

图 4-5 "北斗七星"三链融合的"产业驱动"模式

3.3 长三角一体化战略下"北斗七星 2.0"模式

创新是引领发展的第一动力。近年出台的《国家创新驱动发展战略纲要》《"十三五"国家科技创新规划》《促进科技成果转移转化行动方案》《国家技术转移体系建设方案》等战略、规划、方案多处强调协同创新。我国目前的协同创新普遍存在着信息情报不对称、资源共享不积极、交流联动不充分、政策机制不完善等问题。随着社会分工的日益细化和科技经济的发展变化,三螺旋理论已不能圆满诠释创新链、产业链、政策链、资金链、服务链相互交织、相互支撑等新形势、新发展,而且忽视了大数据时代信息流的巨大作用。近期专家学者提出的四螺旋,是"互联网 + 协同创新"理念的具象化,是在三螺旋基础上增加催化螺旋,即科技服务等广义中介机构。建设四螺旋协同创新信息平台的出发点就是要将创新链、产业链、政策链、资金链、服务链上的利益相关方在创新发展的综合流程中协同起来。

《浙江省人民政府关于全面加快科技创新推动高质量发展的若干意见》(浙政发〔2018〕43 号,以下简称"科技新政"),提出要加快创新强省建设,着力构建"产学研用金、才政介美云"十要素联动的创新创业生态系统。即在"北斗七星"基础上增加"才、美、云"(人才、环境、服务)三要素进行融合提升,促进创新链、产业链、资金链、人才链、服务链联动,形成创新主体高效协同、创新要素顺畅流动、创新资源优化配置的创新创业生态圈,即基于四螺旋协同创新理论基础的"北斗七星 2.0"模式。

长三角研究院积极践行科技新政提出的"一强三高十联动",主动融入长三角科技创新圈。2019 年 8 月 31 日,依托科学家在线大数据和技术支持的"长三角云上科创服务平台"发布,通过云端整合全球智力资源,推动长三角产业转型升级。"长三角云上科创服务平台"承载着推动长三角区域协同、科创引领的使命,由浙江清华长三角研究院和上海清华国际创新中心共同打造,科学家在线提供大数据和技术支持。通过云端整合全球智力资源及长三角地区的创新力量,实现顶尖智力资源和创新要素的自由流动,深度对接产业需求,推动产业转型升级。平台通过筛选出有市场价值的技术需求,共同投入研发,共享创新收益(如图 4-6 所示)。

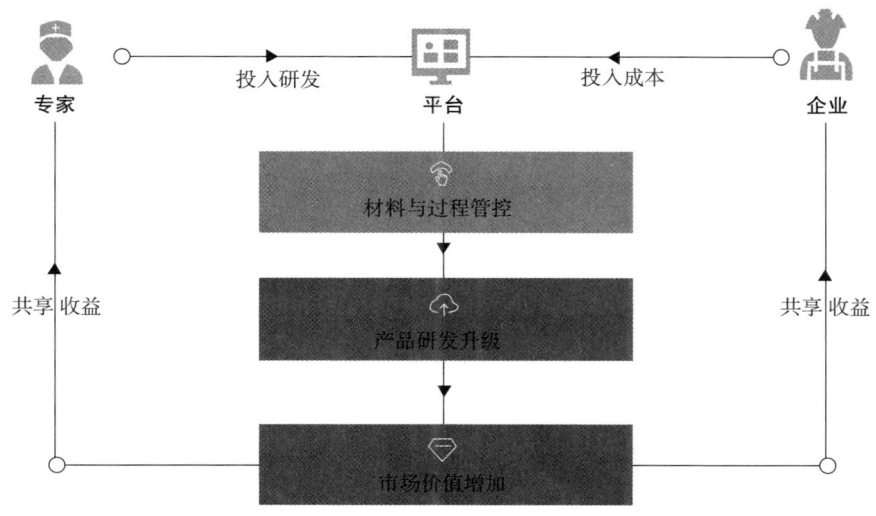

图 4-6 "长三角云上科创服务平台"研发合作流程

第三节 浙江清华长三角研究院服务长三角一体化的探索实践

1 致力应用型科技研究，政产学融合结出丰硕科研成果

正如前文介绍，清华长三角研究院的北斗七星模式以"研"为出发点，"用"为最终成果的展现，科研始终是研究院的核心驱动力。近年来，长三角研究院始终牢记自己在创建之初的使命，致力于提升长三角地区科研水平，与政府联合建立重点科研实验室与地方创新平台，并以地方产业需求为方向开展科研工作。截止 2019 年底，研究院建设了包括生物技术与医药研究所、生态环境研究所、先进制造技术研究所、信息技术研究所和现代农业研究所共五个院属研究所。其中生态环境研究所下设的水质科学与技术重点实验室和生物技术与医药研究所下设的应用酶学重点实验室作为省级重点实验室，与中国科学院、浙江省科技厅、浙江省科协等部门紧密合作，取得了一些独创性的、具有较大影响的学术成果，走在了相关领域科研工作的前列。水质科学与技术重点实验室近年来承担数十项国家级、省部级科研课题项目，科研论文多次获得省部级

及市区级科学技术奖。

在北斗七星模式的引导下，水质科学与技术重点实验室的科研成果不仅体现在论文、荣誉上，更是成功地被转化成了可以为长三角地区群众创造福利的实质性成果。其中比较有代表性的就是水质与科学重点实验室为长三角地区及周边省市规划设计的一批废水处理及水质提升工程。其中工业废水处理成功运行的案例有：①为浙江诚一人造毛皮有限公司设计规划的印染废水处理工程，于2007年4月建成，日处理量300吨，运用了复合式流化床生物反应器技术，处理完毕后的废水COD（化学需氧量）指标是处理前的1/10以下，氨氮指标是原来的1/2以下；②为天津信汇制药股份有限公司设计规划的制药废水处理工程，于2008年7月建成，日处理量600吨，运用了接触氧化池、水解酸化、膜生物反应器等多项技术，处理后的废水COD（化学需氧量）指标是处理前的1/38以下；③为浙江信汇合成新材料有限公司设计规划的合成橡胶废水处理工程，于2010年8月建成，日处理量4 000吨，运用了膜生物反应器的技术，处理完毕后的废水COD（化学需氧量）指标下降到处理前的1/10，BOD5（生化需氧量）指标下降到处理前的1/12，并且处理完的废水可以作为生产线冷却水循环使用。中水回用成功运行的案例为清华大学西校区设计建造的中水处理站工程，2010年10月建成，日处理量1500吨，运用了全地埋式膜生物反应器技术，处理完毕的废水COD（化学需氧量）指标下降到处理前的1/40，氨氮含量下降到处理前的1/20以下，并且处理完的废水可以被回收并用作校园绿化、冲厕、校园景观用水。农村及小城镇污水处理成功运行案例包括：①永嘉县上塘镇中心城区污水净化站工程，于2010年12月建成，日处理量达到10 000吨，运用了复合式流化床生物反应器技术，处理完毕的废水COD（化学需氧量）为处理前的1/7，氨氮含量为处理前的1/3以下；②嘉兴市宇泗浜村分散型生活污水减排试点工程，于2012年1月建成，日处理量1 200吨，运用了膜生物反应器技术，处理完毕的废水COD（化学需氧量）下降到处理前的1/10，BOD5（生化需氧量）下降到处理前的1/20，氨氮下降到处理前的1/8，并且处理完毕的废水可以回收供生产企业循环使用。

上述成功的案例，证实了长三角研究院的科研成果不仅在其覆盖的各种领域是领先的，更难能可贵的是，这些研究成果最终都在研究院的推动下被实际应用到为长三角百姓谋福祉，为长三角经济增收益的实体项目中。而长三角研究院的北斗七星模式，更是向我们展现了一条由研到用，产、学、政紧密结合，协同创新的发展路线。

2 着眼长三角市场需求，实现科研成果与行业产能的有效转化

如果科研成果仅仅停留在书本里、论文中，最终不能有效地服务经济与社会，那么再高精尖的研究也只是纸上谈兵、坐而论道。清华长三角研究院的北斗七星模式致力于对科技与经济"两张皮"的现象进行有效的解决（王涛，2016）。换句话说，通过北斗七星模式，清华长三角研究院可以有效地将科研成果转化为能实际提升长三角地区经济发展程度和社会福利水平的应用技术。

成立以来，清华长三角研究院在长三角地区成立了包括上海湾区科创产业园、金华石墨烯应用研究产业园和嘉兴南湖高新技术产业园等在内的一大批高新技术企业孵化平台和高新技术成果转化基地。其中研究院下设的杭州分院和台州创新中心被评为 2019 年度国家级科技企业孵化器。此外，研究院还在海外建设了位于硅谷、波士顿、圣地亚哥、纽约、法兰克福、慕尼黑、伦敦和悉尼的 8 大离岸创新孵化器，其中位于美国波士顿和澳大利亚悉尼的创新孵化中心是浙江省重点创建和培育的海外创新孵化中心。具有一定数量、一定规模的孵化器，是长三角研究院将科研成果转化成行业产能的重要保障。通过建设和运营这些孵化器，长三角研究院成功孵化出大量以高新科技为本，以实际产能落地为目标的创新企业。长三角研究院推动了长三角地区高新技术产业的发展，为长三角地区创新创业市场贡献了新鲜血液，并为长三角地区培养了新的经济增长点（林强，2002）。而下文将对长三角研究院在石墨烯应用上对于长三角地区做出的贡献进行案例分析。

2.1 石墨烯材料的特色与应用

石墨烯（Graphene）是从石墨材料中剥离出来，由碳原子组成的只有一层原子厚度的二维晶体。石墨烯狭义上指单层石墨，厚度为 0.335nm，仅有一层碳原

子。但实际上，10层以内的石墨结构也可称作石墨烯，而10层以上的则被称为石墨薄膜。单层石墨烯是指只有一个碳原子层厚度的石墨，碳原子和碳原子之间依靠共价键相连接而形成蜂窝状结构。完美的石墨烯具有理想的二维晶体结构，由六边形晶格组成。

在力学、电磁学、热学上，石墨烯这种新型材料具有优异的性能，具体如下：

（1）力学性能。石墨烯是目前已知的世界上最薄的材料（0.34nm），也是有史以来被证实的最结实的材料，强度可达130GPa，约为世界上最好的钢材的100多倍，且杨氏模量达1.054~1.060TPa。它具有极好的弹性，可被拉伸至自身尺寸的120%。如果用石墨烯制成包装袋，虽然质量极轻，但它将能承受大约2t的物品。石墨烯的硬度比莫氏硬度10级的金刚石还要高，却具有很好的韧性（可弯曲性），迄今很少有材料能够同时具备这两种性质。

（2）电磁性能。电子在石墨烯中传输的阻力很小，在亚微米距离移动时没有散射，具有很好的电子传输性质，其中电子的运动速度达到了光速的1/300，远远超过了电子在一般导体中的运动速度。最新的研究表明，石墨烯具有10倍于商用硅片的高载流子迁移率（15 000cm2·V-1·s-1），也是目前已知的具有最高迁移率的锑化铟材料的2倍，因此有预言称，石墨烯将成为硅的替代品，从而改变人类的生活。除此之外，石墨烯还具有室温量子霍尔效应及室温铁磁性等特殊性质。

（3）热学性能。石墨烯具有极强的导热性能，单层石墨烯的热导率可达5 000 W/m·K，是室温下纯金刚石的3倍，金属铜的12倍。

石墨烯作为一种物理性能优越的新型材料，在大量的领域均有应用。目前已知的形成一定范围规模的应用有：

（1）超级电容器。超级电容器是指介于传统电容器和充电电池之间的一种新型储能装置，它既具有电容器快速充放电的特性，同时又具有电池的储能特性。综合各种电极材料特性来看，石墨烯具有较大的比表面积和较高的导电性，加上其特殊的平面二维结构，是超级电容器的理想材料。随着我国对环保及新能源的政策支持，可以预测超级电容器的使用会极大地增加，而其中性能优越的石墨烯超级电容器在未来也将继续快速发展，在交通运输和新能源方面的使用将会大幅度增加。

（2）防腐材料。石墨烯本身具有的独特结构性质，使其在物理防腐和电化学防腐方面都展现出一定的优势，石墨烯复合防腐涂料能够兼顾石墨烯优异的化学稳定性、快速导电性、突出的力学性能和聚合物树脂的强附着力、成膜性，可协同提高涂料的综合性能。因此，石墨烯复合防腐涂料将是发展的重点，市场潜力巨大。

（3）柔性屏。柔性显示屏作为玻璃显示屏的替代品，具备耐冲击、可弯曲、轻量便携、节能环保等特性，更适用于便携式或可穿戴式消费电子产品。未来的手机、电视、可穿戴设备等电子产品等必然向柔性化发展。目前，传统手机触摸屏的工作层材料主要为陶瓷材料氧化铟锡（ITO），但是 ITO 弯折后就不再具有导电性，越来越无法满足未来移动设备、可穿戴设备、智能家居等的产品需求。石墨烯导电薄膜具有优秀的导电性、透光性、柔性等，被认为是柔性显示屏中可完美替代 ITO 的材料，未来可以广泛应用于触摸屏、可穿戴设备、智能家居等方面。

（4）导电油墨。导电油墨是用导电材料（金、银、铜和碳）分散在联结料中制成的油墨，具有一定程度的导电性质，可作为印刷导电点或导电线路之用。而石墨烯具有强大的导电性，其比表面积大，载流子迁移率高，由其制备的石墨烯导电油墨可以在传感器、电容器、电子线路、RFID 天线、导电电极等电子产品领域得以较好的应用。

（5）传感器。石墨烯有着独特的物理属性，使得它在探测和传感器方面是很有优势的材料。石墨烯具有大比表面积，使之对周围的环境非常敏感，即使是一个气体分子吸附或释放都可以检测到，因此可以用于石墨烯气体传感器。石墨烯具有很强的电子性能，可以提供大面积检测，超高机动性和双极性场效应的特点，是优秀的生物传感材料，因此石墨烯生物传感器也有很广的应用。

（6）石墨烯锂电池。锂离子电池是迄今为止能量比最高的二次电池，而石墨烯又具有质地薄、硬度大、电子移动速度快、导电性强等优势，其出现为锂离子电池高性能、高容量、高倍率、长寿命的突破带来了可能。华为中央研究院瓦特实验室宣布，其在锂离子电池领域实现重大研究突破，推出业界首个高温长寿命石墨烯基锂离子电池。实验结果显示，以石墨烯为基础的新型耐高温技术可以将锂离子电池上限使用温度提高10℃，使用寿命是普通锂离子电池的2倍。

（7）石墨烯散热涂料。石墨烯本身热导率高，高比表面积，能够增大涂层散热面积。石墨烯高散热涂料能够将散热涂料的导热系数提高到20W/M.K，相比于普通散热涂料，提高了10倍。石墨烯散热涂料在LED、舞台设备、电子设备上均有应用。

（8）石墨烯发热墙纸。石墨烯发热墙纸的工作原理是首先利用化学气相沉积法制备石墨烯薄膜，然后利用滚压或者加压的方法实现石墨烯膜到PVC、PET等材料的转移，最后加上电极制备成石墨烯加热膜。主要是通过石墨烯薄膜形成的均匀的电阻层，在220V电压的加热下，实现薄膜的加热。石墨烯膜主要通过释放远红外线，实现对空间的加热。相比一般的墙纸，石墨烯发热墙纸具有以下优点：1. 安全阻燃。石墨烯取暖器融入墙纸内部，表面温度不超过55度，祛除高温烫伤安全隐患，防漏电。2. 高效节能。超强导热性的石墨烯发热源，发热快，效率高，制热均匀，1分钟即刻散热。超导热料，电热转化率99.5%以上，比传统取暖材料电能转化提高45%，只需空调1/3能耗。耐热防潮。墙纸可耐90度以上高温，高强度不变形。南方地区梅雨季节空气湿度大，使用发热墙纸可快速蒸发室内水分，除湿并防止衣物家居霉变，防霉防潮，预防儿童湿疹。

2.2 长三角区域石墨烯产业的发展历程与现状

长三角是我国石墨烯三大聚合区之一，产业链相对完善，上海、江苏、浙江、安徽布局较早，在国内甚至国际石墨烯版图上的影响力不断提升。

在创新平台方面，长三角集聚了江南石墨烯研究院、江苏省石墨烯创新中心、浙江省石墨烯创新中心、上海石墨烯产业技术功能型平台、中国科技大学等一批石墨烯研发和产业孵化平台，发展各具特色。其中上海石墨烯产业技术功能型平台集聚了上海交大、上海理工、华东理工、上海大学、上海第二工业大学、上海微系统所等高校、科研院所，以及正泰集团、上海新池能源科技有限公司、上海悦达墨特瑞新材料科技有限公司等企业，通过系统集成石墨烯创新创业资源，平台有效助力石墨烯技术成果的产业化问题。

在产业园区方面，长三角地区还建立了多个规模较大、影响力较强的石墨烯产业园区，分别是常州石墨烯科技产业园、无锡石墨烯科技产业园、宁波石墨烯产业园。

（1）常州石墨烯科技产业园。2011年10月，江苏常州成立了江南石墨烯研究院，为国内首个基于石墨烯材料及应用的产业化基地。目前，常州石墨烯产业已诞生5个全球第一，即全球第一家石墨烯研究机构——江南石墨烯研究院，全球第一款石墨烯手机电容触摸屏，全球第一条年产100吨石墨烯粉体生产线，全球第一条3万平方米CVD法石墨烯透明导电薄膜生产线，及全球第一款蛋白质分离试剂。2014年，全国第一个国家级石墨烯新材料高新技术产业化基地正式落户常州。常州石墨烯科技产业园已率先在全国形成了集石墨烯设备研发、原料制备与应用研究、产品生产、下游应用为一体的完整上下游产业链，应用门类全国最多，专利申请突破500件，在石墨烯领域取得的"全球第一"数量已超过10个。常州已成为全国石墨烯发展的领头羊。截至2019年11月，常州已经集聚并培育石墨烯相关企业超过160家，形成了涵盖石墨烯设备研发、原料制备与下游应用等较为完整的产业链，石墨烯相关产业产值突破30亿元。

（2）无锡石墨烯科技产业园。该园区于2013年12月13日成立，落户无锡市惠山经济开发区，由中国石墨烯产业技术创新战略联盟与无锡市合作共建，重点发展石墨烯产业。它是我国石墨烯产业技术创新战略联盟在国内设立的首个石墨烯技术研发及产业应用创新示范基地。2017年3月，国内首个石墨烯检测技术公共服务平台在无锡成功验收。无锡市石墨烯检测技术公共服务平台依托江苏省特种设备安全监督检验研究院建设，是国内首个行政许可建设可提供第三方检测服务的国家级石墨烯检测服务平台。平台覆盖绝大部分常规石墨烯检测业务能力范围，具备石墨烯材料形貌分析、结构分析、元素分析、导热导电分析等领域检测服务能力，部分项目已获得CNAS能力资质认定。

（3）宁波石墨烯产业园区。宁波是国内较早开展石墨烯研发和产业化的地区之一，目前在石墨烯制备技术、技术支撑、产业化等方面均走在了全国前列。中科院宁波材料所从2008年就开始了石墨烯制备技术攻关，目前已在石墨烯规模化制备和改性方面取得突破性进展，实现了石墨烯低成本规模化制备。2011年，设计建成年产30吨的石墨烯中试生产线。2013年宁波墨西科技有限公司首期年产 300 吨的石墨烯生产线建成投产，是目前全球规模最大的石墨烯生产线。

在企业集聚方面，长三角地区石墨烯相关企业总数已超过 1500 家，上市企业占全国的比重达到 52.6%，涌现了常州第六元素材料科技股份有限公司、常州富烯科技股份有限公司、上海烯望材料科技有限公司、宁波墨西科技有限公司等一批石墨烯行业的领军企业。

在创新成果方面，江苏在石墨烯粉体和透明薄膜两大基础性原材料上率先实现规模量产，创下了全球首款重防腐涂料、全球首款石墨烯智能发热服、全球首款石墨烯蛋白质分离试剂等 10 多项全球第一，填补了部分国内外技术和市场的空白。浙江宁波柔碳电子科技有限公司是目前国际上率先实现石墨烯单层薄膜卷对卷生产的企业，建成了半米宽幅、年产百万平方米的石墨烯薄膜卷材生产线。

目前，上海拥有强大的人才优势、丰富的金融资源和实力雄厚的大型企业，石墨烯产业发展迅速。江苏则以 2011 年成立江南石墨烯研究院为契机，在全国率先发展石墨烯产业，产业基础扎实、应用成果丰富、量产能力较强。浙江创新平台建设完善，构建了较为完整的石墨烯产业链体系。安徽拥有丰富的科教资源，取得了大量原始创新成果。

总体来看，长三角地区的石墨烯产业凭借自身完整的研发体系、先进的研发技术和国家政策的扶持，走在了全国的前列，更有潜力在未来成为世界一流的石墨烯产业群。2012—2017 年，全国石墨烯发明专利申请总量 44 816 件中，长三角地区以 17 545 件申请量占据全国的 39%，其中江苏省、安徽省、上海市、浙江省的申请量分别排名全国第一、四、五、六位。而相同时间段内的全国专利授权量 9 710 件中，长三角总量 3 606 件，占全国的 37%，其中江苏省、上海市、浙江省、安徽省得到的授权量分别排名全国第一、四、五、七位（孔令丞，2018）。

统计数据证明了长三角地区石墨烯产业创新的巨大竞争力和全国领先地位。但也有研究指出了长三角石墨烯产业发展的一些不足之处与发展瓶颈，主要有三点：一、长三角石墨烯研发资源呈现"多核"形态，缺乏公认的市场核心；二、长三角产学研一体化尚待提升，目前专利申请多还是停留在大学和科研机构；三、长三角"三省一市"石墨烯产业群联动不足（孔令丞，2018）。

而长三角研究院通过其孵化的"牛墨科技"公司，在解决上述三大问题上，发挥了显著的作用。

2.3 孵化企业"牛墨科技"在石墨烯全屋智能采暖领域的创新与发展

牛墨科技，是长三角研究院杭州分院重点孵化的企业，公司于 2016 年正式成立，主要服务于包括住宅全屋采暖、工业基建除雪化冰、农业恒暖解决方案等在内的石墨烯智能采暖应用产业。2018 年 11 月，为了推动石墨烯研以致用的转化，长三角研究院杭州分院和牛墨科技进一步合作，联合金华金义都市新区政府，建立了金华石墨烯应用研究产业园。该产业园作为研究院重点孵化的企业"牛墨科技"的生产大基地和研发本部，将石墨烯采暖产业的中上游供应商及下游的应用商聚集到一起，整合了石墨烯供暖的产业链，共同明确了石墨烯相关研究的突破方向，并保障了研究成果的实用性。

该项目选址浙江金华，主要是为了服务长三角市场，体现了长三角研究院对于地方经济社会发展的贡献：由于长三角地区为非集中供暖地区，但地方居民对于秋冬季节室内供暖仍有较大需求，因此产生了市场供需的不平衡。而长三角研究院和牛墨科技正是选用了上文提到的石墨烯材料应用中的发热墙纸技术，提出了一个非集中供暖地区寒冷季节室内供暖的解决方案。这项技术以及对应产品的推出，将填补市场空缺，满足非集中供暖地区寒冷气候下对于室内供暖的需求。未来，在清华长三角研究院的支持下，金华石墨烯产业园还将与国内外知名科研院校及研究院进行合作，成立浙江长三角石墨烯应用研究院及石墨烯发展基金，并以此为基础，发起成立长三角石墨烯产业联盟。金华石墨烯应用研究产业园的建成运作，将石墨烯供暖产业的上游（即粉末供应商）、中游（即包括牛墨科技在内的石墨烯供暖产品研发、生产企业）和下游（即石墨烯供暖产品的应用商）整合成完整的产业链，解决了前文所述的市场"多核"形态。当牛墨科技形成规模，则可以扮演市场核心的作用，引导石墨烯产业的进一步发展。截止 2019 年底，牛墨科技拥有包括石墨烯发热膜制备、石墨烯复合布艺材料等在内的共 19 项石墨烯供暖相关专利，解决了上文所述的高新专利停留在学校及研究院中而无法得到应用的问题。而未来将在长三角研究院推动下成立的石墨烯产业联盟，则可以解决长三角地区跨省产业群联动不足的问题。

金华石墨烯应用研究产业园之所以能发挥显著的作用，与长三角研究院的"北斗七星"发展模式是分不开的。北斗七星以"学"与"政"为基本，在《长江三角洲区域一体化发展规划纲要》的政策指引和清华大学雄厚的学术背景的支持下，以"研"为出发点，借助"产、金、介"的协同支持，达到最后"用"的目标（王涛，2016）。在本案例中，"研"指的是长三角研究院在石墨烯课题下做出的一系列尖端研究，"产""金""介"指的是长三角研究院通过协调多方资源，孵化了"牛墨科技"并联合金华政府建成了石墨烯产业园。而"用"则指的是以牛墨科技为代表的石墨烯应用企业在长三角市场上有效地解决了供需不平衡的问题，提升了社会福利水平和市场丰富性。可以说，金华石墨烯应用研究产业园的成功，是长三角研究院"北斗七星"协同发展模式的一次成功实践。

2.4 石墨烯应用产业的优势与不足及未来的发展前景

研究院带领的石墨烯产业园与未来将成立的石墨烯产业联盟，其出发点是定位在石墨烯供暖行业的，所以我们也要认识到石墨烯供暖这项技术目前的优势与尚存在的不足。由于气温相对北方较高，长三角地区集中供暖的边际效益相对较低，所以长三角地区一直以来并未建设大规模的集中供暖系统，而采用了电热、煤热或者室内空调制热的分户供暖方式。与电热、煤热及空调制热相比，石墨烯供暖的优势体现在热效率高，即能量转化损失低、发热速度快、前期投入较低、使用便捷安全等优势，而且石墨烯供暖市场目前属于一个刚刚开始开发的蓝海市场，市场机遇巨大，对于牛墨科技这样的，以科研创新为主要驱动力，并得到来自研究院相关扶持基金的资本支持的创新型企业来说，未来的发展空间非常广阔。

石墨烯材料在室内供暖以及其他方向的应用也面临着一大问题，即石墨烯制备时产生的污染问题。目前石墨烯的制备方法主要分为物理剥离法与化学反应法两大方向。其中物理剥离法最大的局限在于产量较低，产成品率也偏低，无法满足大规模工业化的要求，而化学反应法中性价比较高的制备方式为氧化还原法（袁小亚，2011）。目前，大部分的石墨烯供应企业采用的也是氧化还原法，而这种制备方法可能带来的污染是值得关注的。氧化还原法中，起到氧化作用的强氧化剂一般选用硫酸，而生产 1 吨石墨烯，一般需要消耗 40~50 吨硫酸。这些使用完毕的废料如果没有得到妥善的处理，将会对土壤、地下水等造成严重的污染。目前石墨烯产业尚在上升阶段，产能、产量尚未达到市场饱和，所以污染问题可能尚不明显，但若石墨烯行业在接下来的五到十年内飞速发展，那么大量的制备废料将会产生，废料排放的污染问题也会随之变得愈发严重。

要解决这个问题，可行的方案有两个，一是采用更先进、更环保的方法取代氧化还原法制备石墨烯；二是在沿用氧化还原法的基础上，做好制备废料的处理工作。长三角研究院建立石墨烯产业园，将石墨烯制备的上游企业整合到产业园中，并提供一套废料排放标准作为产业园的准入门槛，是控制石墨烯制备时废料处理的一道有力手段。而在长三角研究院积极的科研学术带动下，石墨烯制备技术的提升将变得更为可行。前文提到的研究院下设的水质科学与技术重点实验室也可以在废料处理的问题上为石墨烯产业园及将来的石墨烯产业联盟提供技术上的支持。

石墨烯材料作为一种新型材料，在物理特性上具有其他传统材料无法比拟的优势，这也导致了石墨烯应用产业目前在市场上热度很高，但在大力发展石墨烯应用产业的同时，我们也不能忽视了石墨烯制备时对环境带来的污染。首先，从对人体危害的角度，布朗大学的生物学者、工程师和材料科学家团队检测了这种材料对于人体细胞的潜在毒性。他们发现石墨烯纳米粒子的锯齿边缘非常锋利和强劲，能够轻易穿刺入人类皮肤以及免疫细胞的细胞膜，对人类和其他动物都存在潜在的严重危害。石墨烯可被无意吸入或者故意注入，以及作为新型生物医学技术的组件植入人体，因此它们在体内和细胞会产生怎样的互动仍需进一步研究。从对环境危害角度，伯恩斯工程学院（Bourns College of Engineering）在研究中发现氧化石墨烯纳米粒子如果找到进入地表或地下水资源的方式，就能够对环境产生影响。团队研究了含绝少有机物的地下水资源，这些水的硬度偏高，氧化石墨烯纳米粒子在这样的环境下会变得不稳定形成沉淀。不过在如湖泊、河流之类的地表水，有机物含量相对较多，水硬度更低，这些粒子就更加稳定，能够漂流向更远的地方，也会流往地下。所以这种纳米粒子的泄露就有可能对植物、鱼、动物和人类造成危害，受影响的区域很快就会扩散。但同样的，未来的科技是否能够广泛应用石墨烯仍需进一步研究。当前，材料安全数据表（Material Safety Data Sheet）有关石墨烯的行业应用仍是不完整的。石墨烯对于皮肤和眼睛，以及对于呼吸和摄取都存在潜在的危害与刺激，但暂时没有信息表明这类物质是否存在致癌风险或者是潜在的发育毒性。

目前，石墨烯的开发仍处在初级阶段，并且作为一种人造材料，在石墨烯真正开始在我们的生活中越来越广泛存在之前，必须进一步测试和了解其潜在危害，现在的挑战就是要解决其安全性问题。长三角研究院、牛墨科技、金华石墨烯产业园以及规划中的长三角石墨烯产业联盟，应在石墨烯材料的污染研究和控制上起到一个模范作用，方能促进长三角地区石墨烯产业的积极发展。

3 整合技术、人才、资本等资源，振兴长三角地区传统优势产业

改革开放以来，长三角地区的经济发展一直居于全国前列，经济总量约占全国 1/4，全员劳动生产率处于全国领先地位，是引领全国经济发展的重要引擎，也是我国重要的制造业基地之一。国务院在 2019 年底印发的《长江三角洲区域一体化发展规划纲要》第四章第二节中指出，长三角地区要高质量发展，就要强化区域优势产业协作，推动传统产业升级改造，建设一批国家级战略性新兴产业基地，形成若干世界级制造业集群。

3.1 长三角地区优势产业分析

何为长三角地区的优势产业及需要升级改造的传统产业？（梁琦，2004）在《中国制造业分工、地方专业化及其国际比较》一文中对全国的制造业产业进行了分析。该文首先按照地区产值占全国该行业总产值比例的方式筛选出长三角地区的重点产业。然后使用以下公式计算了这些产业在长三角地区的专业化指数：

$$\beta_j^i = \frac{q_{ij}/q_j}{q_i/q}$$

其分子是地区 j 的产业 i 占该地区全部产业总值的份额，分母是产业 i 占全国全部产业总值的份额，所以 β 指数测度了该地区的产业结构与全国平均水平之间的差异，借此评价一个地区的专业化水平。他的分析指出，长三角地区上海、浙江、江苏三省市（分析未包括安徽省）同时具有很大优势的产业共有 5 个，分别是化学纤维、电子器械、服装制造、仪器仪表和文具用品产业。三省市的这 5 个产业的专业化指数均处于全国前 8 名，同时也都是各省市自己优势产业的前 8 名。此外，纺织业、普通机械制造、金属制品、塑料制品、医药制造、橡胶制造为其中两省市具有共同优势的产业。

而李慧等在 2008 年的《对长三角先进制造业发展问题的研究》一文中使用更新的数据对长三角地区优势产业进行了分析。该文使用了与（梁琦，2004）类似的专业化指数计算方式，并将其定义为"区位熵"。研究指出，长三角地区上海、江苏、浙江三地（分析未包括安徽省）共有的优势产业共 6 个，分别是服装纺织业、文体用品制造业、金属制品业、通用设备制造业、电气机械制造业和仪器仪表制造业。此外，其中两地共有的优势产业为江苏和浙江共有的纺织业、木材加工业、化学纤维制造业，上海和江苏共有的化学原料、通信电子设备，上海和浙江共有的家具制造业、印刷业，共计 7 个优势产业。

通过比较前述两篇采用了不同时间节点产值数据的研究结果，可以总结如下：服装制造、电子器械、仪器仪表、文体用品在前后两个时间点均被分类为长三角三省市共有的优势产业，而化学纤维产业和金属制品产业虽然在不同时点的研究中并没有统一地被归为三地共有的优势产业，但仍可以被认为是长三角地区共有的较强优势产业。

国务院《长江三角洲区域一体化发展规划纲要》第四章第二节"加强产业分工协作"中提到"制定实施长三角制造业协同发展规划，全面提升制造业发展水平，按照集群化发展方向，打造全国先进制造业集聚区。围绕电子信息、生物医药、航空航天、高端装备、新材料、节能环保、汽车、绿色化工、纺织服装、智能家电十大领域，强化区域优势产业协作，推动传统产业升级改造"，其中就包括了电子设备、服装纺织、绿色化工这几个长三角的"传统优势产业"。可以看出，国务院在规划纲要中为长三角提出的发展目标与前文所述的研究成果是相互印证的。

3.2 长三角研究院对地方优势产业的培养模式——以嘉楠耘智为例

长三角研究院在振兴地方优势产业的过程中扮演了重要的角色，是优秀企业实现规模化并且在资本结构上实现进一步突破的资源协调者和技术支持者。根据"嘉楠耘智"及长三角研究院官方网站介绍，嘉楠耘智公司由董事长兼CEO张楠赓创办，并于2015年由清华长三角研究院从北京中关村引进杭州，在长三角扎根。正如前文所述，电子器械制造属于长三角地区的传统优势产业，而嘉楠耘智的核心产品就是区块链矿机。落户杭州的嘉楠耘智，无论是从产业环境上还是政府支持上，都处在了一个利于发展创新的战略优势地理位置。

作为研究院的重点孵化企业，嘉楠耘智得到了研究院杭州分院系统化的支持。研究院集聚了图灵奖获得者 Whitfield Diffie 教授、四国院士 Maurer 等区块链领域顶尖专家，引进并培育了区块链领域研发人才两百余人，大部分加入了例如嘉楠耘智这样的区块链技术应用型公司。此外，长三角研究院联合地方政府以及嘉楠耘智公司等行业代表，设立了中国区块链应用研究中心（浙江）、浙江省区块链重点创新平台、嘉兴区块链技术研究院、区块链底层平台等创新研发平台，构筑了长三角地区区块链产业的生态体系和人才高地。嘉楠耘智公司在长三角研究院的精准对接、重点孵化下，成功研发并量产了28nm、16nm、7nm 矿机芯片，其中于2018年8月发布的7nm 芯片，更是全球首个量产的7nm 芯片。这标志着嘉楠耘智公司的研发创新能力已经走在了世界的前列，而装备此芯片的比特币挖矿机的产品竞争力也将大幅提升。截止2019年底，嘉楠耘智旗下的全资子公司阿瓦隆公司出品的比特币矿机的交货量为全球第二。

在当今市场经济的大环境下，产品的竞争力、销售额、受欢迎程度对于一家公司来说固然非常重要，但对于任何一家公司来说，股东利益最大化才是其终极目标。在研究院的扶持及产业链的支持下，嘉楠耘智做出了具有强大竞争力的产品，但要为创始人和股东们创造更多的价值，同时让自身进一步规模化，嘉楠耘智就必须在资本市场上更进一步，这也是高精度芯片制造这种新技术从实验室经济过渡到市场经济的必经之路。嘉楠耘智曾尝试在 A 股、新三板和港交所上市，但均未实现突破。直到2019年11月，在长三角研究院和嘉楠耘智管理层的共同努力下，嘉楠耘智才成功在美国的纳斯达克登陆，成为"全球区块链业务第一股"。嘉楠耘智的成功上市，与长三角研究院长期以来成功孵化上市各大创新型公司的丰富经验是分不开的。此前，长三角研究院已在杭州、嘉兴等院区内投资孵化了"数秦科技""云萃流图""税鸽飞腾"等10余家优质企业，包括此次上市的嘉楠耘智在内，项目总估值超过200亿元。

从一开始由北京引进嘉楠耘智，到为其产品线的蓬勃发展提供有力的技术支持，再到最后成功引导嘉楠耘智赴美上市，这一路走来，长三角研究院"北斗七星"协同发展的模式再次得到实践，并取得了成功。"政"的有力支持，让与区块链有关的各类研究中心、创新平台得以生根发芽，培育出例如嘉楠耘智这样的优秀创新企业；"产""学""研"的紧密结合，让嘉楠耘智能够不断突破技术瓶颈，提升产品竞争力；"金""介""用"的宝贵经验，让嘉楠耘智能够最终实现企业股票上市上市，成为区块链业务上市的破冰者。而这一次北斗七星模式的成功实践，对于长三角地区一体化发展也有着至关重要的作用：电子器械制造是长三角的一个传统优势产业，而在长三角研究院引进孵化的一系列区块链设备制造企业蓬勃发展后，这个传统优势产业无疑找到了一个新的升级改造方向。在未来，以高科技、精细化、新用途为特色的创新型电子器械制造将成为长三角电子器械制造升级改造后的一个新面貌，而长三角研究院以及其北斗七星模式，将在其中扮演一个不可或缺的角色。

4 外部引进结合内部培养，为长三角地区集聚高素质人才

国务院2019年底印发的《长江三角洲区域一体化发展规划纲要》第二章总体要求的第二节基本原则中提到，长三角要坚持创新共建，就要做到"推动科技创新与产业发展深度融合，促进人才流动和科研资源共享，整合区域创新资源，联合开展卡脖子关键核心技术攻关，打造区域创新共同体，共同完善技术创新链，形成区域联动、分工协作、协同推进的技术创新体系"。可以看出，"促进人才流动"是长三角创新共建得以推进的重要因素之一。而在后文的具体实施方案中，更是多次提到人才引进与人才培养的重要性。

清华长三角研究院依托清华大学雄厚的学术背景与强大的人才储备，从内

部培养和外部引进两个角度提升长三角地区的人才水平，为长三角地区贯彻国务院的发展规划纲要提供了一条切实可行的路线，并已初步取得成效。

4.1 建设"人才驿站"，开拓外部人才引进渠道

长三角研究院国际合作部于 2014 年 6 月成立。除了负责长三角研究院的国际孵化器的运营外，国际合作部还有一项重要的工作就是为长三角地区吸引海外人才。国际合作部建立了"人才驿站"，通过为海外归国的高层次人才提供各项服务及创业支持的方式，吸引这批高素质人才加入到长三角地区的创新建设工程中来。加入人才驿站的海归博士们将参照研究院学科带头人的标准进行考核管理，研究院为其提供薪资福利以及开展创新创业的软硬件方面的支持，期满出站后人员可以自主择业、创业。人才驿站充分发挥其桥梁纽带的作用，让高素质人才们与长三角地区各取所需：一方面，高素质人才得以在长三角这片鼓励创新、支持创业的土壤中得以迅速成长，实现自己创新创业的梦想；另一方面，长三角地区也因此接收并留住了大量毕业于海外一流院校的高素质人才，以及他们带来的优质项目。目前，"人才驿站"已经引进了三十多名海归博士入站，并通过研究院强有力的支持让他们的项目得以落地和发展。

研究院还建立了名为"浙江海合创业投资管理有限公司"的创新创业种子基金，专项针对种子期、初创期的企业进行天使投资，并支持海归企业的孵化，为引进的人才和他们的项目提供宝贵的启动资金。根据研究院官网介绍，海合基金主要的投资方向涵盖电子信息、生物医药、先进制造、新能源、环保节能等六大领域，而这六大领域也正是国务院"发展纲要"中指出的长三角地区创新创业的未来方向。而在理论层面，海合基金与人才驿站项目的协同发展，是长三角研究院将在"北斗七星"模式中代表人才的"学"模块，与代表金融的"金"模块有机结合，产生良好成效的一次成功实践。

4.2 人才来访交流与名师课程结合，建设内部人才培养平台

除了引进外部人才之外，研究院也致力于通过人才来访交流与名师课程相结合的方式，为长三角地区搭建一批地方人才培养的平台。例如，2019 年研究

院承办的首届"青年才俊浙江行"暨"百名清华博士浙江行"座谈会，就是研究院为长三角地方人才开辟的一次重要的向国内顶尖人才交流、学习、取经的一次机会。清华大学数个重点专业及研究院的专家领导或骨干教授也身体力行，多次来到研究院各个分院进行指导交流，为研究院在长三角地区的创新工作提出宝贵意见。为了能给长三角地区培养人才提供更为系统化的方式，研究院下设的人才培训部还在长三角各地建设了诸如"台州民营经济学院"、"越商大学堂"等为政府、企业管理人员和专业人员提供继续教育的平台，并投放了一系列针对长三角经济发展特点开发的职业教育课程，主要由清华大学的教授和长三角地区杰出企业家任教，旨在通过系统化、规模化的培训平台和优质的课程资源，提升长三角地区的人才素质水平。人才培训部迄今已举办数百期各类培训班，每年培训政府干部和企业管理人员近八千人次。

5 成立产业联盟，推进长三角跨区域协同创新

从 2016 年 5 月国家发改委印发的《长江三角洲城市群发展规划》，到 2019 年底国务院印发的《长三角地区一体化发展规划纲要》，长三角地区的发展，"创新"始终是主旋律。而 2019 年印发的《长三角地区一体化发展规划纲要》，在创新发展的大方向上指出了一个新的发力点，那就是"一体化"发展、"协同"创新。发展规划纲要的第三章题为"推动形成区域协调发展新格局"；第四章题为"加强协同创新产业体系建设"。毫无疑问，地方发展与创新建设是长三角地区一直以来的着眼点，而此次发布的一体化纲要，则为长三角地区的发展与创新提出了一个新的要求，即要协同创新、共同发展、构建区域创新共同体。长三角研究院响应国家政策的号召，依托自身优势，充分发挥桥梁纽带作用，牵头成立跨行业地区产业联盟，推进长三角地区科创资源跨区域流动共享。

在全球排放污染问题日益严峻，石油、煤炭等传统能源储量有限的大环境下，开发新型能源成为一项势在必行的任务。我国作为世界上人口最大的国家，每年的能源消耗与碳排放量也处在世界第一梯队。本着"人类只有一个地球，各国共处一个世界"的"人类命运共同体"意识，中国近年来加大了新型能源

开发应用的研究力度；核能、风能、水能、氢能、太阳能等绿色能源如何高效转化、有效储存、可持续生成等应用上的难关，被逐步攻克。在这个过程中，大量的科研成果、示范企业、创新平台应运而生。

长三角研究院自 2010 年开始就在新能源产业领域开始谋划布局，不仅成功投资、孵化了一系列包括"浙江合众新能源汽车有限公司""宁波中能紫荆联合新能源研究院有限公司"、"东方日升新能源股份有限公司"等在内的新能源企业，还设立了包括新能源汽车研发中心、氢燃料电池汽车技术研究中心等在内的研发平台。2018 年底，研究院开始探索长三角区域新能源产业的协同创新发展路径，将氢燃料电池汽车为主的氢能产业应用示范和技术创新作为参与长三角一体化建设的重大项目之一。2019 年 7 月，研究院将企业和高校院所的资源有效整合，主导成立了长三角（浙江）氢能产业技术联盟，将政府、产业和高校紧密联系在一起。到目前，联盟已汇聚区域内外 30 多家重点氢能相关企业为会员单位并成立了 6 个专业委员会，而长三角研究院作为联盟的理事长单位，将积极参与以嘉兴港区为重点的长三角区域氢能示范项目建设。在该项目的建设中，长三角研究院将推动氢燃料电池汽车的开发，探索氢能源的规模化利用，承接氢能产业示范区的建设，培育全球氢燃料电池汽车产业链，打通供氢产业链上下游，提升产业整体的技术研发水平及制造水平。长三院还将引进基础设施装备巨头，推进氢能基础设施建设，建设加氢站走廊，带动装备产业技术升级并降低成本，在长三角地区形成具有基本规模优势的加氢站网络。

除了在氢能产业技术的核心环节和项目建设上做出巨大贡献之外，长三角研究院还积极与地方政府联系，为长三角地区氢能产业的发展取得政府部门的支持。研究院组织成立的氢能产业工作小组多次就"G60 氢走廊"的主题与绍兴市政府、嘉兴市经信局召开研讨会。年内浙江省发改委发布的《浙江省培育氢能产业发展的若干意见（征求意见稿）》及嘉兴市经信委发布的《关于加快嘉兴氢能产业发展的若干意见（征求意见稿）》中明确了浙江清华长三角研究院作为重要参与单位。

为了能够搭建一个开放的氢能产业平台，进一步推进长三角地区氢能产业的协同发展，长三角研究院还联合嘉兴市政府在嘉兴举办了"2019 长三角氢能产业高峰论坛"。论坛上国家相关部委、嘉兴市政府、高校院所、科研机构以及各大企业派出的共计约 400 余人汇聚嘉兴，交流研讨。此外，研究院在 2019 年 10 月 15 日"长三角城市经济协调会第十九次市长联席会议"上与宁波市、嘉定区、金山区、嘉兴市、绍兴市、六安市等地区签署了长三角氢能产业一体化发展框架协议，标志着长三角氢能产业联盟将进一步演化发展成一个长三角地区跨省协作、共同创新的氢能产业生态圈。长三角研究院在长三角氢能产业联盟形成的过程中逐步推进，充分发挥了其在浙江各重要城市均设立了分院的优势，协调了各地政府，整合了各方资源，汇聚了各路英才，充分体现了研究院在长三角一体化发展中可以起到重要的桥梁纽带作用。而这种纽带作用，是其他形式的科研机构、创新平台、行业龙头等由于地理分布、发展目标、核心价值、行业定位、相关经验缺乏等种种因素的制约而无法充分做到的，这也正是长三角研究院北斗七星模式在服务长三角一体化协同创新发展重要价值的体现。

第四节　长三角区域柔性电子技术的发展及应用

1 柔性电子技术的概述

1.1 柔性电子技术及其应用

柔性电子技术可概括为是将有机/无机材料电子器件制作在柔性/可延性塑料或薄金属基板上的新兴电子技术。柔性电子技术的主要应用包括：①通过可穿戴的电子信息装置，监控生命体征和身体状态，以优化保健和生活方式方面的决策；②通过生物标志和植入装置，大幅改善医疗技术的交付，监控慢性病患者及作战士兵的生命体征；③通过嵌入式传感器，监控恶劣环境下运行的汽车、飞机的状态；④通过在各种陆基、海基、空基、天基系统上应用轻质机器人及下一代成像和传感器能力，提升军事行动的安全性；⑤通过与飞机及其他载具平台外形贴合的电子设备，或者将电子设备集成到衣服和织物中，大幅度减小电子系统模块的尺寸和重量。

2000 年，美国《科学》杂志将柔性电子技术列为世界十大科技成果之一，与人类基因组草图、生物克隆技术等重大发现并列。美国科学家艾伦黑格、艾伦·马克迪尔米德和日本科学家白川英树凭借其在柔性电子领域的开创性工作获得 2000 年诺贝尔化学奖。三位诺奖得主预测柔性电子技术将带来一场电子技术革命。据权威机构统计预测，到 2029 年柔性电子产业的直接经济价值将达 773 亿美元，其带动的相关产业市场规模将达万亿美元。

1.2 柔性电子技术与传统半导体产业的比较

相比于传统半导体产业制造设备大、费用高、制造效率低等缺点，柔性电子技术有以下几方面优势：

（1）应用前景：一旦将很柔软的基材应用在设计方面或把线路做成无形的或可折叠的东西，那就跟传统的硬式基材有很大的不同。

（2）制造成本：采用卷到卷（roll-to-roll）印刷工艺，并且在材料的使用上也可避免像光刻技术浪费 95% 以上材料的问题。而采用印刷方式印制上去的面积则等同于使用的面积，其使用率在 90% 以上，以长期发展角度来看，印刷方式会比传统光刻技术的成本低很多。硅 CMOS 晶元一般造价为 10 ＄/cm2，复合半导体甚至更贵，柔性电子实现的理想造价为 0.1 ＄/cm2，从造价就可以看出柔性电子的巨大优势。

（3）投资角度：传统的半导体厂动不动就要数十亿甚至上百亿的投资，但印刷的方式就像传统的印刷只要投资数千万就可把基本的规模建立起来。要强调的是印刷所要用的油墨跟传统的印刷不一样，需要特别研制，开发初期成本由于量少也比较高，但批量生产后成本就会变得较低廉了。

（4）环保角度：传统的半导体产品一般需要在表面镀金属氧化物的薄膜，其废弃物难以彻底分解，对环境污染严重。2017 年 5 月 1 日，斯坦福大学鲍哲南团队创造了一种柔性的电子元件——可分解半导体聚合物，只需要添加弱酸，比如醋酸，就会轻松降解。除了聚合物，该团队还开发了一种可降解的电子电路和一种新型的可生物降解的衬底材料用于装配电子元件。当不再需要该电子器件时，整个器件可被生物降解成无毒组分。

1.3 柔性电子技术研究和产业发展现状

近十多年，由于政策支持和产业发展需求，柔性电子技术吸引着国内外研究人员的高度关注与重视。国内外知名高校先后建立了专门的柔性电子技术研究机构，逐步开展了柔性电子材料、柔性电子器件与制造加工工艺技术等方面的研究。

国外方面，如康奈尔大学、普林斯顿大学、哈佛大学、西北大学、剑桥大学等成立的柔性电子材料研发中心、地方国家实验室和技术联盟等专门研发机构，如美国空军柔性技术研究实验室、柔性技术联盟（Flex Tech Alliance）等，进行着柔性材料、器件和工艺等不同方面的研究，并取得了较为显著的进展。

国内知名高校也在有机光电高分子材料和器件、发光与显示、太阳能电池、场效应管、柔性电子表征和制备、平板显示技术、半导体器件和微图案加工等方面进行了颇有成效的研究。比如，在柔性显示、柔性电源、柔性电子器件及柔性材料等方面取得世界领先研究成果的浙江清华柔性电子技术研究院，在RFID封装和卷到卷制造研究成果比较突出的华中科技大学，在静电纺丝研究成果比较突出的厦门大学等。其中，浙江清华柔性电子技术研究院于2018年7月16至17日在杭州举办了首届柔性电子国际学术大会，为全球产业界、企业界提供了一个了解柔性电子领域前瞻技术进展的重要平台。

1.3.1 我国柔性电子技术研究现状

长期以来，我国半导体行业在国际上处于跟随地位，但在柔性电子领域的学术研究我国一直处于国际领先地位，有希望也有能力探索并解决柔性电子技术中的关键问题，快速实现产业化，构建良好柔性电子生态环境，占领柔性电子产业的制高点。国家自然科学基金委针对柔性电子技术专门设立了重大国际合作项目和系列面上项目，科技部也设立了专项973重点基础研究计划。目前，我国已在OLED柔性显示技术、超级电容柔性电源、柔性电子器件、柔性材料等方面取得了国际领先的成果，并具有完全的自主知识产权。

其中，清华大学在柔性电子技术研究领域一直处于世界前列，清华大学校长邱勇院士在柔性显示领域的研究获得了国家科技进步一等奖；清华大学副校长尤政院士对超级电容等柔性能源的研究取得突破性进展，2011年获得国家技术发明二等奖；2014年，以清华大学冯雪教授为首席科学家的研究团队成功申请到了该领域的首个 973 项目。清华大学的这些已有成果为我国在该技术领域的引领发展奠定了相当扎实的基础。清华大学柔性电子技术的研究成果已经覆盖了柔性显示、柔性电源、柔性电子器件及柔性材料等方面，并取得了世界领先的研究成果。以此为基础，浙江省和清华大学开展省校合作，建立浙江清华柔性电子技术研究院，联合国内相关高校和科研院所，不断输出柔性电子产业前沿技术。

1.3.2 世界柔性电子技术研究现状

鉴于柔性电子技术在各领域的广泛应用，已成为世界各国竞相发展的前沿技术。美国、欧盟、亚太等国家和地区相继制定了柔性电子的重大研究计划并投入大量科研经费，旨在未来的柔性电子研究和产业发展中抢占先机。

（1）美国重视柔性电子技术在各领域的协同发展。

美国在新兴柔性电子领域拥有众多优势，具有世界上最大和最好的研究型大学系统，其中有许多从事柔性电子相关的研究项目。美国还拥有众多世界级企业，这些企业在柔性和印刷电子相关的竞争力、设备、工艺技术以及知识产权方面都是世界一流，并且大部分企业从事重要的研究与发展活动。美国国防部也非常重视柔性电子技术在军事领域的应用，支持必要的研究基础设施的开发，建立了柔性和印刷电子研究中心。美国联邦政府通过国防、民用等众多机构渠道，促进柔性电子技术的发展。

早在 2012 年，美国"总统报告"中便将柔性电子制造列为先进制造的 11 个优先发展的尖端领域，2012 年美国国家航空航天局（NASA）制定柔性电子战略，2014 年时任美国总统奥巴马宣布启动国家制造创新网络中两个新制造机构的建设，其中由美国国防部牵头组建柔性混合电子器件制造创新中心，并在2015 年成立柔性混合电子学制造创新机构（FHEMII）。

（2）欧盟在柔性电子技术领域立项资金强度持续增加。

欧盟优先支持制造业中柔性电子技术发展。作为欧盟最主要的科研资助计划，也是迄今为止世界上最大的公共财政科研资助计划，欧盟系列研发框架计划的第七框架计划（FP7）中 Poly Apply 和 SHIFT 计划投入数十亿欧元的研发经费，重点支持柔性显示器、柔性储能器件和聚合物电子的材料／设计／制造／可靠性、柔性电子器件批量化制造等方面的基础研究。欧盟研发框架计划升级版"地平线2020"计划中也实施了诸多有机电子学的项目，比如"用于大面积智能表面的有机晶体管的先进高分辨率印刷"（ATLASS）项目。除此之外，欧洲各国也纷纷出台柔性电子战略发展计划，如英国的"抛石机"计划、建设英国的未来计划均将柔性电子作为先进制造业的主要发展领域。德国更是投资数十亿欧元，建立柔性显示大规模生产线。上述计划的实施在提升欧盟柔性电子技术，促进柔性电子产业发展中发挥了至关重要的作用。

（3）亚太地区纷纷大力推动柔性电子产业发展。

亚太地区发展柔性电子产业的时间整体上晚于欧美。随着亚太地区对柔性电子产业重视程度的日益提升，多国将发展柔性电子提升到国家重大战略层面上进行规划与实施。例如，《韩国绿色IT国家战略》2010年投资720亿美金发展AMOLED显示技术；日本新一代移动显示材料技术研究协会计划成立先进印刷电子技术研发联盟，支持以印刷与薄膜技术主导的印刷电子产业。

2 浙江清华柔性电子技术研究院

2.1 浙江清华柔性电子技术研究院的成立背景

2.1.1 智能时代机遇

IT行业的发展历程，从硬件、软件、到PC互联网、到今天的移动互联网，随着传感器、大数据、云计算、物联网的广泛应用以及人工智能的不断发展，一个全新的智能化时代即将来临。

当前流行的消费电子产品，如Apple Watch、谷歌眼镜、各种VR产品等都还是硬性电子器件。但在未来，随着人机交互、人工智能、万物互联的深度发展，柔性电子技术将成为开启新时代的关键钥匙，是未来IT产业金字塔塔尖上的明珠。

2.1.2 创新政策机遇

以习近平同志为核心的党中央，高度重视科技创新引领社会发展的重要作用，将科技创新视为创新驱动发展战略的核心。

党的十九大报告指出，从 2020—2035 年，在全面建成小康社会的基础上，再奋斗 15 年，基本实现社会主义现代化。到那时，我国经济实力、科技实力将大幅跃升，跻身创新型国家前列。

浙江省全面实施创新驱动发展战略，从激活企业创新主体、推动重大创新项目、打通科技成果转化通道、激发人才创新潜能、优化创新生态等全方面作出部署，率先建成创新型省份和科技强省，建设"互联网 +"世界科技创新高地。

嘉兴市创建浙江省全面接轨上海示范区、沪嘉杭 G60 科创走廊，将为浙江清华柔性电子研究院提供更为有利的政策机遇，带来独特的地理位置的优越性。

2.1.3 特色小镇机遇

2016 年，省科技厅出台关于发挥科技创新作用推动浙江特色小镇建设的意见，并组织开展首批高新技术特色小镇创建申报工作。

规划建设的柔性电子产业园，将充分配合浙江高新技术特色小镇建设思路，集聚人才、技术、资本等高端要素，实现小空间大集聚、小平台大产业、小载体大创新，打造成为柔性电子产业集群，建成柔性电子的"硅谷"。

2.2 浙江清华柔性电子技术研究院概况

2.2.1 浙江清华柔性电子技术研究院简介

浙江清华柔性电子技术研究院（以下简称柔电院）位于浙江省嘉兴市科技城，是一所新型民办非营利高端科研机构，是浙江省政府与清华大学共同打造的关于柔性电子技术产业发展技术高地的载体，是柔性电子技术产业的科研高地和技术策源地，依托清华大学柔性电子技术研究中心和一流的科学家团队开展工作。浙江省将以"一院""一园""一基金"的整体建设思路推动柔性电子产业的发展，目的是形成全球柔性电子技术看中国，中国柔性电子技术看浙江的大格局。柔电院将打造成为柔性电子技术产业的策源地，成为省校合作的典范。

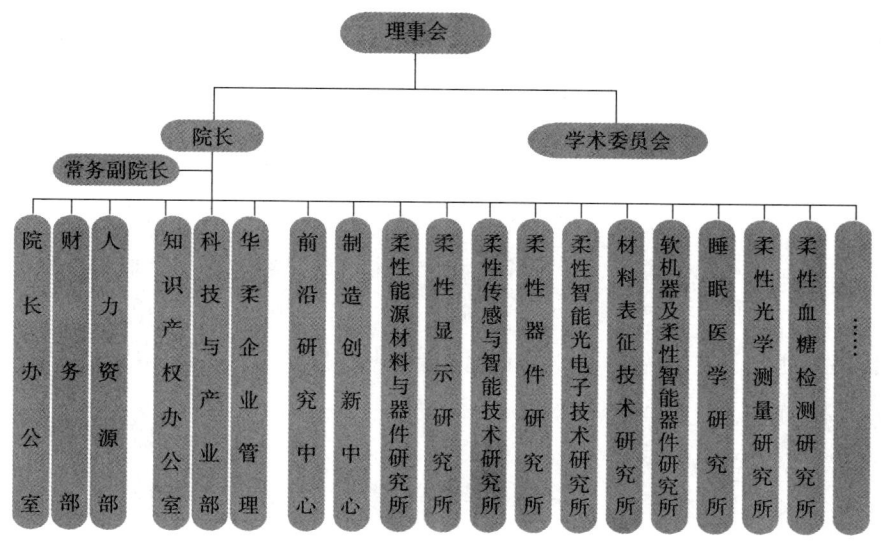

图4-7　浙江清华柔性电子科技研究院组织架构

2.2.2 浙江清华柔性电子技术研究院（以下简称"柔电院"）战略定位和发展目标

柔电院自成立以来，坚持高站位、高标准，着重研究解决柔性电子技术的前沿科学问题和关键技术，交叉融合柔性电子的不同研究领域，坚持"柔性电子技术领域的世界创新高地、中国柔性电子技术发展的策源地、浙江省引领未来的重点产业和浙江省产业升级的重要战略"的战略定位。其发展目标是达到"国际柔性电子技术看中国，中国柔性电子技术看浙江"。

2.3 浙江清华柔性电子技术研究院的特色优势

2.3.1 "一院、一园、一基金"模式创新优势

"一院"即柔电院，是浙江省人民政府与清华大学共同组建的科技创新发展平台，依托清华，立足浙江，面向全球，开展柔性电子关键和核心技术的研发，引领柔性电子产业前沿技术发展，成为柔性电子技术科研与转化的高地。

"一园"即柔性电子技术产业园，坚持"创新、协调、绿色、开放、共享"的发展理念，探索产学研合作、高质量的新型城镇化的发展模式，利用研究院

的吸附效应、政策导向和资金支持逐步聚集和壮大柔性产业，力争在 5 年内打造成为世界高端的柔性电子高新技术产业园，成为以研发、生产、资本、转化、生活及观光于一体的柔性电子产业园，形成产业聚集高地格局。

"一基金"即柔性电子技术产业专业基金，为专业柔性电子技术产业孵化和转化提供必备的基金支持，配备各方面人才实行专家治理团队运作，支持现有的柔性电子技术龙头企业，培育和带动企业上下游进驻聚集区，通过基金投资吸引产业、企业搬迁至或新建在产业园内，快速引导和培育柔性电子技术产业，为我国柔性电子技术的发展和浙江经济转型发展提供持续的动力，形成产业资本高地格局。

2.3.2 人才团队优势

清华大学柔性电子技术的研究成果已经覆盖了柔性显示、柔性电源、柔性电子器件及柔性材料等方面，取得了世界领先的研究成果。柔电院以清华大学柔性电子技术为依托，整合了航天航空学院、材料学院、化工学院、精密仪器、微电子等专业的柔性电子研究力量，并于 2017 年成立了校级跨学科交叉科研平台——柔性电子技术研究中心，充分发挥该中心在国际柔电领域的学术引领作用。此外，以省校合作为基础，联合柔电领域具有国际、国内影响力的专家和学者，吸众家之长，不断输出柔性电子产业前沿技术。这些将为柔性电子高新技术产业园的发展提供强有力的技术和人才支撑，有利于架构全生态的柔性产业链，将学术成果进行产业转化。

2.3.3 产业配套优势

柔电院所在的嘉兴市是长三角经济发达地区，产业基础雄厚，人才、技术、资本等创新资源丰富，已成立嘉兴科技城、张江长三角科技城、乌镇互联网创新发展综合试验区、清华长三角研究院和中科院应用技术研究院等园区和科研院所，并致力于打造"1+2"高新技术产业发展体系（科技服务业＋网络信息技术＋高端装备制造），先后培育出闻泰通讯、德景电子、斯达半导体、凯实生物、博泰生物、华嵺机电、昱能光伏等一大批优秀企业。同时积极融入上海松江区的沪嘉杭 G60 科创走廊和杭州的"城西科创大走廊"，不断加强与沪杭的跨区域园区合作。

柔电院周边有三条高速公路，是推进沪杭嘉一体化发展的战略节点。未来，嘉兴城市轨道交通 2 号线也将经过这里，交通优势明显。

2.3.4 开放式科研机制优势

柔电院的科研机制主要有以下 5 个方面：

（1）创新引领机制：依托清华大学柔性电子技术研究中心等科研机构，引领全球柔性电子科学研究，面向柔性电子产业需求，引领中国柔性电子技术研发及成果转化。

（2）创新标准机制：在技术研发、产品研制、应用推广的全过程中，领航标准策划和制定，为技术发展和转化提供基础，技术支撑为产业发展提供保驾护航。

（3）创新培育制度：创建中试技术大平台，帮助创业团队走出"死亡峡谷"，设立柔性电子创业基金，为创业团队提供发展的第一块基石。

（4）创新回流机制：探索全产业链资金和人才回流机制，形成产业反哺技术研发，反哺创新研究的良好反馈机制。

（5）创新协同机制：通过"一院、一园、一基金"模式实现产业链全生态协同，实现创新链、技术链及资金链、人才链之间的有机协同；通过"制造业创新中心"平台，实现柔性电子上、中、下游之间技术和产业的有机协同。

3 柔性电子与智能技术全球研究中心

2016 年 12 月，清华大学和浙江省政府签订了"关于推进柔性电子技术领域合作的框架协议"。2017 年浙江清华柔性电子技术研究院、柔性电子与智能技术全球研究中心先后在嘉兴与杭州两地成立，浙江省政府打造柔性电子技术策源地的"双城模式"正式开启，将以"一院、一园、一基金"的整体建设思路推动柔性电子产业的发展。

柔性电子与智能技术全球研究中心聚焦柔性传感、柔性显示、柔性能源、柔性健康医疗、柔性集成电路及芯片等方向和领域，包括科研创新、军民融合、企业孵化三大板块。将打造成全球领先的柔性电子技术顶尖科研技术机构，成为世界及我国柔性电子与智能技术的科研高地和技术策源地。

据了解，清华柔性电子与智能技术全球研究中心将打造开放式科研平台，下设十大研究所，在成立后的 3—5 年内，计划引进高端专业人才 300 人以上。此外，还将建设孵化平台，承接全球柔性电子与智能技术创业创新项目，打造全产业链集群，培育行业"独角兽"。预计 5 年内优选 100 余家企业入驻，培育 4 到 5 家上市企业，2 个院士流动工作站、博士后流动工作站。

展望未来，柔电全球研究中心将形成四个高地：构建柔性电子与智能技术全球研究中心，形成国际人才高地；建成世界一流的柔性电子技术研究院，形成科研技术高地；打造国内首个柔性电子产业高新技术特色产业园区，形成产业聚集高地；创立一个柔性电子技术产业专业基金，形成产业资本高地。

4 柔性电子技术的应用

随着新时代的到来，各种革命性的新技术如雨后春笋般出现并迅速发展开来，如人工智能、信息技术和柔性电子等。这些新的技术从不同的层面为人类提供了新的生产和生活方式。其中柔性电子技术可以将传统的电子器件转变为柔软的、可以穿戴的便携式设备，大大改变人们的生活。当前，柔性电子技术已经不仅仅停留在实验室，柔性显示屏、穿戴式的心率和心电监测仪等已经广泛出现在市场上。

柔性电子器件是柔性电子的主要体现形式之一。以柔性材料为基础，结合微纳米加工与集成技术，设计制造可实现逻辑放大、滤波、数据存储、信号反相、数字运算、传感等功能的新一代柔性电子元器件，是信息技术发展的迫切需求。柔性功能材料所具有的光、电、磁、热、力等独特的物理和化学性能，使得柔性电子器件可被广泛用于柔性显示、数据加密、可穿戴感知等智能化电子系统。

当前，电子信息产业仍以刚性器件和系统为主。经过近百年的技术积累，刚性器件具有成熟的加工装备、高运行速度、高精确性、高稳定性等优点。然而，经典硅基电子学的局限性受摩尔定律的影响日益突出。柔性电子的诞生为经典电子学的发展提供了新的方向，触发了新形态电子设备的产生，也将使人们的日常生活发生革命性的变化。如可折叠、可卷曲，柔性显示器将改变现有图片和影视的呈现形式，使手机、电视等消费电子产品的形态更新颖、轻便。

柔性电子皮肤可集成多种柔性传感器，通过优化柔性器件与生物中枢神经系统界面，帮助义肢实现感知功能，赋予机器人具有、甚至超越人类皮肤的智能仿生触觉功能。柔性健康传感器可以贴附于人体用来对体温、心率、心电、脑电波、血压、汗液和血液组分等健康参数持续检测，并对相关数据进行智能分析和存档，实现人体健康状况的评估与疾病的远程诊断。柔性健康监测系统，可随时随地持续监测人体健康状态。

　　柔性电子具有轻薄、低能耗、好的生物相容性和可调控力学性能等，这些特征使得健康监测系统可长期贴附于人体皮肤而不影响人们的日常活动。智能穿戴设备可将应用软件和网络进行无线连接，实现远程办公和休闲的结合，也可实现诸如基于生理电监测的意念控制技术。可植入的柔性电子设备为复杂疾病的治疗，如帕金森、癫痫、抑郁症等提供了新的治疗手段。

　　近年来，人工智能技术的发展推动了语音识别、机械控制和经济政策决策的精准化、智能化、高效化。柔性电子是人工智能的基础支撑，将引领和拓展人工智能技术在更多领域的应用。柔性人工神经形态芯片可实时模拟人类大脑进行学习与高速运算，从而满足人工智能技术对云计算等超强处理算法的硬件需求。柔性电子的智能化特质使得其在未来信息技术中具有不可替代的作用。

　　在国防科技创新和航空航天领域，武器装备的智能化和集成化已成为当前的发展趋势。柔性电子可融合智能材料、传感器、信息传输与处理等前沿技术，提升相关装备与系统的智能化水平，推动航空航天的发展，服务国防现代化建设。深入开展柔性电子领域的研究是驱动我国全面创新发展的新引擎。

5 柔性电子技术发展面临的机遇与挑战

　　有分析指出，柔性电子是在学科高度交叉融合基础上产生的颠覆性科学技术，能够突破经典硅基电子学的本征局限，可为后摩尔时代器件设计集成、能源革命、医疗技术变革更新换代等提供创新引领，是我国自主创新引领未来产业发展的重要战略机遇。在新一轮科技革命和产业变革中，柔性电子是我国自主创新引领未来的重要战略机遇。应把握住发展柔性电子这一产业，寻求重大理论突破，掌握核心关键技术，产出引领性原创成果，提高我国相关学科原始创新和自主创新能力。

市场是推动技术发展的原动力，也是检验技术可行性的重要标准。如何使实验室阶段的研究成果转化为产品，进入千家万户，是目前柔性电子领域面临的巨大挑战。市场的推广和需求反馈将为柔性电子带来巨大的发展动力和指导。柔性显示屏的需求已经具有一定的苗头，它将作为一个范例，引领柔性电子的发展。此外，其他领域，如柔性线路、柔性传感器和柔性电源等也将随着需求的增加，成为新的经济增长点。

柔性电子是第四次技术革命中先进制造行业的重要一环。如何获得技术的原创性突破，以及如何通过市场的检验，是柔性电子技术领域需要克服的困难。柔性电子目前处于发展的关键时期，如何持续不断地开展技术创新、增进产学研合作、推动产业化发展，亟需各界进一步的合作。

此外，柔性电子并不是孤立的技术，它与大数据、人工智能及主动健康等多种技术领域相互贯穿，作为主导技术或辅助技术，实现综合的功能。因此柔性电子技术将在多个方面和领域出现于人类生产、生活中。作为技术突破的关键时期，如何发展柔性电子技术，抓住柔性电子领域的新机遇，是值得我们深入思考的问题。

第五节 长三角一体化战略下协同创新驱动发展存在的问题及建议

1 长三角区域协同创新驱动发展中存在的问题

1.1 行政区划和本位利益不一致，导致区域协同创新难以实施

长三角地区各地市，由于地方保护主义和行政区划的影响，在科技合作过程中仍将自己的本位利益作为出发点，导致各地之间的科技合作无法实施，很难实现真正的合作共赢。行政区划的存在也导致各地方政府之间存在政绩的非共享性和排他性，不愿意与其他区域共同分享由 R&D 投入带来的技术外溢。与此同时，由于三省一市之间的地方条例、科技政策分别只适用于本区域，所以长三角地区缺少统一的鼓励区域联动发展的科技创新的政策，同时由于标准、

税收减免比率不同，三省一市之间科技企业及成果的认定也出现互不认可的情况。创新要素的地方垄断和封锁仍然存在，为科技合作带来了瓶颈羁绊，难以形成区域统一的共同市场，阻碍了区域内各种创新要素的合理流动和有效配置。行政区划的不统一还直接导致长三角城市之间的竞争，这种竞争就会使得区域内的政策很难统一，导致人才、资金、贸易等经济发展要素流动走向不平衡，进一步导致科技协同合作的难度增加。

1.2 科技服务机构布局未一体化，导致区域协同创新难以深入

经过多年的发展，各地区的科技发展中心诸如科技咨询、技术市场和人才市场的业务已经初具规模，科技服务机构的作用日益凸显，在企业发展和专家科技服务对接等方面发挥了一定的作用。但是面对科技合作和一体化布局的发展需求，当前的科技服务机构中仍然存在一些问题，一是三省一市的科技服务机构名称不同、业务范围不一致、联络处室不对等、活动经费不保证，从而导致服务的内容不能全覆盖，活动联络协调不顺畅，大型有影响力的活动无法开展；二是在科技服务机构和平台建设上缺乏长三角统一的技术市场，没有统一的技术交易网络，市场不规范，技术经纪人的合法权益无法得到保障；三是缺乏专门机构落实和推动长三角科技具体协同工作；四是受户口、档案、身份、住房和社会福利等体制性障碍的影响，长三角人才资源配置市场化程度不高，影响了人才的合理流动，甚至出现了人才的恶性竞争。

1.3 科技资源共享平台制度缺乏，导致区域协同创新难以操作

从制度层面看，长三角科技资源共享没有明确规定政府和科技资源管理单位的权利、义务和责任，导致科技资源共享缺乏明确的制度和具体运行机制的支持，使得共享实践缺乏操作层面的规则，在具体实践中也存在障碍。另外，长三角地区虽已建立了一些大型仪器共享平台，由于跨区域推进工作机制不够紧密，还没有形成一套相对成熟、固定的专人管理的模式，从而限制了其跨区域服务能力，影响了大型仪器设施的实际共享效果。四地间科学数据库、专家库等创新要素资源仍未完全开放共享（2019 年 6 月 24 日，由阿里巴巴参与建设的"长三角 G60 科创云"平台正式宣布上线。2019 年 8 月 31 日，依托科学家在

线大数据和技术支持的"长三角云上科创服务平台"发布，通过云端整合全球智力资源，推动长三角产业转型升级），公共数据资源的获取与流动比较困难，这是制约联合攻关项目进一步扩大、复制的关键因素。此外，大部分地区创新券仅限于本地区，未实现长三角区域互通。2019 年 12 月 13 日，长三角双创示范基地联盟全体大会上，上海市杨浦区、常州市武进区、嘉兴市南湖区、合肥高新区作为试点区域，第一张可异地通用通兑的"双创券"发出。目前浙江的创新券可以面向上海使用，但区域内通用通兑尚未真正意义上实现。

2 促进长三角区域协同创新驱动发展的建议

2.1 打破行政区划壁垒，严格落实现有规划

解放思想，打破行政区划壁垒，对长三角科技整体发展进行统一规划和设计。目前，长三角已出台了《长江三角洲区域一体化发展规划纲要》等相关规划、计划或协议，这有助于三省一市跨行政区域整合资源进行长远发展。长三角各省市应严格落实规划内容，坚持协同建设和发展，共同构建创新服务平台和信息网络，促进资源和创新要素的整合和流动，形成区域整体创新功能。

2.2 依托现有平台组织，建设专门协同机构

依托现有的平台、联盟或组织，将其打造、建设成为专门推动长三角科技协同创新的机构或组织，使以往松散的协调机制发展成为具有具体工作职能、工作任务和目标的协同平台。以"长三角科技中介战略服务联盟"、"长三角双创示范基地联盟"等为基础，赋予其具体的工作职能和工作任务，在联盟中成立专门的工作小组，分别负责推进三省一市间创新券的通用通兑、科技资源条件的整合协同、联合攻关指南的制定建议、联合攻关项目的培育和推荐等，将其建设成为跨区域的、集聚众多创新要素和具备科技创新资源整合能力的运营组织，以充分发挥中介运营机构在长三角协同创新体系建设中的组织、协调作用。最终形成由"科技部"牵头，"长创联办"为落地实施管理机构，"长三角科技中介战略服务联盟"为具体操作组织的运营机制。

依托"长三角双创示范基地联盟"平台，把推进科技创新券的区域互通互

用作为科技领域全方位机制创新的突破口，在长三角区域"三省一市"范围内，实现"三省一市"政府发放的创新券通用，便于科技型企业自主选择合作伙伴和成果转化基地，实现科技资源的高效配置。推进区域性行业协会、学会建设，争取全国性协会、学会、研究会等落户长三角区域。

2.3 建立资源共享机制，实现资源高效共享

建立高度协同、统一管理和统一评价的科技制度和利益共享机制。制定统一的科技成果评定制度，实现成果的互认，统一各地区税收减免比率，促进长三角地区科技协同发展。共同研究制定区域协同的人才引进制度，避免人才的恶性竞争，促进人才的合理流动，联合发展高等教育，提高区域整体高等教育水平，鼓励区域内的企业与高等院校、科研院所，跨区域联合开展项目合作。建立科技合作交流制度，促进四地各类科技服务机构的交流合作，形成市场化、专业化、一体化的创新创业服务网络。

联合共建科技教育信息网、大型公共仪器服务网，对高技术信息库、国际技术标准库和专家库实现联网共享。联合建设一批专业研究院、工程技术研发中心、重点实验室、中试基地、生产力促进中心或区域创新服务中心和博士后流动站（工作站）等各类研发机构和科技服务机构，鼓励区域内的企业与高等院校、科研院所，跨区域联合设立研究开发机构、工程技术研究中心、企业技术中心、企业博士后流动站等。

第五章

长三角一体化中的金融协同与风险防控 [①]

第一节　长三角一体化战略与价值站位

1 长三角一体化战略

长三角一体化已经成为我国确立的重大发展战略。党的十九大报告提出，要"统筹推进区域协调发展战略，创新引领率先实现东部地区优化发展，建立更加有效的区域协调发展新机制"。2018 年 5 月，习近平总书记在《关于推动长三角一体化发展有关情况的报告》上作出重要指示，成为推进长三角一体化发展的历史节点。2018 年 6 月 1 日，长三角地区主要领导座谈会在上海召开，审议并原则同意《长三角一体化发展三年行动计划（2018—2020 年）》和《长三角地区合作近期工作要点》，标志着长三角一体化进入实质推进阶段。

1.1 经济、金融发展的长三角情话

长三角城市群已经跻身国际六大世界级城市群，是"一带一路"与长江经济带的重要交汇地带，更是我国经济版图中传统的重心区域。长三角区域面积 21.17 万平方公里，占全国国土面积的 2.2%，但人口占比却是 11%，GDP 占比

[①] 本调研组主要成员：吴大器、赵宇梓、孙海鸣、黄泽民、唐豪、董鑫旺、沈晓阳、孟令余、潘旺欣、姚楠燕等。组长：吴大器。

更是高达 20%。从人文角度来看，长三角的经济、金融发展是一段人口、文化融合渗透的地缘情话。

长三角的人口资源分布均匀，梯次有序。和珠三角、京津冀不同，长三角城市群以上海为中心，一超多强，众星拱卫，在人口资源上这个特点尤为明显。目前，长三角总人口规模约 1.5 亿，空间分布梯次分明，既有像上海这样实际常住人口超过 2 000 万的超大型城市，也有南京、杭州等城区人口在 1 000 万左右的特大型城市，以及苏州、合肥、宁波等区域中心城市。梯次分布的人口集聚状态，既有效保证了长三角区域人口总规模的居高不下，也使得长三角人口流动主要体现为区域内中心城市之间的此消彼长，保证了在全国的人口吸引力。目前，长三角人均 GDP 达到 108 225 元 / 人，远超全国平均水平 59 660 元 / 人，毫无疑问，长三角当前仍然是人力资源价值的全国高地。

长三角的人文历史相容相通，一脉相承。长三角地缘相接，人缘相亲。在三省一市发展的历史过程中，文化相融，文脉相通。长三角地域文化包含海派文化、淮扬文化、吴越文化、徽派文化，这些文化既有鲜明的地域色彩，也有崇文崇教、崇工崇商、兼容和谐、开放创新的共性。四地文化交融渗透，一脉相承。从语言角度看，上海、江苏南部、浙江、安徽南部等都属于我国传统的吴语方言区，在间接层面上，增加了居民的本地化意识，促进了人口流动和经济协作。

在长三角的区域发展中，实体经济的全面均衡实力奠定了核心基础，金融领域的开放与改革又在神州大地独领风骚，演绎着近三十年的长三角情话，令人感叹。

1.2 区域一体化战略的长三角情缘

长三角区域一体化战略的实施推进，具有非常雄厚的现实基础条件。三省一市交通相连、产业互补、科技创新资源高度集聚，在区域一体化发展战略的引导下，共同演绎出鱼水交融、互促共进的长三角情缘。

长三角地区交通优势显著。截止 2017 年底，长三角共有 17 个机场，铁路里程和高速公路里程均突破 10 000 千米。随着南京长江大桥、崇启大桥、杭州湾跨海大桥等关键枢纽的建成通车和我国高铁的飞速发展，长三角各节点城市到中心城市上海的最短时间距离迅速缩短，长三角地区内以上海为中心的"三小时经济圈"空间范围不断扩大，覆盖了邻近三省的大部分地级市。长三角的陆路运输、航空运输、水路运输都处于世界一流、全国领先的发展水平，保证了人流、物流的畅通快捷。

长三角区域产业与资本的优势显著。长三角三省一市，产业特征明显，产业结构互补，各地支柱产业协调发展。上海汇集了全国约30%的金融机构总部，上海吸引的外资外企数量约占全国的15.7%。浙江民营经济活跃，中小微企业数量庞大，以阿里巴巴为龙头的"互联网＋"产业优势突出。江苏实体经济基础扎实，是传统的制造大省，在航空航天、轨道交通、智能制造等领域的高端装备业发展迅猛。安徽省正在紧锣密鼓地推进高端制造、智能制造、绿色制造、精品制造和服务性制造等"五大制造"工程，力争尽快迈入制造强省行列。长三角总体拥有全国33.9%的上市公司数量，34.7%的外资企业数量，产业与资本的集聚水平均远超全国平均。

长三角科技创新资源集聚优势显著。作为全国最高级别的科研机构，中科院旗下研究实力居于世界领先水平的生命科学研究院、药物研究所、有机化学研究所、硅酸盐研究所、微系统与信息技术研究所、合肥物质科学研究院等机构，均落地于长三角区域。长三角的上海、南京、杭州、合肥等城市均具备数量庞大、办学水平一流的高等院校，高素质的科技人口规模傲视全国。张江科技园、苏州工业园等产业园区是全国顶级的技术创新策源地。阿里巴巴成立了达摩院，三年内投资1 000亿人民币，聚焦量子计算、机器学习、视觉计算、自然语言处理、人机交互、芯片技术、金融科技等诸多领域推进技术创新。

长期以来，区域一体化发展一直是上海、浙江、江苏、安徽共同的心愿，长三角区域一体化战略早在三十多年前就由当时的相应区域合作机构组织研究和构建，它是长三角区域各种要素发展进程中的规律体现，长三角一体化情缘已经到了水到渠成的时点。

1.3 新时代上海担当的长三角情怀

长三角的一体化推进离不开领头羊。上海作为长三角区域的经济金融中心城市，长三角产业链条的节点和中枢，长三角文化、人口、交通、科技领域的枢纽，需要有主动担当、引领新时代长三角一体化发展的责任情怀。

2017 年，李强同志就任上海市委书记后，主动与苏、浙、皖进行对接，提出"规划对接、战略协同、专题合作、市场统一、机制完善"五个着力点，牵头组建长三角区域合作办公室，围绕"能干什么、要干什么、怎么干"着手制定长三角一体化发展三年行动计划。2018 年 1 月，李强书记在参加上海市政协十三届一次会议时说："长三角一体化发展已经到了全面深化的阶段，我们要以习近平新时代中国特色社会主义思想为指导，进一步统一思想、形成合力，在规划对接、改革联动、创新协同、设施互通、公共服务、市场开放六个方面加强聚焦，深入推动长三角城市群高质量发展。"2018 年 5 月，上海市委常委会召开专题会议，传达习近平总书记的重要指示："长三角更高质量一体化发展，上海要起龙头带动作用。"会议指出，上海要"更加深刻地领会习近平总书记关于长三角一体化发展的重要指示精神，坚决按照中央决策部署，乘势而上，积极作为，以更加强烈的使命担当、更加积极主动的行动和更高的工作标准，对推动长三角更高质量一体化发展进行再谋划、再深化，更好地引领长江经济带发展，更好地服务国家发展大局"。会议认为，"推动长三角地区实现更高质量的一体化发展，是中央要求，也是上海提升城市能级和核心竞争力的重要载体、使命所在。全市上下要着眼大局、服务全局，找准工作对接点和着力点，在积极参与和支持长三角更高质量一体化发展中拓展发展空间，赢得发展机遇"。显然，新时期上海所体现出的长三角情怀，是一种民族的情怀、开放的情怀，也是长三角区域共同的发展情怀。

2 长三角一体化的价值站位

2.1 国家格局中的长三角定位：龙头枢纽

长三角一体化的宏观新定位需要着眼高屋建瓴，面对全球城市、经济、金融新格局，上海已有的五个中心要引领协同长三角区域共建世界级"长三角城市、经济、金融集聚的大湾区"，提升长三角城市、经济、金融一体化、系统性的"钢铁三角构成的全球港湾"的价值，面向世界创建国家"一带一路"经济金融服务体系的桥头堡。

从全球来看，城市群已经成为世界经济重心转移的重要承载体，影响着未来世界政治经济发展的格局。从国内来看，城市群也是引领我国经济发展转型的"主引擎"、创新发展的"主阵地"。长三角肩负着对内带动中西部地区发展、对外参与全球合作竞争的双重任务，实现更高质量的一体化发展，是长三角服务国家发展大局的责任和担当。打造具有全球影响力的世界级城市群，把长三角建设成为长江经济带和沿海开放地区交汇的国民经济金融龙头和枢纽，建设成为未来二十年我国经济转型发展新的增长极，全国贯彻新发展理念的引领示范区，全球资源配置的亚太门户。这就是国家格局中长三角一体化的战略价值——龙头枢纽。

2.2 长三角一体化的发展定位：航空母舰

长三角一体化的中观新定位需要着眼融通互补。面对长三角一体化成为国家战略新态势，上海与苏、浙、皖要优化已有的优势、层次与布局，在各自已有的城市、经济、金融五年规划的基础上，作同步微调，优化长三角一体化下的城市、经济、金融规划，构建服务长江经济带的长三角平台体系，构建沪、浙、苏、皖各自特色打造的多彩融合增长极（城市、经济、金融），分步组建长三角金融服务监管体系，率先成为国家综合信息共享示范区、信用示范区、金融风险防范机制建设示范区，为国家的京津冀、长三角、粤港澳和"一带一路"长江经济带的形态布局，为上海乃至长三角金融服务全国大局，构筑坚强中间支持平台。这就是长三角一体化发展的规模——航空母舰型定位。

2.3 上海在国家区域布局中的责任：核心城市

长三角一体化的微观新定位需要着眼自我提升。面对上海新时期"5+1+4"的责任担当（五个中心，上海自贸区和四个品牌建设），上海的城市、经济、金融要按习近平总书记2018年11月5日国际进博会开幕讲话中提出的对上海的三大新任务的方向引领，打开国际视野，打通区域藩篱，开放包容，大气谦和，跳出已有上海的经验、做法，把上海的目标、坐标，与长三角一体化的责任、担当衔接，做细战略定位、规划对接、信息对接共享、产业布局优化。

中央要求上海加快建设国际经济、金融、贸易、航运和科技创新"五个中心"，建设卓越的全球城市和具有世界影响力的社会主义现代化国际大都市，说到底，就是希望上海更好地代表国家参与国际合作和竞争。加强和长三角城市的联动，引领长三角参与世界经济格局竞争，带动长江经济带发展，这就是上海作为核心城市在国家经济整体布局中的历史责任。

2.4 金融在长三角一体化中的发展定位，助力实体经济建设区域金融协同体系的先行区

长三角是全国金融市场集聚高地，金融中心地位突出，主要表现在三个方面：

一是金融机构体系较为完整。截至 2018 年 5 月底，长三角共有 498 家商业银行、28 家证券公司、18 家信托公司、58 家保险公司和 41 家基金公司，金融机构总数为 643 家。长三角金融机构总资产合计为 87 930 亿元，占全国比例约为 18%。2017 年，长三角金融业增加值合计为 1.7 万亿元，占全国的 26%，显著高于京津冀的 17% 和珠三角的 11%。2017 年长三角金融业增加值增速为 12.59%，位居全国之冠。

二是长三角金融市场功能完善。长三角具有全国最完备的金融要素交易市场。发达的金融要素市场催生了金融机构的集聚和金融资产交易的活跃度从资本市场角度来看，截至 2017 年末，长三角共有 1177 家上市公司，占全国上市公司数量的 1/3，远超珠三角的 573 家和京津冀的 396 家。截至 2017 年末，长三角新三板挂牌企业数量 3 587 家，约占全国的 1/3，其中新三板创新层挂牌企业 375 家。交易规模方面，2017 年长三角证券交易总额约 280 万亿元，同比增加 2%，近 5 年的年均复合增长率高达 39%。交易活跃度方面，2017 年长三角证券交易总额是 82 万亿元，是长三角证券市场存量规模的 5.11 倍。

三是长三角金融行业对外开放程度较高。长三角外资银行金融机构资产规模多年来一直显著高于其他地区。截至 2016 年末，长三角共有外资银行业法人机构 26 家，分支机构 323 家，占全国的 59%。外资机构资产合计 15 730 亿元，占全国的 55%。

金融在长三角一体化的发展定位，主要围绕长三角范围内跨区域的金融协同和金融风险防范两个互为表里、紧密关联的主题展开，从金融协同上着力，助力实体经济为长三角一体化的城市群发展经济和实现高质量发展保驾护航。

具体包含以下几个方面：

（1）长三角金融协同有利于推动区域金融政策、金融数据信息和金融市场交易要素的一体化，推进区域金融市场一体化建设。以长三角各地金融集聚区的共建和发展为基础，从地方政府、金融监管和金融机构三个层面共同建立长三角规范高效的金融协同信息共享机制，推动长三角金融发展规划一体化，有利于在长三角区域推动金融政策、信息的同步和共享，促进交易对象在长三角内按统一的规则进行交易，统一实施金融工具使用的规范准则，实现长三角金融交易工具一体化，消除跨区域金融套利的空间；有利于发展数字经济，通过信息流带动长三角金融数据和信息的标准化，推进金融数据资源的统筹运用，推动数字经济时代下普惠金融的一体化，服务更多中小微企业和中低收入群体；有利于通过大数据、智能风控来反欺诈和降低风险，提高金融平台的运营效率和安全可靠性。

（2）长三角金融协同有利于充分发挥资本市场对实体经济的服务功能，助推产业链价值提升和长三角产业布局整体优化。首先，长三角金融协同可以有效促进多渠道推进长三角多层次立体化资本市场体系建设，覆盖长三角企业全生命周期，建立不同生命周期阶段的长三角企业上市挂牌资源后备库，推进长三角培育梯度有序的优质上市和挂牌企业资源；其次，长三角金融协同可以充分发挥资本市场对实体产业的服务功能，利用多样化的金融工具提升长三角资产证券化率，支持企业利用多样化的金融工具开展企业融资和产业并购整合，优化长三角优势产业和重点产业上下游生态；最后，长三角金融协同可以探索开展跨区域金融服务实体经济创新举措，重点开展"PE+上市公司+政府产业引导基金"等产融发展新模式，鼓励有产业链影响力的龙头公司发展供应链金融，构建区域间良好的产业生态。

（3）长三角金融协同有利于三省一市金融行业错位发展，提升整体竞争力。强化长三角各地金融等级与城市等级的一致性，打造适应各城市产业发展的金融生态圈，形成区域内金融分工和互补局面。

在整体规划、分步实施中，循序渐进地建设长三角区域金融协同体系和长三角区域金融风险防控体系，为最终形成世界级的长三角金融港湾创造条件。

第二节 长三角区域金融调研综述

1 确定调研计划

2018年初，中共中央政治局委员、中共上海市委书记李强同志在上海"两会"期间，多次就长三角一体化发表重要讲话。"长三角金融协同发展与风险防控"调研组成立并依此制订了调研方案。调研按长三角区域的浙江、安徽、江苏、上海的顺序分省（市）进行。此前，2018年2月份，调研组核心成员先后前往中国人民银行上海总部、上海市金融服务办公室、上海市证监局、上海市银监局、上海市保监局进行调研与交流，为长三角区域的金融调研确定了相应的系列提纲，优化了已有的调研内容。

调研方案确定2018年3月去浙江，2018年6月去安徽，2018年9月去江苏，分别进行为期3~4天的现场走访、座谈交流。调研提纲主要涉及以下内容：第一，各省金融业发展的总体情况，当前发展面临的难点和痛点；第二，各省地方金融改革的主要做法，有关的成功经验和推广路径；第三，各省"十三五"金融发展计划的总体定位，对长三角地区金融发展规划衔接、发展定位、布局错位发展的建议；第四，各省在民营企业上市辅导和培育方面成功的政策体系和好的做法；第五，各省在营商环境建设方面的有效做法；第六，各省对深化长三角金融合作、推动长三角区域金融协同发展的需求和建议；第七，对互联网金融企业跨区域协同监管的看法与建议；第八，各省"金融支持产业转型升级改革创新试验"的做法。

上海的调研内容与国务院参事室的新型金融防控机制的调研合一进行，着重对金融风险防范进行专项研究。整个调研由上海市政府参事室经贸金融组为主牵头进行。2018年10月至12月，对整个调研进行全面梳理和总结。

2 浙江省相关调研综述

2018年3月中旬，调研组赴浙江省交流调研，实地考察了杭州梦想小镇、萧山湘湖金融小镇，实地走访了阿里巴巴蚂蚁金服公司、中安金控有限公司和信泰人寿保险股份有限公司，在浙江省政府与省参事室、省发改委、省金融办、中国人民银行杭州中心支行、省银监局、证监局、保监局等部门负责同志召开座谈会，形成了浙江调研的基本内容。可分述如下：

2.1 对浙江省结合服务社会与企业的"最多跑一次改革"留下深刻印象

首先，企业投资项目"最多跑一次"的实现路径：按照走在全国前列、对标国际一流的更高要求，坚持"技术＋制度"双轮驱动，以国家投融资创新试点省建设为契机，以发改部门牵头"一窗服务"为基本路径，以专业、高效的政府代办服务为重要支撑，以浙江政务服务网投资项目在线审批监管平台 2.0 版为技术支撑，推动投资项目 100% 应用平台、100% 系统打通、100% 网上审批、100% 网上申报，重点通过"数据跑"代替"企业跑"，实现项目业主的"最多跑一次"，进而向"减次数、减时间、减材料、减费用"的更高水平迭代优化。

其进展成效为：高水平建设应用在线平台 2.0 版，推进平台一体化。在按国家要求建设投资项目在线审批监管平台的基础上，按照企业投资项目"最多跑一次"改革的要求，高水平建设了省市县横向、纵向一体化的在线审批监管平台 2.0 版。2017 年 10 月，在线平台 2.0 版实现了省内 11 个市、89 个县（市、区）全覆盖；12 月在线平台 2.0 版 100% 系统打通、100% 网上审批、100% 网上申报也顺利实现，全省项目审批事项办理 123 个相关信息系统，全部实现与在线平台 2.0 版系统打通和数据共享，实现"4 个 100%"目标。12 月在"打破信息孤岛"第四次专题会议上，成功在线演示了企业投资项目开工前审批"最多跑一次"。

积极做好投资项目审批事项标准化和"八统一"，推进审批服务事项清单化。1. 事项标准化。对照 2002 年以来国务院关于取消、保留、调整审批事项的 19 个文件，完成全流程审批事项的梳理，由省政府发布《浙江省投资项目行政审批等事项目录》（2018 年 1 月份的文件），共 51 个主项、100 个子项。2. 材料简化。推进投资项目"八统一"（主项名称统一、子项名称统一、适用依据统一、办理时限统一、申请材料统一、申请表单统一、办事流程统一、业务流程统一），按照"能减则减、能合则合、能共享则共享"原则，减少项目业主申报材料。

深化放管服结合的配套改革，推进审批流程最优化。1. 积极推行企业投资项目承诺制改革。制定出台《浙江省人民政府关于推行企业投资项目承诺制改革的指导意见》（2017年）按照"政府定标准、企业作承诺、过程强监督、失信有惩戒"的原则，重点在省级以上经济技术开发区（高新区）、产业集聚区、特色小镇，大力推行以准入标准替代审批的企业承诺制。2. 积极推进企业投资项目发展改革部门"一窗服务"试点。这个也在2018年写入省委1号文件。深入实施"区域能评＋区块能耗标准"、"区域环评＋环境标准"改革。制定出台《关于全面推进施工图联合审查的实施意见》。制定出台《关于全面推进建筑工程"竣工测验合一"改革的实施意见》，完成省公共信用信息平台与在线平台2.0对接，实现了信用信息的查询应用。

探索推进"标准地"试点，推进规划用地标准化。《企业投资项目发展改革部门"一窗服务"实施方案》已经省委深改组会议审议通过、省政府办公厅批复，并由发改委印发。

加强中介机构监管，推进中介服务市场化。根据有关法律法规，全面梳理了中介服务事项，清理调整不合理行业管理政策，对符合资质要求的中介机构放开市场准入，加快培育竞争主体，加强对中介机构监管，进一步规范收费标准。

2018年工作思路为持续迭代优化在线平台2.0版，实现"4个100%"常态化，按照"减次数、减时间、减材料、减费用"的路径，聚焦高质量，纵深推进企业投资项目"最多跑一次""最多100天"改革，不断改善浙江省营商环境。

其中，减次数：全面应用和迭代优化在线平台2.0版，以"一口受理、在线咨询、网上办理、代办服务、快递送达"办理模式，以"数据跑"替代"企业跑"，推动企业投资项目开工前审批"最多跑一次"向竣工验收前"最多跑一次"延伸。减时间：坚持效率优先、创新机制，加快复制推广标准地、承诺制、发改部门牵头"一窗服务"、中介改革等试点经验，规范完善企业投资项目代办制度，推进各类改革叠加、集成，紧盯环评、施工图联审等耗时长的重点环节，提高中介服务和政府审批效率，全面缩短企业投资项目开工全流程时间，深入推进"最多100天"改革。减材料：高质量推进投资审批事项"八统一"，确保审批事项全国最少，审批流程全省统一、规范、高效，减少审批环节，全面推进投资项目审批事项简化、优化、标准化，以审批标准化引领投资项目审批流程整合优化，以审批标准化固化改革成果。减费用：全面深化行政审批中介服务市场化改革，建设统分结合的"浙江网上中介超市"，不断完善和拓展功能及服务范围，推进中介服务费用和时间双下降、质效双提升。

调研组对政府服务突出的企业投资项目"最多跑一次"和"最多100天"两项改革目标落实颇为称道，认为改善营商环境真正落到了实处，对上海正在进行的"上海服务"建设是极大的借鉴与启示。对长三角金融协同发展的营商环境改善更值得借鉴。

2.2 对浙江省金融发展的总体情况和金融改革的相关情况给予充分肯定

浙江省在金融业发展上，融资总量平稳增长。2017年全省社会融资规模为12万亿元人民币，各项贷款余额突破9万亿元人民币，居全国第三位。信贷结构趋于优化，特别是2017年末浙江省制造业贷款余额达1.76万亿元，规模居全国之首。体现了浙江实体经济的体量，值得其他省份重视。融资成本总体平稳，企业贷款成本呈总体下降趋势。资产质量则继续好转，连续八个季度实现"双降"。

浙江省在区域金融改革方面，项目数一直居全国各省前列。其中，温州金融综合改革、丽水农村金融改革、台州小微金融改革和绿色金融改革取得相应成效。如，温州金融改革始于2012年3月，在满足企业正常合理资金需求、强化金融产品服务创新、推进地方信用体系建设等方面形成经验，如瓯海区"农民资产授托代管融资"模式，2017年累计发放贷款27.89亿元，并由十四个部委联合发文将该模式作为全国试点。加大对农房抵押贷款业务的定向支持，截至2017年末，温州农房抵押贷款余额114.87亿元，比年初增加13.74亿元。乐清、瑞安在农房抵押贷款试点中期评估中分列全国一、二名。再如，丽水农村金融改革，在大力推进涉农贷款扩面增量、不断提升农村金融科技含量、稳步推进农村担保平台建设上，都拓展了全新的深化，在全国率先推出公益林补偿收益权质押贷款，深入推进"两权"抵押贷款业务。丽水全市2010家农村金融服务站有939个开通电子支付业务，811个加载电子商务服务，组建政府出资或部分出资融资担保公司、行业协会担保组织、商业性担保公司、村级互助担保组织。又如，台州小微金融改革，在继续深化信用信息平台建设、积极探索解决抵押担保难问题、积极引导企业开展外债融资上有所探索。仅2017年末，平台数据覆盖信息量7682万条，查询用户数2 079个，累计查询量446万次，日均查询5 500次。信保基金规模继续巩固台州商标权质押融资领先优势。截至2017年末，指导台州打造创业担保贷款模式，2017年累计发放创业担保贷款5.56亿元，支持2 000多名创业者，不良率为0。另外，发展绿色金融业建立起政府支撑体系，在着力建立绿色金融组织机构和政策支撑体系上，湖州市出台全国首个区域绿色金融发展"十三五"规划；湖州和衢州建立风险补偿机制，每年安排绿色金融改革专项资金用于绿色贷款贴息；湖州市在全省率先实现城商行和农信机构绿色金融事业部制全覆盖，湖州银行成为中英首批联合试点开展环境信息披露的10家金融机构之一，推动金融机构与相关政府开展绿色金融战略合作。在创新优化绿色金融产品和服务体系，完善绿色金融统计和信息共享体系上也启动了试点。浙江省在推广复制金瓯人跟踪和改革经验上，也持续不断抓住时机，认真落实。如温州金融综合改革经验中的①温州金融监督和金融审判联席会议制度、"主办行"制度、企业授信总额联合管理等"两链"风险处置机制，在浙江省内及江苏、四川、内蒙古、山东等地得到借鉴复制；②温州金融业综合统计工作在全国范围内发挥示范带头作用，其率先推出的金融统计标准化做法已推广复制到安徽、江西、湖南等地。又如台州小微金改经验，台州金融服务信用信息平台模式已复制推广至江苏泰州、福建宁德等地；小微企业信用保证基金模式成功复制到浙江温州、长兴，江苏泰州、无锡、常州等地；台州注册商标专用权质押贷款模式推广到新疆、湖北宜昌等地。又如丽水农村金改经验，"统一评估、一户一卡、随用随贷"的"林权IC卡"林农小额贷款管理模式获得国家三部委发文全国推广。

在座谈交流中，大家普遍认为，区域金融改革的内容非常丰富和深刻，必须紧紧抓住准确定位，把区域金融改革放在中央的整体布局当中谋划布局，找准自己的定位和工作方向；从微观上来讲，区域金融改革只有立足于本地的实际，问题导向，才能有针对性地提出解决方案，创造性地形成实效；必须紧紧抓住体制和机制创新，金融改革可以自上而下和自下而上，区域金融改革一定要两者相结合，地方的自主性和创新性非常重要；必须注意避免三个误区，避免伸手向中央要政策、避免攀比效应、避免转移社会对焦点问题的注意。要在体制创新的可借鉴、可复制、可推广上下功夫；必须关注基层创新和政策的多方联动两个重要导向。

浙江参加交流和座谈的同志更多的表示：绿色金融要加快国家统一标准和政策的把握。也希望小微金融的有效经验更多、更快地在全国复制、推广。

2.3 对金融监管与风险防范现状的认识与建议

浙江省的金融管理机构从各自视角作了交流。银监局代表认为，浙江省的金融形势总体向好，银行业正处于高速增长向高质量增长的转变过程中，转型升级还需加大投入，要正视地区间发展的不平衡，特别要关注银行业务结构失衡，各类风险隐患同时存在，脆弱性、关联性此起彼伏，企业的"两链"风险、互联网金融风险、隐性债务风险值得高度防范。同时，浙江法人银行机构发展模式和发展路径面临的挑战需要予以关注和应对。

在座谈和交流中，与会者对金融风险都给予了高度关注，他们列举的风险表现形式对于金融监管十分关键。针对浙江省金融的现状，风险表现形式主要有：①用风险：以担保链为核心，大的集团客户形成担保圈，而单个的担保关系，贷款到期之后续贷困难；②信政府债务风险，尤其是政府购买服务；③房地产风险问题：地产融资渠道都被堵住了。房地产市场预期是稳中有降的，本地小的房产商都非常担忧资金链问题；④外部风险的传导：互联网金融和新业态。2018年6月底前要着力P2P的整治；⑤案件风险：银行内控存在短板，容易产生个人道德风险；⑥流动性风险。例如在体制上，部分中小法人银行沿袭传统模式，条块分割严重，未建立以客户为中心、自上而下、专业化和协同性的垂直型管理架构。

保险业在浙江的发展，也面临着新的情况。保监局代表认为，浙江保险业面临着增速快（2017年全省实现保费收入超2 000亿元，同比增长20%以上，为全省GDP增速的2倍）、需求大（尤以寿险和健康险为代表）和政保合作衍生出的"保险＋"的浙江保险特色。浙江保监局以"保险＋"行动计划为纲领，建立健全政保合作机制，提高政保合作统筹层次，利用保险机制参与社会风险管理。

经过数年努力，农业保险等一批重点政保合作项目取得成效。保险＋诉调对接、保险＋农业生产、保险＋环境安全、保险＋公共交通安全、保险＋大病医疗、保险＋个税健康、保险＋校园安全、保险＋食品安全、保险＋电梯安全……

目前，浙江保险业的痛点和难点体现为：保险供给结构存在结构性矛盾，个性化需求难以得到有效满足，互联网、大数据、人工智能、区块链等新科技新业态带来的鲇鱼效应，准公共领域的保险由于外部政策环境变化而缺少可持续性和延续性，值得重点应对。

谈到金融监管与风险防范，与会者都提到了"非银行支付业务的专项整治"，提出了相应的建议。1.加强无证经营支付业务整治。整治市民卡类无证机构，整治电商平台类无证机构，整治银行卡收单类机构。2.加强持证非银行支付机构监管。强化客户备付金监督管理，引导支付机构有序发展。

互联网金融企业的跨区域协同监管，是国家整治金融P2P乱象的重要方面，从全国这方面的情况分析，企业注册地和实际业务运行地分开的情况比较普遍。目前浙江省有1 800多家私募基金，鉴于轻资产以及政策、税收优惠等特点，企业选择注册地与运营地不一致偏多。PE、P2P等业态也偏多，跨区监管对象中持牌机构不多。从现状上看，监管手段有限；从机制上看，在中国证监会的统一协调下，有一个五方协同监管的机制，即按属地监管原则对私募基金实行的协作监管机制。但实际成效有待提高。与会各方建议按照互联网运行的特点，在推动长三角乃至全国的监管体系上探索"无缝对接"的监管试验。会议建议：第一，完善区域合作联动机制，共同研究制定特定区域市场准入、行为监管内容基本一致、监管具体政策可行的规范。第二，完善区域信息共享机制，加强跨界业务风险防范的衔接、融合，推动互联网金融范畴的评级、评估、排名等市场化运行秩序建设。

2.4 对长三角一体化下金融协同的期待和建议

调研走访与座谈交流的各个方面，都对长三角一体化战略机遇高度期待。普遍认为长三角区域完全可以在金融领域建设成具有世界范的金融大港湾。鉴于金融业的特殊性，应该在国家层面的战略部署下，做好顶层设计。可以在三个方面加快基础型研究。一是加强顶层设计，搭建全方面合作平台；二是健全完善行业联动的风险防范处置机制；三是固化区域间金融学习交流系统。建议在已有的长三角区域（三省一市）金融联席会议基础上，进一步联系中国人民银行系统、证监保监系统、银监系统的已有区域例会，组合成试验型的"长三角一体化"金融发展与合作联合体，推动长三角区域的金融合作与风险防控。

3 安徽省相关调研综述

2018 年 6 月上旬，调研组赴安徽省调研，实地考察了合肥市、芜湖市和安庆市，实地走访了科大讯飞等科技型公司、企业，在省政府与省政府金融办、中国人民银行合肥中心支行、省银监局、证监局、保监局等部门负责同志召开座谈会，形成了安徽调研的基本内容。可分述如下：

3.1 安徽地方金融业发展、金融改革的主要做法、成效及主要痛点

安徽省的金融业发展，至 2017 年底，现有 16 类 195 家银行业金融机构，各类证券经营机构 334 家，法人和保险机构 65 家；普惠金融服务逐步提升。2017 年全省小微企业贷款增量居全国第三、中部第一。防控风险深入推进。2017 年全省银行业机构不良贷款率 1.57%，低于全国平均 0.28 个百分点。政府负债率 21.2%，低于全国 15%。安徽银行业规模总量比较小，截至 2018 年 4 月末，全省银行业资产、负债、存款、贷款规模分别达 6.2 万亿元、5.97 万亿元、4.88 万亿元、3.68 万亿元，均位居全国第 14 位。

从组织体系来看，全国性的股份制商业银行只有一家未进入安徽：恒丰银行。农村合作银行 83 家，村镇银行 67 家，实现了县域全覆盖。非银行类机构有 12 家。

从风险水平来看，4 月末，全省银行业不良贷款率 1.58%，低于全国平均 0.37 个百分点，横向比较居全国第 21 位。将逾期 90 天以上贷款加入不良贷款统计，不良率升至 2.6%，农村信用社平均不良超过 6%。

发展中存在不平衡不充分的突出问题。银行机构主要集中在合肥、芜湖、皖江一带，皖南、皖北、大别山一带发展相对落后。农村建立了金融服务室，实现了"金融服务基本不出村、综合不出镇"的目标。

从金融改革方面看，民营银行只有一家，即位于高新区的新安银行，注册

资本金 20 亿元，为高科技企业提供融资服务。省政府定位省联社为行业组织。为支持地方经济发展，安徽先后出台了银行业支持安徽省、合肥市、皖北等地区发展的十二个指导意见。

金融改革由中国人民银行金融研究局牵头。现在安徽改革试点不多，仅金寨县农村金融改革被列为试点。2012 年 9 月省政府出台了《金寨县农村金融综合改革实施方案》。主要做法有：一是以建立普惠金融体系为目标，为试点区提供均等化金融服务；二是以优化信用环境为重点，夯实试点区金融发展基础；三是以扩大信贷投放为核心，提升服务实体经济的能力；四是以落实支持政策为途径，提升试点区金融保障水平；五是以推动直接融资为抓手，拓展试点区企业融资渠道；六是以农村保险改革为保障，分担试点区金融风险。改革当前遇到的主要问题是前期改革完全靠行政力量推动，走向市场化，面临转型压力。

安徽省在资本市场监管上探索了三条监管经验。一是构建了资本市场综合监管协作体系；二是着力发挥资本市场功能服务脱贫攻坚战略，例如绩优股上市的"绿色通道"，2017 年安徽贫困地区企业集有股份成功上市，成为全国首家借助"绿色通道"上市的贫困地区企业；三是建立健全证券期货矛盾纠纷多元化解机制。

目前金融改革的主要痛点是：①安徽省人口占全国的 5%，GDP、金融业增加值、银行业总资产、存贷款只占全国的 3.3%、2.53%、2.4%、2.8%，排位偏后；②证券化率低，仅为 43%；③地域发展不平衡问题突出，从 16 个地级市来看，南北方差距比较大。

3.2 安徽省互联网金融监管的现状与建议

安徽省的互联网金融监管现状是：由省银监局牵头和省金融办一起负责 P2P 的监管。对于在外省注册、实际在安徽运营的互联网金融机构，现在监管上比较难办，主要原因有：①法规缺失，协同监管机制也没跟上；②现在清理整顿还没完成，下一步怎么监管也没明确；③监管人员稀缺。从其他形态来看，网络信托安徽没有，消费金融有 27 家，徽商理财、城市商业银行通过互联网拓展了经营地域。

经摸底排查，安徽互联网金融机构在省外设立分支机构的互联网金融平台有 8 家。长三角省市从业机构在安徽设立的分支机构达 286 家，其中上海 59 家，江苏 55 家，浙江 25 家。

对加强互联网金融监管，省金融办建议：强化信息共享、建立联防联控机制；突出发挥三省一市行业自律组织的作用。人民银行合肥支行的建议是：监管能力和人力都不足；监管理念要转变，由机构监管向功能监管转变；监管机制要转变，要明确中央和地方的监管职责和监管主体。省证监局的建议是：由于股权众筹的监管归属证监局，建议长三角地区工商管理部门进一步加强关于互联网金融企业的工商注册登记、变更、注销等信息的共享力度，强化对在长三角区域内互联网金融企业的联合跟踪管控；同时加强长三角区域内公安司法、金融监管部门、地方政府之间的协作，协同监测预警互联网金融企业风险隐患，共同完善应急预案，联手采取有效措施应对处置，构建长三角区域内互联网金融企业事前、事中、事后信息共享和联合监管协作机制。省保监局的建议是：正视两个问题（传统监管方式局限、协同监管力度不足）；建立"四个明确"（明确监管原则、监管对象、监管重点、监管部门）。

3.3 对长三角区域金融协同发展的建议

在座谈交流中，安徽与会的同志都表达了对长三角区域金融协同的认同与建议。省银监局的代表建议：产业一体化应该通过市场来推动，因为资金总体上是流动的。建议进一步加强区域金融合作，优化金融产业布局，积极参与市场联动、产业整合和市场创新，承接长三角金融市场、金融产业链和后台服务系统向安徽延伸，在产品研发、资源共享、风险监管、人才交流等方面加强协作。现在长三角三省一市银监系统每一季度有一个联席会议，对重大风险的处理进行讨论和研究。但现在缺少一个定期化的金融协作机制，客观上阻碍了要素的自由流动。

省金融办代表提出：多学习，密切日常工作交流，支持各类金融组织协同发展，复制推广成熟金融改革创新经验。

省证监局代表建议：编制长三角地区资本市场发展规划，充分考虑各地区的资源禀赋、优势主导产业、发展理念、人才资源等不同的现实基础条件，比如，在扶贫规划方面，发挥贫困地区上市公司"绿色通道"的优势，积极吸引外省市机构落户安徽；加强信息沟通和协作机制，促进资源要素均衡流动。

省保监局代表建议：金融合作要各有侧重，相互协同；打破省市界限，在全域范围内促进金融资源与实体经济需求对接；加强信息互通和协作，推进区域内金融监管一体化。

与会者一致表示，要按一个结合、两个服务和十二字方针推进长三角金融协同发展。一个结合是长三角各省市的金融发展和实体经济的发展相结合；两个服务是金融既要为各省市实体经济发展服务，也要为长三角一体化发展提供服务；十二字方针是在长三角协调发展过程中，实现"条块互通、条件互用、服务共享"，走出和长三角一体化发展相适应的金融协同发展之路。

4 江苏省相关调研综述

2018年9月下旬，调研组赴江苏省调研，实地考察走访了江苏省泰州市金融创新试验区和南京开鑫贷金服公司，在江苏省南京市与江苏省参事室、省发改委、省金融办、人行南京分行、省银监局、证监局、保监局举行座谈会，在江苏省泰州市与泰州市金融办、财政局、人行泰州支行、泰州银监分局等单位举行座谈会，形成了江苏调研的基本内容。可分述如下：

4.1 对江苏省泰州市的"金融支持产业转型升级改革创新试验区"印象深刻

调研组实地考察了江苏泰州的"金融支持产业转型升级改革创新试验区"。2016年启动的金改申报，2017年8月出台两年行动计划，分解为32个金改项目。一是以建成运行市产融中心为重点，构建小微企业融资服务体系，融资供需信息系统于2017年11月20日投入试运行，打通企业融资沟通服务"最后一公里"。二是以生物医药及高性能医疗器械产业为示范，探索金融支持产业发展的有效路径。全国首个资本项目收入兑换便利化试点在泰州获批，推进"10+1+N"产业基金体系建设，医药高新区大健康股权投融撮合平台上线运行。三是以实施企业上市行动计划为抓手，大力推进企业直接融资。四是以探索金融风险防范化解机制为关键，营造支持产业转型升级的良好金融生态。市金融办会同公安、人行等部门，实行四网联动，对金融企业风险做到早预警、早介入、早处置。

五是组建市金控集团，推动金融资源集聚。两年多来，取得了诸多探索型成果。

通过人民银行泰州支行的介绍获知，现已形成了三方面的成效：一是本外币多项全国性试点落户泰州，全国试点取消企业银行账户开户许可证核发成功落地，全国首个资本项目收入兑换便利化试点在医药高新区落地，全国率先试行人民币跨境结算便利化"绿色通道"。试点为降低交易成本、强化正向激励，推动更高水平的贸易投资便利化做出有益探索。二是绿色金融试点成效显著，绿色金融发展专项行动有序推进。泰兴农商行发行 3 亿元绿色金融债，这在全国具有首创意义。三是小微企业和农村信用体系建设成效明显。在全国首创融资服务 + 信息查询 + 信用评价 + 风险预警的"四位一体"企业征信融资服务平台。

经泰州银监分局介绍获悉，现已施行四方面的工作措施：一是做好小微企业金融服务，推动大型银行普惠金融部门的设立和实质运营，探索向基层延伸普惠金融服务机构网点，下沉经营重心。二是推进绿色环保金融服务。制定绿色行动计划，多渠道探索绿色信贷业务创新，创新绿色信贷担保方式，鼓励对绿色低碳企业推广专利权、应收账款等传统权利质押融资服务。三是推动地方法人银行转型升级。指导泰州农商行发行 6 亿元二级资本债，引入政府背景股东，推动增资扩股，督促其完善公司治理，更换不合格股东。四是做好重点领域金融风险防控。不良贷款率 1.47%，比年初下降 0.07 个百分点。

经泰州市财政局介绍获悉，金融改革推进了两方面的工作：一是设立泰州信用担保基金，为战略性主导产业或服务科技型、出口创汇型、配套加工型、资源综合利用型中小微企业提供融资服务，增强商业银行提供贷款的信心。二是进一步发挥财政资金的引导作用和乘数效应，构建"1+10+N"泰州产业投资基金。

经各商业银行的介绍获悉，已分别推出了支持产业转型的金融改革产品。如工商银行泰州支行创新推出"小微企业创业创新发展贷款"，采用"两无四有"的审贷标准，且利率控制在 5.2% 以内。2018 年 1~8 月新服务客户 200 户，累计投放贷款 10 亿元，帮助众多小微企业增强造血功能，受惠于小微创业贷的企业累计新增销售收入近 30 亿元，尚未出现过不良贷款。又如南京银行泰州分行紧扣实体经济脉搏，积极探索服务实体经济业务的有效方式，打造"投贷联动"产品，实现与小微客户的"伙伴"式成长。南京银行进行单户投资比例不高于 5% 的小股权投资，并与期权相结合，根据企业近两年的业务发展规划，一户一策，配套投入贷款支持，解决企业中长期发展资金不足、来源不稳的后顾之忧，银企结成紧密的合作伙伴关系。产品主要针对处于初成长期、股权结构清晰、核心团队完整稳定、拥有自主知识产权且成功实现科技成果转化、有发展潜力的科技创新型中小企业。这一模式的成功实践，形成了企业、银行和当地产业多方共赢的局面。

4.2 对江苏金融改革相关情况的认识

江苏省发改委代表介绍，江苏近期主要围绕降杠杆，解决企业融资难、融资贵问题开展工作。一是市场化债转股，这是企业降杠杆的有效手段。中央提的要求较高，但江苏面临实际落地资金很少的困境。二是企业债，规模比往年大幅缩减。现不同信用债券等级融资利差很大。7 年期债券，信用好的利率 4 点多，县级 2A 级就要到 8 点多。导致低信用级别主体发债难度提高，中央对地方政府融资平台融资合规性提出了很高要求。三是创投基金。与先进地区相比，江苏创投方面的差距被拉大。

江苏省金融办的代表介绍，江苏地方金融改革的主要做法体现在六个方面：①充分激活区域金融改革开放活力，鼓励各地区如昆山、苏州、泰州等地开展区域性金融改革创新试点。宜兴、宿迁等地也在积极推进。②有效增加金融服务体系的服务能力。着重解决中小微企业融资中的信息不对称、信用支撑能力弱等问题。③全面提升企业利用资本市场的能力。针对有一定规模的企业，推动其通过上市挂牌、发行债券等方式直接融资。建立了省市联动、部门协作、跟踪推进的培育机制，构建上市后备企业数据库。上交所与江苏合作力度不断加大，有关专家频繁到实地调研，讲解上市政策。④积极引导金融资源，助力金融创新。建立较为完善的科技金融服务体系，稳健发展科技小贷公司，大力发展创业投资，开展投贷联动业务。⑤发展普惠金融服务。积极破解小微企业融资难问题，2014 年在全国率先开展小微企业转贷方式创新试点，设立应急转贷基金。⑥地方金融监管方式改革。建立了省分管领导、人民银行省分行领导双牵头，各监管部门、金融部门共同参与的金融稳定协调工作机制，强化信息交流共享。会同省经信、商务、工商等部门，创新监管手段。先行启动相关立法研究。

江苏省人行代表介绍，一是深入推进泰州金融支持产业转型升级改革创新试验区建设，出台了"支持意见"，提出22条具有含金量、可操作的支持举措和优惠政策（改革主体是江苏省政府，自下而上的改革，发挥财政撬动杠杆和政府牵引作用）；二是大力推动绿色金融发展，将绿色金融作为八项重点信贷工作之一，纳入MPA（宏观审慎评估体系）考核；三是积极开展外汇管理改革，在昆山、苏州继续推进跨境人民币创新业务；四是扎实做好"两权"抵押贷款试点工作；五是加快构建科技金融特色体系；六是探索开展金融业综合统计，将社会融资规模的编制工作推进到了地市一级。

江苏省泰州人民银行的代表介绍，他们将在四个方面继续加快探索。一是着力构建区域金改绩效评估机制，希望能对现有指标体系有所调整，实现金改的精准发力；二是着力构建区域金融资源集聚机制，实现"1+10+N"母基金和子基金设立备案并尽快投入运作，支持特色产业转型升级，扶持小微企业、制造业发展；三是着力构建金融风险保障机制，做大区域融资担保体系，积极争取成立泰州金融资产管理公司，减轻金融机构不良资产包袱；四是着力构建促进企业自主创新的投融资体系，努力形成"孵化＋天使"助推科技成果转化，"创投＋保险"支持初创企业成长，"债券＋股权"扶持成长企业做大，"资本＋重组"引导成熟企业做强的金融服务模式。

4.3 对江苏金融业发展面临难点的认识

江苏省金融办代表介绍，江苏金融业金融组织数量、类型不多，集聚程度不高，支持实体经济发展的配套机制不健全，资本市场发展与经济实力不相匹配，金融业对外开放程度较低，金融风险防范面临挑战，中小法人银行风控能力较弱，个别农商行不良率较高，非法集资案件高发频发。

江苏省银监局代表介绍，一是与上海相比，表外资产较少；二是外资银行数量不少，但资产总额差距很大；三是信贷投向不太合理，基建项目较多，制造业、民营企业经营遇到很大困难；四是近期银行业经营利润不断走低，暴露了一些大的金融风险。

江苏省保监局代表对江苏保险业面临的挑战也作了介绍，全民保险意识不足，保险作用发挥不够，营销难度仍然很大。产品创新能力不强，雷同性大，切合群众需求、量身定做的较少。保险覆盖面、影响力有限，保险密度、深度不足。金融风险形势严峻，保险营销员素质不高。监管面临新形势，补短板、强监管的要求差距很大。

4.4 对长三角金融协同发展和监管联动的建议

在交流与座谈会场，与会者发言踊跃，建议多多。省发改委代表建议，由于只有国家和地方金融资产管理公司可以从事市场化债转股业务，江苏资金融通渠道有限，承接债转股业务能力有限，希望上海牵头，在长三角区域推动国家和地方金融资产管理公司的联动发展。同时，政府出资设立加杠杆服务的产业投资基金，长三角三省一市已经签约成立了长三角发展基金，希望能与国家大思路相衔接，将市场化债转股、企业兼并重组等业务纳入其中，推动公司结构化改革，解决资金来源问题。对于债券，从发展企业直接融资的角度考虑，除上市外，发债也是一个重要路径。对信用评级较低的中小微企业，需要培育才能走上直接融资市场。由于江苏没有债券市场，希望上海能在长三角区域内利用资本市场优势，辅导企业进行定价培训，带动区域发展。在创投资本方面。作为全国最重要的资金充裕地区，希望上海相关投资机构与江苏的机构合作，充分发挥创投资本领域品牌效应。

省金融办代表建议，一是建立互补化、特色化的区域金融规划对接机制。在操作层面上要防止把一体化变成同质化，照搬照做，在一体化前提下的异质化、特色化、建设长效化是最重要的，也应是努力方向，希望能优势互补、功能叠加。二是发挥各自优势，提高金融资源配置效率。对江苏来说，就是要发挥实体经济之长，推动民营银行、非银机构、科技小贷公司等金融组织发展。三是希望在长三角建立与中央监管部门的联席沟通机制，并取得一些地方法人银行的政策突破，比如江苏银行在上海不能设分支机构，按规定只能撤回。4.注重联防联控，防范金融风险。加强对非法金融监测预警、协同防范、联动处置，发挥上海金融法院司法体制综合配套改革作用，深化长三角信用系统建设。

人民银行南京分行代表建议，一是长三角合作可分为政府合作、监管部门合作、资本市场和货币市场合作、金融机构产品合作四个层面，现在的关键是监管部门合作要全国一盘棋，需要有一个信息共享的平台、连接和纽带；二是分清政府是经营主体还是公共产品的提供者，原则上一定要靠市场，让金融机构参与；三是发挥上海定位为国际金融中心的外溢作用。对上海来说，关键不是引进，而是怎么走出去，不能过于狭隘，上海要有上海的气度。江苏也是强政府，实体经济较强，对上海的金融中心应该有很多互补之处。

江苏银监局代表表示，江苏银监局每月都分析江苏银行业金融形势，对长三角经济金融指标进行比较，分析有些全国性的趋势走向，每个季度形成报告，经银监会上报国务院。这些材料，长三角各省相关部门都做，建议可资源共享。长三角合作如何破题，找到抓手，值得系统研究。金融领域有些方面上海有优势，如各种交易所、金融市场业务，但有些方面优势不大，希望上海站在全球的高度，来考虑长三角金融合作的问题。

江苏证监局代表建议，一是优化顶层设计，建议以"规划对接、战略协同、专题合作、市场统一、机制完善"为主要指导思想，尤其要发挥政府的平台作用；二是形成区域金融分工互补的格局，比如将苏州打造成上海金融副中心，南京打造成区域金融中心；三是进一步推动产融结合，发挥上海地区私募基金、风险投资机构众多优势，直接为长三角其他地区的半导体、生物科技等新兴产业提供创业资本支持。

江苏泰州金融办代表建议，承担国家级金融改革试验区建设任务的泰州，把学习上海、依托上海、接轨上海，作为对外合作第一站。希望与上海各类金融机构间加强沟通联系，吸引更多金融机构到泰州调研考察、布局设点、拓展业务。期待上海金融的新探索、新举措能放在泰州先行先试、探索实践。希望推动上海具有创新活力的新金融业态落户泰州，共同推进泰州新金融发展，打造具有泰州特色的新金融体系。泰州金改迫切需要高端智力支撑，希望上海银行、证券、保险、普惠金融、科技金融等各类高端金融人才关注泰州、服务泰州、创业泰州。泰州正在积极争取先进服务业和高端紧缺人才个人所得税优惠政策。

在南京、泰州两地的走访、交流、座谈中，与会者达成如下共识：

（1）金融是经济的命脉，虚拟经济与实体经济是一脉相承。现在出现的脱实向虚问题不能忽视。

（2）金融创新和风险防范对立统一。在一定时期内，金融创新虚化，风险防范明显不足，所以目前更多关注强化风控。相信进入新阶段后，金融创新会有一个好的前景。

（3）长三角一体化已经成为中国区域发展、实体经济发展的定位考量，长三角金融协同已经在路上，而且前景看好。

（4）上海有金融等系统优势，江苏也有诸多基础优势。上海与江苏共同开展支持企业转型的金融创新有可行性、互补性，以及举办对接合作的空间。

（5）长三角区域网络借贷跨区域协同监管的问题值得研究，应该建立有效防范的协同监管体系。

（6）需要在金融改革创新中思考，如何改革银行考核评估指标的问题，解决小微企业后顾之忧应是政府的责任。

（7）在深化金改、促进发展方面来看，上海的作用发挥有很大的空间。上海不能仅仅着重在吸引资源，更要着眼支持带动长三角区域发展。

（8）金融是经济的血液。长三角传统制造业地区在金融能力、金融深化、金融观念、金融人才、金融意识等方面相对较弱，还有待发展，金融改革刚刚开始。上海在人才、培训、知识方面能有所支持。

（9）长三角各级政府可以研究并率先出台推动区域内金融人才流动的相关政策。

5 上海"新兴金融风险防控"调研综述

2018 年 7 月上旬，国务院参事室《新兴金融风险防控机制建设》项目组专程到上海，重点对近年来网络借贷领域的金融风险防控案件进行系列调研。上海市政府参事室贸易金融组派员参加了上海的全部会议，并把这次调研列为《长三角金融协同和风险防范》课题的上海调研主要工作。调研过程听取了上海市政法委、上海市公安局、上海市高级人民法院、上海市人民检察院、人民银行上海总部、上海银监局、上海证监局、上海市金融办、上海市工商局、浦东新区政法委、浦东新区市场监管局、浦东新区金融局、浦东新区人民法院、浦东新区人民检察院、黄浦区市场监管局、黄浦区人民法院、黄浦区金融办等单位的情况介绍，来自北京、上海的智库专家与上海新兴金融风险防控一线的各个方面进行了深入的交流。形成了对上海"新兴金融风险防控"的基本共识。

调研提纲确定的基本内容包括：①新兴金融的表现形式、种类及发展情况；②新兴金融的风险状况及近两年的重大案例处置情况；③重大涉众型金融风险案件的审理定性，事后处置财产清退和维稳等方面的权责划分，跨部门协调等相关做法和存在的问题；④新兴金融风险防控机制建设进展、经验与不足；⑤关于建立健全新兴金融风险防控机制的建议。

上海"新兴金融风险防范"的基本状况可分述如下。

5.1 上海新兴金融是金融发展与创新的重要方面，要正确认识新兴金融及其发展特点

新兴金融是传统金融机构与互联网企业利用互联网技术、信息通信技术、分布式账本技术等实现资金融通、支付、投资和信息中介服务的新型金融业务模式，既包括传统金融机构通过互联网开展的金融业务，也包括互联网企业利用互联网技术（包括分布式账本技术）跨界开展的金融业务。当前我国新兴金融发展的主要特点包括：一是金融服务的边界拓宽，跨地区，全实时；二是混业经营与跨界融合；三是风险传播更为迅速，对监管提出更高的要求。

从上海新兴金融的业务模式分析：一是投融资类，含私募基金、小额贷款、融资租赁、典当、商业保理等；二是投融资中介服务类，含融资担保、网络借贷（P2P及其他现金贷平台）、众筹、金融产品销售与财富管理、各类地方交易场所、征信服务等；三是其他类，含第三方支付、地方资产管理公司、虚拟货币发行交易等。

从已发非法金融活动案件典型特性情况分析看来，又有如下特征：①投资理财领域发案集中。上海市70%以上新发非法集资案件出现在这些所谓"投资理财"领域；②集资手法多样且易模仿。炒金炒汇、投资原油、网络消费返利等手法形成一定套路，极易模仿，具有极高的传染性，便于蔓延扩大；③风险渗透关联正规机构。一些企业自称与正规金融机构展开战略合作，实行资金存管或托管，刻意误导社会公众；④以"金融＋科技"自我包装。大数据、区块链、比特币、虚拟资产等，成为常用包装题材。⑤恶意欺诈问题表现突出，值

得特别关注。

上海新兴金融的健康发展，是上海国际金融中心改革、开放不可或缺的部分，必须维护与保障。

5.2 上海新兴金融的风险状况及其重大案例查处，值得社会高度重视

从上海市政法委、公检法、工商局等部门的数据及资料来看，上海始终把防范金融风险、维护金融安全作为建设上海国际金融中心工作的重中之重。2015 年以来，公安机关共处理非法集资类案件 1 740 起，检察机关共受理非法集资类案件 1 156 件。法院共受理非法集资类案件 860 起，同期依法审结 760 件，其中，集资诈骗罪 77 件，非法吸收公众存款罪 683 件。

近年来上海市涉众型经济犯罪主要为非法集资类案件，涉及非法吸收公众存款罪和集资诈骗罪。主要特点包括：一是集中在投资理财领域，手法多样易复制；二是恶意欺诈问题突出，社会迷惑性较强；三是民间投融资企业为主，风险渗透正规机构。以"金融＋科技"包装，大数据、区块链、比特币、虚拟资产成为常用包装题材。

涉众型经济犯罪的危害性十分明显：①跨区域特征明显，追赃挽损难度大；②涉众性危害突出，维稳压力大；③影响金融正常发展，可能危及经济安全等。

事实上，涉众型金融、经济案件频发的现象，有三个方面的原因：一是社会现实方面，存在投资、融资渠道和正规金融服务供给不足的情况；存在社会管理失范、征信制度不健全的情况。二是行业监管与法律法规缺失方面，存在行业准入门槛低，风险企业持续出现的情况；存在法律法规滞后，行政监管力度不够的情况；存在行刑衔接不到位，打击力度受限的情况。三是投资人自身素质缺位，亟待提高。

上海市各方团结协作，对此情况在三个导向下进行应对和查处，即：树立大局意识，维护金融安全，坚持分工协作，建立常态机制，注重依法履职，突出个案三同等原则。近几年，上海在处置涉众型金融案件过程中，还积累了四条有效的经验，即：抓监测预警工作，早预警早识别；抓依法稳妥处置，确保一方平安；抓追赃挽损，做好属地维稳工作；抓宣传教育工作，强化源头治理。

5.3 上海新兴金融中的重大涉众型案件查处已初步形成"多方联手、协同化解、联动处置"的开放、集成运行体系

在综合调研中，在上海新兴金融涉众型案件查处过程中的相关方面，都做出讲究效果的实践。探索重在问题、难点和因素分析。在多方联手、协同化解、联动处置的开放集成运行上，形成了好的网络。

以上海市金融办为例，他们始终坚持"健机制、强监管、早发现、打重点、常宣传"的工作思路，抓工作机制建设，抓宣传教育工作，有序推进各项专项整治，持续整顿规范金融秩序。

他们对非法金融活动的成因做了要点分析，如现有正规金融服务供给与市民需求不匹配，2017年上海市居民人均可支配收入 58988 元，在房地产行业差别化调控增强、跨境投资收窄等背景下，中等及以下居民投资渠道有限；又如金融领域立法亟待完善，《非法金融机构和非法金融业务活动取缔办法》作为处置非法集资活动工作最相关的行政法规，涉及行政处置主体变更，操作细则不明，未被充分有效适用；再如地方金融监管体制机制不顺，金融制度安排作为《立法法》第 8 条所罗列的法律保留事项，地方人大和政府受事权所限，无法对金融活动开展规制；还有一些社会公众存在明显的非理性心理，社会公众的金融知识教育仍需加强等。

他们明确的工作难点有：行政执法主体不明，行政认定异常困难，行政强制措施授权不清，监测工作受制于地域限制，常规的挤压措施仅能使涉案风险位移等。此外，在打击工作中，加快案件办理和涉案资产追缴、变现是涉案投资者最为关心的核心问题，在司法实践中也遇到诸多困扰，亟须突破。

以上海银监局为例，上海银监局牵头负责上海市 P2P 网络借贷信息中介机构行为监管工作，和市金融办双牵头负责网贷机构的清理整治工作，防范互联网金融风险。

在新兴金融风险防控机制建设上，上海银监局一是建立了相应的监管法律体系，按国务院办公厅印发的《互联网金融风险专项整治工作实施方案》（国办发【2016】21 号）、原银监会下发的《网络借贷信息中介机构业务活动管理暂行办法》《网络借贷信息中介机构备案登记管理指引》《网络借贷资金存管业务指引》等作为监管法律依据；二是注重充分发挥商业银行的风控机制，与市金

融办联合编制了《上海市网络借贷信息中介机构合规审核与整改验收工作指引表》，出台了《上海银行业金融机构防范非法集资工作机制（暂行）》；三是协同整合多方力量，严密防控社会风险；四是明确了互联网金融的管理界限，加强统筹协调，大力推进清理整治工作出实效，扎实推进整改，彻底清除风险隐患，紧盯风险趋势，做好前瞻研判和应对。

上海银监局防范新兴金融风险的措施主要有：①拓宽正规投融资渠道。②构建金融监管法律体系。③加快完善社会信用体系。④推进金融消费者宣传教育工作。

在处理重大涉众型金融风险案件上，上海银监局明确了一批典型案例。

以上海市公安局为例，近三年办理涉众型经济犯罪案件千余起，面对屡禁、屡办后仍然存在的经济金融犯罪现象，在分析主要深层次的原因后，重点针对准入制度不严、行政监管不力、犯罪手段升级、风险意识缺乏、法律适用滞后、处罚力度不够、信息互通不畅、资源共享不足等现象，形成了6个方面的有效做法：构建打防体系，形成系统格局，坚持关口前移，强化风险防控，坚持分类打击，强化追逃追赃，强化维稳处置，做强群众工作，打造专业系统，服务实战应用，积极开展宣传，提升社会防范。

以上海市人民检察院为例，在三级检察院高效联动、专业化办案优势的基础上，加大涉众型经济犯罪办理和风险防范，加强新类型、疑难复杂案件的研判和应对，加强案例通报和类案指导工作，提出了相应的研究观点：新型金融犯罪增多，外汇、洗钱、操纵证券市场等犯罪频现，银行、证券、保险等不同金融行业领域发案趋势迥异。金融案件的阶段型特点为：①金融犯罪风险在金融机构之间交叉传递，持牌金融机构卷入犯罪漩涡；②非法集资犯罪案件高发，涉众型金融犯罪风险容易扩散叠加；其中，一是案件继续高位运行，二是大案、要案频发，涉案金额巨大，三是网络集资线上线下"共震效应"明显，四是集资人诱骗投资人的手段日趋隐秘化，五是集资参与人追赃挽损诉求强烈，司法处置难度大；③网络金融犯罪日渐突出，技术风险成为新型金融产品的主要风险之一；④普通金融犯罪屡禁不止，金融机构风险防控和金融消费者风险意识仍需加强；⑤内部人犯罪风险仍需重视，金融从业人员发案领域和罪名变化明显。

上海市人民检察院认为，案件中反映的趋势与问题值得关注：①持牌金融机构涉罪、涉众型金融犯罪持续高发、新类型金融犯罪案件层出不穷等情况，要求切实做好系统性风险防范工作；②互联网金融领域法律规范供给不足，前期监管缺失的风险需要较长时间方能消化；③金融犯罪主体泛化，牵涉领域进一步扩展；④金融犯罪链条拉长，与网络黑产紧密结合；⑤金融基础设施信息安全问题亟待重视，金融机构的风险防范措施有待加强；⑥金融从业人员违法犯罪自查率低，机构风险内控措施不到位；⑦市场中第三方机构不中立、严重不负责任，甚至故意参与造假。应依此予以针对性办案。

以上海高级人民法院为例，2017年至今，正初步形成相对独立的金融审判体系，设立了上海金融法院，推进金融审判体制机制改革，制定了法院关于落实金融风险防范工作的实施意见，研究网络借贷案件司法解释起草工作。关于P2P网贷案件风险评估，揭示了P2P平台参与借贷交易较为普遍，存在随意拆分大额借款情况和存在提供增信和开立资金池三方面状况，并针对性地予以办案。

以上海市工商局为例，研究制定了有关工作方案，对互联网金融广告以及以投资理财名义从事金融活动给予专项整治，推进了相应工作：在严把市场准入关上，从严控制类金融项目的工商企业注册登记；在全面部署互联网金融广告整治上，开展互联网金融广告的专题监测，结合广告事中、事后监管工作意见，开展互联网金融广告的排查，继续对金融投资理财类广告开展重点执法整治，加强部门协作，共同开展互联网金融整治工作；在强化企业信用监管上，依托企业信用信息公示系统，依法公示相关市场主体信息。积极推进市政府事中、事后综合监管平台的建设工作，并继续开展政策宣讲和法律培训，实施互联网金融广告专题监测和重点场所互联网金融广告检查，进一步深入清理整顿，进一步推进事中、事后监管平台建设等工作。

上海是新兴金融发展的重要区域，在相关涉众型案件防范金融风险的实践中，开放集成、联动防范正在成为重要的环节。

5.4 深化新兴金融风险防控，破解难题亟待加快规范制度建设

在调研与交流中，上海各个方面代表的声音是一致的。上海金融的改革、开放与发展，代表着上海基因的重要方面，没有新兴金融，就没有上海金融的

创新与发展。同样，上海没有对新兴金融的风险防控机制，也就不能保持国际与国内的金融中心地位。因此，新兴金融的双刃剑效应不容小视。当前，正视问题、破解难点，应该成为上海金融健康发展的当务之急。综合各个方面的信息，亟待规范和明确的内容包括：

在新兴金融业务风险处置的法律规定上，必须完善行政处罚的依据和种类；必须明确风险处置的手段（如经营风险的处置措施，缺乏接管和重组的处置措施，缺乏账户查询权和依法冻结权的措施等）。特别是对新兴金融机构要明确建立其行政处罚的日常管理手段，要赋予其风险处置权力，在查询和依法冻结权、风险处置权、接管和促成重组权等方面，以制度赋予。在即将发布的《处置非法集资条例》中，建议对非法集资的定义、可疑资金监控、管辖权等问题进一步细化并尽快落地；建议明确打击非法集资的行政主体，明确各相关部门职责；建议尽快建立社会信用体系。对相应的处置难点，要在规范中充分体现，特别是对跨部门、跨区域协作机制，要着力解决"四不"现象，即风险预警传递不及时，行政监管数据不互通，资金数据开放程度不高，跨区工作对接不畅等。同时，要体现追赃挽损、赃物处置的实效。要健全行政法律规范，对适用的刑事法律，要注意研究三种情况：一是立案追诉标准低，刑事打击面是否偏宽；二是执法标准不一，易引发新的社会矛盾；三是法律适用上意见亟待统一。对公安执法环节，要正视相应难点和法律政策的解决与优化。其中，对公安执法打击处置任务艰巨，跨省案件协作不畅，涉案财物处置存在难度等情况、难点，以及立案追诉标准低，刑事打击面偏宽，各区检察院起诉标准不一，易引发新的社会矛盾等情况要给予具体应对措施。

上海浦东新区、黄浦区相关部门，对野蛮生长形成的 P2P 网贷纠纷凸显的监管与司法双重、交叉混合难点提出具体存在的 5 种情况：一是平台运营违法违规，合同效力存疑；二是费用利率约定混乱，借款成本高企，比如居间费用名目繁多且金额高，又如罚息约定畸高；三是存管托管偷换概念，误导投资者；四是平台信息披露不足，信息不对称，比如借款人资信披露不足，又如平台资信披露不足，再如风险评价机制存在缺陷；五是平台担保花样百出，效用堪忧，比如平台变相担保，又如第三方公司担保，再如风险保证金性质不明，功能定位模糊，还有借款人无法提供担保物权等等，值得具体研究应对。

上述种种难点，在上海新兴金融风险防控中，已经成为破解和制度规范的重要内容。按照问题导向、责任导向和平台导向，上海的各个方面正在新兴金融风险防控机制上打好攻坚战，为上海国际金融中心建设保驾护航。

5.5 上海建立健全新兴金融风险防控机制任重道远

在调研与交流中，大家对上海建立健全金融风险防控机制的价值和责任有着深刻的共识，提出了关联性的建议体系，为上海全面打好金融风险防范的重要战役，提供了务实有效的举措。主要建议可分述如下：

上海市金融办代表在分析非法金融活动多发的根本原因时认为，金融监管与经济发展长期脱节，联系不畅，金融监管制度必须加强，必须在六个方面下功夫：一是明确金融创新审慎原则，建议国家层面明确金融创新首先是金融活动，纳入审慎监管范畴；二是加强金融活动准入管理，建议国家层面全面梳理涉及金融的经营业务类别及与其关系紧密的周边业务，纳入金融审慎管理，实施严格的准入管理；三是依法健全金融监管制度，建议全国人大、国务院加快立法研究，必要时特别授权地方人大、政府制定监管规则；四是建立完善的全国性金融监测基础信息设施；五是加强司法实践的顶层设计和具体指导，建议国家层面明确相关司法指导意见；六是加强投资者（消费者）教育的统筹组织，建议国家层面总体部署，地方政府积极组织落实，统筹开展相应的宣传教育活动。建议宣传主管部门加强统筹指导，加大相关法律法规的集中宣传。

上海市政法委代表对下一步防范和打击涉众型经济犯罪，提出了 5 条建议：一是建议建立防治涉众型经济犯罪的组织领导机构；二是建议从国家层面规范金融创新活动；三是建议明晰市场监管的主体职权和界限，如明确地方政府金融监管职责及相应行政执法权限，又如进一步明确各类投资理财公司、交易场所行业主管部门的职责，再如工商总局应会同相关监管部门，研究提高类金融企业行业准入门槛，设立最低注册资本金门槛和实缴要求，还有网信部门应加强对投资理财类企业网站巡查，确保其合法合规运营等；四是建议强化科技信息化支撑服务，如加强信息资源整合，又如完善资金查控手段，再如建立统一的网上报案平台等；五是建议制定、完善法律法规并统一刑事法律适用。

上海市公安局代表也提出了 5 条建议：一是完善相关法律政策制度方面，包括完善法律法规，达成执法共识，加强政策支撑等；二是强化部门（行业）监管方面，包括强化前端管控，强化事中整治，强化事后维稳等；三是有效追赃挽损方面，建议协调相关职能部门进一步完善涉案财务的提前处置工作机制；四是科技信息化支撑服务方面，包括加强信息资源整合，完善资金查控手段，建立统一的网上报案平台等；五是舆情导控和宣传防范方面，包括规范广告监管，加强普法宣传，加强舆情导控等。

上海市人民检察院代表同样提出 5 条建议：第一，加快金融法律供给，填补法律空白，回应金融市场发展和产品创新；第二，充分发挥金融检察职能作用，打击金融犯罪，防范金融风险；第三，金融监管需要根据行业主体扩展和业务推进与时俱进，为金融发展保驾护航；第四，推进金融业公司治理改革，强化审慎合规经营理念，金融机构要切实承担起风险管理责任；第五，强化金融消费者教育和保护工作，实现金融发展服务、普惠社会公众的使命。

上海市高级人民法院代表建议要提升 P2P 网贷监管文件的层级和建立涉P2P 网贷监管联席会议制度。

上海市工商局的代表也提出了三条具体的建议：一是相关职能部门能够及时提供经备案的 P2P 网贷机构名单供开展广告排查；二是尽快出台 P2P 行业管理办法，设置准入门槛，明确行业属性，规范登记流程；三是进一步完善涉嫌非法金融活动的整治机制。

浦东新区相关部门建议，在健全新型金融风险防控机制上，要着重在加强新兴金融研究、加强联动形成工作合力、促进纠纷多元化解、创新举措克服审判"瓶颈"、加强舆论引导和法制宣传等方面下大功夫。

黄浦区相关部门对风险防范也提出了 5 个方面的建议：一是加快制度建设，提高立法位阶；二是提高网贷平台的准入门槛；三是建立健全信息披露和共享机制，包括健全信息披露制度和建立信用信息共享机制；四是落实第三方资金托管制度，包括尽快明确托管银行的资质条件，严格划定银行业金融机构的托管职责，充分落实托管制度运行的披露监管等；五是合力建设多方联动机制，包括建立健全行政司法联动工作机制，加强涉众案件的风险评估与防控，鼓励从业者互助及与监管机构的沟通交流，加强公众金融知识教育，提高金融安全意识等。

从以上的诸多建议中，我们已经清醒地了解了上海在新兴金融风险防范机制建设上的内容重点，特别是有的放矢地在法则规定、央地协调、信用体系、标准建设、机构准入、信息披露、持续督导、有序退出、投资者教育上进行针对性规范的相应建议。在调研与交流中，大家对上海建立健全新兴金融风险防控机制充满信心，同时，期待这项工作能像习近平总书记"对上海各项工作要以绣花般精细"的要求那样，在相关的针对性规范方向基础上，将相应的明细具体地规范落实，使上海的防范金融风险机制成为国家金融领域的"先行者"和"排头兵"，也为长三角的金融协同和风险防范做出良好的示范。

第三节　长三角一体化下金融协同发展与风险防控的若干建议

在系统学习习总书记 11 月 6 日在上海进博会开幕式重要讲话的基础上，在本项调查数据的梳理、汇总和结论的基础上，我们提出长三角一体化下金融协同与风险防控的相关方向性建议如下：

1 长三角一体化下金融协同发展的若干建议

在长三角区域一体化发展上升为国家战略的背景下，金融协同发展成为当然的议题。长三角经济一体化的诸多问题中，加强金融协同是不容忽视的主要问题之一。

金融是现代经济的核心，长三角要实现经济发展模式转变，必须要有高质量、高效率的金融服务支撑。跨区域的产业转移、经济渗透和资源优化配置更离不开一体化的金融服务。金融业是现代服务业的核心产业，长三角区域要提升产业结构，做强实体经济，发展第三产业，也必须努力推进金融服务的一体化发展。金融一体化能够更好地服务实体经济，助推长三角这一中国经济的龙头腾飞，能够助力自贸区这一国家战略的落实。上海自贸区扩区就是为了一个目的，让中国有真正在世界上可比的标杆，可以有引领其他地区改革发展的先行者、示范区、排头兵。自贸区诞生之日起，核心任务之一就是金融体制的改革和创新。要实现长三角交通一体化、公共服务一体化、资源配置一体化，背后都离不开金融一体化。

根据"规划对接、战略协同、专题合作、市场统一、机制完善"的指导思想，未来长三角金融一体化需要重点发挥政府的平台作用，从五个层面分步定点切入，分别在规划、机制、市场、技术和环境上形成协同举措。我们建议：

第一，规划先行。长三角一体化上升为国家战略，长三角金融必须优化顶层设计，有一个系统的整体化考量。建议围绕长三角一体化战略，将长三角各区域的金融功能优化定位、优化规划，以长三角金融协同助推金融政策的一体化发展。一方面，围绕上海国际金融中心建设和上海自贸区建设，将上海打造成为我国金融资源集聚中心、金融深化改革高地和金融对外开放窗口，为上海代表中国参与国际金融资源分配和国际竞争合作打好基础；另一方面，将上海国际金融中心的功能定位向长三角流域辐射，向引领作用和产业资源配置机制建设倾斜，强调和突出上海在金融资源配置中的中心地位，并因地制宜，合理形成区域金融分工互补的格局。比如，以江苏制造业产业发展为重点，打造南京成为区域金融中心、苏州成为上海金融副中心，同时江苏可着重发展科技金融、普惠金融等领域；浙江凭借互联网基础，可定位为互联网金融数据中心、民营经济融资中心；安徽结合本省"十三五"规划，可大力发展绿色金融等。要把协同通过错位、组合、协作等多种形态、方式融入长三角金融整体发展的进程之中。

第二，完善机制。除规划先行之外，长三角金融一体化需要从机构层面加以保障。一是建议人民银行、银保监会、三省一市政府机构磋商建立长三角金融监督管理局联动协同工作机制，整体布局，系统规划。在已有的长三角区域（三省一市）金融联席会议基础上，进一步联合中国人民银行系统、证监保监系统、银监系统已有的区域例会，组合成试验型的"长三角一体化"金融发展与合作联合体，推动长三角区域的金融合作。二是政府搭建平台，合力推出长三角城市间各金融服务机构的协同机制。如创建长三角联合银行、组建长三角银行俱乐部、长三角银行同业公会、保险同业公会等。以长三角各地金融集聚区的共建与发展为基础，推动长三角金融发展规划一体化。鼓励长三角金融机构在区域内扩大和调整网点布局，互设分支机构，以利于实现实体经济发展的投融资政策一体化。

第三，市场合作。建议通过建立长三角金融共同市场，增强金融机构与企业跨区域呼应，促进区域对外贸易投资活动和区域内资金流动。以金融创新促进区域内资金跨行政区流动，支持长三角金融机构参与信贷资产证券化业务，积极推动债券市场发展，拓宽企业利用债券进行并购融资的渠道，支持更多的长三角企业在股票市场发行上市，改善公司治理结构。要抓住在上海证交所推出科创板和注册制的利好，适时、适度和长三角区域市场合作联系起来，提升协作力度。

要发挥各类全国性金融要素市场集聚上海的优势，与长三角其他地区实现金融资源互补，支持优质创新型企业在沪科创板上市。加快评级机构建设，率先构建区域绿色金融体系，引领全国绿色金融发展，支持发起设立主要投资于长三角一体化发展的产业投资基金、股权投资基金，实现利益共享、风险共担。进一步推动产融结合，发挥上海地区私募基金、风险投资机构众多的优势，直接为长三角其他地区的集成电路、人工智能、生物科技等新兴产业提供创业资本支持。

第四，技术支持。建议从地方政府、金融监管和金融机构三个层面共同建立长三角规范高效的金融协同信息共享机制。可由长三角有关省市金融主管机构牵头，着手建设长三角金融风险防范和金融服务实体经济大数据监测平台，数据共享，技术共用，提高信息交流效率，提升服务实体企业能力，助推金融数据和信息的一体化发展。通过信息流推动长三角金融数据和信息的标准化，推进金融数据资源的统筹运用，推动数字经济时代下普惠金融的一体化，服务更多中小微企业和中低收入群体。通过大数据、智能风控来反欺诈和降低风险，提高金融平台的运营效率和安全可靠性。

进一步互联互通，提升金融服务能级，增强金融市场融通、要素联动和资源共享。积极发挥城商行资金清算中心作用，进一步提升长三角城商行之间的清算效率。支持上海证券交易所建设区域内服务基地，搭建企业上市服务咨询平台。推动长三角地区信用体系建设，提高信息信用采集覆盖面，扩大信用产品应用领域。

第五，环境建设。长三角金融环境优化是区域合作的重要抓手。建议在监管协同、法治完善、人才服务等方面，加强联手，探索研究金融跨区域体制创新。一是打破地区界限，统一金融产品标准，保护金融消费者和投资者的合法权益，建立风险联防联控机制和重大案件协调处置机制，有效地防范和化解金融风险。二是发挥上海金融法院专业优势，不断完善金融仲裁机制。三是在加强长三角人才交流、完善人才激励保障政策等方面协同合作，研究并率先出台推动区域内金融人才流动的相关政策，消除长三角内因各地金融产业发展程度不同形成的人才鸿沟；促进金融人才的沟通合作和经验交流，营造良好的人才交流氛围；打造长三角金融人才集聚地，提高长三角对金融人才的吸附能力。

同时，结合推进上海自贸区扩区的重大任务，若能在上海、江苏、浙江交界集合地域形成上海自贸区的区域扩区方案，就能把长三角一体化国家战略和上海自贸区"先行试验"有机衔接起来。在前述发挥政府平台作用的五个方面的整体部署时，沪、苏、浙新片区就可以成为全国区域发展综合试验的核心区域，也可以成为长三角一体化的金融协同发展试点区。在上海自贸区沪、苏、浙新片区的一期和整体规划期分批建设进程中，金融协同发展的经验，可复制、可推广的做法完全可以在长三角一体化的金融协同发展中起好示范和引领的作用，尽早结出在长三角区域内可复制、可推广的成果。

2 长三角一体化下金融风险防控的若干建议

防范系统性金融风险是我国当前阶段的重点工作之一，同时也是事关全局的重要工作之一。长三角一体化下的金融风险防范，亟待创新理念、务实实践、有序推进。我们的方向性建议是：

第一，认识到位。要正确认识和对待金融风险与金融发展的关系，系统性金融风险形成的本质机制，是高杠杆导致的金融资源体内循环、泡沫化空转。引导金融资源流入实体经济和防范系统性金融风险是一体两面，两者不能割裂，互为表里。如果不解决金融资源流向实体经济通道不畅的问题，一味在金融市场内为了去杠杆而强行去杠杆，必然会导致金融市场僵化，削弱金融资源配置的有效性。从这个意义上来讲，金融有效地服务实体经济，充分发挥金融市场对生产资源的配置作用，就是最好的金融风险防范机制。从这个高度来认识，积极推进长三角一体化下的金融协同发展，就是务实高效的长三角金融风险防范。事实上，长三角区域的金融风险防控应该探索出联动、联防、联控、联融的系列体系，为国家的金融风险防范提供机制建设样本，这是长三角金融一体化的重要责任。

第二，完善法制。一是要加快金融法律供给，填补金融监管领域的法律空白，从国家层面上明确金融创新首先是金融活动，纳入审慎监管范畴。全国人大、国务院应加快立法研究和立法进度，必要时特别授权地方人大、政府制定监管规则，加强司法实践的顶层设计和具体指导，做到金融监管有法可依，长三角区域的地方人大、政府在特别受权后，可以协同国家央行、银保监会、证监会共同发布"长三角区域金融监管试行条例"，对长三角区域的风险防控给予规范界定。二是要根据金融业务创新和金融发展态势，从国家层面上制定、完善相应的法律法规，从监管部门或地区层面上制定、完善相应的监管条例细则，并明确刑事法律适用，做到金融业务违法必究。长三角区域各省市可以成为防范金融风险的试验先行区，努力在这两个方面成为全国先行试点的样板。

第三，监管协作。这是一体化监管体系的核心试验部分。从内容上看，一是要加强金融活动准入管理，全面梳理涉及金融的经营业务类别及其关系紧密的周边业务，纳入金融审慎管理，实施严格的准入管理；二是要明晰市场监管的主体职权和界限，比如明确地方政府金融监管职责及相应行政执法权限，又如进一步明确各类投资理财公司、交易场所行业主管部门的职责，再如工商总局应会同相关监管部门，研究提高类金融企业行业准入门槛，设立最低注册资本金门槛和实缴要求，还有网信部门应加强对投资理财类企业网站巡查，确保其合法合规运营等；三是要强化科技信息化支撑服务，如加强信息资源整合、完善资金查控手段、建立统一的网上报案平台、建立和完善全国性金融监测基础信息设施等。

第四，舆情管控。一是要立足长三角总体部署，三省一市积极组织落实，统筹开展金融风险防范的宣传教育活动；二是要加强投资者（消费者）教育，提高普通民众的金融素养和金融知识水平；三是要规范广告监管和网络信息发布监管，重拳打击违规金融产品和金融机构的产品宣传活动。

第五，发展引导。面向普通民众的网络借贷违规潮，因为其涉及面大、伤害的底层百姓多，因而从社会舆论面、社会影响力上占据了主流位置。但究其规模而言，2016 年全国网络借贷最活跃的时候，总规模仍然远远赶不上一家中等体量的全国性商业银行。长三角金融风险防范，妥善处理好网络借贷只是第一步，积极建立更加完善有效的金融资源配置机制，引导金融资源服务于实体经济发展，才是金融风险防范的应有之义。一是要推进长三角金融发展规划的一体化，引导三省一市金融业错位发展，优势互补，形成良好的金融发展业态，避免网络借贷遍地开花、野蛮生长的局面再次出现；二是要推进长三角金融风险监管政策的一体化，统一监管职责、监管口径和监管力度，探索建立金融风险监测预警协作机制；三是要推进长三角金融数据和信息的一体化，在促进普惠金融、数字经济更健康发展的同时，也有利于采用数据技术和网络通信手段开展金融产品创新和金融业务创新的数字化监管。

中共上海市委书记李强同志曾经指出，要建设好"信用长三角"。从这个要求上看，长三角金融风险防控机制建设也是"信用长三角"的重要基石。一个影响中国城市、经济、金融发展的中轴区域——长三角国家战略，在不太长的时间里，形成金融风险防控的试验积累，是完全必要的，也是值得期待的。

第六章

推进长三角区域经济一体化高质量
发展的若干思考

我们的长三角一体化三维高质量推进模型建设进程已经历时一年有余。经济保障集成子系统、产业集群成长子系统、区域经济研发应用子系统的第一阶段样本调研总结和梳理、建言，有关应用研究的观点和相应论述已分别在本书的第二章、第三章、第四章论述。作为推进模型的三个子系统它们既可独立成章，也可成为模型不可或缺的组成部分。特别是建言内容对长三角一体化建设中相关的经济保障集成、产业集群成长和区域经济研用工作提出了系统思考后的对策建议，有针对和操作性，丰富了推进模型的实用价值。本章则是高质量推进模型项目组核心成员，从长三角区域的经济一体化层面，在中观上提出的方向型建议。以形成本书长三角一体化微观、中观的整合智慧体系，也为推进模型的第二阶段应用探索夯实深入研究的基础。

第一节　系统认识新时期长三角经济一体化的目标、要领和规律

通过课题第一阶段的样本调研、总结和梳理，我们研究了新时期长三角经济一体化这个主题。即在开创中国特色社会主义新时代后，中国经济走上了高质量发展的新时期。国家确定了长江三角洲为国家战略的重要区域，其核心是一体化和高质量，经济一体化成为国家对这一特色区域的重要目标。显然系统认识新时期长三角经济一体化的定位，需要在目标、要领和规律上有清楚的思

考方向，我们的理解是要有实在、具体、管得住实践的基本认识。

1 始终聚焦新时期长三角经济一体化的两个重要阶段目标

新时期长三角经济一体化，我们的理解是中共中央、国务院 2019 年 12 月发布的长江三角洲区域一体化发展规划纲要的相应精神与原则。其中创新一体化发展体制机制，形成若干世界级制造业集群，建设世界级机场群，基本建成具有世界影响力的社会主义现代化国际大都市，具有国际竞争力的世界级城市群，成为全国最具影响力和带动力的强劲活跃增长级等要求，都为新时期的长三角经济一体化明确了重要的阶段目标。我们觉得，结合国家对上海"核心城市"两阶段的发展目标要求，或许应当成为长三角更加充分重视的两个重要的阶段目标。

第一，形成若干世界级制造集群。从时间上审视，即从 2020 年开始努力实现。我们的产业集群成长子系统已经显示了长三角区域的已有基础，重要新兴产业，三省一市的协同创新和产业优势，都已呈现了具备世界级制造业布局的潜力和发展态势。从进度上看，2025 年极有可能初展雄姿。因此长三角经济一体化战略要围绕这个阶段目标，持续细化推进。

第二，基本建成具有国际竞争力的世界级城市群。从时间上审视，国家有关方面曾经明确，在 2030—2035 年要由上海引领长三角的 16 个城市来实现这个目标，使长三角成为名副其实的强劲活跃增长极。我们觉得：世界级城市群，是长三角区域经济发生根本转型的标志。世界级城市群经济指标数据是重要标杆，区域代表型城市的经济一体化则是体制机制的衡量标准。同样，长三角区域的城乡结构也会通过经济一体化转向城镇化主导。因此长三角经济一体化，必须把握好这个核心转变，分阶段实现这一目标。

事实上，新时期长三角经济一体化的分阶段目标可能远远不止这两项，还有待分门别类、细化分解、逐项明确。

2 时刻把握长三角经济一体化的核心要领

推进长三角经济一体化，要作为一项系统工程全面部署。在全面领会国家战略意图，系统了解区域经济现状需要、瓶颈的基础上，恐怕更需要科学把握长三角经济一体化的核心要领。在任何情况下，时时刻刻把握好主要的基本要领，保证推进全过程不脱离经济一体化的基础轨道。我们理解中的长三角经济一体化的核心要领主要有四条。

第一，"经济的高质量发展是制胜的一招"。长三角区域的经济发展，一直走在国家经济发展的前列，在我国长期的经济发展过程中，追求数量经济，追求 GDP 一直是铁打的指挥棒。十九大以来党中央明确了中国经济由数量向高质量的战略转型。这对长三角经济一体化出了改革的硬要求。我们的三个子系统研究已经指出了高质量发展的法宝，一是科技创新，二是金融保障，只有时时、事事都突出技术创新和金融服务，其高质量目标才有可能达到。因此，关键一招不能搞"灵光一现"，而是要时刻衡量，贯彻始终。

第二，"发挥上海龙头引领作用决不走样"。在学习党中央、国务院关于长三角一体化规划纲要文件精神时，我们特别关注到了对上海发挥"核心城市"作用的要求。在推进模型的样本调研与梳理过程中，我们也深入体验了上海"核心城市"的责任和工作举措。2019 年末，上海市人民政府做出建设上海金融科技中心的决定。事实上，这也是上海在已有的五个中心建设的同时，突出加强了金融与科技融合创新的范围和布局。在长三角经济一体化的背景下，上海要充分发挥好金融与科技这对双子星座的辐射与融合功能。它是上海对长三角一体化的应有责任，要持续加强毫不放松。

第三，"江苏，浙江，安徽各扬所长，协同共享。"在推进模型第一阶段的调研、梳理环节，我们亲身感受到了江苏、浙江、安徽三省的经济发展，各有特色和自身强项。在长期的发展中，长三角三省一市已经有了良好的经济协作，制造业的链带在下游、中游、上游之间不乏合理布局及综合成效的连接。从长三角合作办公室已有的工作项目而言，各扬所长、协同共享的特色也已开始体现。系统平衡长三角三省一市的制造业项目"能者领衔"的思路受到重视。多个积极性发挥下的系统集成愈发重要。

第四，"依托高新技术和人才，锻造出区域经济的核心压舱石。"区域经济的高质量发展，归根结底是科学技术的直接较量，是高水平人才实力的综合体现。重视高新技术的关键掌控力，重视高端人才的核心作用，应该成为经济一体化的重量级压舱石，保证先进制造业集群的可持续发展更需要核心压舱石。

3 科学运用长三角经济一体化的发展规律

纵观区域经济的发展轨迹，无不是遵循经济发展的客观规律的结果。一个地区的经济发展是国际、国内经济形势，国内各个方面相互影响，经济事物自身的相应元素发挥等共同作用的过程。经济规律的客观性是经济现象和经济过程内在的本质的必然的联系，体现着经济过程的必然趋势。我们觉得有两个要点值得特别重视。

第一，长三角经济一体化的规律是在特定的区域经济上产生和发生作用的，它会随着区域客观经济发展条件的变化而变化，长三角经济一体化发展一定会有客观的发展变化，（如体制、目标、生产制造技术、经济保障元素等）也就应该产生与之相呼应的经济规律，而不会一成不变。

第二，长三角经济一体化的进程不能消灭、废除和改造经济规律，也不可能去创造或制定经济发展规律。经济发展规律只有随着客观经济条件变化而变化。我们可以创造一种有利于长三角一体化经济的新经济条件。这就是国家把"创新一体化发展体制机制"作为国家战略纲要的首条要求的用意所在。因此，科学运用长三角一体化的发展规律，不是延续以往的已有做法，也不能随心所欲地"闭门造车"、创造规定，只有根据经济一体化需要的生产关系和适合一体化生产力状况规律的要求进行。

我们认为，科学运用长三角经济一体化的发展规律需要认真、踏实的探索。长三角经济一体化的经济规律可能会隐藏在发展进程中的经济现象和发展经济过程的内部。只有通过体制机制的改革、开放才能逐步实现。必须深入研究经济一体化过程中的生产关系及其运动轨迹和机制。对它的认识很可能决定科学运用的结果，按"循序渐进，适时转型"的要求，科学运用发展规律也一定可以实现。

我们认识的对长三角经济一体化的具体目标、核心要领和发展规律，还有待实践检验、充实和完善。

第二节　科学把握长三角经济一体化高质量发展的五个创新抓手

长三角经济一体化的高质量推进，是长三角一体化国家战略成败的重要环节，在构建经济保障集成子系统、产业集群成长子系统、区域经济研用子系统的第一阶段的样本调研，梳理全过程，我们的应用研究直面难点、痛点进行了相关的思考和应对回答。针对长三角经济一体化区域层面，我们建议要紧紧抓住高质量发展的主题，科学把握一体化成长引擎、一体化研用平台、一体化保障合力、一体化集群高地和一体化生态示范等五个创新抓手，花两三年时间，实现整体突破。具体的主要建议方向内容如下：

1 推进经济规划的高起点布局，构建长三角经济成长新引擎

在已有的长三角区域合作办公室的基础上，由国家发改委指导，组建长三角区域经济规划局，统一领导上海、江苏、浙江、安徽的经济规划部门，努力在 2021 年内，构建起长三角经济一体化发展的新引擎，实现长三角区域经济一体化的全面规划和推进。主要内容为：第一，完成长三角经济布局一体化规划的流程转型和程序规范。第二，提出长三角经济一体化推进中的创新金融科技双核引领的支持政策体系创新方案（特别是世界级制造业集群建设的首创组合政策）。第三，经地方条例颁布试行后负责执行。

长三角经济一体化的高起点布局，事关一体化经济的规划，真正体现出区域一盘棋，以改变长期形成的行政省际壁垒的小格局。三省一市的经济规划、经济运行、制造业布局、产业规划、产业链集成、经济研发、技术突破，都要在一体化新引擎的规划下推进。建设好长三角区域经济规划、运行的枢纽型总部，为高质量推进形成系统集成的经济发展指挥部。

2 重视协同创新和科技研发并举，优化长三角经济研用新平台

在推广浙江清华长三角研究院"七星应用模型"的基础上，强化长三角经济一体化的协同创新，突出科技研发应用，努力在 2021 年内完善三省一市合力

打造的"G60科创走廊",建成长三角经济一体化大数据研用中心,构建起长三角经济一体化研用的发展新平台,实现长三角区域经济一体化高水平的协同创新和科技研发的突破。主要内容为:第一、树立浙江清华长三角研究院协同创新的标杆,全面推广"政、产、学、研、金、介、用"的七星模式,形成长三角的北斗七星效应。第二、健全、完善由国家科技部主导的覆盖长三角区域经济的"G60科创走廊"体制,成为长三角经济协同创新的科技研用载体。第三,创建长三角"1+4"的经济研用大数据中心,即总部建在长三角绿色生态示范区一期,三省一市各建经济研用分中心(也可在某一部门的基础上改建),系统提供全方位的区域内经济数据、信息,为长三角研用服务。

长三角经济一体化的协同创新研发应用,事关一体化经济的协同推进,技术研发转化真正体现出区域形成一团火和形成生产力的真正实效。浙江清华长三角研究院开"北斗七星"先河,树立协同创新典范,值得长三角区域的各个方面借鉴。目前由国家科技部主导完善的长三角"G60科创走廊",正在成为长三角三省一市精英、精兵汇集,高新技术荟萃的科创研发平台,形成长三角经济创新、技术研发的集合与辐射,和以长三角绿色生态示范区为总部的"1+4"格局的大数据中心一起,进一步为区域经济提供科学支撑。

3 聚焦服务、管理系列元素,提升长三角经济保障新合力

按系统集成的科学逻辑,创新进行以金融为核心的、为经济保障服务的基础与发展元素的集聚,适时建立长三角区域的经济保障社会组织,引入新技术提升各基础元素的职能效率,系统集成长三角经济服务保障的协同力量。探索出长三角经济一体化服务管理元素的应用新合力。主要内容为:第一、组建由政府、市场双主导,由研究型智库设计的"长三角经济保障集成社会组织"。由金融、会计、审计、统计、区块链、法律等协会自主参加,探索新时期服务、管理区域经济元素体系及其提升合作的新型关系。第二、加强金融元素核心引领的带头示范探索,衔接上海自贸区新片区金融、科技中心相应条例、上海国际金融中心,加快为长三角一体化示范区发展服务联动的文件建设,为金融、科技联动推进长三角经济一体化的组合创新关系探索金融流动畅通,集成协调的

高端创新功能，形成长三角特有的保障产业集群金融方案、普惠金融方案。第三、重视会计、审计元素作用提升的服务与监管。经济发展需要会计、审计等基础元素的保障，更需要依托新技术（如区块链等）实现它们的职能效率转型。尽快制定会计、审计服务长三角经济一体化的服务标准与提升计划，探索服务长三角经济一体化的会计、审计创新行动计划。

把经济保障的各项基础与发展元素组合集聚起来，为区域经济提供依托新技术支撑下与时俱进的经济服务管理集成保障，在区域经济发展的同时，创新新时期的经济保障综合力量，从而产生长三角经济一体化过程中的保障新合力。

4 拓展双核引领的新兴制造业，壮大长三角产业集群新高地

在 2021 年内，初步形成长三角区域新兴制造业集群规划，启动并实施以关键掌控力为主要标志的区域若干制造业集群攻坚行动计划，为建设具有国内、国际影响力、带动力的产业增长极夯实基础，壮大发展长三角经济一体化的产业集群新高地。主要内容为：第一，建设区域产业供应链规划应用转型，为长三角一体化提供新兴制造业集群体系指南。（由智库招标完成。）第二，制定世界级制造业集群"关键掌控力"政策支持体系形成提升行动计划。第三，依托上海"科创板＋注册制"机制，加快形成长三角经济一体化的世界级制造业集群的科创企业上市进程的生态通道。

牢牢统领高新技术研发和金融流通支撑的双核特色，为长三角新兴制造业插上腾飞的翅膀。在产业链科学连线中，注重规划实施，持续壮大长三角经济一体化的产业集群新高地。

5 提倡绿色生态为先，制度创新为标，彰显长三角融合推进新典范

有序推进长三角一体化生态绿色示范区的工作，花两年左右的时间形成系统、全面的一体化规划、布局和制度经济。探索绿色生态的产业与技术研发园区、金融为轴的现代服务园区的建设，保留旅游、养老、生态的江南乡镇村落的已有特色，探索土地资源管理运行的"多态、优化、效率"新经验，形成二

省一市的综合统一的首创做法，体现长三角经济一体化后世界级都市群的浓缩版新典范。主要内容为：第一、统筹协同示范区一期、二期的一体化规划布局，形成长三角可复制推广的全面整体规划。突出"生态绿色"的鲜明导向，凸显"科创特色、服务特征、娱闲特点"的三合一布局新样板。第二、推进无污染的生态制造业、生态农业和区域经济的技术研发中心（实体），协同创新智库的应用中心布局建设，形成区块链技术与产业园区入驻示范区的相应园区，引领长三角一体化发展的相应工作。第三、推进金融和现代服务业相应园区规划、建设，在发展直接融资、离岸、在岸相融合上着力，形成长三角资本市场服务基地，培育新兴和特色金融产业。建设有特色的基金产业、非银金融、绿色金融、科技金融的领头羊集聚区，形成信息互通、网络互连、直接互动的平台，成为上海区域金融中心辐射长三角区域的核心枢纽——"第二陆家嘴"，为上海世界级国际金融中心建设提供长三角的开放特色载体。第四、探索不同行政区划下土地资源管理和财税综合管理的体制机制新型模式。一是突出土地资源管理的规划空间利用，挖掘建设用地指标，创新用地标准，提高土地效率和农村土地的利用潜力。二是突出不同行政区域财税利益共同体分享机制、政策协调、基金运筹和运行主体的试验，体现复制和推广。

长三角经济一体化的生态绿色示范区的一期工作，既是长三角一体化的重要起步，也是长三角一体化国家战略的榜样象征，五个创新抓手都会毕其功于一役，先落实在示范区一期的 660 平方公里中，其承载和责任不言自明。我们相信在生态绿色的画卷中，它一定能体现长三角两省一市的融合智慧，彰显好国家战略推进的新示范。

第三节　坚持创建长三角经济一体化中的区块链技术、产业发展为国家先行试验示范区

基于各类要素集聚、经济业态多元，长三角成为国内区块链技术和应用的创新高地之一，区域优势得天独厚的长三角区块链产业园区占全国近 50%，技术领域涵盖理论技术研究、区块链底层基础设施、技术服务、区块链服务等，

已经形成周边良好的产业生态。围绕长三角经济一体化的区块链技术、产业发展，我们建议如下：

1 全面启动长三角经济一体化的区块链国家级实验示范区规划编制

建议组建三省一市共同组成的区块链技术、产业"十四五"现代规划项目组，建立配套协调体系，以空间上"多规合一"的区域性区块链整体发展为指导，在 2021 年完成规划编制。

第一，启动长三角经济一体化区块链国家级实验示范区势在必行。空间上达到建立"多规合一"的规划体系是实现区块链国家级实验示范区必备的先决条件，进而实现长效机制，服务于长远发展。目前区块链技术与产业的区域规划仍然面临一些亟待解决的问题。一是区域开发规划缺少整体布局。三省一市都有各自的产业规划，对产业布局，包括巩固优势产业、发展新兴产业等都有已有的具体安排。二是资源配置缺少统筹规划。三省一市的规划中，都强调了战略性新兴产业的先导作用，但在具体布局上又有所侧重，资源要素重复低效。三是产业要素规划机制缺失。三省一市的产业布局中，主要体现的都是先进制造业、现代服务业和战略性新兴产业（高科技产业）。

第二，启动长三角经济一体化区块链国家级实验示范区应建立配套协调体系。一是区块链国家级实验示范区规划需要顶层设计组织协调。综合协调城市治理、公共交通、医疗卫生、教育文化等领域的综合合作。二是通过政府行政事业机构综合协调。创新长三角区域信息合作发展机制，强化长三角地区创新资源的共建共享，在统一政策和适度竞争的基础上，建立"投入共担，利益共享"的财税分享机制。三是通过专门的区域协调机构协调统一地区规划法律依据、程序，以及公共政策。构建统一的市场竞争规则和准入原则，消除跨地区障碍；在财税政策统一先行的基础上，协调跨境基础设施、人才流动等公共事务。

第三，启动长三角经济一体化区块链国家级实验示范区需要政策创新护航。一是实现一张蓝图管全区的创新规划理念。从思想认识、规划基础、规划方案、规划标准等方面做到统一标准。二是搭建空间信息共享管理平台。实现规划编制、项目调度、项目实施、过程监管、风险预警和社会服务等各方面的统一建设。三是深化社会治理区域协作。需要树立大治理观、大社会观的理念协同，推进长三角区域社会治理联动机制和情报线索传递核查的机制完善，形成多维度、全方位涵盖检查工作的合作机制，探索实现社会治理一体化的目标。

2 设立长三角一体化的区块链国家级实验示范区的一期试点区域，开展区块链技术、产业发展示范的试验

建议将两省一市的吴江、嘉善、青浦三地组成的长三角绿色生态一体化示范区设立为长三角一体化的区块链国家级实验示范区的一期试点区域，以区块链技术自主研发及其绿色产业为主开展试验示范，进一步协调、衔接好绿色生态示范区一期与二期的区块链技术产业发展的错落有致布局，做好技术研发辐射和复制推广模型，在三年时间内形成相应成果，形成示范带动作用。

第一，发展区块链核心技术自主研发。华为、中兴芯片事件告诉我们，没有自主研发的关键技术，在发展中就要受制于人。三地可联合实施重大科技攻关专项，支持长三角大型互联网企业、区块链龙头企业联合高校、科研院所等协同攻关，搭建重大创新平台和重点实验室，根据长三角的发展需要，以联盟区块链为主体，以高性能、安全隐私、高可用和高扩展的核心技术自主研发为主，以链上链下数据协同技术为突破点，全力推进华为的上海青浦研发园区建设，发挥技术研发辐射作用。

第二，重点布局和发展区块链绿色产业。集聚三省一市的设立区块链产业发展专项资金，用于成果转化、重大项目实施等，鼓励区块链企业积极探索应用模式和场景创新，重点关注区块链金融、产品溯源、数字身份认证、政务民生等行业领域的区块链应用，并进一步通过政策引导、开展竞赛、试点示范、"独角兽"计划等方式，培育和发展示范区一期的区块链绿色产业，并进一步形成可推广、复制的产业发展模式，带动长三角整体区域的区块链产业发展。

第三，由示范区执行委员会引导探索建立区块链开源社区，探索实践开源的方式。借鉴国际区块链开源平台发展模式，建立以大型互联网企业、区块链

企业、开源组织为主要力量，利用其强大的资金力量、技术资源、人才优势和商业模式，主导区块链开源项目，构建开源技术社区，培育基于项目的开源生态，吸引全球技术人才参与其开源社区建设，鼓励其利用开源技术进行技术、业务和服务创新，营造良好的区块链技术突破和产业应用环境。

3 集中精力在一期试点区域内树立区块链技术的典型场景应用示范，形成以点带面的示范带动效用

建议在三省一市选择若干地区政府和金融机构供应链为典型应用场景，开展政府数据治理和供应链金融改革为区块链应用的"点"进行试验，与绿色生态示范区的"面"形成"众星拱月"态势，成为长三角一体化区块链技术产业国家级示范区的区域试验效应。

第一，开展基于区块链技术的政府数据内部互通共享为供给侧改革的数据治理现代化试验。由于数据共享的确权及规则的缺乏，即便在政府内部也存在着数据共享互通困难、数据监管乏力的问题。以示范区内两省一市的政府机构为试点，建立以基于区块链技术的数据确权和共享规则为供给侧改革方案，在政务平台内部构建多元供给的区块链联盟的数据共享平台，进一步在政务公开、产权登记、协同治理、智慧出行、社会公益服务等领域开展应用试验，实现长三角区域一体化的"只需跑一次""精准服务"等亮点应用，形成治理现代化的示范带动作用。

第二，以示范区商业银行为试点，开展区块链的供应链金融试验，服务中小微企业。供应链金融对于提升企业交易效率，尤其对于解决中小微企业融资困境具有十分重要的意义，其社会价值远远大于存在的经济价值。但由于核心企业担心信息泄露等原因，目前面临很多挑战，难以实现多方共赢。以政府为引导，联合示范区内的商业银行等中小银行及机构为试点，以联盟链为主体，建立基于区块链技术的供应链金融联盟链生，以商业银行票据业务为关注点，建立数据上链、共享和审核规则，增加信息透明度，解决供应链上、中、下游各个企业相互间的信任，通过核心企业服务中小微企业的发展，形成产业应用的示范带动。

4 聚焦国家治理体系现代化建设，以长三角的区块链保险为监管沙盒试验，推进金融科技监管的创新发展

建议发挥区块链技术的数据公开透明、安全程度高、可追溯性强等科学属性，聚焦国家治理体系建设的主线，聚焦金融科技监管领域的创新试验，在具体行业中探索形成经验推动发展；遴选在金融领域的保险行业推开探索，建立区块链技术的监管沙盒试验，在长三角区域的上海国际金融中心和浙江宁波的保险创新综合试验区进行试验，开展保险科技及其监管科技的双向沙盒试验，在三年内实现长三角保险科技的创新经验。

第一，设立以长三角为主体的区域性金融科技监管沙盒试验区，确立区域性的沙盒监管体系和规则。由银保监会为指导，长三角地方监管机构为主体，行业监管、学术研究机构和第三方平台共同参与监管构建监管沙盒体系，以"实质创新"的标准划定沙箱的准入边界，形成对金融科技相关的产品、服务、商业模式和交易机制领域的创新测试范围，确立沙盒测试规则。

第二，遴选长三角区域的保险业为试点行业，重点关注区块链技术在保险业应用的沙盒试验。以上海为龙头，发挥上海国际金融中心保险中心和区块链研发的优势，以宁波国家保险创新综合试验区为重点试验点，发挥综合试验的政策优势，重点关注分布式账本、在线平台技术、应用程序接口、智能合约、智能保顾等技术在保险领域的应用，对保险科技新产品或新服务进行沙盒测试，为保险科技在长三角的创新发展护航。

第三，建立长三角一体化的保险科技监管平台，并进一步开展科技监管平台的沙盒测试，形成保险科技的双向试错沙盒，率先推动监管科技的创新发展。建立以区块链技术为基础设施、复合大数据及人工智能技术的监管科技平台，涵盖监管政策建模、风险建模工具和合规测度工具等，在沙盒试验区内开展保险科技监管平台的测试，进一步对保险科技监管平台及规则进行优化调整，在长三角一体化区域内率先实现将监管从制度约束向技术限制转变，实现动态、主动式监管，推动金融监管的创新发展。

参考文献

［1］Balassa, B. (1961) The Theory of Economic Integration, London, Allen & Unwin .

［2］Davis, John (2003) "Regional Economic Integration, the Environment and Community: East Asia and APEC," International Review of Applied Economics, Vol.17，pp.069-083.

［3］Peter Robson. The Economics of International Integration.Routledge, 1998.

［4］Porter M. Cluster and the new economics of competition. Harvard Business Review, 1998（11）: 77-90.

［5］Tinbergen, J.（1954）International Economic Integration, Amsterdam: Elsvier Publishing Co .

［6］2019 长三角一体化区域协同创新指数五大亮点 [J]. 中国科技财富，2019（05）：4-5.

［7］Endosialin. 科创板申请上市的药物研发企业概览 [EB/OL].（2019-07-03）.[2019-10-18]. https://mp.weixin.qq.com/s/zXlF4i8sU7VjqSdpNBxjAQ.

［8］艾洪德，徐明圣，郭凯 . 我国区域金融发展与区域经济增长关系的实证分析 [J]. 财经问题研究，2004（07）：26-32.

［9］曾刚 . 长三角一体化三个重点发力方向——顶层行政体制设计、生态联合管控与开发区合作 [EB/OL].（2019-04-01）.[2019-10-22]. https://www.shobserver.com/zaker/html/141693.html.

［10］陈建华 . 长三角区域协同创新的"浙江元素"[N]. 浙江日报，2018-11-16.

［11］陈凯先 . 发挥区域优势推动医药产业创新发展（下）[N]. 中国医药报，2019-04-16（004）.

［12］邓杨丰，张露 . 区域经济一体化背景下的金融集聚及其变化趋势——基于三大经济圈的比较 [J]. 浙江金融，2013（04）：38-40+48.

［13］丁苑春，程国雄 . 基于面板数据的长三角区域金融发展和区域经济增长研究 [J]. 金融理论与实践，2012（04）：42-44.

［14］都泊桦，刘洪涛，廖明球.区域经济一体化与经济增长影响效应分析——基于长三角实证研究［J］.河南社会科学，2017，25（12）：55-58.

［15］杜云福.区域金融发展与区域经济增长——基于门限模型的实证分析［J］.金融理论与实践，2008（10）：33-35.

［16］范方志.乡村振兴战略背景下农村金融差异化监管体系构建研究［J］.中央财经大学学报，2018（11）：50-57.

［17］范幸.科创板效应与前景预期［J］.张江科技评论，2019（03）：14-17.

［18］范云朋、赵璇，澳大利亚金融科技"监管沙盒"的经验与启示，财会月刊［J］，2020（01），131-138.

［19］冯瑞华.美国柔性电子技术研发政策与方向.新材料产业，2017（05）：19-22.

［20］高淑桂.打破行政壁垒，实现长三角社会治理一体化［N］.社会科学报，2018-12-13（003）.

［21］郭珊珊.医药制造业发展的金融支持研究［D］.江南大学，2013.

［22］何嗣江.区域经济发展中的制度扭曲与金融安排：温州案例［J］.浙江社会科学，2003（02）：40-45.

［23］贺海武、延安、陈泽华，基于区块链的智能合约技术与应用综述，计算机研究与发展［M］，2018（11），2452-2466.

［24］黄斌，胡峰.长三角一体化发展五大产业值得关注［J］.张江科技评论，2019（01）：64-67.

［25］黄绮.深化供给侧改革，推进长三角医保异地结算［N］.社会科学报，2019-03-28（002）.

［26］江苏省国民经济和社会发展第十三个五年规划纲要［EB/OL］.（2017-03-03）.［2019-12-08］.http://www.jsrd.gov.cn/huizzl/qgrdh/20181301/sycy/201802/t20180227_491059.shtml.

［27］蒋余浩、贾开，区块链技术路径下基于大数据的公共决策责任机制变革研究，电子政务［M］，2018（02），26-35.

［28］孔令丞，许建红，石明虹，谢家平.长三角科创合作，培育世界级产业群：石墨烯产业案例分析［J］.福建论坛·人文社会科学版，2018（12）：28-34.

［29］礼森园区智库.打造产业链"链长制"-- 做长三角开发区一体化的领航员［EB/OL］.（2020-02-26）.［2020-03-26］. https://mp.weixin.qq.com/s/p29HhfKlRt-rTMf5f5j6MQ.

［30］李慧，崔茜茜，孙克强.对长三角先进制造业发展问题的研究［J］.上海经济研究，2008（04）：52-60.

［31］李苏洋.服务长三角一体化打造创新创业"辐射场"[J].中国经贸导刊，2019.15.023：62-64.

［32］李炜.金融深化对区域经济结构和效率的影响[J].经济学动态，1999（09）：34-37.

［33］李永盛.长三角区域实体经济一体化发展的短板及对策[J].科学发展，2019（06）：73-81.

［34］梁琦.中国制造业分工、地方专业化及其国际比较[J].世界经济，2004（12）：32-40.

［35］林兰.更高质量发展，产业升级不只"低端"转移[EB/OL].（2019-06-20）.[2019-10-22].https://www.sass.org.cn/2019/0620/c1201a41403/page.htm.

［36］林强，姜彦福.中国科技企业孵化器的发展及新趋势[J].科学学研究，2002（02）：198-201.

［37］刘力欣，刘开强，乔桂明.商业银行零售客户大数据精准营销的方法和策略研究[J].农村金融研究，2019（10），54-62.

［38］刘亮.区域协同背景下长三角科技创新协同发展战略思路研究.上海经济.2017（04）：75-81.

［39］刘明志.论区域经济发展与金融[J].财贸经济，1996（08）：27-32.

［40］刘瑞翔.区域经济一体化对资源配置效率的影响研究——来自长三角26个城市的证据[J].南京社会科学，2019（10）：27-34.

［41］刘赞扬，孙靓.围绕一体化聚焦高质量打造共同体——长三角区域科技创新合作的现状、问题及对策研究[J].安徽科技，2019（07）：16-18.

［42］刘志彪.区域一体化发展的再思考——兼论促进长三角地区一体化发展的政策与手段[J].南京师大学报（社会科学版），2014（06）：37-46.

［43］刘志彪.长三角区域高质量一体化发展的制度基石[J].人民论坛·学术前沿，2019（04）：6-13.

［44］龙涛.【礼森观点】长三角生物医药产业开发区分布特征及优势[EB/OL].（2018-07-23）.[2019-10-22]. https://mp.weixin.qq.com/s/dJ9ddr5E-XdDzCqBldxyGQ.

［45］民革上海市委.依托一体化促进生物医药产业深度发展[N].联合时报，2020-02-18（006）.

［46］宁艳阳.医疗创新谁来买单[J].中国卫生，2019（10）：92-95.

［47］潘卫红.金融集聚对区域经济增长的路径引导模型构建与政策启示[J].统计与决策，2015（20）：172-175.

［48］钱锋.推进长三角制造业高质量发展建设世界级产业集群 [EB/OL].（2019-07-16）.[2020-02-24].https://mp.weixin.qq.com/s/wIPlnX9WLPWUSEJJ7kxdpA.

［49］钱水土，金娇.金融结构、产业集聚与区域经济增长：基于 2000-2007 年长三角地区面板数据分析 [J].商业经济与管理，2010（04）：67-74.

［50］曲洪建.长三角共同打造世界级产业集群研究 [J].科学发展，2019（11）：65-75.

［51］上海市国民经济和社会发展第十三个五年规划 [EB/OL].（2016-02-02）.[2019-12-08].http://www.shanghai.gov.cn/nw2/nw2314/nw39309/nw39385/4.

［52］邵荣祯，邢潇倩，褚淑贞.江苏省生物医药产业集群竞争力研究 [J].中国药业，2018，27（19）：69-72.

［53］沈开艳，陈建华，邓立丽.长三角区域协同创新、提升科创能力研究 [J].中国发展，2015，15（04）：64-72.

［54］石琳.科创板：中国创新助推器 [J].张江科技评论，2019（03）：33-37.

［55］史吉平.关于促进长三角区域科技公共服务资源一体化联动发展及协同创新的建议.民建中央网站，2019-02-12.

［56］谈儒勇.中国金融发展和经济增长关系的实证研究 [J].经济研究，1999（10）：53-61.

［57］滕堂伟.从地方集聚到区域集群网络：基于长三角生物医药产业的分析 [C].中国地理学会经济地理专业委员会.2015 年中国地理学会经济地理专业委员会学术研讨会论文摘要集.中国地理学会经济地理专业委员会：中国地理学会，2015：91.

［58］滕堂伟.更高质量发展构建区域协同创新网络 [EB/OL].（2019-06-17）.[2019-10-21].http://xcb.ecnu.edu.cn/a3/6d/c5452a238445/page.htm.

［59］滕堂伟.更高质量发展跳出"创新投入陷阱" [EB/OL].（2019-09-03）.[2019-10-22].http://www.lzqhyx.com/ylss/14292.html.

［60］王君宇，吴清烈，曹卉宇.国内区块链典型应用研究综述 [J].科技与经济，2019（10），1-6.

［61］王丽君，杨森.泰州生物医药产业集群发展的现状及对策 [J].金融经济，2019（10）：31-32.

［62］王胜昔，范力洁."北斗七星"的魅力 [N].光明日报，2018-06-23.

［63］王涛，赵闯，陈劲，李纪珍.区域创新发展模式从"三螺旋创新理论"到"北斗七星模式"——以浙江清华长三角研究院为例 [J].创新与创业管理，2016

［64］王战.长三角一体化的若干思考 [EB/OL].（2019-11-07）.[2019-11-08].https://

rmh.pdnews.cn/Pc/ArtInfoApi/article? id=9064314.

［65］韦伟.长三角高质量一体化发展若干议题的理论思考［J].区域经济评论，2019（06）：18-22.

［66］吴大器，2018 年上海国际金融中心建设兰皮书，上海人民出版社［M],2019（02）

［67］吴大器，推动长三角一体化，上海金融如何发挥带动作用，国际金融报，2019年 12 月 21 日.

［68］吴大器，长三角经济一体化的核心是金融和产业互动发展，长三角日报，2020年 1 月 22 日.

［69］吴京辉、胡兰，区块链技术助推中小企业票据融资的法律完善，江西社会科学［J]，2019（12），158-168.

［70］吴政兴.医药产业园区存在哪些"痛点"［N].健康报，2020-01-08（007）.

［71］新时期上海创立制造品牌的战略及政策研究，上海市政府参事室课题组，2018（11）.

［72］徐凯，孙利华.我国生物医药产业园区发展现状及存在问题［J].中国新药杂志，2019，28（20）：2440-2446.

［73］闫彦明.区域经济一体化背景下长三角城市的金融辐射效应研究［J].上海经济研究，2010（12）：27-36.

［74］严圣艳，徐小君.金融产业集聚、技术创新与区域经济增长——基于中国省级面板数据的 PVAR 模型分析［J].北京理工大学学报（社会科学版），2019，21（01）：103-109.

［75］应勇.上海市市长：全力打造汽车、电子信息产业等世界级产业集群［EB/OL].（2018-12-13）［2019-11-25].http://news.10jqka.com.cn/20181213/c608700940.shtml.

［76］袁隆生，胡晓辉.培育区域金融中心推动区域经济发展［J].浙江经济，1995（06）：45-47.

［77］张惠.商业银行服务长三角区域一体化的发展策略研究［J].金陵科技学院学报（社会科学版），2019，33（04）：10-14.

［78］张婧.区域经济一体化背景下长三角地区金融协调发展研究［D].华东师范大学，2011.

［79］张璞玉，借鉴国际经验推进长三角一体化示范区规划管理制度创新，科学发展［J]，2019（12），54-58.

［80］张腾飞.新经济形势下，园区产业高质量发展之路［EB/OL].（2019-02-12）.［2020-02-24].https://mp.weixin.qq.com/s/nJiRwT8OiUymkl_r8gc5kg.

[81] 张伟，董伟，张丰麒，岳洋，赵毅.德国区块链技术在金融科技领域中的应用、监管思路及对我国的启示 [J].国际金融，2019（9），76-80.

[82] 张学良，李丽霞.长三角区域产业一体化发展的困境摆脱 [J].改革，2018（12）：72-82.

[83] 张洋子.构建金融科技生态圈：内涵、国际经验与中国展望 [J].科学管理研究，2019（4），152-156.

[84] 张永庆，许志彪.长三角地区生物医药产业链分工模式研究 [J].科技和产业，2017，17（05）：28-32.

[85] 长江三角洲区域一体化发展规划纲要，中共中央，国务院 2019（12）.

[86] 长三角地区高质量一体化发展水平研究报告，南京大学长江产业经济研究院 2019（04）.

[87] 长三角生态绿色一体化发展区总体方案，国家发展和改革委员会，2019（12）.

[88] 长三角一体化下金融，会计与产业集群高质量集成发展的应用研究，上海立信会计金融学院课题组 2019（12）.

[89] 赵慧.长江三角洲地区金融一体化研究 [D].华东师范大学，2011.

[90] 赵奇伟，张诚.金融深化、FDI 溢出效应与区域经济增长：基于 1997~2004 年省际面板数据分析 [J].数量经济技术经济研究，2007（06）：74-82.

[91] 浙江省国民经济和社会发展第十三个五年规划 [EB/OL].（2016-12-29）.[2019-12-15]. http://zjnews.zjol.com.cn/ztjj/201612/t20161229_2494977.shtml.

[92] 郑易林，邵黎明.展望 2019：寻求中国生物医药企业生存与发展的新平衡点 [J].药学进展，2019，43（03）：191-193.

[93] 中共中央、国务院，长江三角洲区域一体化发展规划纲要，http://www.gov.cn/zhengce/2019-12-01/content_5457442.htm? tdsourcetag=s_pcqq_aiomsg.

[94] 中国金融信息中心.青浦 + 吴江 + 嘉善！长三角生态绿色一体化发展示范区揭牌 [EB/OL].（2019-11-01）.[2020-01-15]. https://mp.weixin.qq.com/s/6OXQk6Pu3QWdKBq5_uxKvA.

[95] 中国农村信用合作社六十年发展历程 [EB/OL].（2011-11-18）.[2019-12-18]. http://finance.people.com.cn/bank/GB/16304439.html.

[96] 朱新天，詹静.关于区域经济与区域金融问题的探讨 [J].金融研究，1993（09）：48-51+59.

[97] 朱正伟，盛群华，郑家臻.推动长三角一体化示范区产业协同发展 [J].党政论坛，2019（09）：36-38.

[98] 袁小亚，石墨烯的制备研究进展 [J].无机材料学报，2011.

后 记

本著书由上海市人民政府参事、国家二级教授吴大器，上海农村商业银行行长顾建忠，上海张江集团党委书记、董事长袁涛和浙江台州科技职业学院党委书记邱士明组成编委会核心，专著总策划、首席作者吴大器。

本著书源于上海地方高水平大学 2019 年的一个决策咨询项目《长三角一体化下金融、会计与产业集群高质量集成发展的应用研究》，课题负责人：吴大器、魏华斌，项目已结项。

由上海市政府参事吴大器工作室牵头，上海立信会计金融学院吴大器团队先后在 2018 年起与上海张江集团、上海农村商业银行进行了科研项目的合作研究，分别成为本著书中第三章、第二章的主要内容。

浙江台州科技职业学院党委书记邱士明系上海市政府吴大器参事工作室特聘研究员，在本著书模型构建中，区域研用子系统确立以浙江清华长三角研究院和长三角 G60 科创走廊为样本单元。经商定，在确定研究方向、目标、内容的基础上，由浙江台州科技职业学院为主进行研究，并成为本著书中第四章的基本内容。

上海市人民政府参事室贸易金融组的五位参事在 2018 年就在长三角智库中率先开展了长三角一体化中的金融协同与风险防控的系统调研，分别先后对浙江、安徽、上海、江苏进行了各为期四天的密集调研，形成了长三角区域金融领域的调研报告，提出了针对性的方向型建议。本著书的第五章阐述了长三角一体化下金融协同与风险防范的关系，体现了三省一市对提升金融保障职能、协同创新的需要。也突出了金融在长三角经济一体化中极具分量的核心功能。

本著书的"长三角经济一体化高质量发展推进模型"构建，三个子系统的划分内容，整体结构，系列观点均由吴大器提出并负责。其中吸纳了社会各界专家教授的一些建议和观点。

参加《长三角一体化下金融、会计与产业集群高质量集成发展的应用研究》的课题组成员有：吴大器、魏华斌、胡乃静、邵丽丽、沈晓阳、魏晓雁、马士群、陈阳、李雪静、张天枢、陈炫、鲍江楠等。

参加与张江集团科研合作应用研究的课题组成员有：吴大器、袁涛、陈积强、陈阳、陈炫、沈晓阳、周广君、陈虎等。

参加与上海农村商业银行科研应用研究的课题组成员有：吴大器、顾建忠、魏华斌、胡乃静、马士群、李雪静、张天枢、鲍江楠、李莘莎、余刚、夏海林、陈炫、钱雅静等。

参加台州科技职业学院合作研究的成员有：吴大器、邱士明、郭武燕、李方超、姜仁荣、魏华斌、马士群、陈炫等。

参加长三角区域三省一市金融协同与风险防范调研组的成员有：上海市政府参事吴大器、赵宇梓、孙海鸣、黄泽民、唐豪，成员：沈晓阳、潘旺欣、姚楠燕等。

本著书的执笔作者：第一章吴大器、马士群（第二节）；第二章魏华斌、马士群（第三节）；第三章沈晓阳、陈阳；第四章郭武燕、李方超、姜仁荣；第五章吴大器、沈晓阳（第三节）；第六章吴大器、陈炫（第一节）、胡乃静、张天枢（第三节）。

全书审核、修改、定稿、校稿吴大器、协助马士群。电子版负责整理：第一章魏晓雁、马士群，第二章魏华斌，第三章沈晓阳，第四章郭武燕，第五章陈虎，第六章陈炫。

全书排版统筹吴大器、马士群、陈炫。

本著书得到社会各界的支持，感谢人民日报社上海分社，国际金融报社刘影女士、魏来女士。同时也要感谢天津科技出版社编审的帮助与支持。真诚欢迎来自各界的批评。

编委会　2020 年 3 月 30 日